Das Sutra der Hundert Gleichnisse

Buddhistische Weisheit für das Alltagsleben

百
喻
經

Aus dem Chinesischen übertragen von Hans-Günter Wagner

Verlag Beyerlein & Steinschulte 2012

Impressum

Herrnschrot
95236 Stammbach
Tel.: 09256/460
Fax: 09236/8301

E-Mail: verlag.beyerlein@buddhareden.de
www.buddhareden.de

ISBN 978-3-931095-84-0

Inhaltsverzeichnis

Seite

Vorwort des Übersetzers ... 7

Der Erhabene im Bambushain von Karanda ... 11

Ein gieriger Schlund schreit nach Salz – Ungenügsamkeit bringt Unheil ... 14

Milch auf einem Festbankett ... 16

Ein Mann wahrt die Form, obwohl es furchtbar wehtut ... 19

Die untreue Frau ward am Ende selbst verstoßen ... 22

Gier trübt den Blick der Menschen ... 24

Der Gipfel der Dummheit ... 26

Du kannst nicht auf jeden zählen, der dich Bruder nennt ... 28

Der entlarvte Dieb aus den Bergen ... 31

Hinter überschwänglichem Tugendlob steckt oft etwas anderes ... 34

Wunschdenken ist wirr – das wirkliche Leben ist anders ... 36

Ein Mann tötet seinen Sohn, um seine Lebenslüge zu retten ... 38

Hitze und Kühle gleichzeitig ... 41

Ein wirklicher Beweis ... 43

Das Menschenopfer ... 44

Wer alles sofort will, erlangt trotzdem nicht schneller ... 47

Zuckerrohr hat süßen Saft, falsches Tun nur Schlechtes schafft ... 50

Im oberen Stock das Messer schleifen ... 54

Einer Kerbe am Bootsrumpf folgend den Meeresgrund absuchen ... 57

Hundert Unzen Fleisch ... 59

Eine törichte Frau will ihren eigenen Sohn opfern ... 62

Die alltäglichen Freuden sind nichts gegen das unvorstellbare Glück der Erleuchtung ... 64

Der einfältige Dieb ... 67

Der Anbau von Sesam ... 69

Feuer und Wasser ... 70

Keine Nachahmung ist jemals so gut wie das Echte ... 72

Heilung durch Peitschenschläge ... 74

Zwei abgeschnittene Nasen ... 76

Ein einfältiger Mann fällt auf einen üblen Scherz herein ... 78

Nur Kummer wird ernten, wer den Weg des Guten verlässt ... 80

Der Esel und der Töpfermeister ... 83

Nur der Pferdefüßige sucht auf den Pfaden draußen ... 86

Ein kluger Mensch fällt keinen Baum,
bloß um an dessen Früchte zu gelangen ... 89

Übe beharrlich und deine Übung ist leicht ... 92

Wer sein Selbst überwindet, trifft nirgendwo auf ein Hindernis ... 95

Die Augen allein sehen gar nichts ... 97

Der Durstige und die Quelle ... 101

Stärke aus Reis und Stärke aus Hirse ... 103

Der kranke Heiler ... 106

Wenn zwei sich streiten, freut sich der Dritte ... 108

Wer alles stets bis ins Kleinste plant,
den straft am Ende oft ein dummer Zufall ... 110

Eine nutzlose Steinschnitzerei ... 112

Sechs Pfannkuchen am Morgen und dann noch ein halber dazu ... 113

Haltet die Mittel nicht für den Zweck ... 115

Wer lügt, den plagen schnell große Sorgen ... 117

Der Mann, der wie eine Ente schnatterte ... 119

Strebt nach Buddhaschaft und lasst euch durch die Geschehnisse
der Wandelwelt nicht vom Pfad abbringen ... 121

Wer in einem Wettstreit obsiegt, was hat er am Ende gewonnen? ... 123

Die versuchte Heilung eines Buckligen ... 125

Wer viel verlangt, bekommt am Ende oft,
was er um keinen Preis wollte ... 126

Wer anderen niemals Freude schenkt,
am eigenen Kummer bald verbrennt ... 129

Die gebrochenen Beine ... 131

Kopf und Schwanz einer Schlange 133
Ist das Dummheit oder die Bescheidenheit kleiner Freuden? 135
Nichts ist nichts 137
Ein unabsichtlicher Fußtritt in den Mund eines alten Mannes 138
Das Aufteilen einer Erbschaft unter zwei Brüdern 140
Ein Mann versäumt wegen nichtiger Freuden
die wirklich wichtigen Dinge 143
Gold, das am Grund eines Teiches schimmert 144
Ein Schüler Brahmas versucht sich als Schöpfer aller Dinge 147
Der Kranke, der seine Heilsuppe nur ein einziges Mal zu sich nahm 148
Im Kostüm eines Dämons 149
Ein böser Dämon in einem alten Haus 151
Fünfhundert Glückskugeln 153
Ein Mann lernt die Kunst des Segelns allein aus Büchern 157
Eine Wette zwischen zwei Eheleuten 160
Ein Mantra zur Schädigung eines anderen 162
Der Schnellesser 164
Der Diener, der für seinen Herrn alle Äpfel vorkostete 165
Ein Mann mit zwei Ehefrauen 168
Der gefräßige Ehemann 170
Das tote Pferd 172
Der Brahmanenschüler mit dem leeren Wasserkrug 173
Das Kamel und der Getreidekasten 175
Der Bauer und die Königstochter 178
Das Melken eines Esels 180
Der vorschnelle Aufbruchs eines Sohnes 181
Im Park »Frei von allen Sorgen« 182
Das Einlaufmittel 184
Der Angriff durch einen Bären 186

Wie man ein Feld richtig bebaut 188
Der misshandelte kleine Affe 191
Bei einer Mondfinsternis bellen die Hunde laut 194
Eine Frau will sich ihre Augen ausstechen 195
Ein Mann schützt die Ohrringe seines Sohnes vor Räubern 197
Das Glück eines Räubers 199
Die Äffin und ihre Erdnüsse 202
Das Frettchen mit dem Goldfell 203
Der Fund 205
Der Arme, der reich sein wollte 207
Das hinters Licht geführte Kind 209
Ein junger Bursche will einer alten Frau beim Töten eines Bären helfen... 211
Die Mani-Perlen 213
Das Taubenpaar 216
Ein Zimmermann erklärt sich selbst für blind 219
Der böse Räuber und sein einfältiges Opfer 221
Eine gefangene Schildkröte findet die Freiheit wieder 224
Lobpreis des Sutras durch Mönch Suna 226
Literatur und Quellenverzeichnis 227

Vorwort des Übersetzers

Das Sutra der hundert Gleichnisse (*Bai Yu Jing*) soll nach der buddhistischen Überlieferung auf eine Lehrrede des Buddha Sakyamuni zurückgehen, die später von dem Mönch Suna (chinesischer Name: Sengjia Sina) aufgezeichnet wurde. In der zweiten Hälfte des fünften nachchristlichen Jahrhunderts wurde der Text dann von dem indischen Mönch Gunavrddhi (chinesischer Name: Qiuna Pidi) im Piliye-Tempel in Jianye (heutiges Nanjing) ins Chinesische übertragen. Das indische Original gilt als verschollen. Durch die Übersetzung gelangten die Gleichnisse in den Kanon des chinesischen Buddhismus und später auch nach Tibet. Verschiedentlich wird eine direkte Übersetzung des Bai Yu Jing aus dem Sanskrit bzw. Pali allerdings bezweifelt und die Authentizität des Textes als ursprüngliches Buddhawort somit infrage gestellt. Zweifellos entsprechen die kleinen Geschichten den Kernlehren des Buddhismus. Wie auch bei zahlreichen anderen Sutren des Mahayana-Buddhismus ist der genaue Ursprung heute jedoch nicht mehr aufzuklären. Während bei den Gleichnissen deutliche stilistische Unterschiede gegenüber den Pali-Texten zu erkennen sind, entspricht die Vorrede »Der Erhabene im Bambushain von Karanda« im Duktus recht genau den frühen Aufzeichnungen der Buddhaworte.

In dieser Sammlung sind genau achtundneunzig kleine Episoden zusammengetragen, die in verschiedenen Textfassungen geringfügig voneinander abweichen; hinsichtlich der Auslegung gibt es allerdings bisweilen recht große Unterschiede. Die Zahl »hundert Gleichnisse« kam zustande, so die Erläuterung in einigen Kommentaren, weil man zwei Teile mit hinzugerechnet habe, und zwar ein Nachwort in Versform von Mönch Suna, der die erste Niederschrift anfertigte, sowie die Schilderung der Umstände aufnahm, die zur Entstehung des Werkes führten (die »philosophische« Vorrede). Das Sutra ist auch unter dem Namen *Zhi Hua Man* in den Annalen zu finden. Mit *Hua Man* ist ein Blumenkranz gemeint, der offensichtlich die Häupter der Unwissenden zieren sollte. Viele Geschichten des Bai Yu Jing wurden über die Jahrhunderte zum chinesischen Volksgut und sind weit hinaus über die Reihen der buddhistischen Gemeinschaft verbreitet. Auch in Indien finden sich einige Episoden dieses Sutras noch in anderen populären Sammlungen.

Im 20. Jahrhundert erschien eine Reihe neuerer Ausgaben. Bereits im Jahr 1914 hatte der bekannte Schriftsteller Lu Xun einen ersten Druck in Nanjing mit sechzig Yuan finanziert. Ihm galt das Bai Yu Jing nicht allein als religiöser Text, sondern als ein Werk, das überlieferte und wertvolle Volksweisheiten verbreitet. Den Reichtum dieser altindischen Fabeln verglich er im Vorwort mit der Frische und gleichzeitigen Tiefe einer Waldquelle. Allerdings wurden von der Nanjinger Auflage nur gut hundert Exemplare verkauft. Erst mit der Übertragung ins moderne Chinesisch (Baihuawen) und einer weiteren Drucklegung 1926 in Shanghai stieg die Verbreitung schwunghaft an, gefolgt von weiteren Ausgaben, unter anderem von Fan Xuefeng (1949, 1957 und 1980) sowie den im Literaturverzeichnis genannten Werken, die während des letzten Jahrzehnts erschienen. In den Vorworten zu den späteren Ausgaben wird bisweilen versucht, die Gleichnisse dieses Buches in bestimmte Kategorien zu sortieren, etwa ob es sich um alltägliche, reale Situationen oder bloße Phantasiegebilde handelt, ob erst die Lehrdarlegung kommt und dann das Gleichnis bzw. umgekehrt, oder es wird unterschieden: Steht die Schilderung einer schlechten Handlung am Anfang und folgt dann die Beschreibung des daraus resultierenden Karmas oder wird vielmehr erst eine Situation beschrieben und danach erklärt, wie es dazu kam und warum die Akteure hineingeraten sind.

Zu Lebzeiten des Buddha waren Parabeln, Gleichnisse und Fabeln ein wichtiger Bestandteil der altindischen Literatur. Es soll sogar spezielle »Parabel-Lehrer« gegeben haben, die Meisterschaft im Darbringen dieser Form der Lehrverbreitung entwickelten und sich ausschließlich darauf konzentrierten. Kleine Anekdoten und Geschichten aus dem Alltagsleben sollen die Menschen zur Klarheit führen. Durch die bewusste Überspitzung menschlicher Verhaltensweisen hält das Bai Yu Jing dem Leser einen Spiegel vor: »Bist du wirklich völlig frei von den extremen und bizarren Verhaltensweisen der einfältigen Akteure dieser Geschichten? Oder sind die eigentlichen Impulse, die ihr Handeln bestimmen, nicht mehr oder weniger ausgeprägt in einem jeden von uns zu finden?« Durch das Stilmittel der Überzeichnung, des Aufbauschens scheinbar trivialer Alltagsphänomene und bisweilen derben Humors erschließen sich dem aufmerksamen Leser die Wahrheiten der Buddhalehre, indem er schlicht die Absurdität jener Verhaltensmotive erkennt, die auf die Spitze getrieben stets in Chaos, Unheil und Katastrophen enden. Immer wieder geht es um die Frage der rechten Lebensführung. Viele Gleichnisse illustrieren, wie Leid und Schmerz aus Gier, Hass, Unwissenheit und Verblendung resultieren. Aber auch Trägheit, Zweifelssucht sowie falsche Ansichten über sich und die Welt sowie Missgunst führen in leidvolle Zustände. Die Episoden dieser Sammlung zeigen anhand von Beispielen, welche Handlungen und Eigenschaften unheilvolles Karma erzeugen. Oft wiederkehrende Motive kreisen um Geiz und schlechten Lebenswandel, Lethargie oder das Brechen der fünf buddhistischen Gebote des Nicht-Tötens, Nicht-Stehlens, Nicht-Lügens, der züchtigen Lebensführung sowie der Enthaltsamkeit von berauschenden und den Geist verwirrenden Substanzen. An einigen Stellen im Text und in den Kommentaren finden sich Hinweise, dass manche der Episoden auch als Kritik am überlieferten Brahmanismus sowie an Irrlehren der Zeit zu verstehen sind, zum Beispiel am extremen Asketismus.

Die buddhistischen Wahrheiten sind einfach und klar. Sie zeigen den Erlösungspfad aus dem Leidensmeer der Existenz. Ihr Gegenstand ist dabei das alltägliche Leben und das rechte Handeln in der Welt. Diese Gleichnisse bringen die Lehre auf verschiedene Weise zum Ausdruck. Daher sind die meisten Texte dieser Sammlung vielschichtig und erlauben mehr als nur eine einzige Auslegung. So etwas wie ein »ursprünglicher Sinn« dürfte heute kaum noch eindeutig zu identifizieren sein. Die Originale des Bai Yu Jing sind im klassischen Chinesisch von punktgenauer, prägnanter Kürze und oft nur wenige Zeilen lang. Die Fassungen in der modernen Umgangssprache sind in der Regel ausführlicher, malen die Texte mehr oder weniger stark aus und erleichtern dadurch ihre Rezeption. Hinsichtlich der Übertragung ins Deutsche gibt es oft nur die Wahl zwischen strenger Worttreue, die jedoch nur für Fachkreise interessant wäre, und einer frei gestalteten Neuschöpfung. Der Übersetzer hat sich für die zweite Alternative entschieden, dabei jedoch nach einem Weg zwischen überbordender Exegese einerseits und dem asketischen Purismus der Originale andererseits gesucht. Die Texte sollten vor allem ihren volkstümlichen Charakter bewahren. Auf eine eigene Kommentierung wurde weitgehend verzichtet, jedoch jeder Miniatur knappe, zusammenfassende Interpretationen aus den chinesischen Quellen zur Orientierung und als Verständnishilfe hinzugefügt. Oft werden die Gleichnisse dabei aus wechselnden Perspektiven beleuchtet. Neben Erklärungen im Kontext der buddhistischen Lehre gibt es auch Auslegungen im Sinne alltäglicher »Volksweisheit.« Da diese nicht im Gegensatz zum Dharma stehen, fanden sie ebenfalls Berücksichtigung. Diese unterschiedlichen Deutungen dokumentieren die Bandbreite der Kommentarliteratur und wurden einfach nebeneinander gestellt.

Der Erhabene im Bambushain von Karanda

Einst weilte Buddha Sakyamuni in einem Bambushain in der Nähe der Stadt Karanda, dem Sitz einer königlichen Residenz. Es wird berichtet, dass sich in diesen Stunden alsbald sechsunddreißigtausend Teilnehmer um ihn versammelten, die alle aus seinem Munde die Lehre vernehmen wollten. Darunter waren zahlreiche Mönche und Bodhisattvas[1], große Heilige und gewaltige Heerscharen der acht Arten von Geistwesen.[2] Auch fünfhundert gelehrte Brahmanen nahmen an dieser Zusammenkunft teil. Diese Männer waren angereist, um den Buddha mit kniffligen Fragen in Bedrängnis zu bringen, weil sie erkannt hatten, dass seine Lehre ihre eigenen Glaubensüberzeugungen infrage stellte. Einer dieser Gelehrten erhob sich schließlich von seinem Platz und richtete an Buddha Sakyamuni das Wort:

»Wir haben verstanden, wie fundiert und erhaben Eure Lehre ist; mit nichts in der Welt ist sie zu vergleichen. Daher kamen wir an diesen Ort und möchten euch heute um noch tief gehendere Unterweisung bitten.«

»Mit großer Freude«, erwiderte der Erhabene.

»Existiert die Welt wirklich oder ist sie unwirklich?«, wollte der Brahmane daraufhin wissen.

»Sie ist sowohl existent als auch nicht-existent«, antwortete der Buddha.

»Wie könnt Ihr sagen, dass es die Welt gibt und gleichzeitig nicht gibt; das ist doch ein Widerspruch«, hakte der Brahmane sofort nach.

Der Buddha schaute die Anwesenden an und sprach: »Die Lebenden sagen, diese Welt besteht wirklich, doch für die Verstorbenen gibt es sie nicht mehr, denn sie liegt jenseits dessen, was sie erfahren können. Daher sage ich, dass wir beide Auffassungen akzeptieren können.«

Nun ergriff ein anderer Brahmane das Wort und stellte die Frage, von was denn ein Mensch hauptsächlich lebe.

»Von Getreide«, erklärte ihn der Erhabene.

---

[1] Ein Bodhisattva ist ein erleuchtetes Wesen, das darauf verzichtet, ins Nirvana einzutreten, und zum Wohle anderer Wesen in der Wandelwelt verbleibt. Sein Leben in den Dienst anderer zu stellen und sie auf den Pfad der Befreiung zu führen ist der Inhalt seines Gelübdes und Zweck seiner irdischen Existenz.

[2] In einem chinesischen Kommentar werden die acht Arten von Geistwesen so klassifiziert: Himmelsgötter, Drachen, Nacht-Dämonen, Götter des Weihrauchs (Xiangshen), Götter der Muse, Riesenvögel mit goldenen Schwingen, Halbgötter, Schlangengeister. In den indischen und frühbuddhistischen Texten werden sie wie folgt benannt: Devas, Nagas, Rakshas, Gandharvas, Garudas, Asuras, Kinnaras und Mahogaras.

»Und woher stammen die fünf Getreidearten, die die Menschen essen?«, erkundigte sich der Mann daraufhin.

»Sie werden durch die vier Elemente, nämlich Wasser und Erde sowie Feuer und Wind erzeugt«, belehrte ihn der Buddha.

Daraufhin wollte dieser gelehrte Brahmane wissen, woher denn nun die vier Elemente kämen.

»Wie alles entstammen sie dem großen Raum der Leere«, sprach Buddha Sakyamuni, worauf der Gelehrte nachbohrte und nun als Nächstes fragte, woraus denn die Leere entstanden sei.

»Aus dem Nichts«, erwiderte der Erhabene und der Brahmane bat sogleich um eine Erklärung, woher denn dann das Nichts komme.

»Aus der Natur der Dinge selbst«, sagte der Buddha. Der in Logik bestens bewanderte Brahmane wollte auch dieser Antwort auf den Grund gehen und daher sogleich wissen, wo diese denn ihren Ursprung habe.

»Im Nirvana«, entgegnete der Buddha, und es war zwangsläufig, dass jetzt die nächste Frage lautete, woher denn nun dieses selbst käme.

»Nirvana ist das Ungeborene und das Todlose«, erklärte ihm der Buddha. Dann lobte er den Mann ob der Tiefgründigkeit seines Denkens und wollte nun seinerseits wissen, warum er ständig so hartnäckig nachfrage.

Bevor der Gelehrte eine Antwort geben konnte, trat schnell ein anderer hervor und fragte plötzlich voller Neugier, ob Buddha Sakyamuni denn das Nirvana bereits erlangt habe.

»Nein, noch nicht«, antwortete dieser aufrichtig.

Da wurde die brahmanische Zuhörerschaft plötzlich hellhörig. Für einen Augenblick kam heftige Unruhe auf. Der Fragesteller schlussfolgerte nun blitzschnell und messerscharf: »Ihr habt das Nirvana noch nicht erreicht, wie könnt Ihr dann wissen, dass dort Erlösung und immerwährende Freude zu finden sind?«

»Gestattet, dass ich zunächst an euch alle eine Frage richte«, entgegnete der Buddha und sprach: »Was meint Ihr über das Leben der unzähligen fühlenden Wesen in dieser Welt: Sind sie glücklich oder sind sie es eher nicht?«

»Wir denken, das Leben ist leidvoll«, seufzten einige der Brahmanen.

»Was meint Ihr mit leidvoll?«, fragte Buddha daraufhin nach.

Einer der so Angesprochenen erhob sich, blickte in die Runde und sprach: »Das Leben ist unbeständig, Altern und Krankheit bestimmen seinen Lauf und sein Ende ist am schlimmsten. Ich habe schon viele Menschen sterben sehen und konnte spüren, welch unerträgliche Schmerzen über sie kamen. Daher weiß ich, dass der Tod grauenvoll ist.«

»Ihr seid selbst noch nicht gestorben, wisst aber wohl, dass der Tod grauenvoll ist«, sprach der Buddha zu dem Mann und fügte hinzu: »Ich aber habe in allen Richtungen, in die ein Mensch schauen kann, die Erleuchteten im weiten Raum der Zeitlosigkeit erblickt, für die es weder Tod noch Wiedergeburt gibt. Daher weiß ich um die Vollkommenheit des unerschaffenen Zustandes.«

Die fünfhundert gelehrten Angehörigen des Brahmanenstandes waren zufrieden mit diesen Antworten und verstanden, was der Erleuchtete Ihnen hatte sagen wollen. Voller Respekt und überzeugt von der Wahrheit der Buddhaworte erhoben sich die Gelehrten fast gleichzeitig von ihren Plätzen. Willig, den fünf Geboten Folge zu leisten, wurden sie so alle zu Schülern des Buddha Gautama.

Nachdem sich ein jeder wieder auf den Boden gesetzt hatte, erklärte Buddha Sakyamuni: »Lauscht nun alle sorgfältig meinen Worten. Ich will euch die Lehre in Form von Fabeln und Gleichnissen erklären.«

Anschließend soll der Buddha auf dieser Versammlung rund einhundert kleine Episoden zur Darlegung der Lehre vorgetragen haben, die später im »Sutra der Hundert Gleichnisse« überliefert wurden.

Ein gieriger Schlund schreit nach Salz – Ungenügsamkeit bringt Unheil

Ein sehr einfältiger Mensch war einmal im Hause eines Reichen zu einem festlichen Essen geladen. Dabei bemerkte der Hausherr, wie sein Gast die am stärksten gesalzenen Gerichte mit besonderem Genuss verschlang. Um seinem Gast noch größeres Wohlbehagen zu bereiten, fügte er den Speisen, die direkt vor dem Mann standen, jeweils noch eine kräftige Prise Salz hinzu. Mit dieser Geste war der Gast hochzufrieden. »Um wie viel besser schmeckt es doch mit diesem weißen Zeug am Essen«, schrie er begeistert auf. »Wie Ihr meint«, erwiderte der Gastgeber, der sich natürlich freute, wenn es den Leuten mundete. »Ja«, rief der einfältige Mann, »Salz und nur Salz allein ist die Ursache des erlesenen Geschmacks!«, grinste dann breit und sprach: »Nun seid bloß nicht so kleinlich mit dieser Kostbarkeit.« Kurz darauf ergriff er mit seiner rechten Hand forsch das kleine Porzellanfässchen mit den hell schimmernden winzigen Kristallen und kippte sich den ganzen Inhalt gierig über seinen Teller, auf dem nun mehr Salz als anderes war. Erst beim anschließenden Herunterschlingen merkte er, dass seine Zunge trocken wurde und wie widerlich das schmeckte.

Kommentierungen

Zuviel von einer Sache zerstört den Geschmack von allem. Wer keine Grenzen kennt, muss am Ende erfahren, dass auf die Spitze getrieben, fast alles widerlich wird.

Verstehe die Regeln, die den Lauf der Dinge bestimmen und folge ihnen, damit du Schaden von dir fernhältst.

Das »rechte Maß« gilt auch für die buddhistische Übung, das heißt, man soll die Extreme meiden. Die extremen Asketen starren nur auf die Erleuchtung, doch erreichen sie gerade dadurch nicht. (Einige Interpreten verstehen diese Episode als Kritik an den asketischen Übungen der Selbstzerfleischung, der Geißelung und des radikalen Nahrungsverzichts über lange Zeit, wie sie von vielen Zeitgenossen Buddha Sakyamunis betrieben wurden).

Wie Blüten im Nebel ruht die Wahrheit, solange die Menschen sie nicht erkennen. Wer jedoch ständig und gierig nach Wissen dürstet, der wird die Welt nicht erkennen, wenngleich sich ihm das große Geheimnis direkt vor seinen Augen offenbart. Auch dann wird ein solcher noch zweifeln und selbst im Augenblick höchster Klarheit der Verwirrung anheimfallen.

Milch auf einem Festbankett

Vor langer Zeit lebte einmal ein nicht sonderlich schlauer Bauer. Eines Tages wollte er alle seine Freunde und Verwandten zu einem Festessen einladen. Zu dieser Zeit war Milch und Jogurt noch eine besondere Köstlichkeit, die sich die Menschen nicht alle Tage leisten konnten. Da der Mann auf seinem Hof Dutzende von Kühen hielt, wollte er seine Gäste dieses Mal besonders reichlich bewirten. Bis zu dem großen Ereignis war noch über eine Woche Zeit. An einem Morgen, als der einfältige Mann gerade auf dem Weg in den Stall war, kam ihm plötzlich ein, wie er vermeinte, vortrefflicher Gedanke: »Wenn ich meine Tiere wie bisher jeden Tag melke, wüsste ich gar nicht, wie ich diese viele Milch bis zum Fest aufbewahren sollte. Es ist Sommer und in ein bis zwei Tagen wird sie sauer und ist verdorben. Auf diese Weise bekomme ich keine wirklich große Menge für meine vielen Gäste zusammen. Viel besser wäre es doch, die Milch einfach im Bauch und den Eutern der Kühe zu belassen. Anscheinend verdirbt sie dort nicht, sonst könnte ich ja nicht jeden Tag frische entnehmen. Ich will daher das Melken bis zu dem großen Ereignis ganz einstellen und die Tiere erst wieder anzapfen, wenn sie wirklich bis zum Platzen mit dem begehrten weißen Nektar gefüllt sind.«

So kam es, dass er sieben Tage lang weder im Stall noch auf der Wiese auch nur eine einzige seiner Kühe molk. Ja, er trieb es noch schlimmer. Damit auch die jungen Kälber nicht die Euter ihrer Mütter leeren konnten, sperrte er den gesamten Nachwuchs in einem dunklen Verschlag ein. Dann fütterte er alle seine Tiere nur mit feinsten, zarten Gräsern und hoffte, dass sie am Ende dieser Woche Milch in großer Menge und von bester Beschaffenheit liefern würden.

Am Morgen des Tages, an dem das große Ereignis stattfinden sollte, trieb er zusammen mit seinen Söhnen alle Kühe aus den Stallungen und von den Weiden im großen Innenhof zusammen. Jetzt sollte es ans große Melken gehen. Doch als die Bauersleute an die Euter der Tiere griffen, mussten sie feststellen, dass sie alle schlaff herunterhingen und die meisten nahezu leer waren. Durch das Nichtmelken hatten die Kühe ihre Milcherzeugung stark vermindert, einige sogar ganz eingestellt.

So saßen die vielen Gäste am Ende ohne frische Milch, feine Butter und süßen Jogurt an der Festtafel und schauten betreten drein. Als sie erfuhren, was sich zugetragen hatte, mussten einige laut loslachen, andere aber hatten Mitgefühl mit den armen Kühen, die durch die Dummheit dieses Menschen leiden mussten.

Kommentierungen

Das Wasser vieler kleiner Bäche muss beständig fließen, damit sich die Ströme und das große Meer füllen können.

Ein Mensch, welcher allein auf Ergebnisse starrt, aber der Auswahl richtiger Mittel keine Beachtung schenkt, ein solcher wird nicht erreichen, was er erstrebt. Gleich jemandem, der erwartungsvoll, ohne je nach rechts und links zu schauen, mühevoll einen Berg ersteigt, und wenn er dann von einem hohen und kahlen Gipfel in triste, langweilige Täler blickt, nichts spürt außer einem schmerzenden Rücken und schweren Beinen. Derjenige jedoch, der auf jeder Etappe des Aufstiegs sich am satten Grün der Bäume und dem Duft der Frühlingsblumen erfreut, gelangt gestillt an sein Ziel, wo es auch sei und wie immer es beschaffen sein mag.

Wenn du entschlossen bist, den Pfad des Guten zu gehen, so beschreite ihn hier und jetzt und in jedem Augenblick deines Lebens. Es gibt nichts, was zuvor geschehen müsste und worauf du erst zu warten hättest.

Wer Wohltätigkeit üben will, soll Almosen geben, wenn man ihn darum bittet, und nicht erklären, erst später etwas spenden zu wollen, weil er zunächst erst einmal fleißig Schätze ansammeln müsse. Es mag stets geschehen, dass Räuber ihn bestehlen, sein Eigentum in Feuersbrünsten zu Asche wird oder Hochwasser alles fortschwemmen und zerstören, sodass am Ende zum Spenden nichts mehr übrig ist.

Ein Kommentar versucht diese Geschichte mithilfe einer anderen zu erklären: Ein Meister und sein Schüler hatten einander einst feierlich versprochen, gemeinsam auf Pilgerfahrt zum heiligen Seelenberg zu ziehen. Tag und Nacht wanderten sie hernach auf unwegsamen Pfaden ihrem Ziel entgegen. Bei der Durchquerung eines heißen Wüstengebiets brach der Schüler vor Erschöpfung plötzlich zusammen und war nicht mehr imstande, auch nur noch einen einzigen Schritt zu gehen. Um seinen Schwur einzuhalten, trug der alte Meister den erschöpften Jüngling auf seinem Rücken weiter. Der Schüler war am Ende seiner Kräfte und konnte einfach nicht mehr. Da er fürchtete, sein Meister, der nicht mehr jung an Jahren war, könnte unter dieser Last auch bald zusammenbrechen, jammerte er laut und sprach: »Lasst mich hier zurück, Meister, damit wenigstens Ihr das Ziel erreicht.« Doch der alte Mann antwortete nicht und zog einfach stumm weiter. Als der Schüler weiter drängte, drehte er sich schließlich zu ihm um und sprach: »Wir schworen einander beizustehen und gemeinsam auf diese Pilgerfahrt zu gehen. Der Seelenberg ist unser Ziel. Doch wo ist dieser Ort, wenn nicht in unserem Herzen? Wir sind gemeinsam auf dem richtigen Wege, wie könnten wir da das Ziel je verfehlen? Der Buddha ist mit uns; niemals wird er die Aufrichtigen tadeln.«

Ein Lichtstahl in der Dunkelheit, ein Ereignis im leeren Raum – das allein hat mit der Buddhalehre noch nichts zu tun. Das Gute kann nur wachsen, wenn Gutes getan wird. Wer zum Chan erwachen will, muss zwischen Klarheit und Verwirrung unterscheiden lernen. Die Übung endet nicht, sondern beginnt mit dem Einen und Ungeteilten, dorthin, wo alle Dinge zurückkehren.

Die Dummen genauso wie die Klugen machen in guter Absicht beide Fehler; was sie voneinander unterscheidet, ist, dass nur die Letzteren aus ihren Fehlern lernen.

Ein Mann wahrt die Form, obwohl es furchtbar wehtut

Es lebte einmal ein Dummkopf mit einer spiegelblanken Glatze. Wegen seiner Kahlheit wurde er von seinen Mitmenschen oft verspottet. Eines Tages sah ein gemeiner Bursche diesen Einfältigen am Straßenrand neben einem Korb voller Birnen sitzen. Unwillkürlich dachte er daran, sich mit diesem Menschen einen derben Spaß zu machen. Er stellte sich neben ihn, nahm eine Birne aus dem Korb und sprach: »Ein Holzkopf und eine Birne, was gibt das für einen Ton?« Dann schlug er die Frucht auf dem Kopf des armen Mannes in Stücke. Der Dumme verzog dabei keine Miene und gab auch nicht den geringsten Schmerzenslaut von sich. Diese völlige Wehrlosigkeit stachelte die Bosheit des gemeinen Mannes erst richtig an, der es nun noch ärger trieb. Eine Birne nach der anderen zerschlug er auf dem Haupt des Dummkopfes, was diesen außer einem Hochziehen der Augenbrauen zu keinerlei weiterer Reaktion veranlasste. Nach mehr als fünfzig zerschlagenen Birnen, die alle noch unreif und daher recht hart waren, begann die beschädigte Kopfhaut des so Gepeinigten zu bluten. Doch der Unglückselige protestierte nicht, noch machte er Anstalten, fortzugehen. Mitleidslos wurde er weiter malträtiert und sein Peiniger lachte schadenfroh bei jeder Birne, die er auf dem blutverschmierten Haupt in Stücke zerspringen ließ.

Nach einiger Zeit kam ein Wanderer des Weges und wurde Zeuge dessen, was geschah. Dem Vorbeigehenden war dieser Anblick sehr unangenehm, doch er fürchtete die körperliche Überlegenheit des jungen Burschen und wagte daher nicht, das Wort an diesen zu richten. Stattdessen fragte er nun das Opfer: »Warum erträgst du das alles völlig wortlos? Und wenn du dich schon nicht wehrst, warum läufst du denn nicht einfach weg?«

Der Einfältige blickte den Fragesteller an und antwortete: »Wisst Ihr, dieser Mensch hier, der die ganze Zeit harte Birnen auf meinem Kopf zertrümmert, ist ziemlich blöd. Er denkt, bloß weil auf meinem Haupt keine Haare wachsen, sei es genauso hart wie ein Stein und man könne dieses Obst hier auf ihm zu Brei schlagen. Selbst als mein Kopf zu bluten begann, hat er immer noch nicht bemerkt, dass ein Glatzkopf und ein Stein nicht von gleicher Härte sind. Daran seht Ihr, wie unwissend dieser Mensch ist. Ich kann da leider auch nichts machen, denn gegen Dummheit kämpfen auch die Götter vergebens.«

»Du Einfallspinsel«, schrie ihn der Vorbeigehende an und verdrehte ihm mit einer heftigen Bewegung die Nase: »Wie bist du zu bemitleiden! Ist denn das, was du gerade erfährst, etwa kein Schmerz?«

Kommentierungen

Dieser Mann wahrte die Form zu seinem eigenen Schaden. Er handelte aus Unwissenheit, das ist nicht unedel. Wenn ein Mönch jedoch nach außen die Form wahrt, ohne wirklich nach der Lehre zu leben, so ist das tugendlos.

Wer ein wahrhaft tugendhaftes Leben führt, handelt stets richtig und tut niemals nur so »als ob.«

Nicht jeder, der sich nach außen als ein Buddhist ausgibt, hält die Gelübde auch tatsächlich ein, übt ernsthaft die Versenkung und lernt demütig aus den Schriften. Leider gibt es viele, die den feierlichen Ritualen nur frönen, allein um Anerkennung und Bewunderung ihrer Mitmenschen zu erheischen. Wer jedoch aus solchen Motiven handelt, der hält Leid und Schmerz nicht von sich fern.

Einfalt ist Selbstbetrug, mehr noch als die Täuschung anderer.

Wer rechthaberisch ist in seinen Ansichten, muss den Schaden am Ende selbst erleiden.

Ein Kommentar erklärt die Bedeutung dieser Geschichte in ihrem Umkehrschluss anhand einer Episode aus der Zeit nach dem Ende der Tang-Dynastie, als der Kaiser Wu Zong überall im Land die Buddhisten grausam verfolgte und Tempel und Klöster zerstören ließ: Um der Verfolgung zu entgehen und die Lehre weiterhin in Freiheit ausüben zu können, legte der Obermönch Yan Tou notgedrungen bunte Alltagskleidung an, zog eine Wollmütze über seinen kahlen Kopf und fand so schließlich Unterschlupf bei einer Bauernfamilie. Bevor er dort eintraf, musste er zwei Tage lang über staubige Straßen wandern, bis er am frühen Abend das Dorf erreicht hatte, wo er künftig leben sollte. Als er in die Wohnstube der Bauersleute trat, verspürte er furchtbaren Hunger, der noch durch den Suppenduft verstärkt wurde, der zu dieser Stunde gerade aus der Küche herüberzog. Da noch keine Essenszeit war, musste er jedoch noch ein wenig warten. Als die Leute nach einiger Zeit wieder ihrer Arbeit nachgingen, schlich er sich vom Hunger getrieben heimlich in die Küche. Dort wurde der Ärmste allerdings von der Bäuerin überrascht, wie er gerade einen Löffel in den Suppentopf steckte. Augenblicklich griff die Frau nach einem großen spitzen Holzscheit und prügelte heftig auf Yan Tou ein, von dessen Mönchsstatus sie nichts wusste und den sie für einen ganz normalen Wandersmann hielt. Obwohl es schmerzte, lächelte der alte Mönch und sprach: »Mein äußeres Erscheinungsbild ist wohl nicht mehr dasselbe wie früher, aber mein Wesen darf sich auf keinen Fall ändern.«

Die untreue Frau ward am Ende selbst verstoßen

Es lebte einmal ein treuer und rechtschaffener Mann, der mit einer wunderschönen Frau verheiratet war. Der Mann liebte seine Frau abgöttisch und las ihr jeden Wunsch von den Augen ab. Die Frau jedoch mochte ihren Gatten nicht sonderlich, sie hielt ihn für unterwürfig und schwach. Nach nur wenigen Jahren Ehe fand sie einen stürmischen Liebhaber, dessen Stärke und Ausstrahlungskraft sie völlig erlegen war. Immer öfter dachte sie nun daran, ihren Mann zu verlassen, damit er ihrer Verbindung mit dem Geliebten nicht länger im Wege stünde. Als ihr Mann einmal nicht zu Hause war, suchte die Frau eine böse alte Hexe auf und bat sie um ihre Hilfe. Die Hexe sollte ihr eine Frauenleiche beschaffen, deren Äußeres dem ihren so ähnlich wie möglich war, damit sie ihren eigenen Tod vortäuschen konnte.

Nach ein paar Wochen hatte die alte Zaubermeisterin schließlich einen weiblichen Leichnam aufgetrieben, der tatsächlich eine verblüffende Ähnlichkeit mit der Auftraggeberin aufwies. Nachdem der Mann am folgenden Morgen das Haus verlassen hatte, um draußen seinen Geschäften nachzugehen, platzierten die beiden Frauen die Tote im Schlafraum des Paares. Dem armen Gatten sollte glauben gemacht werden, dass seine Frau plötzlich verstorben sei, denn eine Frau hatte in dieser Zeit nicht das Recht, ihren Angetrauten zu verlassen. Erst nach Einbruch der Nacht kam der Ahnungslose wieder nach Hause zurück und sah die Hexe an seiner Tür stehen, die ihm die Nachricht überbrachte. Bestürzt rannte der Mann ins Haus. Im nur von Kerzen beleuchteten, halbdunklen Schlafraum hielt er die Tote in der Tat für sein verblichenes Eheweib. Vom Schmerz überwältigt schrie und schluchzte er viele Stunden lang. Nicht der geringste Zweifel stieg in ihm auf. Im Morgengrauen wurde die Tote noch vor Aufgang der Sonne verbrannt und der Mann füllte ihre Asche in ein Fläschchen, das er fortan Tag und Nacht an seinem Körper trug. Unentwegt musste er sich seiner großen Liebe erinnern.

Die Frau hatte derweil mit ihrem Geliebten den Bund der Ehe geschlossen. Aber es dauerte nicht lange, bis sie auch diesen Mann nicht mehr mochte und ihn widerlich und abstoßend fand. Seine fordernde Art wurde ihr bald lästig, sie fand keine Befriedigung mehr darin, sich ihm lustvoll zu unterwerfen. Heimlich sehnte sie sich nach ihrem schwachen, aber liebevollen Mann zurück, den sie so gemein getäuscht hatte.

»Über die Freude meiner Rückkehr, wird er sicherlich alles \
vergessen«, dachte sie sich eines Nachts und überlegte, welche Ges
sie ihm wohl auftischen könnte. Am nächsten Morgen gi
schnurstracks zu dem einst gemeinsam bewohnten Haus zurück,
die Tür auf und sprach: »Schau nur, ich bin wieder da!« Doch de
nahm sie kaum zur Kenntnis. »Ich bin's, deine Frau«, schrie sie ihn an und trat ganz nah an ihn heran. Der Mann ließ seinen Blick ganz kurz über ihr Gesicht streifen, dann senkte er seinen Kopf wieder und sprach: »Meine Frau ist tot, nur ihr Bild lebt noch in meinem Herzen. Warum kommt Ihr hierher, um mich so zu quälen?« Noch drei weitere Male redete die Frau auf ihn ein, schüttelte ihn an den Schultern und schaute ihm tief in die Augen. Doch der Anblick der toten Frau hatte das Bild der noch lebenden ausgelöscht. Der Mann erkannte sein einstiges Weib nicht mehr, weil der große Schmerz in seinem Herzen alles überstrahlte.

Kommentierungen

Was du heute säst, das wirst du einst ernten.

Wer andere betrügt, erleidet am Ende selbst den Schaden, den er anderen verursachte.

Andere Kommentare fokussieren auf das Verhalten des Mannes:

Die Erinnerung und das Verhaftetsein an das Vergangene versperren oftmals den Blick auf die Wahrheit des Augenblicks.

Ohne Klarheit der Unterscheidung ist keinerlei gutes Urteil möglich. Viele folgen vertrauensvoll falschen Lehren und selbst der Blick auf die Wirklichkeit belehrt sie nicht eines Besseren.

Wer die Wahrheit, die vor seinen Augen liegt, nicht erkennen will, wird zum Opfer seiner eigenen Selbsttäuschung.

Gier trübt den Blick der Menschen

Es gab einmal einen sehr einfältigen Mann, der ständig durstig war, ganz egal, ob die Tage heiß oder kühl waren. Kaum sah er irgendwo etwas Trinkbares, stürzte er alles sofort gierig in sich hinein und gab nicht eher Ruhe, bis alles restlos seinen Schlund hinuntergelaufen war. An einem heißen Sommertag glaubte er einmal, unbedingt ein trockenes Steppengebiet durchqueren zu müssen. Bald schon quälte ihn brennender Durst. Weil er nicht planvoll handelte, hatte er nur zwei Wasserflaschen dabei. Nach nur kurzer Zeit waren beide restlos geleert. Wie er so kraftlos und ohne Wasser durch diese staubige Gegend schritt, bemerkte er plötzlich ein durch die große Hitze entstandenes Luftflirren, das er in diesem Augenblick für vom Himmel strömendes Wasser hielt. Kaum hatte er dieses Phänomen entdeckt, verschwand es sogleich vor seinen Augen, nur um kurz darauf etwas weiter entfernt erneut zu erscheinen. Wie ein Verrückter rannte er jetzt jedem dieser ständig auftauchenden Trugbilder hinterher, ohne jedoch auch nur einen einzigen Tropfen Wasser zu erheischen und seinen quälenden Durst stillen zu können. Stundenlang stolperte er so in blinder Rage durch die Gegend, bis er am Ende tatsächlich an den großen Fluss gelangte, der die Grenze zwischen der unwirtlichen Steppe und den fruchtbaren Feldern des Südens bildete. Doch plötzlich geschah etwas Unerwartetes. Beim Anblick des wirklichen Wassers mochte der Mann gar nicht mehr trinken. Die Bauern von der anderen Seite des Flusses schauten ungläubig zu ihm herüber. »Warum stillst du deinen Durst nicht?«, fragten sie erstaunt, denn sie hatten ihn völlig erschöpft herbeitorkeln sehen. »Dieser Fluss ist so groß, ich kann ihn nicht leer trinken«, seufzte der Mann und rief zum anderen Ufer hinüber: »Wenn ich eine Sache nicht vollständig haben kann, dann verzichte ich lieber darauf!« Voller Unverständnis schauten die Leute einander an und waren sprachlos.

Kommentierungen

Gier ist der Grund allen Leidens. Ob du nun bekommst, was du begehrst, oder nicht, sie ist stets unstillbar.

Solange noch verlangendes Denken herrscht, ist das Herz voller Unruhe. Edel und erhaben ist allein der Zustand der Begierdelosigkeit. Sie allein sollte stets die Richtschnur deines Denkens und Handelns sein.

Manche glauben, die Gelübde nicht einhalten zu können, daher l sie sie erst gar nicht ab. So bleiben sie auf immer und ewig im Kre von Geburt und Tod gefangen. Folge der Lehre, so gut du kanns verzweifele nicht, wenn du in einem Leben nicht alles erreichst.

Der Gipfel der Dummheit

Es lebte einmal ein Mann, der sieben Söhne hatte. Eines Tages während der Regenzeit wurde einer von ihnen schwer krank. Der Mann ließ einen Arzt rufen, der den Jungen gründlich untersuchte und dann erklärte: »In diesem Stadium ist seine Krankheit bereits unheilbar geworden. Wäret Ihr nur ein paar Tage früher gekommen, so hätte ich sicherlich noch etwas tun können, jetzt aber ist keine Rettung mehr möglich.« Kurze Zeit später starb der Knabe tatsächlich.

Der Mann bahrte das tote Kind für viele Tage in seinem Schlafraum auf und schickte die anderen Söhne ins Freie. Dann verschloss er das Tor und ließ niemanden mehr ins Haus. Mehrere Tage ging das so. Die Nachbarn wunderten sich. Schließlich klopfte einer mit einem Stock laut an die Pforte und rief nach innen: »Teurer Freund, warum begräbst du deinen verstorbenen Sohn nicht endlich und lässt deine lebenden Nachkommen zurück ins Haus gehen? Welchen Sinn hat es, wenn diese seither in Regen und Kälte auf der Straße leben müssen?«

»Du hast wohl nicht unrecht«, ertönte nach einiger Zeit die Stimme des Mannes aus dem Innern des Hauses. Da anschließend wieder Stille eintrat, pochte der draußen Stehende erneut gegen die Tür. »Da ist etwas, was du nicht verstehst«, erschallte es nun von drinnen.

»Was ist es?«, wollte der Nachbar sogleich wissen.

Auf dieses Drängen hin öffnete der Vater plötzlich die Tür und bat den Nachbarn herein. Als dieser im Raum mit dem verwesenden Leichnam stand, erklärte ihm der Hausherr: »Seht nur wie groß dieser Sarg ist und wie klein dagegen mein Sohn, der darin liegt. Ihn allein zu Grabe zu tragen ist nicht angemessen. Ich werde zuvor noch einen anderen Sohn von mir töten und ihn zu diesem auf die Bahre legen, dann erst wird sich ein Begräbnis wirklich lohnen. Doch da ist eine Stimme in mir, die mich davon abhält. Solange ich mit mir selbst noch nicht ins Reine gekommen bin, will ich daher meine Söhne besser draußen warten lassen.«[3]

Kommentierungen

Ein Mensch, welcher der Lehre nicht folgt, fällt leicht der Verwirrung anheim. Mit der gleichen Sorgfalt, mit der du deinen Augapfel vor jedem

[3] In einigen Fassungen wird tatsächlich ein zweiter Sohn getötet. In anderen ist anstelle der Sarggröße vom Arbeitsaufwand beim Ausheben einer Grabstelle die Rede.

Schaden schützt, genauso achtsam sollst du die Gelübde einhalten. Nur so wirst du an deinem Lebensende frei sein von jedweder Reue.

Hast du einen Fehler begangen oder etwas Falsches getan, so mache den Schaden unverzüglich wieder gut und ändere künftig dein Verhalten.

Ein Mensch, der seine Gelübde gebrochen hat, soll sogleich bereuen und Besserung geloben. Keinesfalls soll er sagen: »Ich werde erst morgen Buße tun und Opferhandlungen ausführen, so kann ich heute noch ein weiteres Mal die Gelübde brechen, damit sich die Reue auch lohnt.«

Gehe den Pfad der Reinheit und dulde keine Befleckungen.

Ein Kommentator erzählt eine weitere Geschichte, um die Sinnbotschaft dieser Episode zu verdeutlichen: Meister Fa Yu lebte einst in einem Kloster in Changsha und war dort für Ordnung und Sauberkeit der großen Tempelhalle verantwortlich. In diesem Kloster gab es einen ihm unterstellten Mönch, dessen Aufgabe es war, jeden Morgen als Erster in der Halle zu erscheinen, um dort die Kerzen und das Räucherwerk vorzubereiten. Doch dieser Mönch war schon seit einiger Zeit dem Trunke stark zugeneigt, so kam es immer öfter vor, dass er morgens verschlief. Wenn die anderen Mönche dann bei Anbruch des Tages in die Halle kamen, brannte weder das Räucherwerk noch leuchtete eine Kerze vor dem Buddha-Altar. Mehrmals ermahnte Meister Fa den Mönch, doch es folgte keine ernsthafte Bestrafung. Die Folge war, dass es mit diesem Glaubensbruder immer schlimmer wurde. Schließlich verstieß er auch noch gegen viele der anderen Gelübde, die er als Mönch genommen hatte. Als der Abt des Klosters, der ehrwürdige Dao An mitbekam, was in der Tempelhalle geschah, für die Fa Yu zuständig war, musste er schließlich selbst eingreifen. Aber er wollte Fa Yu nicht direkt tadeln. So ließ er ihm ein verschlossenes Bambusrohr überbringen, in das er einen Zweig von einem spitzzackigen Dornenstrauch gesteckt hatte. Normalerweise wurde im Tempel in solchen Behältnissen das feine Räucherwerk verwahrt. In Gegenwart aller Mönche der Tempelhalle öffnete Fa Yu das Bambusrohr, sodass jeder sehen konnten, was darin verborgen war. Alle verstanden diese Anspielung und noch am gleichen Tag wurde beschlossen, sich von diesem schlechten Gefährten zu trennen, der die Regeln des Mönchslebens so hartnäckig und dauerhaft missachtete.

Du kannst nicht auf jeden zählen, der dich Bruder nennt

Es lebte einmal ein Mann von stattlichem Wuchs und großem Wissen, der nahezu umfassende Kenntnisse über die Dinge des Lebens besaß. Sein Benehmen anderen Menschen gegenüber war stets vorbildlich; außerdem war er nicht unvermögend. Alle, die ihn kannten, sprachen nur Worte der Anerkennung und des Lobes über ihn. In seiner Umgebung lebte nun ein dreister Bursche, der es auf das Geld dieses reichen Bürgers abgesehen hatte. Vor aller Augen trat er ständig an den Vornehmen heran und umschmeichelte ihn Tag um Tag mit Lobhudeleien. Stets redete er ihn dabei mit »mein teurer großer Bruder« an. Eines Tages hatte er den allseits geschätzten Mann so sehr weichgeklopft, dass dieser ihm tatsächliche eine stattliche Summe Geld lieh, die der junge Mann hoch und heilig innerhalb eines Monats zurückzuzahlen versprach.

Ein Mondenlauf verstrich und noch ein weiterer und auch ein dritter, doch der reiche Gönner wartete vergeblich auf die Rückzahlung. Der wohlhabende Mann merkte zwar, dass er hereingelegt worden war, dennoch kam es ihm – seiner feinen, vornehmen Art entsprechend – nicht in den Sinn, lautstark die Rückzahlung seiner Schulden zu fordern oder seinen Gläubiger gar öffentlich anzuprangern.

Den Menschen im Umkreis der beiden war nicht entgangen, was sich zugetragen hatte. Ärgerlich über das Verhalten des treulosen jungen Mannes sprachen ihn die Leute hin und wieder diskret auf sein Verhalten an. Doch nichts geschah. Im Beisein einer großen Gruppe ehrbarer Bürger stellte ihn eine alte Frau schließlich öffentlich zur Rede: »Dein ›großer Bruder‹ wartet noch immer auf sein Geld, das du schon vor längerer Zeit von ihm geliehen, aber noch immer nicht zurückgezahlt hast. Gehen denn so Brüder miteinander um?« Doch der Bursche war keineswegs unangenehm berührt von diesen Worten. Im Gegenteil, er lachte laut und verkündete mit höhnischer Stimme: »Bääh, den habe ich doch nur so genannt, um an sein Geld zu kommen, häh, häh.« Die Umherstehenden, die diese Worte vernahmen, wussten nicht, was sie noch hätten sagen sollen. Peinlich berührt, lächelten sie nur.

Es gibt noch eine Variation dieser Geschichte: Der junge Bursche erklärt sich zunächst öffentlich zum »Bruder« des angesehenen reichen Mannes. Doch kurze Zeit später entdeckt er, dass dieser Schulden hat und seine Gläubiger bedienen muss. Aufgrund seines schlechten Rufs verkündet er nun plötzlich, dass er mit diesem Mann nichts zu schaffen habe.

Kommentierungen

Der Bauernschlaue mag oft gewinnen. Doch er findet nirgendwo Freunde. Allgemeine Missbilligung und Verachtung ist der Preis, den er für sein Verhalten zu entrichten hat.

Manch einer gibt sich als ein Jünger des Buddha aus, verfolgt dabei aber nur seine eigenen Interessen. Fallt daher nicht auf wohlfeile Worte herein; achtet allein auf die Taten der Menschen.

Begierde und Selbstsucht loslassen, das ist das Herz der Chan-Übung. Wer nur seiner Vorteile wegen übt, verbleibt im Staub der irdischen Welt.

Wer die Gunst anderer erfährt, und sei es auch nur durch einen einzigen Tropfen Wasser, der soll solches Tun mit Gutem vergelten, auf dass alle Quellen stets reichlich fließen.

Ein Kommentar erklärt das zurückhaltende Verhalten des betrogenen Mannes zur wahren Tugend und zeigt anhand einer weiteren Geschichte, wie Streit und Rechthaberei immer nur zerstören: Drei Mönche kamen einmal an einem kleinen Tempel vorbei, der leer und verlassen in der Landschaft stand und zu einer Ruine zu werden drohte. »Warum ist diese Stätte so heruntergekommen?«, fragten sich die drei. »Die Mönche, die hier lebten, waren nicht fromm und aufrichtig; daher konnte der Geist des Bodhisattva nicht an diesem Ort verweilen«, erklärte einer der Mönche. »Nein, nein«, rief der zweite Mönch dazwischen, »die Glaubensbrüder hier waren einfach nur faul und träge. Niemand hat die zerbröselnden Mauern repariert, die verblassten Wände neu gestrichen und das morsche Holz der Treppen durch neues ersetzt – das war der einzige Grund.« »Ganz falsch«, verkündete nun der dritte: »Die Gemeinschaft, die früher an diesem Ort lebte, hat die Rituale nicht richtig gepflegt; daher sind im Lauf der Zeit erst die Pilger aus der Ferne und am Ende auch die Laien aus der näheren Umgebung weggeblieben. Ohne deren Spenden musste alles zwangsläufig zugrunde gehen.«

So stritten die drei ohne Unterlass und keiner war bereit nachzugeben. Doch kurz darauf ging ihnen in einer lichten Stunde auf, dass auf diese Weise kein Fortkommen zu erzielen war. So kamen sie schließlich überein, jetzt einfach einmal gemeinsam anzupacken und die Anlage wieder in Schuss zu bringen. Der erste Mönch war fromm und der Lehre treu ergeben, belesen in den Sutren rezitierte er den ganzen Tag und unterwies einen jeden, der zu dieser Stätte kam. Der zweite Buddhajünger war ein guter Handwerker. Mit Mauerkelle, Hammer und Säge behob er zunächst die allergröbsten Schäden. Danach renovierte er auch die Schlafstätte der Mönche, die große Buddhahalle und die Altarräume. Der dritte begann sogleich wieder die alten Feiern und Rituale zu organisieren. Bald darauf kamen von nah und fern immer mehr Menschen in dieses neu auferstandene Buddha-Haus.

Nach nur kurzer Zeit war durch das entschlossene Wirken der kleine Tempel wieder zu einer Stätte gelebter Religiosität geworden. Aber in dem Augenblick, in dem sich die drei der Frucht ihrer Anstrengungen bewusst wurden, begann der alte Streit leider von Neuem: »Allein meiner Frömmigkeit und unablässigen Rezitation ist dieser Aufstieg zu verdanken«, verkündete der Erste. »Ganz falsch«, erwiderte der Zweite mit lautstarker Stimme: »Ohne meinen Fleiß und mein handwerkliches Geschick wäre dieser Ort noch genauso verlassen wie an dem Tag, als wir hierherkamen.« – »Ihr habt beide unrecht«, verkündete nun der Dritte: »Meine feierlichen Rituale und Handlungen und nichts anderes war es, das die Menschen wieder hierher brachte und den Tempel erneut aufblühen ließ.«

Ohne Unterlass schlugen sich die drei ihre Argumente um die Ohren, wessen Verdienst am größten sei. Da sie nicht nur stritten, wenn sie unter sich waren, sondern genauso gern und oft in aller Öffentlichkeit, fühlten sich die Besucher bald angewidert vom Gezänk dieser Robenträger. Nach und nach kamen immer weniger Gläubige an diesen Ort, wo sie nur auf Neid und Missgunst trafen. Mit der Zeit verfiel der Tempel erneut. Nur Ruinen blieben zurück.

Der entlarvte Dieb aus den Bergen

Ein einfacher Mann aus den Bergen kam einmal am Palast des Königs vorbei. Es war zur Mittagszeit und die Sonne brannte heiß vom Himmel. Da dieser Mensch nur selten in der großen Stadt war, beobachtete er alle Dinge um sich herum sehr aufmerksam und voller Neugier. Plötzlich fiel ihm auf, dass der Wachmann vor dem Tor zur königlichen Kleiderkammer in einen tiefen Schlaf gefallen war und laut vor sich hin schnarchte. Der gerissene Bursche nutzte diese Gelegenheit, schlüpfte unbemerkt durch die geöffnete Pforte, schnappte sich ruck, zuck an Seiden- und Brokatgewändern, was er mit beiden Armen fassen konnte und suchte dann in Windeseile das Weite. Nachdem er die Beute in den Taschen seines Tragesels verstaut hatte, kehrte er wieder in sein Bergdorf zurück, wo er die kostbaren Stoffe heimlich in seinem Keller versteckte. Beim Ausladen hatte ihn jedoch einer seiner Nachbarn beobachtet. Obwohl die Dörfler sonst wie Pech und Schwefel zusammenhielten, sprach sich diese Sache sofort herum. Bald erfuhren auch vorbeiziehende Soldaten davon und über sie gelangte die Nachricht bis in den Palast, wo der König den Verlust seiner teuren Kleider inzwischen bemerkt hatte. Kaum hatte man ihm die Mitteilung zugetragen, machte er sich persönlich auf, um den Dieb zu ergreifen und sein Eigentum zurückzuholen. Als seine Soldaten das Haus des Bauern durchsuchten und im Keller schließlich die geraubten Seidenbrokate fanden, stellte der König den Mann zur Rede. »Ihr werdet es kaum glauben«, erwiderte dieser unverfroren, »aber diese Dinge sind seit jeher Eigentum unserer Familie, mein Vater trug sie schon und auch mein Großvater; nach dem Tode meiner Eltern sind sie mir als Erbe zugefallen, da ich der älteste Sohn der Familie bin.«

»Nun, wenn sie dir gehören«, sprach der König und lachte laut, »dann weißt du sicherlich auch, wie man solche Kleidungsstücke richtig trägt!« – »Natürlich«, entgegnete der freche Dieb, ohne mit der Wimper zu zucken. »Dann leg sie einmal vor unseren Augen an!«, forderte ihn der Herrscher auf. Ohne weiteres Nachdenken griff der Bauer zu den kurzen gestickten Beinkleidern und streckte seine Arme durch die Öffnungen, weil er das ganze für ein Hemd hielt, so wie es die Landleute an Festtagen tragen. Als Nächstes schnappte er sich den großen Brokatumhang und wickelte ihn um seinen Bauch, da er vermeinte, dass es sich um eine besonders schöne Schürze handele.

»Du bist entlarvt!«, schrie der König, der über die Dreistigkeit des Mannes plötzlich sehr zornig wurde, »wären diese Dinge Eigentum deiner Familie und hätten deine Vorfahren sich jemals mit ihnen geschmückt, dann würdest du wohl wissen, was man oben und was man unten trägt.«

Kommentierungen

An ihren Taten erkennt ihr die Menschen.

Wer den Dharma tief durchdringt, der weiß diese Lehre im Leben umzusetzen; ein solcher handelt stets weise, weiß zwischen oben und unten zu unterscheiden und begeht keine groben Fehler.

Nur wer der Lehre wahrhaft folgt, bei dem sind alle Dinge am rechten Platz.

Ein erleuchteter Augenblick in einer Welt voller Schmerz ist noch kein Erwachen, eine Ahnung des Höchsten noch nicht die Einsicht in die wahre Natur aller Dinge. Die Übung der Versenkung ist nicht das Verschwindenlassen der Welt, sondern gleich dem Schlagen einer Öffnung in eine große Mauer. Der Blick durch das dabei entstehende Loch hilft zu erkennen, was wahr und was falsch ist. Doch erst, wenn keinerlei Begierde den Geist mehr trübt, ist das Erwachen vollständig und alle Begrenzungen erlöschen in offene Weite.

Ein Kommentar versucht dieses Gleichnis anhand einer Geschichte aus der chinesischen Chan-Tradition zu deuten: Der Gelehrte Han Yu besuchte einst den Meister Bao Yu in dessen Tempel. Nachdem sie zur Begrüßung einige höfliche Worte ausgetauscht hatten, stellte Han Yu dem Meister unvermittelt eine Frage: »Wie viele Frühlinge und Herbste währt es schon?« Statt eine Antwort zu geben, nahm Bao Tang seine Perlenkette und begann leise zu rezitieren. Nach einer Weile frage er: »Weißt du es?« Der Gelehrte schüttelte den Kopf. »Einhundertacht am Tag und in der Nacht«, sprach der Meister daraufhin. Han Yu wusste zwar, dass hundertacht die Zahl der Perlen ist, aus denen eine Gebetskette besteht, konnte mit dieser Antwort jedoch nichts anfangen. So stand er auf und ging wieder fort. Als er am folgenden Morgen erneut zum Tempel kam, traf er zunächst auf den hochbetagten Abt dieses Klosters, dem er von dem gestrigen Geschehnis erzählte, wohl in der Hoffnung, von ihm nun eine klärende Antwort zu erhalten. Doch der Mund des alten Mannes blieb verschlossen. Han Yu hörte nur, wie er laut und vernehmlich seine Backenzähne dreimal kurz aufeinanderstießen ließ. In diesem Augenblick kam Meister Bao dazu und tat das Gleiche.

»Aha«, sprach der Gelehrte leise, »so ist das also: Eins und ungeteilt sind alle Dinge. Mit der ersten Unterscheidung beginnt das Unheil. Und dann hacken die Worte alles in Stücke.«

Hinter überschwänglichem Tugendlob steckt oft etwas anderes

Es lebte einmal ein junger Mann, der sehr stolz auf seinen Vater war, den er, wie er überall kundtat, für den besten und edelsten Menschen auf der ganzen Welt hielt. Wann immer sich eine passende Gelegenheit bot, pries er in aller Öffentlichkeit überschwänglich die Tugend seines Erzeugers. »Groß und weit ist sein Herz, zu keiner Zeit hat er irgendjemandem auch nur den allergeringsten Schaden zugefügt. Niemals nimmt er etwas, das ihm nicht ausdrücklich gegeben wurde. Wenn er spricht, so kommen allein Worte der Wahrheit über seine Lippen. Anderen zu helfen ist stets sein oberster Grundsatz.«

Einmal befand sich ein frecher Bursche unter den Leuten, die wieder einmal diesen unablässigen Lobreden auf den guten und edlen Vater lauschen mussten. »Mit deiner eigenen Tugend steht es sicherlich längst nicht so gut«, warf dieser plötzlich ein, nachdem er eine Zeit lang zugehört hatte. Diese Worte ließen den jungen Mann recht ärgerlich werden. Insgeheim lobte er seinen Vater nämlich nicht nur aus uneigennützigen Motiven. »Die Leute werden wohl vom Vater auf den Sohn schließen, und mich dann in ebensolcher Weise wie meinen alten Herrn betrachten und wertschätzen«, war sein heimlicher, jedoch niemals ausgesprochener Hintergedanke. Nun hatte jemand mit einer forschen Behauptung genau auf diesen wunden Punkt gedeutet. Der Sohn war für einen Augenblick sprachlos. Dann überlegte er messerscharf. »Aber mein Vater ist trotz aller Verdienste dennoch nicht vollkommen«, entgegnete er plötzlich, denn er fühlte sich ja nun angegriffen und wollte sich verteidigen. Er überlegte einen Moment, welchen Vergleich er heranziehen sollte, um das Bild des Vaters dem seiner selbst ein wenig mehr anzugleichen, und sprach dann: »Wäre er völlig ohne Makel, so hätte er sein ganzes Leben als Mönch verbracht und sich aller geschlechtlichen Handlungen enthalten müssen.« – »Wer könnte ihn denn heute loben«, warf sogleich einer der Dabeistehenden ein, »wenn er dich gar nicht gezeugt hätte?« Da mussten alle laut loslachen.

Es gibt noch eine Version dieser Geschichte, die auf gleiche Weise beginnt. Dann jedoch steht einer der Zuhörer auf und erklärt: »Die Tugend meines Vaters ist noch viel größer als die des deinen!« Der Sohn schüttelt mit dem Kopf und will wissen, wie solches denn sein könne. Daraufhin erklärt der andere Mann: »Die Tugend meines Vaters ist vollkommen, weil er schon seit seinen Kindertagen und kaum dass sie erwachte, jeder Geschlechtlichkeit entsagte.«

»Wie kannst du dann heute unter uns sein«, rief einer der Umherstehenden sogleich dazwischen, »wenn er dich gar nicht gezeugt hat?« Über diese so treffliche Feststellung mussten alle laut loslachen.

Kommentierungen

Seid auf der Hut vor falscher und hohler Rede. Lobhudelei ist die Waffe der Heuchler, um ihre Ziele zu erreichen.

Wenn die Prahlhänse schließlich platzen, wie es nicht selten geschieht, dann sieht ein jeder sogleich, wie mickrig und lächerlich sie im Grunde doch sind.

Ein Kommentar versucht dieses Gleichnis mit einer anderen Geschichte zu illustrieren: In einem ehrwürdigen alten Tempel gab es einmal einen ungewöhnlichen Brauch, mit Mönchen umzugehen, die Verfehlungen begangen hatten. Niemand kritisierte sie öffentlich. Stattdessen mussten sich die Missetäter in die Mitte des Klosterhofes stellen, wo dann alle anderen Glaubensbrüder um sie herum einen Kreis bildeten. Keinem war es dabei erlaubt, über die Fehler und Unzulänglichkeiten der Mönche zu reden, die in der Mitte standen. Stattdessen trat nun einer nach dem anderen nach vorn und erklärte mit lauter Stimme, wo er die Vorzüge und edlen Eigenschaften derjenigen sehe, die aus welchen Gründen auch immer gestrauchelt waren. Hatten sich die in der Mitte Stehenden anfangs noch zutiefst geschämt und äußerst unwohl gefühlt, so schwoll ihnen von all den Lobesworten gar bald die Brust. Am Ende standen gar viele mit Tränen der Rührung in den Augen da, ob ihrer eigenen Verdienste. Auf diese Weise, so heißt es, sei in dem Tempel das schlechte Verhalten der Menschen geheilt worden.

Durch die Übung des Chan weicht die Unwissenheit. Erst wo diese schwindet, kann die Frucht des Erwachens reifen. Löst euren Blick von der Oberfläche der Dinge, lasst euch nicht umgarnen vom unendlichen Spiel der Formen, auf dass ihr nicht auf immer und ewig im Elend der Staubwelt verbleibt.

Wunschdenken ist wirr – das wirkliche Leben ist anders

Es lebte einmal ein einfältiger reicher Mann. Eines Tages besuchte er einen ebenfalls wohlhabenden Freund in dessen Haus. Dieser lebte in einer geräumigen Villa mit drei Etagen, wobei der dritte Stock der schönste von allen war. Hier waren die Räume besonders prunkvoll ausgestattet, mit feinen Schnitzereien, bunt bemalten Fenstern und alles gekrönt von einem herrlich geschwungenen Dach. Beim Anblick dieser Pracht erwachte in dem dummen Reichen sofort der Neid. Ein solch wunderbares Domizil wollte er ebenfalls besitzen. Sein eigenes Haus war zwar auch groß und schön, bestand aber nur aus einer einzigen ebenerdigen Etage.

Kaum war er von dem Besuch zurück, ging er zu einem der bekanntesten Baumeister des Landes und wollte wissen, ob er auch für ihn ein so majestätisches Haus mit drei Stockwerken errichten könne.

»Das ist kein Problem«, erwiderte der Meister. Ohne lange über den Preis zu verhandeln beauftragte ihn der Reiche, mit dem Bau unverzüglich zu beginnen. Bereits am anderen Morgen trafen die Bauleute ein und begannen das Fundament vorzubereiten. In nur sieben Tagen erstand so in unermüdlicher und fleißiger Arbeit der Rohbau des eindrucksvollen Gebäudes.

Doch dem Reichen ging das bei Weitem nicht schnell genug, er war ungeduldig und wollte nicht länger warten. Am Abend des siebten Tages erschien er persönlich auf der Baustelle und war ungehalten, dass der prunkvolle dritte Stock noch immer nicht fertig war. »Warum halten sich die Maurer und Zimmerleute so lange mit den beiden unteren Etagen auf?«, schallt er den Baumeister. »Ich brauche die unteren Stockwerke überhaupt nicht«, rief er mit lauter Stimme, »untere Stockwerke hat doch jedes andere Haus auch! Baut mir eine schöne dritte Etage, das allein reicht mir!« Der Meister und die Handwerker wollten ihm den Sachverhalt erklären, doch der wohlhabende Mann hörte nicht zu: »Ich will einen dritten Stock, größer und schöner als der meines Freundes, sonst verlange ich nichts von euch!«

Die Bauleute lachten laut, als sie diese törichten Worte vernahmen. Sie warfen die Brocken hin und gingen ärgerlich fort. Jeder vernünftige Mensch wusste, dass solch ein Wunsch unerfüllbar ist. Das Haus blieb unvollendet.

Kommentierungen

Wer nicht bereit ist, die Ordnung der Dinge zu verstehen, wird am Ende scheitern.

Illusionen sind schön, doch wer ihnen verfällt, geht verloren.

Für alles, was du erreichen willst, musst du zunächst eine Grundlage schaffen. Das gute und rechte Handeln ist das Fundament wahren Glücks, auf andere Weise ist es nicht zu erlangen.

Hass, Neid und Gier sind die schlimmsten Geistesgifte. Wer ihnen erliegt, verharrt in Unwissenheit und Verblendung. Der Buddhalehre folgen heißt, ethisch leben, sich auf rechte Weise versenken und nach wahrem Wissen streben. Alle diese drei Bereiche sind wichtig. Wissen allein genügt nicht, um die Erleuchtung zu erlangen.

Ein Mann tötet seinen Sohn, um seine Lebenslüge zu retten

Im alten Indien lebte einmal ein alter Brahmane, der sich selbst für einen weisen Mann hielt und davon überzeugt war, aus der Stellung der Gestirne am Nachthimmel die Zukunft exakt vorhersagen zu können. So prophezeite er seinen Mitmenschen oft, dass dieses oder jenes eintreten werde, glückverheißende ebenso wie unheilvolle Ereignisse. Der Brahmane hegte niemals auch nur den geringsten Zweifel, dass seine Voraussagen womöglich nicht eintreten könnten. Eines Tages, als er einmal als Gast bei einer angesehenen Familie zu Tisch saß, und sein kleiner Sohn gerade auf seinen Schoß klettern wollte, begann der Mann plötzlich fürchterlich laut zu schluchzen. »Was ist los mit dir?«, wunderten sich die Leute. »Ich hatte soeben eine Vision«, erklärte der Brahmane, »und weiß nun, dass dieses, mein geliebtes Kind in exakt sieben Tagen sterben wird.«

Der Gastgeber und die um den Tisch Sitzenden versuchten den verzweifelten Mann zu trösten und sprachen zu ihm: »Keiner von uns weiß, zu welcher Zeit der Tod ihn ereilen wird. Und das ist auch gut so. Die Urteile der Menschen sind oft voller Fehler, so wird auch deine Schauung bloß eine Selbsttäuschung gewesen sein. Ganz sicher wird dein kleiner Sohn auch nach Ablauf von sieben Tagen noch ebenso gesund und munter sein wie jetzt, in eben diesem Augenblick. Hör daher auf damit, dir unnötige und unbegründete Sorgen zu machen.« Doch der vermeintlich weise Seher ließ sich durch diese Worte nicht beeindrucken, stattdessen erklärte er mit versteinerter Miene: »Das Licht der Sonne oder des Mondes mag erlöschen, selbst Sterne stürzen mit leuchtendem Schweif von der Himmelskuppel herab, aber dass meine Voraussagen nicht eintreffen, solches ist noch nie geschehen. Auch in aller Zukunft werden sie sich stets und unter allen Umständen bewahrheiten.«

Sieben Tage gingen ins Land und der Mann wurde Stunde um Stunde betrübter. Doch noch lebte das Kind und zeigte keinerlei Anzeichen von Krankheit. Kurz vor Anbruch des achten Tages ging der Mann um Mitternacht wortlos in die Schlafkammer seines Sohnes und erwürgte ihn mit eigenen Händen. Am anderen Morgen standen die Menschen sprachlos um den Leichnam des Kindes herum. »Furchtbares ist geschehen«, erklärte der Brahmane, »eine starke und unwiderstehliche Kraft hat mich getrieben, und mir blieb keine andere Wahl, als selbst Hand anzulegen, damit die geschaute Schreckensvision Wirklichkeit werden konnte.« Die Leute schauten ihn entsetzt an, doch so seltsam es klingt, von diesem Augenblick an war auch der Letzte im Land von den prophetischen Fähigkeiten dieses Mannes überzeugt.

Kommentierungen

Tiger sind gefährlich, doch sie fressen nicht ihre eigenen Jungen. Wie anders ist der Mensch!

Wer die Wirklichkeit allein anhand seiner vorgefertigten Vorstellungen und Ideen formen will, der geht in die Irre.

Eitelkeit ist ein schlimmes Geistesgift. Hässlich werden alle, die ihr verfallen. Wenn sie am Ende zur Wirklichkeit erwachen, schmerzt es furchtbar.

Ein Kommentator sieht diese Geschichte als Metapher für die Unzulänglichkeit aller menschlichen Pläne und Handlungen: Was denkbar ist, kann widerlegt werden, alles Planbare ist letztlich vergeblich. Allein das Undenkbare, das keinerlei berechnendes Streben zulässt, ist vollkommen. Wo der Geist sich sammelt, weicht alle Verwirrung. Alle Gedanken kehren am Ende zurück zu dem Einen, alles Leid verflüchtigt sich in Leere.

Ein anderer Kommentator versucht anhand einer weiteren kleinen Geschichte eine Deutung zu liefern, die erklären soll, dass Aufrichtigkeit und redliches Handeln wichtiger sind als Schlauheit und Bücherwissen, wie es seinerzeit der Brahmanenstand pflegte: Es lebte einmal ein alter Meister, der zwei Schüler hatte, der erste war schlau und redegewandt; welche Aufgabe er auch anpackte, mit Geschick und Erfindungsreichtum konnte er fast alle Probleme erfolgreich lösen. Der zweite Schüler hingegen war behäbig und manchmal auch ein wenig einfältig. Obwohl aufrichtig und fromm, gutherzig in allem und fleißig beim Studieren, gingen ihm die Dinge nur langsam von der Hand. Das meiste wollte nicht auf Anhieb klappen und manches gar nicht. Als der Meister alt geworden war und fühlte, dass sich seine Zeit bald dem Ende näherte, wollte er herausfinden, welcher der beiden am besten geeignet sei, später in seine Nachfolge zu treten.

Der alte Mann sagte sich: »Ich will einen kleinen Wettbewerb veranstalten; wer die gestellte Aufgabe am besten meistert, der soll mein Nachfolger werden.« Zu diesem Zweck bereitete er zwei kleine Päckchen vor, in die er dieselben Dinge tat und sie dann unbemerkt in den Klausen seiner beiden Schüler an einer nur schwer auffindbaren Stelle versteckte. Am Morgen des nächsten Tages forderte er die beiden auf, ihre Schlafräume einmal gründlich nach einem dort versteckten Gegenstand abzusuchen und ihm zu sagen, um was es sich handele. Schon nach zehn Minuten kam der schlauere seiner Schüler schnellen Schrittes zurück, packte das geöffnete Päckchen auf den Tisch des Meisters und erklärte: »Darin sind Silbermünzen und Geldscheine, die in zwei Schriftrollen eingewickelt wurden.« – »Du bist zielsicher in allem was du tust«, erwiderte der alte Lehrer und prophezeite ihm, dass er es im Leben einmal weit bringen werde. Der zweite Schüler dagegen war längst nicht so schnell und musste den ganzen Tag suchen, bis er das Päckchen endlich fand, das vom Meister genauso wie beim ersten Schüler in die leinenumhüllte Strohmatte eingenäht worden war. Nur wer die Fäden genau betrachtete, konnte sehen, dass hier jemand etwas hinzugefügt und dann die Naht wieder verschlossen hatte.

Erst am Abend sah man ihn langsam zur Klause des Meisters gehen, wobei er etwas in seinen Händen hielt, das er mit großem Interesse las. Auf die Frage, was sich denn nun in dem Päckchen befände, berichtete der Schüler, dass es sich um zwei Schriftrollen mit Sutrentexten handele. »Was sonst noch?«, wollte der Meister wissen. Der junge Mönch schaute verunsichert im Raum umher und konnte keine Antwort geben. »Warum hast du nicht nachgeschaut?«, hakte der alte Mann sofort nach. »Der erste Text war neu für mich, ich hatte ihn noch nie zuvor in unserem Kloster gesehen«, antwortete der, »da ich ihn nicht kannte, habe ich gleich zu lesen begonnen und ganz vergessen, weiter nachzuschauen.«

»Ein treuer und aufrichtiger Jünger der Buddhalehre bist du«, beschied ihm sein alter Meister. In diesem Augenblick hatte er sich entschieden, diesen Schüler zu seinem Nachfolger zu bestimmen.

Hitze und Kühle gleichzeitig

Es gab einmal einen sehr einfältigen alten Mann, in dessen Haus sich einige Töpfe mit kandierten altem Honig angesammelt hatten. Eines Tages kündigte sich ein reicher Bewohner der Stadt mit einigen seiner Gefolgsleute bei ihm zu einem Besuch an. Um die Gäste mit dem Wenigen, was er besaß, gut zu bewirten, wollte der alte Mann den Honig wieder verflüssigen. Zu diesem Zweck bereitete er ein Feuer und begann, die kandierten Stücke in einem Topf allmählich zu erhitzen. Da die feste Masse zunächst nur langsam zu schmelzen begann, legte er bald noch einen weiteren Holzscheit aufs Feuer. Schnell wurde der Honig flüssig. In diesem Augenblick traf auch schon die Gästeschar ein. Beim Anblick der vielen Leute um ihn herum geriet der Hausherr in Panik, griff zu einem Fächer, um Kühle in den Topf zu wedeln, während unten die Flammen heftig empor schlugen. »Wie kann man von oben kühlen, während man unten gleichzeitig das Feuer schürt?«, fragte ihn der Diener des reichen Besuchers, grinste und versuchte, den alten Mann zu belehren: »Solange du das Feuer nicht zum Erlöschen bringst, kannst du von oben so viel Kühle zufächeln, wie du willst, das nützt gar nichts.« – »Nur keine unnütze Geschäftigkeit«, bemerkte dann noch einer der anderen Gäste, »mach einfach die Flamme aus, dann wird der Topf von selbst kalt.« Verdutzt schaute der alte Mann auf. Bei diesem Anblick mussten alle Dabeistehenden laut loslachen.

Kommentierungen

Es ist nicht nötig, deine störenden Gedanken gewaltsam zu unterdrücken. Sitze nur einfach still, dann wird dein Geist von selbst klar. Auch das Feuer deiner Sinne musst du nicht gewaltsam ersticken, lege lediglich kein neues Holz auf, dann verlischt es von selbst.

Alle Dinge gehen vom Geist aus, wer ihn beherrscht, meistert alles.

Wer widersprüchlich handelt, erreicht seine Ziele nicht. Richtet euren Blick stets auf das, was euch am Fortschreiten hindert.

Es gibt Menschen, die harte Selbstkasteiung üben, sich lange Zeit jedweder Nahrung enthalten und ihr Nachtlager nur auf spitzem Dornengestrüpp aufschlagen. Solche Asketen quälen sich selbst auf alle nur denkbare Weise. Doch solange ihre fünf Sinne noch nach Erfahrung lechzen, lodert die Unruhe in ihrem Geist. Die Selbstmarterung allein wird daher nicht zum Ziel führen.

Wer wahrhaft den Chan übt, der gleicht einem alten Baum, der hoch hinein in den Himmel wächst. Geheimnisvoll und jenseits des Alltäglichen, schwer zu erreichen ist die höchste Sphäre der Welt. Daher handle niemals unüberlegt.

Handle nicht in Panik, sondern stets besonnen und planvoll. Wenn du am Ende nicht mehr weiter weißt, fürchte dich nicht, um Hilfe zu flehen, auf dass dir schließlich widerfährt, was andere die Erleuchtung nennen.

Ein wirklicher Beweis

Eine große Gruppe von Menschen saß einmal in einer großen Halle zusammen und sprach über die moralischen Qualitäten eines den Anwesenden allen bekannten Mannes, der jedoch zu dieser Stunde nicht unter ihnen weilte. Mitten in dieser Diskussion stand einer der Versammelten unvermittelt auf und erklärte mit lauter Stimme: »Dieser Mensch ist im Kern gut, er besitzt lediglich zwei negative Eigenschaften: Erstens wird er sehr schnell zornig und zweitens ist er äußerst leicht reizbar.« Völlig unerwartet trat in diesem Augenblick derjenige, über den gerade gesprochen wurde, in die große Halle ein. Als er diese Worte vernahm, war ihm sofort klar, von wem hier die Rede ist. Im Nu entbrannte heller Zorn in ihm. Er stürzte sich auf den Sprechenden, packte ihn am Kragen und verpasste ihm ein paar satte Ohrfeigen. »Wie kannst du die Frechheit besitzen zu behaupten, ich sei leicht reizbar und zornig?« Die Anwesenden blickten alle auf den Angreifer und riefen empört: »Was du gerade getan hast, zeigt doch, von welcher Wesensart du bist – oder etwa nicht?«

Kommentierungen

Handelt nicht im Überschwang oder aus Zorn heraus. Solches Handeln wird immer falsch sein; bereut aufrichtig, wenn es doch einmal geschieht. Einen Fehler zu begehen ist menschlich, das eigentliche Problem ist, sich nicht zu ändern.

Hasst nicht die, die euch kritisieren, ihr könnt von ihnen lernen.

Akzeptiert Kritik und öffnet euer Herz. Tausend Ströme fließen ins Meer und es wird stets nur größer davon.

Auch ein Mensch, der sich im Recht wähnt und glaubt in einer Sache bewandert zu sein, sollte der Meinung anderer Beachtung schenken. Wer Worte über sich vernimmt, die seinen Ohren nicht schmeicheln, sollte besser bescheiden schweigen, als heftig auf Vergeltung zu sinnen. Ansonsten wird eigener Schaden nicht lange auf sich warten lassen.

Das Menschenopfer

Im alten Indien lebte einmal ein reicher Kaufmann. Eines Tages entschloss sich dieser Mann, seinen Handel auszubauen, um künftig noch größere Gewinne zu erzielen. So fasste er den Plan, in ferne Länder zu reisen, um dort kostbare Waren für den einträglichen Weiterverkauf zu erwerben. Da er sein bisheriges Leben stets am selben Ort verbracht hatte und mit fremden Gefilden nicht vertraut war, überlegte er lange Zeit, wie ein solch großes Unterfangen wohl richtig durchzuführen sei. Seine Verwandten rieten ihm, unbedingt einen wegkundigen Begleiter mitzunehmen. Der Mann hielt das für eine gute Idee und hielt nach einer Person mit entsprechender Erfahrung Ausschau. Bald hatte er jemanden gefunden, der bereit und willens war, ihn auf dieser gefahrvollen Reise zu führen.

Gemeinsam mit einem Tross aus Angehörigen und Dienern brachen sie kurze Zeit später auf. Nach einigen Wochen gelangten sie an den Rand einer ausgedehnten Einöde, die die Gruppe nun durchqueren musste. Mitten in dieser unwirtlichen Gegend stand plötzlich ein großer steinerner Altar, der sich majestätisch aus der kargen Erde erhob und auf ein Blutopfer für die lokalen Schutzgötter wartete. »Wir brauchen Schutz für unserer Reise«, erklärte der Händler seiner Truppe mit lauter Stimme: »Alle von euch wissen um den Brauch in unserer alten Heimat, bei solchen Gelegenheiten den Göttern einen Menschen zu opfern, damit sie uns ihren Beistand gewähren. Dass wir gerade jetzt auf diese Stätte treffen, sollte uns wohl an den noch zu leistenden Blutzoll erinnern.« Ängstlich zuckten die Anwesenden zusammen, als sie diese Worte vernahmen. Der Mann spürte die Stimmung seiner Begleiter und versuchte sie sofort wieder zu beruhigen: »Natürlich geht es nicht an, dass einer unserer Freunde oder Verwandten dafür sein Leben lassen muss!« Alle atmeten auf. Doch nun war die Frage, wer das Opfer sein sollte, hier in dieser verlassenen Gegend, wo niemand sonst lebte oder vorbeikam. Schnell war die Wahl auf den kundigen Wegbegleiter gefallen. Ohne lange Diskussion ergriffen ihn zwei starke Diener und zerrten ihn zum Ritualplatz, wo sie ihm bei lebendigem Leib das Herz aus dem Brustkorb schnitten und den Göttern auf dem Steinaltar im hellen Licht der Sonne als Opfer darbrachten.

Es dauerte nicht lange, bis diese bösen Wirrköpfe merkten, was sie damit angerichtet und welcher unmittelbaren Gefahr sie sich nun ausgesetzt hatten. Ehe sie sich versahen, war die Einöde in eine Wüste übergegangen, aus der es für sie ohne ortskundige Führung nun kein Entkommen mehr gab. Durst und Hunger quälten sie, und von nirgendwo kam Hilfe. Im trockenen Staub und Sand mussten diese Menschen dort nach wenigen Tagen dann selbst ihr Leben lassen.

Kommentierungen

Den Folgen eurer Taten könnt ihr nicht entkommen. Eure eigenen Hände formen euer Schicksal.

Haltet euch am Guten fest, sonst geht ihr verloren im Ozean des Samsara.

Wer gestützt auf die Lehre das irdische Leidensmeer durchqueren will, braucht einen verständigen Lehrer. Auf dem Weg lauern ständig Versuchungen und Gefahren. Nur wer die Prüfungen besteht und frei von Wankelmut ist, erreicht das Ziel.

Ein Kommentar versucht dieses Gleichnis mit einer anderen kleinen Episode zu erklären: Während seiner Wanderschaft traf der Mönch Hui Yuan einmal einen Pfeife rauchenden Mann. Die beiden verstanden sich auf Anhieb gut und setzten daher ihren Weg für eine Weile gemeinsam fort. Nachdem sie einen hohen Berg überwunden hatten, erholten sie sich während einer Rast am Ufer eines Flusses von den Strapazen des Auf- und Abstiegs. Dabei ließ der Mann den Mönch einmal an seiner Tabakspfeife ziehen. Hui Yuan fand Gefallen am Spiel mit dem blauen Dunst und dem prickelnden Wohlgefühl, was er darauf zu verspüren glaubte. Als sich beide kurz darauf verabschiedeten, weil jeder wieder seiner eigenen Wege gehen musste, schenkte der Raucher dem Mönch seine alte Pfeife und gab ihm auch ein wenig Tabak dazu. Hui Yuan rauchte ein paar Mal davon. Dann aber bekam er Angst, dass ihm das Tabakrauchen zu einer üblen Gewohnheit werden könnte. So warf er Pfeife und Rauchwerk einfach fort.

Einige Zeit später fand er einen alten Wahrsager, der ihn in die Orakelkunst des I Ging einführte. Begeistert von dieser Technik traf er in der Folgezeit keine wichtige Entscheidung mehr, ohne zuvor die Schafgarbenstängel mit den entsprechenden Hexagrammen konsultiert zu haben. Bald dehnte er diese Gewohnheit auch auf alle anderen Dinge seines Alltagslebens aus. Als es im Winter kalt wurde, schrieb er seinen Eltern einmal einen Brief und bat sie, ihm einen warmen Mantel zu senden. Doch der Winter verstrich und als im Frühjahr der erste Schnee schmolz, war noch immer keine wärmende Kleidung gekommen. Da Hui Yuan wusste, dass seine Eltern stets große Sorge um sein Wohl trugen, befragte er auch in dieser Sache das I Ging. Aus der gezogenen Orakelkarte entnahm er, dass sein Brief wohl verloren gegangen war. Bei dieser Gelegenheit ging ihm auf, wie sehr er inzwischen von dieser Form der Weissagung abhängig geworden war. So gab er folglich auch die Konsultation des I Ging auf. Nichts sollte ihn je vom Erleuchtungspfad abbringen. Alle seine Kraft widmete er der geistigen Übung. Anders als dieser Händler aus dem »Sutra der Hundert Gleichnisse« verlor Hui Yuan das Wichtigste niemals aus den Augen.

Wer alles sofort will, erlangt trotzdem nicht schneller

Es lebte einmal ein König, dem seine Frau eines Tages ein kleines Töchterlein gebar. Von der Stunde an, da er das Neugeborene zum ersten Mal sah, liebte der König sein Kind abgöttisch. Sogleich stellte er sich vor, wie die Prinzessin wohl als kleines Mädchen und später als junge Frau aussehen würde. In seinem Geiste sah er zwei scheue rehbraune Äuglein funkeln, die bewundernd zu ihm aufblickten. Besessen von seinen eigenen Wunschbildern verabscheute er den Gedanken, auf diesen Anblick nun noch Jahre warten zu müssen. Am liebsten hätte er den kleinen Säugling sogleich in eine erwachsene Frau verwandelt.

Noch am Tag der Geburt rief er daher die besten Apotheker seines Reiches herbei und wollte wissen, ob es ein Mittel gäbe, durch das seine kleine Tochter schneller aufwüchse. Alle am Hofe Versammelten schwiegen betreten, als der König sein Anliegen vortrug. Schließlich war einer kühn genug und ergriff das Wort.

»Eine solche Arznei gibt es zwar noch nicht«, erklärte dieser schlaue Heilkundige, »doch ich könnte sie für euch herstellen. Allerdings benötige ich eine ziemlich lange Zeit, um die vielen erforderlichen Zutaten zu beschaffen. Wenn dann die Mischung bereitet ist, braucht es wiederum Geduld, bis alles auf rechte Weise bereitet ist und das Medikament seine Wirkung tatsächlich entfalten kann.«

»Das ist kein Problem«, erklärte der Herrscher, »fang sofort an und verschwende keine kostbare Zeit mit langen Erklärungen.«

»Ich muss allerdings in ferne Länder fahren und nach den seltenen und kostbaren Zutaten erst suchen«, wandte der Apotheker ein, um die gierige Erwartungshaltung des Königs ein wenig zu dämpfen.

»Wenn du am Ende bloß die Arznei beibringst und diese bewirkt, was du versprichst, dann soll das kein Problem sein«, beschied ihm der König mit strahlender und erwartungsvoller Miene.

Der Mann versprach es und fuhr mit dem Schiff über das Meer hinaus. Nach zwölf langen Jahren kehrte er mit seiner Wundermedizin zurück. Noch am Abend des gleichen Tages wurde sie der Prinzessin verabreicht, denn der König war im Lauf der Zeit nicht geduldiger geworden. Am anderen Morgen trat die Königstochter vor den Thron ihres Vaters. Der Apotheker stand lächelnd neben ihr und erklärte, das Mädchen habe das Mittel eingenommen und sei nunmehr fast erwachsen, wie ein jeder leicht erkennen könne. Eingelullt durch diese Worte und noch immer betört von seinem unstillbaren, triebhaften Verlangen, schaute der König nun erstmals seit längerer Zeit seine Tochter ein wenig genauer an. Vom Kopf bis zu den Füßen ließ er seinen Blick an ihr hinab und wieder hinauf gleiten, hieß sie sich zu drehen und ihm tief ins Antlitz zu schauen. »Ja, tatsächlich«, rief er laut aus, »jetzt ist sie groß und eine echte Schönheit ist aus ihr geworden!«

Dann befahl er seinem Schatzmeister, den alten Apotheker mit Gold- und Silbermünzen reichlich zu entlohnen. Überall im Land lachten die Leute über diesen törichten Herrscher, der die einfachsten Dinge des Lebens nicht verstand.

Kommentierungen

Ein Reissetzling wächst nicht schneller, wenn man an ihm zieht. Im Gegenteil, dann geht er mit Gewissheit ein.

Alles, was geschieht, ereignet sich aus Ursachen und Gründen; euer Wunsch und Wille vermag manches zu ändern, doch das Gesetz von Ursache und Wirkung setzt nichts außer Kraft.

Jede Frucht braucht Zeit, um zu reifen. So benötigt auch die Lehre Zeit zum Wirken. Die buddhistische Übung erfordert tägliche und unermüdliche Anstrengung. Nur wo Stetigkeit in den Dingen wohnt, fließen schließen alle Quellen reichlich. Allein mit Geduld wirst du am Ende die Frucht des Pfades erlangen.

Je dringlicher der Wunsch, desto ferner das Erlangen.

Ihr sucht eure Maßstäbe in der Außenwelt und vergesst dabei die Ursachen in euch selbst. Doch vor allem auf diese kommt es an.

Ein Kommentar sieht diese Episode vor allem als ein Gleichnis für ausdauernde Mühe und Anstrengung, die allein zu lichten Höhen führt, und versucht dies anhand einer weiteren kleinen Geschichte zu belegen: In einem Kloster lebten einmal ein älterer und ein jüngerer Schüler. Ihre gemeinsame Aufgabe bestand darin, den ganzen Vormittag über mit einem Tragjoch, an das zwei Eimer gehängt wurden, zu einer abseits gelegenen Bergquelle zu gehen und dort in vielen Gängen das tägliche Wasser für die Gemeinschaft zu holen. An einem Herbstmorgen sahen sie plötzlich Chrysanthemen am Wegrand blühen und rochen ihren feinen Duft. Nachdem sie ihr Tagewerk verrichtet hatten, kehrte der jüngere der beiden noch einmal um und sammelte all die gelben Blüten ein. Jeden Tag, wenn neue Blüten zu sehen waren, sah man ihn sie mit einem kleinen Stoffbeutel einsammeln. »Nach einem ganzen Morgen Wassertragen bin ich für so etwas zu müde!«, seufzte der ältere Schüler, der sich dann wie immer zu einem langen Mittagsschlaf niederlegte.

Bald brach der Winter herein. An einem kalten Morgen vernahm der Ältere beim Aufwachen in der gemeinsamen Klause plötzlich, wie ein erhabener und ihn verzaubernder Duft seine Nase streifte. »Ein Wunder!«, rief er und meinte einen Hauch von jenseits dieser Welt erspürt zu haben. »Das sind die Chrysanthemenblüten vom vergangenen Herbst«, klärte ihn sein junger Glaubensbruder auf. Der fleißige Sammler hatte all die Blüten sorgsam getrocknet und dann sein Kopfkissen damit ausgestopft. »Nächstes Jahr werde auch ich so fleißig sein«, erklärte darauf der Ältere einsichtig und dennoch ein wenig neidisch. Dieser Mönch hatte erkannt, dass ohne Mühe kein Lohn zu erlangen ist und auch Wunderdinge nur Regeln und Gesetzmäßigkeiten folgen.

Zuckerrohr hat süßen Saft, falsches Tun nur Schlechtes schafft

Zwei Bauern bauten auf ihren benachbarten Feldern schon viele Jahre Zuckerrohr an, die Erträge waren nicht gerade üppig, doch von dem, was ihre Felder abwarfen, kamen sie mit ihren Familien über die Runden. Eines Tages gerieten die beiden Landmänner in einen hitzigen Streit darüber, auf welche Weise die Ernte wohl noch gesteigert werden könnte. Dabei behauptete einer der beiden, dass die Pflanzen noch höhere Erträge abwerfen würden, wenn man sie jede Woche mindestens einmal mit gepressten Zuckerrohrauszügen begießen würde. Zuckersüßer Saft würde sie anregen, mehr davon und noch süßeren zu erzeugen. Der zweite Bauer glaubte nicht an diese Methode und entschloss sich, seine Felder weiterhin nur mit normalem Wasser zu gießen. Während dieser keine Neuerung einführte, extrahierte der andere fleißig den letzten Rohrzucker aus den im Vorjahr geernteten Stängeln, verrührte ihn mit Wasser und goss damit den ganzen Sommer über regelmäßig seine Felder. Doch es kam anders als er erwartet hatte. Die zähe Flüssigkeit tat dem Boden alles andere als gut. Mit jedem Gießen verklebten die Wurzelgefäße der Pflanzen ein Stück mehr. Nach und nach gingen sie alle ein. Während der zweite Bauer, wie auch in all den Jahren zuvor im Herbst, eine halbwegs erkleckliche Ernte einfuhr, waren auf dem Feld des anderen nur tote und vertrocknete Stängel zu sehen. Er ging völlig leer aus.

Kommentierungen

Wer alles haben will, wird am Ende alles verlieren.

Sinnt gründlich nach, bevor ihr handelt, und hütet euch vor voreiligen Schlüssen.

Es gibt keine geheimen Kniffe, nur durch harte und ausdauernde Übung erreicht ihr das Ziel.

Auch wenn eure Absichten ohne Tadel sind, müsst ihr auf die Angemessenheit der Mittel achten. Wenn die von euch erwarteten Ergebnisse auf falschen Annahmen beruhen, werdet ihr mit Gewissheit scheitern.

Wer den Chan übt, handelt in Übereinstimmung mit der natürlichen Ordnung der Dinge. Sein Geist ist frei von allem Streben.

Ein Kommentator zieht die folgende Episode heran, um die Sinnbotschaft des Zuckerrohr-Gleichnisses aus seiner Sicht zu verdeutlichen: Meister Yue Tian war schon fast hundert Jahre alt und noch immer bei bester Gesundheit. Er sah so klar wie ein Adler, hatte Ohren wie ein Luchs, eine frische, rote Gesichtsfarbe und noch fast alle Zähne im Mund. Jeder der ihn sah, kam aus dem Staunen nicht heraus. Eines Tages fasste ein Schüler all seinen Mut zusammen und fragte den alten Meister forsch und direkt: »Was ist das Geheimnis der Unsterblichkeit? Warum altert Ihr eigentlich nicht, so wie alle anderen Menschen auch?« Yue Tian schüttelte nur den Kopf und erklärte, dass er es selbst nicht wisse. Die Jahre vergingen und die Zeit schien dennoch einfach keine Spuren am Körper dieses alten Mönches hinterlassen zu wollen. Als der Schüler nach langer Zeit wieder einmal zu fragen wagte, erklärte der Meister: »Inzwischen weiß ich es, aber der Himmel erlaubt mir nicht, darüber zu sprechen!« Der Schüler war enttäuscht von dieser Antwort, doch nach ein paar weiteren Jahren hielt er die Zeit für gekommen, den Meister erneut um Aufklärung in dieser Sache zu ersuchen. Der inzwischen nun sichtbar hochbetagte Yue Tian war mit der Zeit altersmilde geworden und dieses Mal willig, eine Antwort zu geben: »Als ich das sechzigste Lebensjahr erreicht hatte, war ich der Sinnenwelt müde geworden und strebte nach nichts anderem als dem Eintritt ins Nirvana«, erklärte er. Dann sann der alte Meister einen Augenblick nach, holte tief Luft und fuhr fort: »Doch leider musste ich gar bald merken, dass meine Übung noch bei Weitem nicht tief und gründlich genug war, um den vollkommenen Zustand zu erlangen. Daher blieb mir gar nichts anderes übrig, als einfach weiterzumachen. So verstrichen die Jahrzehnte, irgendwann einmal war ich dann hundert Jahre alt geworden und hatte das Ziel immer noch nicht erreicht; und inzwischen ist selbst darüber schon Gras gewachsen.«

Wer nichts aufgeben kann, wird am Ende alles verlieren

Ein Händler hatte einem Gewerbekollegen einmal eine Kupfermünze geliehen, als dieser sich zur Mittagszeit etwas zu essen kaufen wollte, jedoch seinen Geldbeutel zu Hause vergessen hatte. Weil die Summe gering war, hatte der Beliehene die Sache nach ein paar Tagen einfach vergessen und war nicht mehr zum Haus des anderen Mannes gegangen, um den kleinen Betrag wieder zurückzugeben. Dieser hingegen wartete ungeduldig Tag um Tag, dass er sein Geld wiederbekäme. Ein ganzer Monat verstrich und der Gläubiger ärgerte sich maßlos über das vermeintlich schlechte Verhalten des anderen. Nach einer schlaflosen Nacht brach er an einem Morgen schließlich wutentbrannt zum weit entfernt liegenden Haus seines Schuldners auf, um das Geld persönlich zurückzufordern. Nach einer ganzen Stunde Fußmarsch kam er an einen Fluss, den er mit einem Fährboot überquerte. Für die Überfahrt verlangte der Fährmann zwei Kupfermünzen. Als er dann am Hause des Schuldners eintraf, musste er leider feststellen, dass die Tür verschlossen war. Er sei auf einen fernen Markt in den Bergen, um dort seine Waren zu verkaufen, und kehre erst nach drei Tagen wieder zurück, erfuhr er von den Nachbarn.

Unverrichteter Dinge musste der geizige Händler wieder abziehen. Beim Übersetzen zum anderen Ufer wurden erneut zwei kleine Münzen fällig. So hatte er beim versuchten Schuldeneintreiben mehr Geld verloren als die Schuld überhaupt hoch war. Nicht eingerechnet der Einkommensausfall, da er an diesem Morgen seinem Gewerbe nicht nachgehen konnte. Als seine Freunde davon erfuhren, lachten ihn alle aus.

Kommentierungen

Kleine Vorteile sind keine großen Mühen wert. Ein heftiger Streit ihretwegen ist immer eine Dummheit, deren Schaden nicht gering ist.

Rechthaberei zerreibt. Die eigene Tugend bewahren ist wichtiger als Ruhm oder Vorteil zu erlangen.

Wer nur die täglichen Freuden vor Augen hat, der verfehlt das Ziel der großen Befreiung.

Der Hahn, der am Morgen noch voller Stolz krähte, landet schon am Mittag im Suppentopf.

Wer das Ganze aus dem Blick verliert, sieht auch die Einzelheiten nicht richtig. Manchmal genügt es schon, einfach aus einem anderen Winkel zu schauen und schon wird alles klar.

Nur wer mit dem Auge der Weisheit und reinen Herzens schaut, kann erkennen, was alle Dinge miteinander verbindet. Auf ganz natürliche Weise offenbaren sich ihm so alle Geheimnisse dieser Welt.

Ein Kommentator erzählt die folgende Geschichte, um zu illustrieren, dass man oft auf etwas verzichten muss, um etwas zu erlangen: An einem Wegrand sitzen zwei Bettler. Da kommt ein Fischer vorbei, der den beiden helfen will. In seiner rechten Hand trägt er seine Angel, mit seiner linken hält er einen großen Fisch hoch. Dann fragt er die Bettler, wer was haben möchte. Der erste schreit sogleich: »Den Fisch natürlich!«, denn er hat Hunger und weiß, dass man eine hölzerne Angelrute nicht essen kann. Der zweite protestiert nicht. So erhält der eine einen großen Fisch und der zweite eine Angelrute. Dann gehen beide ihrer Wege. Der erste macht ein Feuer und brät sich den Fisch. Nachdem das Tier verspeist wurde, ist er bald wieder hungrig. So geht sein Bettlerleben weiter. Der zweite aber geht an die Flussufer und später auch zum großen Meer, wo er nun seine Fische selbst fängt. Dieser wird nie mehr hungrig sein.

Im oberen Stock das Messer schleifen

Ein treuer Handwerker hatte sein ganzes Leben im Dienste des Königs gestanden und dabei stets hart und schwer gearbeitet, unter Mühen und Plagen waren all seine Tage verstrichen. Nun war der Mann alt und konnte seinen Beruf nicht länger ausüben. Der König hatte Mitleid mit ihm und wollte ihn nicht ganz ohne Dankesbeweis aus seinen Diensten entlassen. Zufällig war dieser Tage eines der Kamele des Herrschers verendet, und so vermachte der König dieses tote Tier dem Mann als Abschiedsgeschenk. Mit den vereinten Kräften seiner Freunde und Verwandten wurde das Kamel zum Hause des Gesellen gezerrt, wo dieser sogleich das Messer ansetzte, um dem Tier das Fell abzuziehen. Das Messer war jedoch schon längere Zeit nicht benutzt worden und daher ziemlich stumpf. Um es zu schärfen, ging der Mann in den ersten Stock seines Hauses, wo ein großer Schleifstein stand, an dem er das Messer eine Zeit lang wetzte. Nachdem er am toten Kamelkörper ein paar Schnitte vorgenommen hatte, musste er feststellen, dass das Messer leider schon wieder stumpf geworden war und nicht mehr richtig schnitt. So stieg der Mann ein zweites Mal zum oberen Stock hinauf, um das Messer zu schärfen. Zurück am Kamelleib gelangen die ersten beiden Schnitte wunderbar, dann war das Messer jedoch leider genauso unbrauchbar wie zuvor, und der arme Handwerker musste erneut zum Schleifstein hochlaufen. So ging es noch ein paar weitere Male, bis der Mann von dem ständigen Hin- und Herlaufen erschöpft war und nun anfing nachzudenken, wie er sich die Arbeit wohl einfacher machen könnte. Da kam ihm plötzlich ein vermeintlich genialer Einfall. In Windeseile trommelte er seine Nachbarn zusammen und bat sie, ihm zu helfen, das Kamel hoch in den ersten Stock zu befördern, um damit den Weg zum Schleifstein kürzer zu machen. Ein wenig mürrisch packten die Leute mit an, denn das tote Tier war verdammt schwer. Mit vereinten Kräften gelang es ihnen am Ende dennoch, den schweren Körper an einem Seil über eine eigens angebrachte Rolle mit den Hinterpfoten in Richtung Himmel zum Dachgiebel emporzuhieven, sodass der Mann nun durch das Fenster arbeiten konnte. Jetzt war der Schleifstein ganz nahe. »Was für ein kluger Stratege ich doch bin«, dachte er sich. Doch alle, die vorbeigingen und es mitansehen mussten, grinsten nur über diese Riesendummheit.

Kommentierungen

In einem Bambuskorb kann man kein Wasser transportieren – solange die Mittel falsch sind, bleibt das Ziel in weiter Ferne.

Wenn es zwei Wege gibt, das Ziel zu erreichen: einen einfachen und einen schweren, wer würde nicht den einfachen wählen?

Wie viele Dinge tun wir Tag für Tag, die ohne jeden Nutzen sind? Würden wir öfters nur ein wenig gründlicher nachsinnen, bevor wir handeln, manche Mühe bliebe uns erspart und unsinnig verschwendete Kraft erhalten.

Viele Wege führen durch dieses Leben. Bevor ihr losmarschiert, überdenkt erst lange und gründlich, wohin sie führen und ob sie wirklich gut für euch sind.

Nicht wenige Menschen haben aufgegeben (oder nie daran gedacht), ihr Leben dem Guten zu weihen. Geld, Glück und persönliche Vorteile sind das Einzige, was sie interessiert. Doch was immer sie auch tun, letztlich sind die Mittel begrenzt, ihre vermeintlich scharfen Waffen stumpf und im Angesicht des Todes allesamt ohne jeden Nutzen.

Ein Kommentar erzählt eine weitere Geschichte, um den tieferen Sinn dieses Gleichnisses zu erhellen, nämlich wilde Geschäftigkeit zu meiden und bei allem Gelassenheit walten zu lassen: Ein gelehrter Mönch folgte dem Pfad des vierten Linienhalters. Tag und Nacht übte er unablässig. Zehn Jahre lebte er zurückgezogen im Tempel, bis er sich schließlich frei fühlte von allen störenden Gedanken. Doch trotz aller Anstrengung musste er gleichzeitig erkennen, dass er die Erleuchtung noch lange nicht erreicht hatte. Unwirsch und unzufrieden mit sich selbst ging er daher eines Tages zu seinem Lehrer und fragte ihn um Rat: »So fleißig wie ich praktiziert kein anderer Mönch in diesem Tempel, doch warum erreiche ich das Ziel bloß nicht?«

Bevor der Meister antwortete, ging er zu einer Truhe in der Ecke seiner Klause und entnahm ihr einen trockenen Flaschenkürbis sowie einen kleinen Beutel mit Salz. Beides legte er auf den Tisch vor dem Mönch. Anschließend griff er nach seinem Waschkrug und goss zunächst eine wohl bemessene Menge Wasser aus dem Fenster ins Freie. Dann stellte er das Gefäß mit der verbliebenen Flüssigkeit ebenfalls auf den Tisch. »Füll das Salz in das Kürbisgefäß und gieß das Wasser dazu«, sprach er zu seinem Schüler, zog dabei die Augenbrauen hoch und erklärte: »Wenn es dir gelingt, alle Salzkristalle im Wasser aufzulösen, so zeigt dies dein Verständnis und die Erleuchtung wird nicht mehr fern sein.«

Der Mönch schnappte sich die Kürbisflasche, entleerte den Beutel mit Salz darin und goss das Gefäß randvoll mit Wasser. Mit einem Holzstöckchen rührte er sofort heftig darin herum. Doch er musste feststellen, dass sich das Salz nicht auflöste und wie zuvor den meisten Raum in der Kalebasse ausfüllte. Enttäuscht, dass er die gestellte Aufgabe nicht lösen konnte, fragte er seinen Lehrer um Rat. »Schau her und mach es auf folgende Weise«, beschied ihm der Meister und kippte als Erstes ein wenig Wasser aus dem randvollen Flaschenkürbis, sodass darin ein wenig leerer Raum entstand. Anschließend schüttelte er heftig – und siehe da: Im Nu hatte sich alles Salz im Wasser aufgelöst. Der Mönch stutzte, weil er das Prinzip noch immer nicht verstanden hatte: »Du übst Tag und Nacht ohne Pause und in unermüdlicher Anstrengung«, sprach der weise Lehrer zu seinem Schüler, »doch dir fehlt der leere Raum, damit die Frucht deiner Anstrengung sich auch entfalten kann. Erst ein wenig freier Platz ermöglicht, gleich dem Schütteln eines halbvollen Gefäßes, dass die Dinge in Bewegung kommen und eins werden.«

Einer Kerbe am Bootsrumpf folgend den Meeresgrund absuchen

Während einer langen Schiffsfahrt über den Ozean stand einer der Reisenden einmal an der Reling und schaute hinaus auf die endlosen Wasser. Dabei trank er einen Becher mit Wein. Wie er so gedankenversunken den Schaumkronen auf den Wellen folgte, entglitt in einem unachtsamen Augenblick das kostbare silberne Trinkgefäß plötzlich seiner Hand und verschwand spurlos in den dunklen Fluten. Nach einer Schrecksekunde ritzte dieser Mann nun mit seinem Fingernagel schnell eine kleine, aber deutlich sichtbare Kerbe in den Bootsrumpf, und zwar genau an der Stelle, wo der Becher ins Wasser gefallen war. »In dieser Stunde schlagen die Wogen zu kräftig«, dachte sich der Mann, »ich warte besser bis das Schiff im Hafen ist und will mir dann den Becher wieder aus dem Wasser fischen. Markiert habe ich die Stelle ja.«

Das Schiff segelte noch zwei volle Monate über den Ozean, bevor es im Löwenhafen von Ceylon anlegte. Kaum war der Anker geworfen, zog der Mann seine Kleider aus und tauchte an der Stelle mit der kleinen Kerbe in die Tiefe hinab. Doch so sorgfältig er den dunklen Meeresgrund auch Meter um Meter abtastete, er konnte sein kostbares Trinkgefäß nirgends finden. Je länger die erfolglose Suche andauerte, desto wütender wurde er; jedes Mal wenn er wieder zum Luftholen an die Oberfläche kam fluchte er laut. Schnell wurden die Matrosen und auch die Einheimischen am Kai auf den sonderbaren Taucher aufmerksam und wollten wissen, wonach er denn dort so verzweifelt suche.

»Vor zwei Monaten ist mein Silberbecher auf hoher See von Bord gefallen. Doch es ist wie verhext, ich kann ihn jetzt nicht mehr finden!«

»Wenn es vor zwei Monaten mitten auf dem Meer geschehen ist, warum suchst du dann jetzt hier?«, wunderten sich die Umherstehenden.

Der Mann schaute die Menschen an, so als wollte er Unwissende mit Weisheit befruchten und sprach: »Ich habe eine Kerbe in den Bootsrand geritzt, genau an der Stelle, wo der Weinbecher in den Fluten versank.«

Die Leute schauten zunächst in Richtung der winzigen Markierung, auf die der im Wasser Schwimmende mit ausgestreckter Hand deutete. Dann glitt ihr Blick zurück auf das trotz allem siegessicher dreinblickende Gesicht des Mannes. Unwillkürlich mussten alle laut loslachen. »Tausende von Li weit fort ruht dein Trinkgefäß am Meeresgrund« rief einer, »da kannst du hier wohl lange suchen!«

Kommentierungen

Was immer zu tun ist, tut es gleich.

Wenn ihr auf die Wirklichkeit schaut, betrachtet sie, wie sie ist, nicht jedoch so, wie ihr vermeint, dass sie zu sein hätte.

Auch wenn ihr es nicht wahrhaben wollt, weil die Außenseite der Dinge euch täuscht: Alles unterliegt dem ewigen Wandel.

Das Feste ist nicht beständig, obwohl es so scheint. Nichts bleibt, wie es ist, obwohl ihr in eurem Geist alles gerne für immer festhalten möchtet.

Es gibt kein bleibendes Selbst. Alles ist vergänglich, nicht nur euer Körper, auch eure Wahrnehmungen, euer Geist und eure sorgsam gehegten Erinnerungen.

Ein Kommentator möchte dieses Gleichnis mit einer anderen kleinen Geschichte erhellen: In dunkler mondloser Nacht schaute ein Novize einmal auf die weiten Berge, die den Tempel umgaben. Doch er konnte überhaupt nichts erkennen. In diesem Augenblick trat der Meister an ihn heran und sprach: »Geh jetzt hinein in die Berge und vertiefe dort deine Übung. Vollziehe Niederwerfungen und gehe, wenn es nötig ist, im Kreis, um die Lebenskraft zu erwecken.« Noch in der Dunkelheit brach der Novize auf und traf bald auf einen vorstehenden Felsen, der den weiteren Weg versperrte. Er spürte, dass ein tiefer Abgrund in der Nähe war, wusste aber nicht, wie er diese gefährliche Stelle überwinden sollte. Ehrfürchtig warf er sich einige Male als Zeichen der Ehrerbietung gegenüber den höheren Mächten zu Boden. Dann vollzog er vorsichtig die Kreisbewegungen, wie der Meister es ihm aufgetragen hatte. Beim vorsichtigen Umherschreiten stieß er schließlich auf seine eigenen Fußspuren, denen er nun ganz vorsichtig folgte. Dieses Mal schaute er sehr genau hin. Plötzlich entdeckte er in der schwarzen Nacht einen kleinen Pfad, der um das Hindernis herum führte. Dieser war ihm zuvor nicht aufgefallen, weil panische Angst vor dem Abgrund sein Denken gelähmt hatte. Erst als er sich auf sich selbst konzentrierte, kam der Durchbruch.

Hundert Unzen Fleisch

Es gab einmal ein Königreich, in dem das Volk sehr unzufrieden war, weil im Land große Unordnung herrschte. Überall regierte nur Willkür und brutale Gewalt. Während die einfachen Menschen unter hohen Steuerlasten litten, prassten die Reichen und schwelgten in üppigem Luxus. Niemand kümmerte sich um den Bau neuer Straßen oder den Unterhalt der Bewässerungsanlagen. In den Städten türmte sich der Müll, für dessen Beseitigung niemand verantwortlich war. Untätige Beamte frönten allein ihren Genüssen, weil niemand sie kontrollierte und zu ordentlicher Arbeit anhielt. Der Grund für all diese Missstände war, dass der König sich einfach nicht richtig auf die Kunst des Regierens verstand. Hinter seinem Rücken tuschelten die Leute daher immer öfter über ihn. Mit der Zeit sprach man ganz offen und unverhüllt über seine Schwächen: Dieser Herrscher sei einfach nur dumm und gewalttätig, unberechenbar in seinem Handeln und völlig unfähig, das Land zu führen. Am Ende ließ es sich nicht vermeiden, dass auch dem Monarchen selbst diese Worte zu Ohren kamen, worauf er mit einem furchtbaren Zornesausbruch reagierte. »Wer solches über mich, den König dieses großen Reiches zu sagen wagt«, ließ er verlauten, »muss strengstens bestraft werden.« Dann forderte er seine Hofleute auf, fleißig nachzuforschen und ihm denjenigen zu bringen, der diese Kritik zuerst in Umlauf gebracht hatte.

Unter dem Druck, einen Schuldigen beizubringen, dauerte es nicht lange, bis ihm ein tugendhafter Mann vorgeführt wurde, der ganz willkürlich zum Sündenbock auserkoren worden war. Dieser sei der Erzschuldige, behaupteten die Hofschranzen. Der Edle, ein vormaliger Minister, war viel zu bescheiden, sich gegen diese Unterstellungen zu wehren. Er schüttelte nur mit dem Kopf, sagte jedoch kein einziges Wort. Ohne längeres Nachdenken ordnete der König daher folgende furchtbare Bestrafung an: »Schneidet ein großes Loch in seinen Rücken und trennt hundert Unzen Fleisch aus seinem Leib. Danach muss er selbst sehen, ob und wie er weiterleben kann. Meine Rechnung soll damit beglichen sein.« Genauso geschah es. Der Mann überlebte zwar unter Aufbietung seiner allerletzten Kräfte, doch fortan quälten ihn besonders in den Nächten furchtbare Schmerzen. Sein Schreien und Stöhnen weckte alle, die in seiner Nähe schliefen.

Nun stellte sich allerdings nach ein paar Wochen heraus, dass dieser ehemalige Hofangehörige an dem Gerede völlig unbeteiligt war. Der arme

Mann lebte schon lange Zeit in der Abgeschiedenheit und hatte dort ein Schweigegelübde abgelegt. Schon seit Jahren war er nicht einmal in der Nähe der Hauptstadt gesehen worden. Mehrere ehrbare Bürger bestätigten seine Unschuld. Jetzt tat es dem König leid, dass er so schnell und unüberlegt gehandelt hatte. Er überlegte, wie er es wohl wiedergutmachen könnte. Allerdings mochte er nicht zugeben, dass er eine falsche Entscheidung getroffen hatte. So ließ er den Gepeinigten kommen und erklärte: »Man hat dir leider hundert Unzen Fleisch aus dem Rücken geschnitten. Heute will ich dir nun zurückgeben, was dir gehört. Ich lasse jetzt die gleiche Menge aus dem Leib eines gemeinen Verbrechers schneiden und dann können wir es bei dir wieder einpflanzen.« Als der Mann dies vernahm, schüttelte er nur mit dem Kopf. Der König aber dachte: »Er will wohl noch mehr!« So ließ dieser törichte Monarch die zehnfache Menge, nämlich tausend Unzen Fleisch wieder in seinen Leib einpflanzen. Da es ein Befehl des Königs war, blieb dem Tugendhaften nichts anderes übrig, als auch diese Maßnahme widerstandslos über sich ergehen zu lassen.

Nach dieser aufgezwungenen Behandlung ging es dem Mann augenscheinlich noch viel schlechter als zuvor. »Was ist los mit dir?« empörte sich der König, »ich habe dir ein Vielfaches von dem zurückgegeben, was ich zuvor genommen hatte, und du bist noch immer nicht zufrieden!«

Selbst wenn er gewollt hätte, der Mann hatte keine Kraft mehr, auch nur eine einzige Silbe herauszubringen. Schließlich fasste einer der Umstehenden all seinen Mut zusammen und sprach: »Großer König, stellt euch einmal vor, jemand schlägt euch erst den Kopf ab und gibt euch hinterher tausend andere Köpfe zurück. Wäre eurer Majestät denn in einer solchen Lage etwa damit geholfen?« Der König schwieg betreten, als er diese Worte vernahm.

Kommentierungen

Die Zornigen und Unbeherrschten stiften nichts als Schaden. Oft ist er gar unumkehrbar und durch nichts auf der Welt wiedergutzumachen.

Wer einen Fehler begeht, soll Einsicht zeigen und sich dazu bekennen. Etwas vertuschen wollen richtet oft nur noch ärgeres Unheil an.

Sind die Schafe erst entkommen, dann ist es zu spät, das Loch im Zaun zu reparieren.

Das Verlorene ist verloren und kehrt nicht wieder.

Seid niemals grob und ungehobelt, sinnt stets sorgsam nach, bevor ihr handelt, und schenkt nicht allem Glauben, was man euch zuträgt.

Seid achtsam bei allem, was ihr tut, auf dass euch später keine Reue plagt.

Eine törichte Frau will ihren eigenen Sohn opfern

Eine Frau hatte vor einigen Jahre einen Sohn geboren und wollte nun noch einem zweiten Knaben das Leben schenken. Doch die Zeit verstrich, ohne dass sie ein weiteres Mal schwanger wurde. Schließlich suchte sie Hilfe bei einer alten Frau, von der es hieß, sie sei der magischen Künste fähig, die aber bei vielen als Hexe verschrien war. »Die Götter verlangen ein Blutopfer, und zwar eines, das furchtbar wehtut und äußerste Überwindung von dir fordert«, erklärte ihr die Magierin, als die Ratsuchende bei ihr vorsprach. »Ich bin bereit, alles zu tun, was du verlangst«, versicherte die junge Frau. »Geh noch heute zum großen Steinaltar, wo sonst Ziegen und Schafe geopfert werden«, forderte die Alte sie auf, »und töte dort deinen Erstgeborenen; nimm dann sein Blut und bestreiche damit den Gabentisch der Götter. Es wird nicht lange dauern, und du wirst ein weiteres Mal schwanger werden!«

Die junge Frau schenkte den Worten dieser Magierin unbedingten Glauben, schnappte sich den nichtsahnenden Knaben und ging mit ihm unverzüglich zum Opferplatz, um die grausige Handlung zu vollziehen. Erst als sie das Messer zum tödlichen Schnitt an der Kehle ihres Sohnes ansetzte, bemerkten die dort versammelten Menschen, was diese Unglückselige vorhatte. Sofort traten einige entschlossene Männer dazwischen und entrissen ihr das Kind. »Du Verrückte«, schalten sie die Leute, »du willst das Wichtigste opfern, was du hast, um noch mehr zu erlangen! Ob ein zweiter Sohn kommt, kann dir niemand versprechen. Doch sicher ist nur eines: Wenn du so handelst, hast du kein einziges Kind mehr!«

Kommentierungen

Getrieben vom dumpfen Wunsch nach Glück sind die Menschen aller Arten von Torheiten fähig.

Viele sind es, die den Ratschlägen der Törichten folgen und sich so selbst ins Unglück stürzen. Manch einer springt absichtlich in den Tod, weil er vermeint, mit solcher Tat schnell eine bessere Wiedergeburt zu erlangen.

Von seinen Wünschen besessen sein und ständig mehr wollen, ewig umtriebig und ungestillt, das ist das große Drama der menschlichen Existenz. Seid daher zufrieden mit dem, was euch zuteilwurde, wer blindlings seinen Begierden folgt, harrt vergeblich auf himmlischen Lohn; so rückt die Erlösung vom Leidenskreislauf in weite Ferne.

Der Zweck heiligt nicht die Mittel. Allein, was ihr tut, entscheidet am Ende darüber, was euch widerfährt, nicht aber, was ihr vermeint, unbedingt erlangen zu müssen.

Genauso wie du das Leben liebst und nicht von ihm lassen willst, so auch jedes Geschöpf auf dieser Welt. Wer einem anderen Wesen das Leben nimmt, begeht eine furchtbare Tat.

Umarme jeden Augenblick deines Lebens, so liegt die Zukunft in deinen Händen, was immer sie auch bringen mag.

Ein Kommentator erzählt die folgende Geschichte, die erläutern soll, worum es seiner Ansicht nach bei diesem Gleichnis geht: Ein Novize hatte einmal der Predigt eines Anhängers der falschen Lehren gelauscht. Dieser hatte erklärt, dass jeder ins Nirvana komme, der dem Buddha einen Teil seines Körpers opfere. Verwirrt von dieser Belehrung wollte er schließlich von seinem Meister wissen, was es damit auf sich habe. »Welchen Teil deines Körpers hältst du denn für angemessen, dem Buddha zu opfern, was würde ihn am meisten erfreuen?«, fragte dieser sogleich zurück. »Beide Arme mit den Ellenbogen daran« erwiderte der Novize und fügte als Erklärung hinzu: »Denn mit unseren zusammengelegten Händen verehren wir ja den Buddha!«

»Das würde dir aber sehr wehtun«, entgegnete der Meister und wollte wissen, wie er dann in Zukunft arbeiten und essen wolle: »Es gibt sicher Besseres, was du ihm opfern kannst!« Der Schüler überlegte, doch ihm fiel nichts ein. »Weiß nicht«, sagte er schließlich knapp. »Gib ihm das Kostbarste, das du besitzt«, erklärte der Meister. Der junge Mönch zögerte und wusste immer noch nicht, was er antworten sollte. »Schenke ihm einfach dein Herz!«, sprach der Meister schließlich. In diesem Augenblick erwachte der Schüler.

Die alltäglichen Freuden sind nichts gegen das unvorstellbare Glück der Erleuchtung

Der Sohn eines Beamten im untersten Rang hatte schon seit seinen Kindertagen stets den gleichen Traum: Er wollte reich werden. Eines Tages erzählte ihm jemand, dass mit Adlerholz, dem edelsten aller Räucherwerke, viel Geld zu verdienen sei. Er solle mit einem Schiff über das Meer fahren, riet ihm ein weit gereister und erfahrener Freund, um an den fernen Gestaden des Südens das teure Duftholz zu erwerben oder es gar selbst in den dortigen Wäldern zu suchen. Auf den Märkten der Heimat könne er es dann höchst profitabel weiterveräußern. Der Beamtensohn setzte alles auf eine Karte, kaufte mit seinem letzten Geld ein Boot und erreichte nach einigen Wochen tatsächlich ein fernes Eiland im südlichen Meer, von dem es hieß, dass dort dieses teure Räucherwerk zu finden sei. Nachdem er an Land gegangen war, fragte er in den Fischerdörfern der Umgebung nach dem kostbaren Gut, doch wohin er auch kam, überall schüttelten die Leute nur mit den Köpfen: Adlerholz sei äußerst selten und von außerordentlich hohem Wert. Niemand besitze hier welches. Ja, auf den Inseln weiter südlich könne man es wohl finden, doch der Weg dorthin sei weit und gefährlich. Hohe Wellen könnten das Boot zum Kentern bringen, gefährliche Strömungen es in die Tiefe reißen. Niemand von den Einheimischen war daher bereit, den Reichtumssucher bei seinem Vorhaben zu unterstützen.

Doch der Mann gab nicht auf und versuchte überall, Freiwillige für sein Vorhaben zu rekrutieren. Schließlich fanden sich einige mutige junge Burschen, die bereit waren mit ihm loszuziehen. Unter vollen Segeln stach die Gruppe am Morgen eines heißen Sommertages in See und steuerte Insel um Insel an. Auf jedem dieser grünen Eilande durchstreiften die Männer das Dickicht der Urwälder und hofften, dort Adlerholz zu finden. Nach einigen Monaten emsiger Suche hatten sie tatsächlich mehrere Bäume gefunden und große Mengen der wohlduftenden harzigen Holzstücke aus ihnen herausgebrochen. Der Mann entlohnte seine Helfer und kehrte mit einem voll beladenen Boot wieder in die Heimat zurück.

Auf dem größten Marktplatz des Landes errichtete er noch am Tag der Heimkehr einen großen Stand und bot dort die edle Ware zum Verkauf an. Da er genau wusste, wie teuer dieses Adlerholz in anderen Teilen der Welt war, verlangte er einen durchaus angemessenen Preis. Allerdings waren die Leute in seiner Heimat arm. Selbst für die wenigen Wohlhabenden des

Landes war das, was er verlangte, einfach noch viel zu viel. Der zielstrebige Beamtensohn hatte die Lage wohl falsch eingeschätzt. Ursprünglich hatte er so gerechnet: »Von dem, was mir dieses Geschäft einbringt, werde ich bis zum Rest meiner Tage ohne Arbeit und in Saus und Braus leben können.« Tatsächlich kamen von überall her die Menschen, neugierig betrachteten und beschnupperten sie das ungewöhnliche Räucherwerk. Es gab niemanden, der durch diesen Wohlgeruch nicht verzaubert wurde. Doch zugleich fand sich kein Einziger, der bereit war, dafür den geforderten hohen Preis zu zahlen. Einen ganzen Monat stand der Händler vor seiner wunderbaren Ware, ohne dass jemand ein auch noch so winziges Stückchen davon erwarb. Den Preis drastisch zu senken war der Mann jedoch nicht gewillt, denn das hätte bedeutet, von seinen hochfliegenden Träumen ein wenig Abschied zu nehmen. Während er so ärgerlich und äußerst unzufrieden mit sich und der Welt über den großen Marktplatz schritt, musterte er aus den Augenwinkeln eifersüchtig die vielen Köhler um ihn herum, die an all ihren Ständen gute Geschäfte machten. Überall sah er die Leute mit großen Fuhren dort erworbener Holzkohle wegfahren. »Wenn auch ich aus meinem Material gute Holzkohle mache, werde ich es bald verkauft haben«, dachte er sich plötzlich. Ohne länger nachzudenken oder gar genauer zu rechnen, verbrannte er daraufhin sein gesamtes Adlerholz zu gewöhnlicher Holzkohle. Innerhalb weniger Stunden hatte er plötzlich alles verkauft. Am Ende rechnete er ab und musste feststellen, dass er für zwanzig Karren mit brauner Holzkohle nicht mehr bekommen hatte, als allein eine einzige Unze des erhabenen Adlerholzes an Wert besaß.

Kommentierungen

Der nach Erleuchtung Strebende darf Schwierigkeiten niemals fürchten. Wer sich nicht stetig müht, der fällt gar bald zurück. Behalte daher das große Ziel im Auge und gib es nicht auf wegen belangloser Kleinigkeiten.

Buddhaschaft zu erlangen erfordert unermessliche Anstrengungen. Jene, die bei den ersten Schwierigkeiten aufgeben, fallen sogleich zurück in den dumpfen Kreislauf des Werdens.

Eine gute Saat bringt eine gute Ernte, doch ihr müsst ihr Zeit zum Reifen geben.

Ungeduld zerstört, was vollkommen ist.

Ein Kommentator verweist auf eine andere kleine Episode, um das Gleichnis weiter zu veranschaulichen: An einem Abend hatten sich die Mönche in der großen Meditationshalle versammelt. Alle warteten auf den Beginn einer Belehrung. Da ergriff Meister Ding Yi plötzlich mit beiden Händen die große Porzellanvase, die auf dem Altartisch stand und ließ sie zu Boden fallen. Das kostbare Gefäß zersprang in tausend Stücke. Die Mönche fragten sich sogleich, ob dies aus Versehen geschah oder eine absichtsvolle Handlung war mit dem Ziel, die Versammelten etwas zu lehren. Meister Ding blickte in die fragenden Gesichter und sprach: »Das ist doch schade um das gute Stück – oder?« Keiner der so Angesprochenen erwiderte etwas. Da begann der Meister selbst zu sprechen: »So viel Arbeit war notwendig, ihren Rumpf aus Lehm zu formen, die Vase dann zu brennen und zu bemalen. Ewig lange Zeit schon hat sie diesen Platz hier vor dem großen Buddha eingenommen. Und noch tausend weitere Jahre hätte sie hier stehen können. Doch eine einzige Bewegung meiner Hand genügte, und es ist um sie geschehen. So kann es einem jeden von euch ergehen, wenn er in der Achtsamkeit auch nur einen Augenblick nachlässt.«

Der einfältige Dieb

Ein Dieb schlich sich einmal unbemerkt in das Haus eines reichen Mannes. Dort raffte er schnell zusammen, was ihm an Kostbarkeiten ins Auge fiel, vor allem auf das Geld und die wertvollen Seidenstoffe aus den großen, schweren Holztruhen hatte er es abgesehen. Zum Schluss schnappte er sich noch einen alten, völlig verschlissenen Teppich sowie ein paar abgetragene Kleidungsstücke. Als er wieder das Weite suchen wollte, überlegte er kurz, auf welche Weise er diese Sachen nun am bequemsten fortschafften könnte. Da kam ihm ein, wie er meinte, vortrefflicher Einfall: »Die Seidenstoffbahnen sind am größten«, dachte er, »in sie werde ich alles einwickeln.« Schnell umhüllte er den billigen Teppich und die alten Kleider mit der brokatbestickten Seide. Mit diesem sichtbar wertvollen Bündel auf dem Rücken trat der schlicht gekleidete Dieb dann auf die belebte Straße hinaus. Dort merkten die Leute sofort, was passiert war. Der Übeltäter wurde augenblicklich enttarnt.

Kommentierungen

Wer andere täuschen und schädigen will, führt sich am Ende selbst hinters Licht.

Nutzt die Fähigkeit zum Guten, die in euch steckt. Wer der Lehre folgt und Gutes tut, erwirbt große Verdienste. Er wird geachtet und anerkannt. Wenn nun ein solcher Mensch einen Fehltritt begeht, überlagert dieser all seine positiven Seiten. Gleich einem enttarnten Dieb ist er seiner Ehre beraubt und stürzt tief hinab.

Schätzt das Kostbare nicht gering und brecht nicht wegen kleiner Vorteile die Gelübde. Gebraucht große Schätze auf angemessene Weise.

Ein Kommentator versucht den tieferen Sinn mit einer weiteren Episode zu erklären: Ein kleiner Mönch aß einmal eine Aprikose und wollte den Kern anschließend wegwerfen. Der alte Meister hatte ihn dabei beobachtet. Entschlossen hielt er seinen Ärmel fest, als er den abgenagten Kern gerade achtlos in eine Ecke schleudern wollte. »Was du da gerade fortwerfen willst, darin ruht der Geist des Baumes«, sprach der Meister. Der Junge fühlte sich ertappt und schämte sich für seine Achtlosigkeit. »Pflanz den Aprikosensamen lieber ins feuchte Erdreich, dort kann er vom Nirvana träumen«, meinte der Meister. Der kleine Mönch folgte diesem Rat, suchte eine geschützte und gleichzeitig sonnenbeschienene Ecke im Tempelhof, drückte den Kern sorgsam in den feuchten Grund, schob dann ein bisschen Erde darüber und goss diese Stelle in den folgenden Wochen regelmäßig. Jeden Tag schaute er nach, was passierte. Lange Zeit geschah gar nichts. Nach zwei Monaten jedoch schoben sich langsam zwei herzförmige Keimblättlein aus der dunklen Erde. Sofort rannte der Junge zum alten Meister und berichtete ihm davon. Dieser lächelte und sprach: »Ein kleines Bäumlein träumt von einem neuen Kreislauf des Werdens und Vergehens. Aber weißt du, was der Same deines eigenen Geistes ist?«

Der Anbau von Sesam

Ein Mann aß zum ersten Mal in seinem Leben Sesamkörner und fand, dass sie ganz hervorragend schmeckten. Ein Freund riet ihm daraufhin, dass er die Körner künftig vor dem Verzehr auf einem Feuer rösten solle, dann würden sie ihm noch besser munden. Der Mann befolgte diesen Rat und stellte fest, dass gerösteter Sesam tatsächlich noch um einiges köstlicher war. »Warum sollte ich in Zukunft dieses teure Getreide auf dem Markt kaufen?«, dachte sich der Mann, »ich habe ein kleines Feld und werde es einfach selbst anbauen.« Doch dieser an sich guten Idee folgte dann ein Plan, der beim besten Willen nicht aufgehen konnte. »Da die gerösteten Körner um so viel besser schmecken als die rohen«, rechnete sich dieser einfältige Sesam-Genießer nämlich aus, »will ich die Saat erst rösten und dann ausbringen, auf dass von solch feiner Art dann auch die Ernte sei.« So geschah es denn auch, mit dem Ergebnis, dass nicht ein einziger Sesamsprössling aus dem Erdreich schoss.

Kommentierungen

Wer stets alles will, wird am Ende gar nichts erlangen.

Gier und Verlangen machen blind. Solange du noch in die Welt verstrickt bist, ist das Nirvana in weiter Ferne.

Der richtige Same ist allein der Same guter Taten, nur dieser wird reiche Frucht tragen.

Lass nicht das Wunschdenken dein Leben regieren. Alles in dieser Welt folgt dem Gesetz von Ursache und Wirkung.

Alle Dinge folgen der natürlichen Ordnung, wer sich ihr verschließt, wird nichts erreichen. Die Wahrheit erkennt nicht, wer seinem Verlangen erliegt.

Feuer und Wasser

Ein Koch musste einmal ein großes Festmahl vorbereiten. Dabei benötigte er gleichzeitig ein brennendes Feuer und auch eine Schüssel mit kaltem Wasser. Der Mann meinte, einen vortrefflichen Plan zu haben, wie er beides gleichzeitig und Platz sparend verfügbar halten könne: In einem mit Holzkohle gefüllten Eisentopf entzündete er die Flammen und stellte das Gefäß auf einen Tisch. Dann goss er Wasser in eine Porzellanschale und platzierte diese oben auf dem Topf. »Feuer und Wasser stehen nun beide bereit«, dachte sich der Mann. Doch nach einiger Zeit erlosch das Feuer im Eisentopf, weil keine neue Luft herankam, die es nähren konnte. Noch bevor es ausging, war das kalte Wasser darüber allerdings heiß geworden. So klappte am Ende gar nichts.

Kommentierungen

Wer als Mönch oder Nonne leben will, muss weltlichen Genüssen vollständig entsagen. Wenn du dich für einen heiligen Lebenswandel entscheidest, darfst du nicht gleichzeitig nach sinnlichen Vergnügungen Ausschau halten.

Lerne dich zu beschränken. Du kannst nicht alles in einem einzigen Leben erreichen wollen.

Ein Schritt vor und einer zurück bringen einen nicht von der Stelle. Wer mit seiner einen Hand einen Kreis und mit der anderen gleichzeitig ein Viereck malen will, dem gelingt am Ende nichts von beiden.

Man kann den Wind nicht mit einem Sieb einfangen. Es ist nicht nur wichtig, was man tut, sondern auch mit welcher Klarheit und welchem Verständnis etwas getan wird.

Erkenne die Widersprüche in allen Dingen. Wenn du sie nicht verstehst und falsch handelst, wird Schaden nicht lange auf sich warten lassen.

Der Weise ist sich über das unterschiedliche Wesen von Feuer und Wasser im Klaren; er beherrscht seine Gefühle auf richtige Weise.

Wenn ihr ein Problem löst, denkt nicht nur über das Wie, sondern auch über das Warum nach.

Das Leben ändert sich ständig, auch wenn eure Vorstellungen über die Welt gleich bleiben.

Es gibt Menschen, die ein abgeerntetes Feld so penibel nach liegen gebliebenen Sesamkörnern absuchen, dass sie dabei die großen Wassermelonen übersehen, die direkt vor ihrer Nase wachsen.

Wer eine Schlange malt, macht das Bild durch das Hinzufügen von Füßen gewiss nicht vollkommen.

Keine Nachahmung ist jemals so gut wie das Echte

Es gab einmal einen nicht sonderlich klugen Hofbeamten, der alles daran setzte, im Ansehen seines Herrschers zu steigen. »Was kann ich bloß tun, um seine uneingeschränkte Gunst zu gewinnen?«, fragte er eines Tages seine Freunde. Unter den Ratschlägen, die er erhielt, gab es einen, den er sich besonders zu Herzen nahm und anschließend umsetzte: »Du musst ihn in allem nur fleißig und genau genug nachahmen, dann wird er dich am Ende schließlich genauso lieben wie sich selbst.«

Von diesem Tag begann der Mann den König auf das Genaueste zu beobachten. Keine seiner Regungen entging ihm, jede seiner Bewegungen prägte er sich bis ins allerfeinste Detail ein. Dabei bemerkte er, dass der König aus Anspannung und Überarbeitung ständig am Blinzeln war. Viele Stunden übte der Hofbeamte in seiner Kammer dieses nervöse Augenzwinkern ein, solange bis die Bewegungen seiner Lider dem flatternden Augenaufschlag der Majestät völlig glichen. Am folgenden Tag ging er vor dem Herrscherthron hin und her und blinzelte dabei unentwegt. »Was ist mit deinen Augen los«, wollte der König nach einer Weile verwundert von ihm wissen, »leidest du an einer Entzündung oder hat dir einfach nur der Wind ein Staubkorn ins Auge geweht?«

»Nein, weder der Wind noch ein Staubkorn sind die Ursache«, erklärte der Mann mit honigsüßer Stimme und meinte, mit der Aufmerksamkeit auch bereits die Gunst des Königs gewonnen zu haben, sodass er unüberlegt fortfuhr und erklärte: »Um die Wahrheit zu sagen, es sollen eure eigenen unablässigen Augenbewegungen sein, die ich damit nachahme. Weil ich aus ganzem Herzen danach strebe, bei euch an Ansehen zu gewinnen, allein darum kneife ich meine Augenlider ständig zusammen und lasse sie dann so flink flattern.«

»Was für eine Frechheit! – Du verdammter Schwachkopf!«, rief der König tief beleidigt und gleichzeitig voller Wut, als er den Mann so sprechen hörte. Sogleich ließ er die Diener herbeirufen und dem törichten Hofbeamten eine kräftige Tracht Prügel versetzen. Dann jagte er ihn aus dem Land.

Kommentierungen

»Die Hässliche aus dem Ostpalast wird nicht dadurch schön, indem sie das Lächeln und die grazilen Bewegungen der Schönen aus dem Westlichen Palast nachahmt«, sagt ein altes chinesisches Sprichwort.

Nicht jeder, der dem Buddha folgt, geht den Pfad auf richtige Weise. Der Buddha kann nur im eigenen Herzen und nicht bei anderen oder in der äußeren Welt entdeckt werden. Finde deinen eigenen Weg, nur du kannst ihn gehen.

Erfasst stets das Wesentliche und verschwendet eure Zeit nicht mit Nebensächlichkeiten.

Wer aus den Schwächen anderer Menschen Vorteil schlagen will, gerät dabei oft selbst arg ins Hintertreffen.

Heilung durch Peitschenschläge

In einem Land lebte einmal ein völlig unberechenbarer Herrscher, der wegen Nichtigkeiten urplötzlich in furchtbare Rage geraten konnte. Eines Tages verprügelte er aus einer Laune heraus auf der Straße einen unschuldigen Bürger, nur weil er vermeinte, der Mann stünde ihm im Weg. Dabei saß der arme Kerl bloß am Straßenrand und war nicht gleich fünf Schritte zurückgewichen, allein weil der König mit seinem Tross in der Mitte der breiten Allee entlangritt. Der Geschlagene blutete am ganzen Körper, doch er hatte kein Geld, um sich von einem Arzt behandeln zu lassen. So sammelte er einfach ein paar Pferdeäpfel von der Straße auf, verrieb sie mit ein wenig Wasser zu einem Brei und bestrich damit seine blutenden Wunden, die dadurch schon nach kürzester Zeit tatsächlich verheilten. Ein Dummkopf hatte den Mann dabei beobachtet und war bass erstaunt über diesen schnellen Heilerfolg. »Peitschenhiebe können einem nichts anhaben«, dachte er sich, »wenn man nur um diese Geheimmedizin weiß.«

Noch am Abend des gleichen Tages sagte er zu seinem Sohn: »Geh, hol den Ochsenziemer aus dem Stall und zieh mir dann ein paar kräftige Schläge über.« Der Sohn wunderte sich über diesen seltsamen Wunsch des Vaters und wollte ihm zunächst nicht Folge leisten. Doch als der einfältige alte Mann ihn immer heftiger bedrängte, gab er schließlich nach. Im Nu klaffte eine blutende Wunde auf dem Rücken des Vaters. Dann musste der Sohn die Wunde mit Pferdekot bestreichen. »Da siehst du einmal, wie schlau ich bin«, erklärte der Vater stolz, »es wird nicht lange dauern, dann ist alles wieder verheilt!«

Kommentierungen

Viele begreifen einen kleinen Teil der Wahrheit und meinen daraufhin sogleich, bereits alles verstanden zu haben.

Der Kluge handelt planvoll und um eines klaren Zieles willen, der Törichte jedoch probiert mal dieses und mal jenes aus, ohne je richtig über sein Tun nachzudenken.

Besser nachsinnen als nachahmen.

Unrein ist dieser Körper und alles, was aus ihm kommt. Doch nicht jeder, der sich beim Anblick einer Verlockung deren verborgene, ekelhafte Seite vergegenwärtigt, hat den Reiz damit auch schon ausgelöscht. Ein wahres Verständnis von Unreinheit und Begierde muss noch tiefer gehen.

Leid vermeiden ist besser als Heilen.

Die Ursache der Krankheit liegt im Geist, daher kannst du ihr vorbeugen. Sei achtsam, Heilung heißt: Du musst dich ändern.

Zwei abgeschnittene Nasen

Es lebte einmal ein Mann, der mit einer recht ansehnlichen Frau verheiratet war. Seine Gattin hatte jedoch einen kleinen Makel: Ihre Nase war krumm und unansehnlich. Eines Tages sah dieser Mann auf der Straße eine andere Frau, die eine wunderschöne Nase besaß, deren Anblick ihn augenblicklich verzauberte. Ohne über die Folgen nachzudenken, griff er zu seinem Gürtelmesser, stürzte sich auf sie und schnitt ihr den wohlgeformten Gesichtserker ab. Dann ließ er sein vor Schmerzen schreiendes Opfer zurück und rannte schnellen Schrittes nach Hause. »Jetzt mache ich aus dir eine vollkommene Schönheit«, rief er, als er durch die Tür trat. Bevor sein Eheweib überhaupt verstand, was er im Schilde führte, da hatte der Mann ihre Nase bereits mit einem einzigen schnellen Schnitt abgetrennt. Dann drückte er das geraubte Riechorgan fest in ihr Gesicht, wo zuvor die eigene Nase gesteckt hatte.

Es kam, wie es kommen musste. Der neue Körperteil wuchs natürlich nicht an. Vorher hatte seine Gemahlin eine hässliche Nase, nun hatte sie überhaupt keine mehr. Vom Leid des Opfers ganz zu schweigen.

Kommentierungen

Die Schönheit des Körpers ist vergänglich wie alles in dieser Welt. Warum ihr größere Beachtung schenken?

Mit Makel behaftet ist alles Bestehende. Wer dies nicht erkennt, versteht die Welt nicht wirklich. Allein der unerschaffene Zustand ist vollkommen.

Eitelkeit und Stolz schaden dir und anderen. Doch die Dummen begreifen es nicht.

Ohne Weiß, kein Schwarz, so wie es ohne Hässlichkeit auch keine Schönheit gäbe, ohne Liebe keinen Hass und ohne Verwirrung auch keine Klarheit.

Manche bewundern die Heilkräfte anderer weiser Menschen und glauben: Was diese können, das kann ich auch. Als Folge laufen dann überall die Falschen und die Heuchler herum und geben sich als die Tugendhaftesten aus. Doch was gewinnen sie am Ende davon? – Nichts!

In welch strahlenden Farben ihr die Zukunft auch malen mögt, sie ist ungewiss. Wirklich ist allein der gegenwärtige Augenblick.

Genügsamkeit schafft bleibende Freude!

Ein Kommentator nimmt dieses Gleichnis als Anlass, die Tugend des guten Handelns zu preisen: In einem Land war ein Krieg ausgebrochen und die Soldaten beschlagnahmten alles, was sie für die Kriegsführung benötigten. Dabei verschonten sie auch den Tempel nicht. Doch das einzig Brauchbare, was sie im Haus der Mönche fanden, waren Wachskerzen. Bis auf eine einzige große Kerze nahmen sie alles mit, was aus Bienenwachs und einem Docht bestand. In ihrer Not teilten die Mönche diese verbliebene Kerze nun in viele kleine Stummel auf, von denen jeder zwei bis drei mit in seine Klause nahm, damit sie auch in den Nächten ihre Rezitationen fortsetzen konnten. Doch von dem wenigen Licht begannen ihre Augen bald zu schmerzen. Am nächsten Abend fand in der großen Tempelhalle eine Zeremonie statt. Den riesigen Raum beleuchtete nur eine einzige Kerze, deren zitternde Flamme auch noch gegen den Wind ankämpfen musste, der durch die geöffneten Flügeltüren blies. Alle wunderten sich, dass die weite Halle trotzdem so hell war. Da bemerkten sie, dass der Meister die Kerze vor einen Spiegel gestellt hatte, der ihr Licht nach allen Seiten reflektierte. Alle spürten diese Helligkeit, da wurden auch ihre Gesänge lauter und klarer. Zurückgekehrt in ihre Klausen stellten die Mönche ebenfalls kleine Spiegel hinter ihre Kerzenstummel. So ist es überall, wenn ihr Gutes tut.

Ein einfältiger Mann fällt auf einen üblen Scherz herein

Ein ganz armer Bursche wurde eines Tages von einem entfernten Verwandten zu einem Festbankett eingeladen. Gerne wollte er dieser Einladung folgen, doch leider besaß er kein einziges Stück vorzeigbarer Kleidung. Außer den zerfetzten Lumpen, die er auf dem Leib trug, war keinerlei Stoff sein eigen. Doch er wollte die Einladung nicht ausschlagen, um niemanden zu enttäuschen. So schlich er sich beschämt zum Hause des Gastgebers. Wie er so mit gesenktem Haupt seines Weges ging, traf er auf einen Mann, der sich scheinbar voller Mitgefühl nach seinem Befinden erkundigte: »Ihr habt das Antlitz eines Edlen, wie kommt es bloß, dass euer äußeres Erscheinungsbild dem so gar nicht entsprechen will?« Auf solch einfühlsame Weise hatte sich ihm bisher noch nie ein anderer Mensch zugewandt. Der arme Kerl fühlte sich erstmals in seinem Leben wirklich ernst genommen und begann, dem anderen sein Leid zu klagen. Daraufhin blickte ihm der Fremde tief in die Augen, lächelte verschmitzt und sprach: »Ihr seid von vornehmer Geburt, auch wenn eure gegenwärtigen Lebensverhältnisse nicht günstig zu sein scheinen. Wenn Ihr es wünscht, will ich euch gerne weiterhelfen, denn ich bin der magischen Künste fähig.« Der Mann horchte auf und blickte sein Gegenüber erwartungsvoll an. Der Fremde fuhr fort und sprach: »Hört auf meinen Rat und streift alle eure Kleidung ab, werft sie auf einen großen Haufen und entzündet ein Feuer. Ich will dann ein geheimes Zauberwort sprechen und Ihr werdet sehen, wie aus der Asche eurer Lumpen im Nu feinste Seidenstoffe erscheinen, mit denen Ihr euch als das kleiden könnt, was Ihr wahrhaft seid.«

Der arme und etwas einfältige Bursche fiel auf diesen üblen Scherz herein. Ohne zu zögern, streifte er sein grobes Leinen ab, entzündete ein Feuer und verbrannte alles, was er auf dem Leib trug. Splitternackt stand er neben dem Feuer und wartete ungeduldig auf das Auferstehen der prächtigen Gewänder. Doch vergeblich! Als er um sich blickte, musste er leider feststellen, dass der scheinbar wohlmeinende Ratgeber längst das Weite gesucht hatte.

Kommentierungen

Trauert nicht dem Vergangenen nach und blickt auch nicht voller Wünsche und Sehnsüchte in die Zukunft. Schaut stattdessen vor allem auf den gegenwärtigen Augenblick. Das Hier und Jetzt. Alle Wahrheit und Freude liegen allein dort.

Schwer zu erlangen ist dieser menschliche Körper und eine große Kostbarkeit. Daher nutzt ihn, um auf dem Pfad der Weisheit und Vollendung zu wandeln. So werdet ihr der Erleuchtung näherkommen. Widersteht allen Verlockungen. Und vergesst nicht: Begrenzt ist die Zeit, da ihr über ihn verfügen könnt.

Das Leben ist schwer genug. Wer sich aus Unwissenheit und falscher Heilserwartung noch unnötige Qualen auferlegt, gewinnt am Ende gar nichts.

In einer Familie verbleibt Reichtum selten länger als drei Generationen. Was die Väter erwarben, vermehren die Söhne und verprassen die Enkel. Es ist gleichgültig, in welchem Stand du Geburt annimmst, wenn du nur dem Pfad der Erleuchtung folgst.

Bleibt stets auf der Hut vor allen Predigern, die euch einfaches Heil und schnelles Glück versprechen, wenn ihr ihnen nur folgt. Seid euch besser selbst eine Stütze, tut Gutes und pflegt eure Tugend.

Schwierig ist es, dem Antlitz der Verlockung gegenüber einen kühlen Kopf zu bewahren.

Nur Kummer wird ernten, wer den Weg des Guten verlässt

Es war einmal ein guter Hirte, der seine Schafe Tag und Nacht stets wohl behütete. Weil er ständig draußen lebte und fleißig war, blieb ihm für Geistesbildung und Wissenserwerb leider keine Zeit. Aufgrund seiner Fürsorge wuchs die Herde rasch an. Binnen weniger Jahre waren mehrere Tausend Tiere sein eigen. Obwohl er es zu bescheidenem Wohlstand gebracht hatte, war der Hirte ein sparsamer Mensch, fast ein wenig geizig. Für die Schafe hatte dies den großen Vorteil, dass er nie ein Tier tötete, um es zu verspeisen, da es stets genug andere Dinge gab, die er essen konnte und mit denen er sich vollauf begnügte. Aufgrund seines so gewonnenen Reichtums warfen ihm die Bauern der Umgebung immer öfter neidische Blicke zu.

Eines Tages traf er nun auf einen gemeinen Betrüger, der es auf sein Geld abgesehen hatte. Mit lieblichen Worten versuchte er ihn sogleich einzulullen: »Du bist ein so fleißiger und redlicher Mensch. Auf der Welt gibt es sehr viele Frauen, bei denen ein Mann wie du höchste Wertschätzung genießt. Doch wie sollten sie dich je kennenlernen, da du das einsame Leben eines Schäfers führst, fernab von den Siedlungen der Menschen? Betrachte mich als einen Freund, der dir helfen möchte.« Der Hirte horchte auf und fasste Vertrauen zu dem Mann. Aufmerksam und nur zu gerne lauschte er weiter seinen honigsüßen Worten: »Das Alleinleben ist nicht gut für dich, du brauchst ein Eheweib, das dich liebt und umsorgt. Ich komme viel herum und sage dir: In einem der fernen Dörfer im Osten lebt ein wunderschönes Mädchen, das sich nach nichts mehr sehnt, als nach einem so treuen Gefährten wie dir. Gerne will ich euer Vermittler sein, wenn du es wünschst. Ein Wort von dir genügt, damit sich die Dinge auch für dich zum Guten wenden. «

Der Hirte war sehr bewegt von diesen Worten. Nie zuvor in seinem Leben war ihm auf diese Weise geschmeichelt worden. Das Bild der jungen Maid, das der Betrüger ihm so facettenreich gezeichnet hatte, weckte in ihm sehnsüchtigste Hoffnungen und Gefühle, die er bisher niemals gewagt hatte, in Worte zu fassen. Ohne zu zögern, war er daher bereit, dem fremden Mann seine besten Schafe und einen Teil seiner vom Munde abgesparten Goldmünzen als Brautgeschenk anzuvertrauen, damit er ihre Liebe für ihn gewönne ...

Der Betrüger zog mit all den Dingen fort. Nach ein paar Tagen kehrte er wieder zurück und verkündete: »Sie ist gewillt dich zum Manne zu nehmen und will dir einen Sohn schenken.« Dann schüttelte er dem einfältigen Schäfer die Hand und gratulierte ihm mit einem feisten Grinsen zu seinem Glück. Obwohl der Schäfer jeden Tag sah, wie es die Böcke mit den weiblichen Tieren trieben und später junge Zicklein aus ihren Leibern purzelten, kam ihm niemals der Gedanke, dass es beim Menschen ähnlich funktionieren müsse. So glaubte er dem fremden Mann, dass allein ein Brautgeschenk an eine ferne Dame reiche, um einen männlichen Nachkommen ins Leben zu rufen. Bereitwillig gab er dem Betrüger daher jetzt all seine Ersparnisse und viele seiner besten, sorgsam gehegten Schafe, auf dass er sie der Braut gebe und die Hochzeit vorbereite. Ein zweites Mal zog der Mann mit seiner Beute von dannen. Monatelang wartete der Schäfer auf die Rückkehr seines Brautvermittlers. Doch der Mann tauchte nicht mehr auf. Nur weil der Schäfer sich überall nach ihm erkundigte und ihn hartnäckig suchte, geschah es, dass er eines Tages erneut auf ihn traf. »Es ist schlimm gekommen«, erklärte der Betrüger, der seine Überraschung ob dieser unerwarteten Begegnung geschickt verbergen konnte. Dann senkte er in einer gespielten wehleidigen Geste seinen Blick zu Boden und sprach: »Ich kam nicht, weil ich dir die schreckliche Nachricht ersparen wollte: Deine Braut hat dir einen Sohn geboren, doch leider ist das Kind vor einiger Zeit gestorben. Alles, was du mir an Gaben überreicht hast, wurde verausgabt für teure Medizin und gute Ärzte, die das Leben des Kleinen retten sollten, es aber leider nicht vermochten.«

In diesem Augenblick erstarb in dem Schäfer all sein lang gehegtes Sehnen und Hoffen. Von unerträglichem Schmerz überwältigt begann er laut loszuheulen.

Kommentierungen

Lieblich und wohlklingend sind die Worte derer, die euch in den Abgrund führen.

Viele sind es, die den Verlockungen der Sinne und dem Streben nach Ruhm erliegen. Wer sich in den Fallstricken kurzlebiger weltlicher Freuden verheddert, den verschlingt gar bald die eigene Gier und lässt ihn heftig leiden. Tief vergraben jedoch ruht der kostbare Schatz, zu dem allein die Übung des Guten führt.

Die Unwissenheit und das Verlangen sind eure ärgsten Feinde. Wo eure schwächste Stelle ist, dort beginnt das Unheil zu keimen.

Befreit euch von allen Illusionen über die Welt und euch selbst; sie betrügen euch und sind die Quelle eures Unglücks.

Lasst stets Gleichmut walten, was auch immer geschieht.

Der Esel und der Töpfermeister

Eine Gruppe von Brahmanen, die gemeinsam eine Tempelstätte betrieb, wollte einmal ein großes Fest organisieren, auf dem alle Anhänger ihrer Glaubensrichtung zusammenkommen sollten. Nachdem sie große Säcke voller Reis, viel frisches Gemüse, süße Früchte und andere Leckereien eingekauft hatten, stellten die frommen Männer fest, dass sie leider nicht genug Schüsseln, Teller und Trinkgefäße besaßen, um ihre Gäste angemessen zu bewirten. So schickten sie einen ihrer jungen Brüder mit einem Beutel voller Silbermünzen los, um Töpferwaren zu erwerben. Er sollte an der großen Straße, die einige Meilen von der Brahmanenansiedlung entfernt lag, nach einem der dort regelmäßig entlangziehenden Töpfer mit ihren Keramikwaren Ausschau halten.

Der junge Mann wartete schon etliche Stunden am Rand der staubigen Straße, als er aus der Ferne schließlich einen Esel langsam herankommen sah, der auf seinem Rücken und auf beiden Seiten schwer mit tönernen Gefäßen aller Art beladen war. Hinter dem Esel ging ein Mann und trieb das Tier mit einem Stock an. Einige Meter vor dem wartenden Brahmanen war ein tiefes Loch in der Straße, das der Eselsbesitzer von hinten jedoch nicht erkennen konnte. Weil das schon recht betagte Tier vom Tragen der schweren Lasten müde und erschöpft war, achtete es in diesem Augenblick nicht auf seine Schritte, rutschte mit seinem rechten Bein in das tiefe Loch und knickte plötzlich in sich zusammen. Dabei verlor der Esel das Gleichgewicht und die Töpferwaren stürzten allesamt mit solcher Wucht herab, dass sie augenblicklich in Tausend Stücke zersprangen. Als er sah, dass auch nicht ein einziges seiner Gefäße heil geblieben war, musste der arme Töpfer vor Entsetzen laut loskreischen. Nachdem er sich nach einer Weile wieder ein klein wenig gefasst hatte, hockte er sich an den Straßenrand und flennte.

Unverständig schaute ihn der junge Brahmane an und wollte wissen, was diese Heulerei denn bedeuten solle. »Wie sollte ich nicht traurig sein«, erwiderte der Mann, »ein ganzes Jahr habe ich gearbeitet, um alle diese Dinge zu erzeugen, und jetzt, wo ich sie auf dem Markt verkaufen will, ist in einem einzigen Augenblick alles zu Bruch gegangen.« Der Brahmane war ein einfältiger Bursche, dem es an Lebenserfahrung fehlte. Die brahmanischen Lehren des Ausgleichs von schaffenden und zerstörenden Energien hatte er noch nicht richtig verdaut, obwohl sie unablässig seinen Geist durchstreiften. In seiner recht verworrenen Art dachte er auf diese

Weise: »So ist das also: Ein Esel kann in einem kurzen Augenblick zerstören, was ein Töpfer in einem ganzen Jahr erzeugt hat. Er ist also ein schlaues und kräftiges Tier, eine einzige seiner Bewegungen entspricht an Kraft folglich dem, wofür ein Mensch zwölf Monate braucht.«

Noch immer hockte der arme Töpfermeister am Straßenrand, wo er inzwischen nur noch still in sich hineinschluchzte. Der junge Brahmane betrachtete den Beutel mit seinen Silbermünzen und begann messerscharf nachzusinnen. Dann sprach er zu dem Mann: »Eigentlich kam ich her, um deine Waren zu erwerben, doch die sind ja nun leider alle kaputt. Ich würde aber für das Geld gerne deinen Esel kaufen.« Der Mann horchte auf. »Wirst du ihn für diese Münzen hergeben?«, fragte der junge Bursche und entleerte den Inhalt seines Beutels auf dem staubigen Boden. Im Nu wandelte sich das Antlitz des Handwerkers von Trauer und Groll in helle Freude, denn er rechnete sich sofort aus, dass der Wert der zerbrochenen Gefäße um einiges höher war, als der Preis eines alten Esels. Die Summe, die der junge Mann ihm jetzt dafür anbot, war also ein einmaliges Geschäft. Sofort willigte er ein, hob die Silberlinge vom Boden auf, steckte sie in seine Rocktaschen und zog zu Fuß von dannen. Der junge Mann ging mit dem Huftier im Schlepptau wieder zur Brahmanenansiedlung zurück.

Als der Oberbrahmane ihn mit einem lahmen alten Esel zurückkommen sah, wollte er sogleich wissen, wo denn nun all die Schalen, Töpfe, Trinkbecher und Teller seien, die er zu kaufen beauftragt worden war.. »Lasst es mich erklären«, rief der junge Bursche und erzählte ausführlich, was vorgefallen war. Am Schluss verkündete er mit triumphierender Geste: »Töpferwaren habe ich zwar keine, aber das, was ich mitbringe, ist viel mehr wert als solch billiges Tonzeug. Betrachtet es allein vom Kraftaufwand her! Nur wenige Sekunden der Bewegung dieses Esels sind gleich der Energiemenge, die ein Töpfer ein ganzes Jahr aufwenden muss, um seine Waren zu erzeugen. Daher ist sein Erwerb ein gutes Geschäft!«

»Was für ein Einfallspinsel du bist!«, schalt ihn der alte Brahmane, »natürlich kann das dumme Tier in einem Augenblick zerstören, was fleißige Hände über lange Zeit schufen, doch selbst wenn du ihm hundert Jahre Zeit gewährst, kann er niemals auch nur ein einziges Tongefäß herstellen.«

Kommentierungen

Tugend ist schneller zerstört als erworben.

Wer in den Süden fahren will, darf seinen Wagen nicht nach Norden ausrichten; man soll seine Pläne nicht durch sein Tun ins Gegenteil verkehren.

Wer empfängt, der soll auch geben.

Wer einen Fehler begangen hat oder meint, etwas Falsches getan zu haben, will es in der Regel instinktiv wiedergutmachen. Er sollte es jedoch auf rechte Weise tun, sonst schadet er sich am Ende nur selbst.

Um an den tieferen Sinn dieses Gleichnisses heranzuführen, berichtet ein Kommentator von einem Gespräch zwischen Buddha Sakyamuni und einem Ehrwürdigen mit Namen Fuloma: Der Buddha wollte von Fuloma wissen, wie er denn reagiere, wenn ihn ein anderer verspotte. »Ich denke in einer solchen Situation, dieser ist eigentlich ein guter Mensch, denn er macht sich nur lustig über mich, beleidigt mich aber nicht«, antwortete der Ehrwürdige. »Was aber denkst du, wenn er anfängt, dich wirklich zu beleidigen?« wollte der Erhabene daraufhin wissen. – »Dann bin ich darüber froh, keine Schläge einstecken zu müssen«, gab der so Befragte zur Antwort. »Aber wenn dich nun einer tatsächlich schlägt, was dann?«, hakte der Buddha nach. »In diesem Fall tröste ich mich damit, dass es nur Schläge sind und er mich nicht mit einem Messer verletzt«, erwiderte Fuloma mit einem seligen Lächeln. »Nimm nun einmal an, jemand sticht tatsächlich auf dich ein und Blut fließt aus deinem Körper, wie aber reagierst du dann?«, war logischerweise die nächste Frage des Erleuchteten. »Ich tröste mich mit dem Gedanken, dass ich nur verletzt, aber nicht getötet wurde«, lautete die Antwort. »Wenn du aber nun gar getötet wirst?«, lautete schließlich die letzte Frage des Buddha. Doch auch diese Möglichkeit brachte den Ehrwürdigen nicht aus der Ruhe: »Dann bin ich die Verantwortung für dieses Leben los und das ist doch auch gut«, erklärte Fuloma mit gelassener und friedfertiger Miene. »Du verweilst schon im Nirvana«, beschied ihm der Buddha daraufhin.

Nur der Pferdefüßige sucht auf den Pfaden draußen

Auf der langen breiten Straße, die in die Hauptstadt führt, lernten sich einmal wie durch eine Fügung des Schicksals zwei Händler kennen. Der eine kam aus dem Norden und wollte in die Metropole zurück, der andere kam aus dem Süden des Landes. Da sich die beiden Männer auf Anhieb gut verstanden, beschlossen sie, gemeinsam weiterzuziehen. Angekommen auf dem größten Marktplatz des Landes eröffneten sie zwei Verkaufsstände nebeneinander, wo sie ihre Waren feilboten. Während der Mann aus der Hauptstadt Goldstücke anbot, verkaufte sein südlicher Kollege erstklassige Baumwolle, die aus der letzten Ernte stammte.

Die Geschäfte liefen nicht schlecht. In den Kassen klingelten die Münzen und jeder Tag brachte beachtliche Einnahmen. Besser als die Baumwolle ließen sich allerdings die kleinen Goldstückchen verkaufen. Dies ärgerte den Händler aus dem Süden, der mit verdrießlicher Miene zuschauen musste, wie sein Kollege den größeren Reibach machte. Bald schon wühlten Hass und Neid in seinem Herzen.

Kurze Zeit später erwuchs aus schlechten Gedanken eine böse Tat: An einem Morgen kam ein Ehepaar zu den beiden Ständen. Während der Mann Baumwolle kaufen wollte und mit dem Händler um den Preis feilschte, klebten die Blicke seiner Frau an den verführerisch glänzenden Goldmünzen des Nachbarstandes. Schließlich trat sie näher heran, um die Kostbarkeiten eingehender in Augenschein zu nehmen. Die Frau war sehr misstrauisch und wollte sich zunächst von der Echtheit des Goldes überzeugen. Aus diesem Grund forderte sie den Händler auf, ein winziges Stück des edlen Metalls in dem kleinen Schmelzöfchen, das sie neben der Verkaufsstelle erblickt hatte, einmal bis zur Verflüssigung zu erhitzen. Weil beim Goldhändler noch andere Kunden warteten, bat er den Freund, für ihn einmal ein kleines Goldbröckchen zu schmelzen, um das Ehepaar von seiner Echtheit zu überzeugen. Zu diesem Zweck reichte er ihm das mit heißer Kohle gefüllte Öfchen zum Baumwollstand hinüber. Als das Gold darin allmählich heiß wurde und für einen Augenblick hell zu leuchten begann, erwachte in dem Baumwollhändler die alte Gier, die nun in dumpfen Hass auf seinen erfolgreicheren Nachbarn umschlug. In einem unbeobachteten Augenblick zwackte er einen Teil des feuerglühenden Edelmetalls ab, um ihn zu entwenden. Dann steckte er das kleine Bröckchen unbemerkt unter einen Baumwollballen in seinem Stand. Kaum stand er wieder an dem kleinen Tiegel, trat sein Freund herbei, um die Frau von der Reinheit des Goldes zu überzeugen. In diesem Augenblick begann das winzige glühende Ding den ganzen Baumwollballen in Brand zu setzen, unter den der untreue Freund es gelegt hatte. In wenigen Augenblicken hatte sich der ganze Verkaufsstand entzündet und alles brannte lichterloh. Nicht nur das entwendete Stückchen Gold, sondern die gesamte Habe des Händlers fiel den Flammen zum Opfer.

Kommentierungen

Manche Kommentare erklären diese Geschichte als Gleichnis von dem Unheil, das falsche Lehren stiften. Wie die Baumwolle am Stand des Händlers zu einem Häuflein Asche verbrannte, so würden am Ende diese Lehren verschwinden, da sie nichts als Schaden stiften.

Wer im Außen nach dem Buddha sucht, weiß einfach noch nicht, dass der Schlüssel zur Erleuchtung in seinem eigenen Herzen zu finden ist. Vergiss nicht, was einfach und klar ist.

Was ist das für ein Dieb, der sich die Ohren zuhält, während er ein Glöcklein stiehlt, weil er vermeint, dass so niemand das verräterische Klingeln hören könne?

Wer nichts Unreines tut, braucht nicht zu fürchten, dass die Dämonen an seine Tür klopfen.

Ein Kommentator erzählt eine Geschichte zur Illustration, die zur Bescheidenheit und Zügelung des Verlangens mahnt: Ein Meister war mit seinem Schüler beim Heilkräutersammeln in den Bergen. Während einer Rast griff der Meister in seine Tasche, zog zwei schöne blank polierte Steine hervor und zeigte sie seinem jungen Begleiter. Der Schüler war begeistert von diesem Anblick und wollte die glänzenden Kugeln gleich durch seine Finger gleiten lassen. »Ihr müsst gute Augen haben, dass ihr sie entdeckt habt«, sagte der junge Bursche. »Die Natur ist voller Schönheit«, antwortete ihm darauf der Meister und erklärte: »Du musst nur deinen Blick weit öffnen, dann kannst du noch viel schönere Dinge entdecken als diese hier. Es kommt aber auf den Geist an, mit dem du schaust, nicht auf die Schärfe deiner Augen.«

»Ich verstehe«, erwiderte der Schüler und gelobte bei dieser Gelegenheit ein guter Mensch zu werden.

Der Meister griff noch einmal in seine Tasche und zog zwei weitere Steine hervor, viel viel schöner noch als jene, die er dem jungen Burschen zuvor gezeigt hatte. »Hier, die sind für dich«, sprach er. »Danke«, sagte der Schüler, fügte jedoch hinzu: »Die Ihr mir zuerst gezeigt habt, waren eigentlich schon gut genug für mich!«

»Gut so«, lobte ihn der Meister und sprach: »Das Schönste ist immer das, was direkt vor deinen Augen liegt, diesem sollst du stets die höchste Wertschätzung entgegenbringen.«

Ein kluger Mensch fällt keinen Baum, bloß um an dessen Früchte zu gelangen

Im Palastgarten eines Königs stand einmal ein unvorstellbar hoher Baum. Sein Stamm war völlig eben und das üppige Blattwerk seiner Krone ragte fast bis zu den Wolken in den Himmel hinein. Jedes Jahr reiften im Herbst wundersame Früchte hoch oben in diesem Baum, die so süß und wohlschmeckend waren, wie nichts anderes auf dieser Welt. Doch die Menschen konnten erst von ihnen kosten, wenn sie reif und zuckerschwer von selbst auf die Erde herabfielen. Der Stamm dieses majestätischen Baumes war glatt wie Glas, aufgrund seines gewaltigen Umfanges hatte es niemals jemand vermocht, diesen Baum zu erklimmen.

Im Sommer eines heißen Jahres kam nun einmal ein hoher Gast aus einem fernen Land, um dem König seine Aufwartung zu machen. Man zeigte dem ehrwürdigen Besucher all die Schönheiten des Landes und natürlich auch den höchsten Baum der Welt mit seinen unerreichbaren Früchten, die von unten schon gut zu erkennen waren und deren Wohlgeschmack und Einzigartigkeit alle wortreich rühmten. Dies weckte in dem Gast das brennende Verlangen, einmal selbst davon zu kosten. Da der Herbst jedoch noch nicht begonnen hatte, war zu dieser Zeit nicht damit zu rechnen, dass bereits Früchte vom Baum hinab auf die Erde fielen. »Das ist wirklich traurig, dass es mir nicht vergönnt ist, einmal von der teuersten Gabe eures Landes zu kosten!«, sprach der Besucher enttäuscht.

Als der König diese klagenden Worte vernahm, hielt er es für eine Sache der Ehre, zu handeln. Unverzüglich ließ er die stärksten Holzfäller des Landes mit all ihren scharfen Äxten herbeirufen. Sie sollten den gewaltigen Baum fällen, damit man bereits jetzt im Sommer in den Genuss der süßen Früchte kam. Die Menschen waren erschrocken, als sie sahen, was plötzlich vorging. Der Herrscher versuchte schnell alle Bedenken zu zerstreuen. »Wir werden seine feinen Astspitzen in die feuchte Erde stecken, sodass sie sich bewurzeln, außerdem treibt sein Stamm später neue Äste aus«, erklärte er seinen zweifelnd dreinblickenden Adjutanten. »Am Ende haben wir dann viele solche Bäume, die alle so niedrig sind, dass wir ihre lieblichen Früchte mit bloßen Händen pflücken können«, behauptete der Monarch mit erfolgsgewisser Miene.

Die Holzfäller brauchten drei volle Tage, während derer sie unaufhörlich ihre scharfen Äxte in den harten Stamm schlugen, bis sie den Baumriesen endlich zu Fall gebracht hatten. Donnernd stürzte er zu Boden. Die Diener mussten viele Li weit rennen, bis sie endlich vor der üppigen Baumkrone standen. Gierig griffen der König und sein Gast nach den herbeigeschafften Früchten. Doch da der Herbst noch nicht gekommen war, schmeckten sie recht sauer und längst nicht so gut, wie die überreifen Köstlichkeiten, die in all den Jahren zuvor von selbst zur Erde fielen, sobald ihre Zeit gekommen war. Die Gärtner des Königs stecken eilends Hunderte der gekappten Zweige in die Erde, doch kein einziger bildete Wurzeln. Nach kurzer Zeit waren sie alle verdorrt. Auch aus dem verbliebenen riesigen Baumstumpf trieb niemals mehr auch nur ein einziger neuer Zweig aus.

Kommentierungen

Habt Geduld, die Dinge brauchen Zeit, um sich zu entwickeln. Die immer alles sofort haben wollen, gehen am Ende zumeist leer aus.

Der Baum des Bewahrens der Gelübde bringt eine reiche Ernte. Doch nur die Duldsamen werden davon kosten. Wer aber die Gebote bricht, wie sollte er die Erleuchtung erlangen? Diejenigen, die der Lehre folgen, werden zur rechten Zeit die köstliche Frucht der Pfadverwirklichung genießen. Gier und Ungeduld hingegen zerstören alles.

Das Leben hat einen Anfang und ein Ende. Nur wenn ihr es auf rechte Weise führt, schöpft ihr all die Vorteile aus, die es bereithält.

Ein Kommentator erklärt den Sinn dieses Gleichnisses anhand einer Geschichte aus dem Leben des Buddha Sakyamuni. Bevor der Buddha in die Hauslosigkeit ging, war er verheiratet und hatte einen Sohn gezeugt, der den Namen Rahula bekam. Als der Buddha einmal wieder in der Stadt seiner Herkunft weilte, kamen eines Morgens einige Anhänger in sein Haus, um Unterweisung direkt aus dem Munde des Erhabenen zu erlangen. An der Pforte trafen sie Rahula, der ihnen sogleich wortreich versicherte, der Vater verweile in den Bergen, während er tatsächlich in einer nahe gelegenen Hütte meditierte.

Kurze Zeit später kam dem Buddha zu Ohren, dass sein eigener Sohn die Mitglieder der Glaubensgemeinschaft belogen hatte. Daraufhin forderte er ihn auf, eine Schüssel mit Wasser zu holen, denn er wollte seinen Sprössling durch ein Gleichnis lehren, auf dass er das Fehlerhafte und Schädliche seines Tuns selbst einsehe. Als Rahula mit der gefüllten Wasserschale kam, bat der Vater, ihm seine Füße darin zu waschen. Anschließend zeigte der Buddha auf die Schale und das schmutzige Wasser und wollte wissen, ob man damit nun auch noch das Gesicht waschen, den Mund spülen oder es gar trinken könne. »Natürlich nicht«, antwortete Rahula, »es ist doch völlig unrein von all dem Staub und Dreck, der an den Füßen klebte!«

»Es ist, wie du sagst«, bestätigte der Buddha die Worte seines Sohnes und erklärte dann: »Genauso wie du mögen auch die anderen Menschen das Unreine nicht. Ebenso ist es mit der Lüge: Nicht nur, dass einem Lügner künftig niemand mehr glaubt, alle werden ihn überdies geringschätzen und verachten. Wenn du nur ein einziges Mal lügst, gilt dein Wort fortan bei keinem anderen Menschen mehr; gleich dem schmutzigen Wasser dieser Schale ist alle deine Rede nutzlos geworden. Wer mag aus solch einem Gefäß schon eine Suppe löffeln?« Mit diesen Worten schüttete der Buddha die Schale auf den Boden aus und übergab sie dann Rahula. Rahula verstand diese Botschaft und verpflichtete sich, künftig alle Lüge und Unwahrheit zu meiden.

Übe beharrlich und deine Übung ist leicht

Fünfzig Li von der großen Stadt entfernt lag hoch in den Bergen ein kleines Dorf. In der Mitte dieser Ansiedlung stand ein Brunnen, aus dem Wasser floss, das kristallklar und von vollkommener Reinheit war. Dieses Wasser schmeckte so lieblich wie sonst nirgendwo im ganzen Land. Um die abgelegenen Häuser herum ragten zu allen Seiten schroffe Felsgipfel in den Himmel; die wenige Erde zwischen den vielen Steinen war kaum fruchtbar. Allein das Brunnenwasser bildete eine unversieglich sprudelnde Quelle des Wohlstandes für die Bewohner. Beim Anbruch eines jeden Tages zogen die Männer mit großen wassergefüllten Holzfässern auf ihre Rücken geschultert in die ferne Stadt, um das begehrte Nass dort zu verkaufen. Doch erst wenn die Sonne in der Mitte des Himmels stand, trafen sie auf den fernen Marktplätzen ein. Der Abstieg war beschwerlich und alle litten unter dieser ständigen Plackerei. Immer öfter kreisten die Gedanken darum, wie man sich das Leben leichter machen könne. »Lasst uns das Dorf in die Ebene verlagern«, schlugen einige der Männer vor, »das Wasser dort unten ist zwar nicht so frisch und erquickend wie hier in den Bergen, doch die Stadtmenschen werden den Unterschied am Ende gar nicht bemerken und wir sind von der unerträglichen Knochenarbeit befreit.«

Der alte Dorfvorsteher wusste, dass dies keine gute Lösung war. Auf einer Versammlung kam er mit einem ganz anderen, ein wenig hinterlistigen Vorschlag: »Fünfzig Li müssen wir jeden Tag zurücklegen. Diese Strecke ist quälend lang, wie ihr alle jeden Tag spürt. Ich will zum König gehen und ihn bitten, dass er den Weg verkürzen möge.« Die Männer stimmten diesem Vorschlag sogleich zu und der Dorfvorsteher begab sich, wie er allen erklärte, auf den Weg in die Hauptstadt.

Nach ein paar Tagen kam er zurück und verkündete voller Stolz: »Ich bringe gute Nachrichten mit. Der König ist einverstanden, die Strecke von der Hauptstadt zu unserem Dorf von fünfzig auf dreißig Li zu verkürzen, wenn wir nur darauf verzichten, unseren Wohnort näher an die große Stadt zu verlegen, in der wir unser Wasser verkaufen.« Alle jubelten als sie diese Botschaft vernahmen. Dann stellte der Dorfvorsteher eine neue Wegmarkierung auf: »Hauptstadt 30 Li.« Wie zuvor trugen die Männer auch hernach ihr Brunnenwasser über die gleiche Strecke hinab ins Tal und zu den Marktplätzen der Stadt.

Kommentierungen

Lasst euch von der Oberfläche der Dinge nicht täuschen, schaut stets auf den Grund. Allein wahre Selbsterkenntnis schützt vor allen Täuschungen der Wandelwelt.

Egal, was ihr sagt und wie ihr darüber denkt, die höchste Wirklichkeit ist stets eins und ungeteilt.

Viele, die der buddhistischen Lehre folgen und danach streben, aus dem Daseinskreislauf des Leidens zu treten, ermüden auf diesem schwierigen Pfad. Bald denken sie daran, aufzugeben, oder machen alles nur mit halber Kraft, bis sie schließlich endgültig den Heilsweg verlassen. Doch der Buddha lehrte viele Methoden, um die Erlösung zu erlangen. So scheut euch nicht, auch ein wenig List einzusetzen, wenn es erforderlich und angebracht ist.

Gutes tun und die Tugend mehren, das ist der Sinn der drei buddhistischen Fahrzeuge.[4] Oft braucht man geschickte Mittel, um das Ziel zu erreichen, das heißt die sechs Bereiche des Daseins[5] zu durchwandern, um zu erlöschen.

Ein Kommentator erzählt zu diesem Gleichnis eine kleine Geschichte: In einem Tempel lebte einmal ein junger Mönch, der aus Gründen, die im Einzelnen nicht überliefert sind, den Namen »Der Schlechte« trug. Der arme Bursche litt unter dieser Namensgebung und bat daher eines Tages seinen Abt, künftig anders gerufen zu werden. »Das ist kein Problem«, erklärte der Meister, »am besten ist, du suchst dir selbst einen passenden Namen aus. Tritt heute einmal durchs Tempeltor hinaus ins Freie, geh landauf und landab, sieh und hör dich um, und wenn du einen geeigneten Namen gefunden hast, dann komm zurück und lass es uns wissen.« Der

---

[4] »Drei Fahrzeuge« bezieht sich entweder auf die drei großen Lehrzyklen des Buddha (erster Zyklus: Erklärung der Vier Edlen Wahrheiten; zweiter Zyklus: die Lehre, dass die Natur aller Dinge leer von wahrhafter, unabhängiger Existenz ist; dritter Zyklus: Belehrungen über die allen Wesen innewohnende Buddhanatur) oder auf die drei großen Schulen der Lehre, nämlich den Theravada (früher Buddhismus), das Mahayana (Großes Fahrzeug) und das später in Tibet, der Mongolei und Teilen Chinas verbreitete Diamantfahrzeug (Vajrayana). Es könnten in diesem Kontext jedoch auch die drei buddhistischen Konzile gemeint sein.

[5] Nach der buddhistischen Lehre werden die Wesen entsprechend ihrem Karma in sechs Daseinsbereichen (chin.: Liudao) wiedergeboren: der Menschenwelt, der Welt der Tiere, der hungrigen Geister, der Dämonen, der Höllenwesen oder der Götter. Das Nirvana und die Buddhas sind außerhalb dieser durch die Karma-Kausalität bedingten Bereiche.

Mönch folgte diesem Vorschlag und machte sich auf den Weg. Kaum hatte er den Tempel verlassen, sah er einen ihm entgegenkommenden Leichenzug. »Wie heißt der Tote auf der Trage?«, wollte er von den Trauernden wissen. »Voller Leben«, gaben diese zur Antwort. »Aber er ist doch tot, wie kann er dann diesen Namen tragen?«, wunderte sich der unerfahrene junge Bursche. »Das war doch nur sein Name«, klärten ihn die Leute auf, »hat aber rein gar nichts mit seinem jetzigen oder früheren Zustand zu tun.«

Der Mönch zog weiter und kam kurz darauf in eine Stadt. Das Erste, was er sah, war eine herrschaftliche Residenz vor der ein wütender Hausherr eine junge Dienerin verprügelte. »Warum schlagt Ihr das Mädchen?«, fragte der junge Ordensmann. »Sie hat mich um Geld betrogen«, klärte ihn der Hausherr auf und sie habe daher diese Strafe verdient. »Wie ist dein Name?«, fragte der Mönch kurz darauf das Mädchen, als der Mann wieder ins Haus zurückgekehrt war und das arme Ding laut schluchzend und am ganzen Leib zitternd auf der nackten Erde hockte. »Kostbare Jade, Ehrwürdiger«, antwortete die Geschundene. Wiederum wunderte sich der einfältige Buddhajünger: »Ein Name, der Wohlstand und Reichtum ausdrückt, und doch ist sie bloß eine arme kleine Dienerin!« Ungläubig zog er weiter und traf kurz darauf auf einen Mann, der sich verlaufen hatte und ihn nach dem Weg fragte. »Wie ist euer Name, Wanderer?«, erkundigte sich der Mönch. Ich heiße »Der die Richtung kennt« erhielt er zur Antwort. »Wie kann das sein«, rief der junge Ordinierte voller Erstaunen, »Ihr heißt ›Der die Richtung kennt‹ und seid dennoch vom Wege abgekommen?« Auch hier erhielt er die Auskunft, dass dies ja nichts weiter als sein Name sei. Als der Mönch am Abend in den Tempel zurückkehrte, wollte der Meister von ihm wissen, wie er denn nun künftig gerufen werden wolle. »Ich will weiter ›Der Schlechte‹ heißen, antwortete dieser, es ist doch nichts weiter als ein bloßer Name.«

Wer sein Selbst überwindet, trifft nirgendwo auf ein Hindernis

Es lebte einmal ein armer Mann, der sich als Händler verdingte. Eines Tages entschloss er sich, sein Leben grundlegend zu verändern. Des mühseligen Kleinhandels satt, wollte er endlich einmal ein richtig großes Geschäft machen. Von seinen Freunden und Verwandten lieh er sich so viel Geld zusammen, wie er nur auftreiben konnte. Am Ende kam eine recht ansehnliche Summe zusammen, von der er Seidenwaren kaufte und ein kleines Boot mietete, um damit auf dem großen Fluss zu den Marktplätzen der fernen Städte zu fahren. Dort würde er seine Stoffe mit riesigen Gewinnen verhökern können, so hoffte er. Auf halbem Weg blies auf einmal ein orkanartiger Wind über das Land. In der tiefen Schlucht, die er gerade durchquerte, bauschte sich der Wind urplötzlich so heftig auf, dass er das Boot zum Kentern brachte. All die kostbaren Seidenstoffe trieben nun in dem trüben Fluss. Zwar hatte sich der Sturm bald wieder gelegt und dem Händler gelang es, einige der Seidenbahnen wieder aus dem Wasser zu fischen, doch die Stoffe hatten an Schönheit gewaltig eingebüßt. In diesem Zustand waren sie nur noch mit großen Verlusten an den Mann zu bringen. Auch das geliehene Boot war endgültig verloren und lag nun unerreichbar im zähen Schlick des Flussgrundes. Verzweifelt hockte der arme Mann am Ufer und wusste nicht, was er jetzt tun sollte. Um auf dem Markt einträgliche Geschäfte zu machen, hatte er keine guten Waren mehr, zurück in die Heimat traute er sich nicht, denn dort warteten der Eigentümer des gesunkenen Bootes und seine anderen Gläubiger auf ihn, die ihn sicherlich arg verprügelten, so sie seiner habhaft würden.

In dieser Lage packte der Mann die wenigen noch halbwegs erhaltenen Stoffe auf seine Schultern und ging einige Meilen die Schlucht entlang, bis sich die Berge schließlich zu einer weiten Ebene hin öffneten. Viele Tage durchwanderte er nun bepackt mit seinen minderwertigen Seidenresten eine karge, ausgedehnte Landschaft, in der kein einziger Baum wuchs und auch kaum Gras spross. Als er sich bei Einbruch der Dunkelheit zu einer Rast an einem fast gänzlich ausgetrockneten Flussbett niederließ, erblickte er im noch verbliebenen Schlick plötzlich die Umrisse einer Truhe, die irgendwann einmal ins Wasser geworfen oder vielleicht vor langer Zeit von einem Schiff gefallen sein musste. Mit seinem scharfen Dolch gelang es ihm, das Schloss an der Seite aufzubrechen. Dann öffnete er den Deckel und schaute ins Innere. Was er dort sah, löste helle Jauchzer und Jubelschreie bei ihm aus. Diese Truhe war eine Schatzkiste, die bis zum Bersten mit Gold, Perlen und funkelnden Edelsteinen gefüllt war. Am Grund der Kiste lag ein großer Spiegel. Außer sich vor Freunde griff der Mann hinein und hob mit beiden Händen die vielen Kostbarkeiten ins Freie, wo er sie auf dem Boden vor sich ausbreitete. Da alles, was in der Kiste lag, sich auf deren Grund spiegelte, erschien dem Mann dieser Fund noch viel größer und wertvoller, als er ohnehin schon war. Für einen Augenblick dachte er, die Schätze dieser Truhe würden niemals weniger, egal, wie viel man auch herausnähme. Doch bald war er am Boden angelangt und beugte sich nun mit seinem Kopf direkt über die Mitte der vermeintlichen Zaubertruhe. Die Abenddämmerung war bereits hereingebrochen und sein Gesicht von dem tagelangen Marsch durch die trockene Einöde überall mit Staub und Schmutz bedeckt, sein Haar völlig zerzaust. Als er nun in den Spiegel am Grund der Kiste blickte, erschrak der Mann aufs Heftigste. Er erkannte in diesem Augenblick sein eigenes Antlitz nicht mehr und glaubte, in der Kiste stecke ein böser Dämon, der ihn in eben diesem Augenblick ergreifen und vernichten wolle. Panikartig rannte er fort und ließ die Schatztruhe mit all ihren Kostbarkeiten im trockenen Flussbett zurück.

Kommentierungen

Wer sich nicht selbst erkennt, erreicht gar nichts, ganz egal, ob er gewinnt oder verliert.

Ein großer und kostbarer Schatz sind die Verdienste, die wir durch tugendhaftes Handeln erwerben. Doch erst wenn wir die Vergänglichkeit des Leibes wirklich erkennen und unseren Eigensinn aufgeben, weicht restlos alle Verwirrung. Inmitten der Wandelwelt und in unserem irdischen Leib können wir so die Ichlosigkeit erfahren, die große Befreiung.

Wer stets aufrichtig ist und den Lehren folgt, wird reichlich belohnt. Sobald er dann die unerschöpfliche Quelle des Glücks in sich selbst entdeckt, soll er in seiner großen Freude achtsam bleiben, auf dass nicht die alte Illusion eines Selbst erneut von ihm Besitz ergreift. Sonst packt ihn sogleich die Furcht und alles ist wieder verloren.

Die Augen allein sehen gar nichts

Vor langer Zeit lebte einmal ein Einsiedler, der viele Jahre gewissenhaft die Kunst der Versenkung übte. Unermüdlich und entschlossen war seine asketische Lebenspraxis. Eines Tages wurde er einer Frucht seiner Übung gewahr, die er eigentlich gar nicht erstrebt hatte: Plötzlich war er in der Lage, tief in das Innere des Erdreiches hineinzublicken und konnte ganz genau erkennen, an welchen Stellen sich Gold und vergrabene Schätze befanden.

Schnell sprach sich überall im Land herum, dass es einen Menschen gab, der über eine solch ungewöhnliche Fähigkeit verfügte. So kam diese Nachricht auch dem König zu Ohren, der sogleich frohlockte, welchen Nutzen ihm dieser Einsiedler wohl bringen könne. Vor seinem inneren Auge erstrahlten augenblicklich all das Gold und die Brillanten, die er sich durch den Asketen erhoffte. »Sorgt dafür, dass dieser Mann niemals die Grenzen unseres Reiches verlässt«, ordnete er an. Dann befahl er seinem Kanzler, ihn als erste Maßnahme in den Palast zu bringen, damit er dort seinen Reichtum mehre.

Noch am gleichen Tag brach der Abgesandte in die Berge auf und traf kurz darauf den Eremiten in seiner Höhle an. Doch dieser war nicht gewillt, mit ihm hinunter in die Hauptstadt zu kommen und fortan dem König zu dienen. »Ja, es ist richtig«, sagte der fromme Mann, »meine Augen besitzen die Gabe, verborgene Dinge zu sehen, doch ich kann und will sie nicht in den Dienst weltlicher Zwecke stellen!« Der Kanzler zögerte nicht lange und rief seine Soldaten herbei, die den Mann festhielten. Wortlos griff der höchste Staatsdiener zu seinem Dolch und stach dem Einsiedler eigenhändig beide Augen aus.

Zurückgekehrt in den Palast überreichte er dem König die zwei Augäpfel und erklärte: »Mit diesen wundersamen Kugeln könnt Ihr nun selbst alles finden, wonach Euch das Herz steht.«

»Du nichtsnutziger Schwachkopf«, schalt ihn der König, »nicht nur, dass die Augen allein völlig nutzlos sind, jetzt hast du auch den Eremiten für alle Zeit genau der Fähigkeit beraubt, auf die es mir ankam.«

Kommentierungen

Nur ein Unwissender schlachtet das Huhn, das goldene Eier legt, weil er dem irrigen Glauben verfallen ist, diese Eier seien allesamt im Bauch des Huhnes zu finden.

Wenn Ihr auf einen Eremiten trefft, zieht Kraft aus dieser Begegnung, um euren eigenen Weg noch entschlossener zu gehen. Doch stört die schwierige Übung dieser Heiligen nicht, indem ihr sie in eure Häuser einladet und mit Gaben überschüttet, auf dass sie nicht abkommen vom Erleuchtungspfade.

Wer nur aus Eigennutz und für weltliche Vorteile ein Opfer erbringt, dem mangelt es an wahrem Wissen. Die Lehre bewahren allein diejenigen, die sie verstehen und vor allem nach ihr leben. Derjenige, der nur auf die Erfahrung der Erleuchtung starrt, aber nicht nach Klarheit und Wissen strebt, wird am Ende nichts erreichen.

Ein Kommentator bedient sich einer weiteren Episode zur Illustration: Am Rande eines Dorfes stand vor langer Zeit einmal eine kleine Klause. Dort lebte ein Eremit, der den ganzen Tag in der Stille verweilte. Eines Nachts schlich ein Dieb durch diese Gegend und witterte sofort leichte Beute, als er auf die abgelegene Hütte stieß. Weil es so ruhig war, dachte er, im Haus sei niemand. Heimlich stieg er durchs offene Fenster ein und suchte überall nach Geld und Wertsachen. Außer zwei kleinen Silbermünzen fand er allerdings nichts, was das Mitnehmen gelohnt hätte. Der alte Meister saß währenddessen so still und unbewegt auf seinem Meditationskissen, dass der Dieb ihn gar nicht wahrnahm. Aber der Eremit hatte den Eindringling in seiner Klause sehr wohl bemerkt. Der freche Gauner wollte ein wenig enttäuscht von der geringen Beute gerade wieder durchs Fenster ins Freie steigen, als er plötzlich eine Stimme hinter sich vernahm, die aus der Dunkelheit des Raumes zu ihm sprach: »Junger Bruder, du suchst hier am falschen Ort und nach den falschen Dingen.« Der Dieb erschrak und erkannte erst jetzt die Konturen einer im Lotossitz hockenden Gestalt. Er trat ein wenig näher heran und sah, dass dieser Mann lächelte. Da er spürte, dass von dem Eremiten keinerlei Gefahr ausging, drehte er sich, ohne etwas zu erwidern, einfach wieder um und wollte das Haus nun durch die Tür verlassen. »Vergiss nicht ›Danke‹ zu sagen«, rief ihm der Meister hinterher. Der Eindringling hielt inne und der noch immer im Lotossitz Verweilende sprach zu ihm: »Auch wenn ich dich die Münzen nehmen lasse, die dir nicht zustehen, so solltest du das keinesfalls als Billigung deines Verhaltens missverstehen. Vergiss nie: Alles, was du besitzt, verdankst du allein der Güte anderer Wesen.« In diesem Augenblick durchzuckte den Dieb ein heller Lichtschein, wie von einem Blitz getroffen, und er empfand tiefste Reue.

Ein guter Hirte gibt nicht gleich die ganze Herde auf, nur weil ein einziges Tier verloren ging

Ein Hirte besaß einmal eine Herde von zweihundertfünfzig Kühen, die er jeden Morgen auf fruchtbare Auen zum Weiden trieb. Eines Nachts kam ein Tiger und riss seine fetteste Kuh. »Das beste meiner Tiere ist tot«, rief der Mann mit klagender Stimme hinauf zum Himmel. Dann sprach er zu sich selbst: »Nun hat die Hüterei jeden Sinn verloren!« Unwirsch führte er seine Kühe in eine enge Schlucht und versperrte dann mit Gattern die Aus- und Zugänge. Wütend und voll innerer Verblendung tötete er dort alle Tiere seiner Herde.

Kommentierungen

Ein Kind wächst auf und wird erwachsen, ein Sämling keimt und entwickelt sich zu einem großen Baum, ein armer Mann wird reich – stets glauben die Menschen, dass alles immer nur größer und besser wird. Wie schlimm ist der Katzenjammer, wenn das Leben sie immer öfter das Gegenteil lehrt. Weise ist daher nur, wer lernt, mit Verlust und Entsagung zu leben.

Wenn ihr einen kleinen Fehler begangen habt, so berichtigt ihn sogleich, aber nehmt ihn nicht als Ausrede, nun noch größere Fehler zu begehen.

Wer ein Gelübde bricht, hat damit nicht gleichzeitig auch alle anderen gebrochen. Durch stetes und aufrichtiges Bemühen lässt sich verlorene Tugend zurückgewinnen. Wer eine Verfehlung begangen hat, soll aufrichtig bereuen, aber keinesfalls nachlassen im Streben nach Erleuchtung oder gar alles aufgeben.

Jede Entwicklung, jedes Ereignis hat zwei Seiten. Der kluge Mensch begreift eine Krise vor allem als Chance.

Alle Dinge gehen vom Geist aus. Probleme, die im Geist entstehen, sind nicht durch Handeln zu lösen, dadurch würde alles nur noch schlimmer.

Ein Kommentator zieht eine kleine Anekdote zur Erklärung heran: Ein Mann fragte einmal einen Chan-Meister: »Der Tag hat nur vierundzwanzig Stunden, bitte unterweist mich darin, wie ich sie am vorteilhaftesten nutzen kann!« Der Meister schaute ihn an und sprach mit leiser Stimme: »Die verstreichende Zeit ist es, die dich verbraucht, allein in der Mönchskutte gewinnen wir ein wenig Herrschaft über sie.« Der Fragesteller konnte mit dieser Antwort durchaus etwas anfangen, jedoch nicht allzu viel, daher überlegte er einen Moment, ob er noch einmal nachhaken solle. Doch bevor er seinen Mund öffnen konnte, brüllte der Meister ihn schon an: »Die Zeit verstreicht schnell. Wenn du etwas nicht verstehst, dann stell eine Frage. Weißt du nicht, was du eigentlich wissen willst, dann geh in dich und meditiere. Vielleicht verschwindet darüber dein Problem und damit hast du es am Ende selbst gelöst.«

Der Durstige und die Quelle

An einem heißen Tag zog einmal ein Händler mit seinem Kamel und vielen Verkaufswaren durch ein trockenes Steppengebiet. Leider hatte er die Länge der Wegstrecke nicht richtig bedacht und daher am Morgen versäumt, genug frisches Wasser mitzunehmen. Schon nach wenigen Stunden war die einzige Kalebasse Wasser, die er mitführte, leer getrunken. Am Mittag brannte die Sonne heiß vom Himmel. Der Händler bekam unerträglichen Durst. Sein Mund war trocken, die Lippen zeigten schon erste Risse, doch nirgendwo war eine Quelle zu entdecken. Nach einigen weiteren Stunden quälenden Marsches kam er schließlich zum Fuß eines Berges. Wie er so verzweifelt in den heißen wolkenlosen Himmel starrte, trug der Wind plötzlich das helle Plätschern eines Quellbächleins an sein Ohr heran. Sofort stürzte der Mann in die Richtung, aus der das Geräusch kam; schnell hatte er den kleinen Wasserlauf gefunden. Augenblicklich machte er sich über das kühlende Nass her und stillte mit gierigen Schlucken seinen unbändigen Durst. Nachdem auch das Kamel gesoffen und frische Nahrung zu sich genommen hatte, bemerkte der Händler, dass seine Kleidung ganz feucht und schlammig geworden war. Durch das ungestüme Saufen von Herr und Tier war die ganze Erde um sie herum jetzt aufgeweicht und glitschig. In einem unbedachten Augenblick rutschte er aus und lag mitten in dem Matsch, den er selbst erzeugt hatte. »Verdammte Quelle«, fluchte der Mann nun mit lauter Stimme und stampfte mit seinen Füßen wutschnaubend auf den Boden: »Es ist genug, wir brauchen kein Wasser mehr. Hör endlich auf zu fließen!«

Das laute Gebrüll rief einen Eremiten herbei, der in der Nähe seine Wohnstatt hatte. Er lächelte über den Mann, wollte jedoch auf den notwendigen Tadel nicht verzichten: »Wenn du kein Wasser mehr brauchst, dann zieh doch einfach still weiter. Warum willst du die Quelle am Fließen hindern? Denkst du nicht daran, dass andere vielleicht auch noch von ihr trinken wollen?«

Kommentierungen

Die Gierigen, die Verblendeten, die Hasserfüllten – nichts als Unheil schaffen sie für sich selbst und andere.

Jedes Nehmen, jedes Ergreifen weckt sinnliches Begehren. Hass und Übelwollen folgen oft auf dem Fuße. Den Geist zähmen ist eine Übung des Herzens.

Bist du zufrieden, so verweile in der Gestilltheit. Wenn du erkannt hast, dass die Welt der Begierden in dir kein wahres Glück erzeugen kann, dann verschließe einfach die fünf Sinnespforten. Du musst aber nicht ihre äußeren Objekte zerstören wollen, sie sind ohnehin unzerstörbar. Es ist nicht an dir, die Welt zu beherrschen.

Unwissenheit ließ euch in dieses Leben treten, Verlangen schuf euch diesen Körper mit seinen unstillbaren Begierden und schließlich auch den Abscheu und Überdruss an dieser Welt. Lernt, dies alles loszulassen!

Ein Kommentator erzählt eine Geschichte über den bekannten Chan-Meister Dao Xin, um den Sinn dieses Gleichnisses noch aus einer anderen Perspektive zu verdeutlichen: Meister Dao hatte zahlreiche Schüler, die ihn alle sehr verehrten. Eines Tages geschah es, das einer seiner Schüler auf einem Tempelmarkt beim Stehlen ertappt wurde. Die Leute sagten: »Durch sein Handeln hat dieser Unredliche das Ansehen des Meisters stark beschädigt.« Doch Dao Xin selbst war nicht dieser Meinung. Erfüllt von Großmut und Mitgefühl verzieh er dem Gestrauchelten und erlaubte ihm trotzdem weiter im Kloster zu bleiben. Leider änderte sich der Schüler nicht. Bald beging er einen weiteren Diebstahl und wurde dabei erneut erwischt. Meister Dao verzieh ihm jedoch ein weiteres Mal. Das zog nun den heftigen Unmut der anderen Schüler nach sich. »Wenn Ihr diesen Abtrünnigen nicht bestraft, dann wollen wir künftig nicht mehr als Eure Schüler gelten«, schrieben sie auf ein Blatt Papier, das dann von allen eigenhändig unterzeichnet und ihm schließlich vom ältesten Schüler überreicht wurde.

Anders als vielleicht erwartet, freute sich der Meister über diese Erklärung mit den vielen Unterschriften. »Meine Schüler sind in der Lage, zwischen richtig und falsch zu unterscheiden«, sagte er sich, doch er wusste auch, dass da etwas war, was sie noch nicht verstanden hatten. So rief er sie alle zu sich und sprach: »Ich danke euch für eure klaren Worte. Ihr habt viel erreicht in eurer Übung. Wenn ihr glaubt, von mir nun nichts weiter lernen zu können, so steht es euch frei, zu gehen, und meine besten Wünsche werden euch stets begleiten. Ihr habt ein Verständnis erreicht, das über die Oberfläche bis tief ins Innere der Dinge vorgedrungen ist, doch euren untreuen Bruder möchte ich gerne weiter hier an meiner Seite wissen. Ihn kann ich nicht ruhigen Herzens ziehen lassen, denn er bedarf noch meiner Fürsorge und Belehrung.« Diese Worte berührten den diebischen Mönch so sehr, dass er von dieser Stunde an sein ganzes Leben änderte.

Stärke aus Reis und Stärke aus Hirse

Es gab einmal einen sehr eigensinnigen Mann. Eines Tages wollte er einen alten Freund besuchen, dessen neues Heim er noch nicht kannte. Am frühen Morgen machte er sich auf den Weg zu ihm. Als er am Mittag schließlich ein paar Meter vor seinem Haus stand, sah er von Weitem, dass die Tür verschlossen war – so schien es ihm jedenfalls. Ohne näher heranzutreten, drehte er wieder um und wollte fortgehen. Der Freund hatte ihn allerdings bemerkt, öffnete das Fenster und rief ihm nach: »Warum gehst du wieder, ohne einzutreten?«

»Ich dachte, du wärest nicht zu Hause, weil die Tür zu war«, rechtfertigte sich der andere.

»Du solltest dich nicht so schnell von äußeren Eindrücken in die Irre führen lassen«, klärte ihn der Freund auf und bat den Besucher herein. Beim Näherkommen sah dieser, dass die Tür tatsächlich nur angelehnt war. Nachdem er im Haus Platz genommen hatte, staunte der Gast über die herrlich weißen Innenwände, die alle Räume in einem hellen, lichten Glanz erstrahlen ließen. Sogleich wollte er wissen, mit welcher geheimnisvollen Tünche dieses Haus denn gestrichen worden sei. »Nichts Besonderes«, erklärte der Freund, »ich habe einfach nur Reisstärke mit ein wenig heller Erde vermengt, das Ganze lange und gut verrührt und dann auf die Wände aufgetragen.«

»Wie ärmlich sieht mein Haus dagegen aus«, dachte sich der Besucher, sagte jedoch nichts. Auf dem Rückweg kam er an einem Laden vorbei, der Getreide und Mehlprodukte verkaufte. »Ich sollte meine Behausung ebenso schön machen«, sagte sich der Mann in diesem Moment und ging in das Geschäft, um dort Reisstärke zu kaufen. Als der Verkäufer den Preis nannte, erschrak er jedoch. Das Erzeugnis kostete mehr, als er angenommen hatte, so viel wollte er eigentlich nicht dafür bezahlen. »Billiger, aber längst nicht so gut, ist Hirsemehl«, erklärte ihm der Händler daraufhin. »Na gut, dann nehme ich eben das«, sagte der Mann und kaufte einen ganzen Sack davon.

Zu Hause angekommen rührte er die fein gemahlene Hirse mit ein wenig heller Erde an, genauso wie sein Freund es ihm erklärt hatte. Da Erde nichts kostet, nahm er dann jedoch recht viel davon. Anschließend strich er mit dieser Mischung die Wände seines Hauses. Als alles fertig war, wollte er sich zurücklehnen und sich an seinem Werk erfreuen. Doch ein einziger flüchtiger Blick genügte, um festzustellen, dass seine frisch gestrichenen Flächen nicht einmal annährend so schön leuchteten wie die weißen Mauern im Hause seines Freundes. Alles wirkte matt und schmutziggelb. Statt lichtem Glanz sprach aus den Wänden nur Fahlheit und Langeweile. Da das Hirsemehl überdies nicht so feinpulvrig war wie das aus Reis gewonnene, konnte der Putz auch nicht richtig glatt werden. Überall hatten sich Poren und Unebenheiten gebildet. Doch das war noch nicht einmal das Schlimmste. Schon nach ein paar Wochen zeigten sich überall breite Risse in den frisch verputzten Wänden. Bald drang nach jedem Regen vermehrt Feuchtigkeit ins Innere des Hauses. Das Hirsemehl war nämlich nicht so saugfähig wie das extrem stärkehaltige Reismehl, das alle Flächen trocken halten konnte.

Kommentierungen

Ein Schneider, der nicht richtig Maß nimmt, kann keine gute und passende Kleidung nähen.

Blickt nicht allein auf die Buchstaben, versucht zu erfassen, was sie ausdrücken wollen. Wer das Wesen einer Sache nicht erfasst, der kann sie auch nicht beherrschen!

Wer vorgibt, der Lehre zu folgen, aber nicht wirklich nach ihr lebt, zieht nicht nur keinen Nutzen aus ihr, sondern erleidet zudem noch Schaden.

Solange wir nicht das heiße Feuer zum Erlöschen bringen, aus dem die Flammen von Hass, Neid, Unwissenheit und Verblendung lodern, wird die leidvolle Existenz fortdauern ohne Ende.

In einem engen Herzen kann keine Tugend wachsen.

Ein Kommentator erzählt die Geschichte eines jungen Shaolin-Mönches: Jue Yun hatte viele Jahre lang im Shaolin-Tempel die Kampfkünste geübt. Tag und Nacht drehte sich alles nur um sie. Trotzdem spürte er nach dieser langen Zeit, dass er noch nicht allzu viel davon beherrschte. So verließ er eines Tages das Kloster und suchte in der Welt draußen nach einem Meister, um den erhofften großen Durchbruch zu erzielen. Schließlich fand er jemanden, der bereit war, sich seiner anzunehmen. Doch nachdem er im Haus des neuen Lehrers Quartier genommen hatte, hieß dieser ihn jeden Tag nur Brennholz zu sammeln und es aufzubereiten, brachte ihm aber selbst nichts weiter bei. Drei Monate gingen so ins Land und der Schüler wurde von Tag zu Tag unzufriedener. Eines Morgens, als er wieder einmal aufgefordert wurde, den ganzen Tag mit Holzhacken zu verbringen, hätte er vor Wut fast laut losgeschrien, konnte sich aber im letzten Augenblick gerade noch zusammenreißen. Dem Meister war nicht entgangen, was in dem jungen Burschen vorging. So lud er ihn am Nachmittag zu einem Waldspaziergang ein. Bald kamen sie an einem großen Stein vorbei, der schon seit Urzeiten zwischen diesen Bäumen gelegen haben musste. Der Meister entspannte sich für einen Moment und sammelte seine innere Energie. Ruckartig riss er dann beide Augen auf, streckte zwei Finger nach vorne und berührte ganz sacht das harte Objekt. Da zerfiel der Stein urplötzlich in zwei Hälften. Der Schüler war erschrocken und bass erstaunt. »Du warst lange im Shaolin-Tempel und hast viele Kampfformen studiert, doch den tieferen Sinn dieser Künste hast du bis heute noch nicht erfasst«, erklärte ihm nun der Meister und sprach: »Es geht weder um Sieg noch um Niederlage. Nur durch Furchtlosigkeit erreichst du das Ziel: das Freiwerden von Geburt und Tod. Hafte an nichts und strebe nach nichts. Auf diese Weise entdeckst du die Quelle des Erwachens in dir selbst!«

Der kranke Heiler

Ein Mann erkrankte einmal an einem schlimmen Kopfgrind. Da er arm war und nicht genug Geld für einen Arzt hatte, verschlimmerte sich sein Leiden, ohne dass er etwas dagegen tun konnte. Infolge der Erkrankung fielen ihm alle seine Kopfhaare aus. Bald kam der Winter und er fror nun um sein Haupt herum, denn da waren keine wärmenden Haare mehr, die es schützten. Im darauffolgenden Sommer wurde es noch ärger. Jetzt brannte dem Mann die Sonne heiß auf seinen blanken Kopf. Die Haut wurde rot und der Grind juckte fürchterlich. Zu allem Überdruss kamen nun auch ständig lästige Fliegen herbei und labten sich an den offenen, empfindlichen Wunden, in die sie oft auch noch ihre Eier ablegten, aus denen bald eklige Maden schlüpften.

Es war so schlimm geworden, dass der Mann jetzt nicht länger umhinkam und unbedingt einen Arzt aufsuchen musste. Von seinen Verwandten und engsten Freunden kratzte er sich ein wenig Geld zusammen und begab sich in die nächste größere Stadt, wo er einen Heilkundigen zu finden hoffte. Dort angekommen, erkundigte er sich überall nach einem guten Doktor, der ihm helfen sollte. Recht bald wurde er zum Haus eines Mediziners geführt, von dem es hieß, dass er selbst die Toten wieder zum Leben erwecken könne. Das Haus lag direkt an der Stadtmauer. Doch nachdem der Kranke ihm mit tränenerstickter Stimme sein Leid geklagt und den krätzigen Kopf entblößt hatte, blickte der Arzt ihn nur mit betretener Miene an. »Ich kann diese Krankheit nicht länger ertragen«, seufzte der Mann, »alle sagen, dass Ihr ein hervorragender Vertreter der Heilkunst seid, so bitte ich euch: Befreit mich von diesem Leiden!«

Der Arzt schwieg weiter. Nach einer Weile nahm er die Mütze herunter, die seinen Kopf bedeckte. Da musste der Mann erkennen, dass der große Heiler an der gleichen Art von Kopfgrind litt wie er selbst. »Verzeiht mir«, erklärte der Doktor mit bedrückter Stimme, »wenn ich imstande wäre, diese Krankheit zu heilen, so würdet Ihr mich nicht selbst in diesem Zustand sehen.«

Kommentierungen

Nur wer selbst auf rechte Weise lebt, der kann auch anderen überzeugend den Weg weisen.

Wer nach Befreiung vom Leid der Welt sucht, soll zuerst in sein eigenes Herz schauen.

Ein Bodhisattva aus Lehm kann keinen Fluss durchqueren. Wie soll anderen helfen können, wer nicht einmal für sich selbst Sorge tragen kann?

Töricht ist es, von einem Sterblichen die zinnoberrote Pille der Unsterblichkeit verlangen zu wollen.

Schon ein einziges winziges Blatt kann die Sicht aufs Große versperren, wie könnte euch da ein Blinder den richtigen Weg weisen können?

Ein jeder altert und stirbt. Leid und Krankheit verschonen auch die großen Meister nicht.

Folge nur solchen Lehrern, die die Lehre im eigenen Leben verwirklichen. Ein wahrer Meister verbirgt seine Schwächen nicht.

Wenn zwei sich streiten, freut sich der Dritte

Zwei Dämonen gingen einmal entlang der Ränder eines breiten Weges, als ihre Augen nahezu gleichzeitig auf drei nahe beieinander liegende Gegenstände fielen: eine Truhe, einen Stab und ein Paar Holzpantinen. Bei diesem Anblick entbrannte im Nu ein heftiger Kampf zwischen den beiden, wem diese drei Teile nun zustünden. Zufällig kam gerade ein ganz gewöhnlicher Mensch des Weges und wunderte sich ob dieses seltsamen Gezänks. »Das sind doch nur ganz gewöhnliche Dinge, die es überall gibt, wozu streitet ihr bloß so leidenschaftlich darum?«, wunderte er sich und bat die beiden finsteren Gestalten aus der Schattenwelt um Auskunft.

»Weil diese Truhe magische Kräfte besitzt«, erklärte einer der Dämonen, »was immer du begehrst, ob feine Speisen oder seidene Kleidung, alles, was du am Abend in sie hineintust, hat sich bis zum Morgen vervielfacht, sogar Gold und Silber.« »Und mit diesem Stab«, warf sogleich der zweite Dämon ein, »kannst du jeden Feind bezwingen, wer auch immer es sei. Ja, und die Holzpantinen tragen dich zu jedem Ort in dieser Welt. Schlüpfe nur in sie hinein, denke für einen Augenblick klar und entschlossen an dein Ziel, und schon bist du dort.«

»Ich will euren Streit schlichten«, rief der listige Mann, »tretet daher einmal für einen kurzen Moment zurück vom Objekt eurer Begierde.« Verdutzt, aber gehorsam gingen die beiden Streithähne zur Seite, einer stand nun am rechten, der andere am linken Straßenrand. Blitzschnell griff der vermeintliche Schlichter jetzt nach der Truhe und dem Stab. Mit beiden Kostbarkeiten in seinen Händen ließ er seine Füße ruck, zuck in die Holzpantinen gleiten, dachte dann ganz fest daran, sich in die Lüfte zu erheben, und kaum war der Gedanke geformt, schwebte er auch schon hoch im Himmelsraum. Baff blickten die erstaunten Dämonen nach oben. Bevor der Mann in den Wolken entschwand, rief er ihnen noch mit lauter Stimme zu: »Ihr könnt euch jetzt beruhigen, die Dinge, um die ihr euch zanktet, sind fort und auf ewig unerreichbar für euch!« Trotz all ihrer geheimen Kräfte waren die beiden Finsterlinge in dieser Lage völlig machtlos.

Kommentierungen

Die Truhe steht für das Geben von Almosen, der Stab soll die Kraft der Versenkung verkörpern und die Holzpantinen sind Symbol für ein tugendhaftes Leben, das heißt die Einhaltung der buddhistischen Gebote.

Gestützt auf diese drei befreien sich die Wesen vom Leid und erreichen den vollkommenen Zustand des Nirvana. Jeder Streit mit anderen darüber ist unnütz, allein das eigene Tun führt zum Ziel.

Sinnlos ist alles Gezänk um die Dinge dieser Welt. Ob du gewinnst oder verlierst, ist letztlich ohne Belang. Der wahre Schatz ruht in deinem Innern. Die Versenkung ist gleich einem kostbaren Jadestab, der alles Leid vertreibt und allen Kummer zerschlägt. Alle Dinge auf Erden und im Himmel sind eine Opfergabe, ein Geschenk an uns. Darum streite und fordere nicht. Wer gibt, der wird am Ende reichlich empfangen. Allein das Einhalten der Gelübde ist der Königsweg, der uns in die himmlischen Gefilde führt.

Jagt nicht falschen Glücksversprechen hinterher, die euch in die niederen Bereiche ziehen, überwindet alle Selbstsucht und alle Verblendung, übt Verzicht und erkennt die große Leerheit, in der ihr mit allem eins seid – so erlangt ihr die Frucht der Pfadverwirklichung.

Seid achtsam und richtet euren Geist auf das Wesentliche. Die Essenz der Lehre ist wichtiger als einzelne Buchstaben oder gar der Streit darum.

Die Sonne geht jeden Morgen neu auf, nur du wirst jeden Tag älter. Begreife das Leben als Chance, so wie es ist. Betrachte weder die Vergangenheit als eine Last, noch hoffe auf eine wundersame Zukunft, die alle deine Probleme lösen wird.

Wenn zwei sich streiten, freut sich der Dritte.

Wer alles stets bis ins Kleinste plant, den straft am Ende oft ein dummer Zufall

Es lebte einmal ein alter Händler, dem bei seiner Arbeit zwei Gehilfen zur Hand gingen. Mit einem ebenfalls schon betagten Kamel zogen die drei über die Lande und handelten mit Seidenstoffen und kostbaren Teppichen. Schwer beladen trabte das Tier Jahr um Jahr unter der heißen Sonne entlang der Karawanenrouten, nährte sich von trockenen Gräsern, war fast immer durstig und fror im schneidenden Wind der oft kalten Wüstennächte. Eines Tages brach das schwer beladene Kamel auf einer Sandpiste weit vor dem Zielort zusammen, spucke Blut und konnte sich trotz größter Mühe nicht mehr aufrappeln und weiterziehen. Der Händler wusste, dass der armen Kreatur in diesem Zustand nicht mehr zu helfen war, so zog er sein Messer hervor und durchtrennte dem Tier die Halsschlagader. Das Kamel verblutete im Staub der Wüste, wo es auch den größten Teil seines Lebens verbracht hatte. Nun standen die drei mit dem toten Kamel und all ihren Handelswaren unzählige Meilen von der nächsten Stadt entfernt in einer unwirtlichen Einöde. Unwirsch blickten sie einander an, denn jetzt mussten sie ihre Waren irgendwie selbst fortschaffen. Als Erstes zog der Händler dem ausgebluteten Tier das Fell über die Ohren. Dann fasste er einen genauen Plan: Zunächst wollte er allein in die Stadt gehen, um dort ein neues Kamel zu kaufen. Die beiden Gehilfen sollten derweil warten und auf die kostbaren Güter aufpassen, bis er mit einem neuen Tragtier wieder zurück war.

Bevor er loszog, schärfte er den beiden jungen Männern ein, insbesondere auf die gerade vom Leib gelöste Kamelhaut gut achtzugeben. Sorgsam breitete er sie sogleich im Sand aus, um die Trocknung zu beschleunigen. »Frisch abgezogene Tierhäute dürfen auf keinen Fall nass werden, sonst schimmeln sie und werden unbrauchbar«, erklärte er seinen Gehilfen.

Wenige Stunden nachdem der Mann fort war, brach plötzlich ein heftiger und lang anhaltender Regen über diesen Flecken Wüste herein. Wo sonst oft jahrelang kein einziger Tropfen fiel, goss es nun, als würde das Wasser aus riesigen Kübeln aus den Wolken geschüttet. Aufgescheucht rannten die beiden Burschen umher und wussten nicht, was sie tun sollten. Nirgendwo gab es einen Busch oder gar eine Höhle, wo sie sich hätten unterstellen können. Blitzartig dachten sie an den Auftrag ihres Anführers und rollten als Erstes das Kamelfell zusammen. Der Regen wurde immer stärker. »Wir müssen die Teppiche und seidenen Tücher über das Fell legen und es dadurch vor dem Wasser schützen«, rief einer voller Torheit. »Genau, das machen wir«, stimmte der andere zu. Dann breiteten sie all die kostbare Seide und die feinen handgewebten Teppiche über dem frisch abgezogenen Fell aus und krochen am Ende noch selbst darunter, um nicht völlig durchnässt zu werden. Als der Händler am anderen Tag mit einem neu erworbenen Kamel zurückkam, bot sich ihm ein erschreckender Anblick: Seine gesamte wertvolle Seide und die teuren Teppiche lagen ausgebreitet und völlig durchnässt am Boden. »Wir haben das Fell unseres alten Kamels gut vor Nässe geschützt, genauso wie Ihr es uns aufgetragen habt«, erklärten ihm seine einfältigen Gehilfen. »Ihr Dummköpfe«, schalt sie der alte Mann, »der Preis eines fleckigen alten Fells zählt nichts im Vergleich zu dem, was ihr heute an Werten vernichtet habt.«

Kommentierungen

Seid achtsam, jeder Augenblick im Leben hält neue Herausforderungen bereit; wägt stets gründlich die Folgen ab, bevor ihr handelt.

Haltet die Gebote gewissenhaft ein, doch verliert dabei nicht den Blick für die Unterschiede. Genau wie du das Leben liebst und den Tod fürchtest, so auch jedes andere Wesen. Kein Leben zu nehmen ist daher das erste und wichtigste der buddhistischen Gebote. Wer allein die Buddhas ehrt und für den Bau von Tempeln oder Pagoden spendet, aber das Gebot des Nicht-Tötens missachtet, kann aus den unteren Daseinsbereichen nicht hinausgelangen.

Wer anderen gibt, die Gebote einhält und sich in der Versenkung übt, dem wird es wohlergehen in diesem wie in künftigen Leben, doch wer auf die Nabe des Rades von Tod und Wiedergeburt treten will, der muss alles geben, ohne nach irgendetwas zu trachten. Sein Geist darf an gar nichts mehr haften.

Der Weise und Lebenserfahrene weiß es: Zwei Übel auf einmal sind auch nicht viel schwerer zu ertragen, als wenn sie getrennt kommen, doch zwei Vorteile, die man gleichzeitig in Anspruch nehmen kann, zählen fast immer doppelt.

Eine nutzlose Steinschnitzerei

Es lebte einmal ein Mann, der sich gut auf das Behauen von Stein verstand und mit Steinmetzarbeiten seinen Lebensunterhalt bestritt. Eines Tages erblickte er am Wege einen großen Steinbrocken, der ihm auf Anhieb gefiel. »Diese unförmige Masse will ich so lange behauen, bis sie die Form eines schönen und vollkommenen Ochsen angenommen hat«, rief er voller Entzücken. So geschah es denn auch. Unzählige Tage und Nächte verwandte dieser Bildhauer darauf, aus dem groben Gestein einen Ochsen mit äußerst filigranen Zügen zu meißeln, bis das Werk einem echten Tier zum Verwechseln glich. Am Ende betrachtete er voller Stolz seine Schöpfung. Doch schon nach kurzer Zeit kam er ins Grübeln: »Außer der vergnüglichen Betrachtung für einige kurze Augenblicke hat dieses Ding eigentlich überhaupt keinen Nutzen«, dachte er und sprach leise zu sich selbst: »Das war die Riesenmühe eigentlich gar nicht wert!«

Kommentierungen

Eure Zeit ist begrenzt. Verschwendet sie daher nicht mit müßigen Dingen, die euch auf dem Erlösungsweg nicht voranbringen.

Vergegenwärtigt euch stets das Ziel, bevor ihr redet oder etwas tut. Viele handeln aus Ruhmsucht, doch es führt zu nichts: Der Ruhm ist vergänglich und leer sind letztlich alle Dinge.

Nur mit den richtigen Bestrebungen im Herzen schafft ihr wahrhaft große Dinge.

Studiert die Lehre, um nach ihr zu leben. Wer jedoch in den Büchern liest, bloß um sich vor anderen mit seinem Wissen zu schmücken, der ist dem üblen Leiden der Eitelkeit verfallen.

Sechs Pfannkuchen am Morgen und dann noch ein halber dazu

Einen Mann überkam beim Aufwachen nach einer gut durchschlafenen Nacht plötzlich ein heftiges Hungergefühl. Daher ging er zu einem Marktstand und kaufte sechs Pfannkuchen, die er, nachdem er wieder in sein Haus zurückgekehrt war, allesamt mit großem Genuss verspeiste. Normalerweise musste er zum Frühstück niemals eine so große Menge zu sich nehmen, um seinen Hunger zu stillen. In der Regel aß er nie mehr als drei oder manchmal vier. Doch an diesem Morgen glaubte er auch nachdem der sechste Pfannkuchen seinen Schlund hinuntergewandert war, noch immer einen Riesenhunger zu verspüren. Daher ging er zurück zum Markt und kaufte noch einen siebten. Noch an der Verkaufsbude begann er diesen Pfannkuchen zu verzehren. Doch kaum hatte er knapp die Hälfte davon gegessen, fühlte er sich plötzlich so satt wie noch nie zuvor in seinem Leben. »Allein dieser siebte Pfannkuchen hat mich satt gemacht«, dachte er sich in diesem Augenblick, schlug dann voller Erstaunen mit beiden Händen ein paar Mal heftig auf seinen Mund, so als wolle er sich selbst bestrafen und sprach: »Was für ein dummer Kerl ich doch bin! Die anderen sechs zu kaufen, das war mehr als unnötig.«

Kommentierungen

Der Einfältige sieht nur, was gerade geschieht, aber auf welche Weise es zustande kam, vermag er nicht zu erkennen.

Euer Körper weiß, wann er satt ist, unersättlich ist allein euer Geist.

Viele, die den Pfad gehen, üben fleißig Tag und Nacht, ohne zu erlangen. Doch eines Tages geschieht es: Plötzlich fühlen sie sich gestillt. Aber nicht die Hartnäckigkeit hat sie zum Ziel geführt, sondern die Bereitschaft, loszulassen.

Nur inmitten der Qual entspringt der Gedanke nach Vergnügung. Doch was immer ihr durch die fünf Sinne und den Geist erlangt, wahre Gestilltheit werdet ihr dadurch nicht finden. Die Törichten verlangen stets nach mehr, bis sie am Ende durch Ekel und Abscheu eines Besseren belehrt werden.

Wer die Dinge auf wahre Weise betrachtet, erkennt ihre Soheit und wird frei von Verlangen.

Nur wer das Ganze versteht, sollte über das Ganze sprechen.

Eine Gruppe ist erfolgreich, wenn alle Beteiligten mitwirken, nicht jedoch, wenn Einzelne sich in den Vordergrund drängen.

Ein Kommentator erzählt eine kleine Geschichte, um seine Deutung dieses Gleichnisses zu verdeutlichen: Der fünfte Linienhalter des Chan, Meister Hong Ren, lud einst alle ehrwürdigen Mönche zu einer große Versammlung ein. Die Zusammenkunft sollte im abgelegenen Ostberg-Tempel stattfinden, der im Schatten der hohen Doppelgipfel lag. Über siebenhundert Teilnehmer aus allen großen buddhistischen Schulen folgten dem Aufruf des großen Meisters und reisten so in diese einsamen Berge. »Warum wird dieses wichtige Zusammentreffen an diesem Ort abgehalten und nicht in der Hauptstadt, die für die meisten von uns doch viel leichter und schneller zu erreichen gewesen wäre?«, fragten einige der Mönche mit missmutigem Unterton, nachdem sie müde und erschöpft zu den Doppelgipfeln aufgestiegen waren und die Versammlung im Ostberg-Tempel gerade beginnen sollte. »Das Holz, aus dem die Häuser der Städte gefertigt wurden, wuchs nicht im Dickicht der Städte, sondern hier in den abgeschiedenen Bergwäldern«, erwiderte Meister Hong und erklärte: »Weit fort von aller menschlichen Zerstörungswut konnte das gute alte Holz nur hier gedeihen. So reift auch im Bergmönch die Erleuchtung am besten fernab der Staubwelt. Wo der Blick nicht ständig betört von tausend Dingen, findet der Geist innere Ruhe. Nur in Gestilltheit reift die Frucht des Bodhi-Baumes.«

Haltet die Mittel nicht für den Zweck

Ein Hausherr brach einmal zu einer Reise auf. Bevor er loszog, sprach er zu seinem jungen Diener: »Während ich fort bin, bleibst du hier und bewachst die Tür. Achte auch auf den Hund[6], der am Eingangspfosten angebunden ist. Pass vor allem darauf auf, dass sich das Seil nicht vom Pfosten löst.« Nach diesen Ermahnungen verließ der Mann sein Haus.

Einen Tag nachdem der Herr gegangen war, hörte der Diener die Nachbarn von einem Marktfest in einem Nachbarort erzählen, das gerade stattfand. Musikanten spielten auf diesem Fest, es würde getanzt und gesungen und man könnte dort gut essen und trinken, hieß es. Da dachte sich der junge Bursche, wie schön es doch wäre, sich auf dieser Feier ein wenig zu verlustieren. Der Herr sei ja weg und im Hause nichts weiter zu tun. Dann musste er jedoch an die Aufgabe denken, die ihm sein Gebieter so nachdrücklich aufgetragen hatte. Plötzlich kam ihm eine Idee, die er ohne weiteres Überlegen sofort in die Tat umsetzte: Mit einem kräftigen Ruck zog er den Eingangspfosten aus der Erde, an dem das Seil mit dem großen Hund festgebunden war. Dann hob er die Tür aus den Angeln und packte sie auf seinen Rücken. Mit dem großen Türbrett auf dem Rücken, das über beide Schulterblätter ragte, dem Holzpfosten in der Hand und dem Hund im Schlepptau ging er so zum Fest im Nachbardorf und amüsierte sich dort den ganzen Abend lang. Als er spät in der Nacht zurückkam, musste er feststellen, dass in der Zwischenzeit Diebe durch den offenen Rahmen ins Haus eingedrungen waren und alle kostbare Habe geraubt hatten.

Am anderen Morgen kehrte der Hausherr zurück und der Diener empfing ihn mit den Worten: »In der Nacht waren Einbrecher in eurem Haus, während ich auf dem großen Fest im Nachbardorf weilte. Doch seid unbesorgt, eure Tür ist noch immer da, weil ich sie ausgehängt und bei mir hatte. Auch eurer Hund und der Türpfosten, an dem er immer noch festgebunden ist, sind unbeschädigt. Euren drei kostbarsten Dingen ist nichts geschehen.«

Kommentierungen

Die Dogmatiker schaden am Ende vor allem sich selbst. Der Buddha, die Lehre und die buddhistische Gemeinschaft sind unsere drei Grundpfeiler, doch nicht die Buchstaben zählen, sondern der Geist, aus dem wir handeln.

---

[6] In einigen Fassungen ist von einem Esel anstelle eines Hundes die Rede.

Wo die Pforten der Sinne unbewacht, dringt aller Staub der Welt sogleich ins Innere. Viele erkennen diese Wahrheit in Worten wohl an, doch sie widerstehen nicht den Lockungen der Begierde und fallen daher zurück.

Vom ersten bis zum letzten Atemzug ist das Leben ein Krieg. Gleich einem Vogel müsst ihr euch hoch in die Lüfte erheben, um seinen Widersinn zu erkennen.

Jeder Mensch ist ein Bodhisattva. Bleibt eurem Versprechen treu und fallt der Versuchung nicht anheim.

Wer lügt, den plagen schnell große Sorgen

Einem Mann war einmal sein Ochse fortgelaufen. Als das Zugtier in der Nähe eines abgelegenen Dorfes vorbeistrich, entdeckten ihn die dortigen Bauern. Schnell liefen sie herbei und erschlugen den Ochsen mit Knüppeln und Äxten. Im Nu war die Erde tiefrot vom Blut des toten Tieres. Dann zerlegten sie den Ochsen und teilten sein Fleisch untereinander auf. Da in dem Dorf viele Menschen lebten, war die unrechtmäßige Beute bald restlos verzehrt.

Tagelang suchte der verzweifelte Besitzer nach seinem Zugtier, von dessen Arbeitskraft sein Leben und das seiner Familie abhing. Schließlich kam er auch in der Nähe des besagten Dorfes vorbei, wo er auf einen der Bauern traf, der sein edles Tier mitgeschlachtet hatten.

»Ist mein Ochse vielleicht in euer Dorf gelaufen?«, fragte er den Landmann.

Dieser wehrte ängstlich ab: »Hier in der Nähe gibt es überhaupt kein Dorf.«

»Vielleicht ist er in das Wäldchen dort drüben am Seeufer gelaufen?«, mutmaßte der Ochsenbesitzer daraufhin und deutete mit der Hand auf den Hain in der Nähe des Wassers.

»Hier gibt es kein Wäldchen«, erklärte der so Angesprochene und wollte sich umdrehen und wieder weitergehen.

Nun war der Mann misstrauisch geworden und stellte geschickt eine Fangfrage: »Haben die Bauern aus eurem Dorf den Ochsen gefangen oder waren es die aus dem Dorf im Osten?«

Der Bauer wurde sichtbar nervös und schüttelte unwirsch den Kopf: »Auch im Osten gibt es hier weit und breit keine Ortschaft.«

Jetzt hakte der Ochsenbesitzer noch zielgerichteter nach: »War es nicht zur Mittagszeit, als die Sonne am höchsten Punkt des Himmels stand, da ihr das Tier tötetet?«

Nun begann der Bauer zu stottern und druckste herum: »Bei uns scheint nie die Sonne.«

An diesem Punkt hatte ihn der Ochsenmann in die Enge getrieben: »Du sagtest, es gibt hier kein Dorf und auch kein Wäldchen. Das wollte ich wohl noch glauben, obzwar sich schon erste Zweifel in mir regten. Doch dann hast du behauptet, auch im Osten läge keine Ortschaft, obwohl ich aus dieser Richtung kam und dort mehr als nur ein Dorf mit eigenen Augen sah. Nun bestreitest du sogar, dass hier die Sonne am Himmel steht.

Doch blick nur einmal nach oben, so siehst du sogleich selbst, wie es um die Wahrheit deiner Worte bestellt ist. Alle deine Antworten waren nichts als lauter Lügen. Und dir soll ich glauben, dass du nicht weißt, was mit meinem Ochsen geschehen ist?«

Der Bauer blickte zu Boden und schämte sich. Er wusste nicht, was er antworten sollte. Schließlich gab er zu, dass seine Leute den Ochsen geschlachtet und sein Fleisch verzehrt hatten.

Kommentierungen

Lügen zu können ist wohl eine Kunst. Wer sie beherrscht, mag eine Zeit lang damit Erfolg haben, doch am Ende wird es ihn selbst ganz furchtbar treffen. Daher hat es letztlich besser, wer ihr nicht mächtig ist, denn er wird enttarnt, sobald er lügt, und muss die Wahrheit bekennen, bevor seine Verstrickung unlösbar und die Folgen vollends unheilvoll werden.

Fehler sind die Stolpersteine des Lebens. Achtest du nicht auf sie oder räumst sie nicht fort, so gibt es kein Vorankommen.

Wer einen Fehler vertuschen will, zeigt dabei oft umso deutlicher auf die Wahrheit.

Ohne aufrichtige Reue über das eigene schlechte Tun führt kein Pfad zum Guten.

Nicht alle, die der Lehre folgen, halten die Gelübde auch ein. Manch einer bricht sie. Wenn solch ein Mensch dann nicht bereit ist, sein Fehlverhalten einzugestehen, so wird solch törichtes Unterlassen nur Leid und Kummer für ihn bringen.

Glaubt nur an das, von dessen Wahrheit ihr euch selbst überzeugt habt.

Der Mann, der wie eine Ente schnatterte

In einem Land wurde einmal im Jahr ein hoher religiöser Feiertag zelebriert. Überall in den Städten und Dörfern sah man zu diesem Ereignis prächtig gekleidete Menschen in fröhlicher Stimmung durch die Straßen ziehen. Die Tempel waren alle mit bunten Blumen geschmückt. Mit feierlichen Ritualen dankten die Menschen den Göttern für die ihnen im Laufe des Jahres erwiesenen Wohltaten. In der Hauptstadt dieses Landes lebte ein Ehepaar, das ebenfalls den höheren Mächten seine Ehrerbietung bezeugen wollte. Die Frau überlegte, wie sie dabei wohl einen guten Eindruck hinterlassen könnte. Natürlich wollte sie vor allem auch ihre Schönheit zur Schau stellen. Leider war den beiden erst am Mittag dieses Tages eingefallen, prächtigen Blumenschmuck zu kaufen. Die Frau mochte besonders gerne blaue Wasserlilien, die sie in ihr schwarzes Haar steckte. Doch diese edlen Blumen waren zu dieser Stunde bereits alle ausverkauft und zierten nun die Häupter anderer Damen.

»Geh los und besorg mir eine blaue Wasserlilie!«, herrschte sie ihren Gatten an. Der Ärmste zuckte nur ratlos mit den Schultern. Diese Tatenlosigkeit machte die Frau nun erst recht zornig. »Wenn du nicht fähig bist, meine einfachsten Wünsche zu befriedigen, dann will ich nicht länger als dein Eheweib gelten und werde dich verlassen«, verkündete sie mit düster dreinblickender Entschlossenheit. Der arme, aber ein wenig einfältige Mann liebte seine Frau über alles; mit ihr nicht mehr zusammen sein zu dürfen, war das Schlimmste, was er sich überhaupt vorstellen konnte. In seiner Not fiel ihm ein, dass im großen Palastgarten des Königs Tausende schöner Lilien wuchsen. Während auf den Straßen und Gassen die Menschen allerorts ausgelassen feierten, kletterte er heimlich über die Schlossmauer und schlich sich bis zu dem großen Teich vor, auf dessen seichtem Wasser überall diese blaue Pracht erblühte. Doch noch bevor er den ersten Stiel brechen konnte, bemerkten die Palastwachen, dass sich zwischen den großen Blättern etwas im Wasser bewegte. »Wer ist da?«, riefen die Soldaten und stießen mit ihren Lanzen vom Ufer hinein ins Dickicht. Der arme Kerl zuckte zusammen und zitterte vor Angst am ganzen Körper. In seiner Not krähte er plötzlich mit lauter Stimme und rief zwischen dem dichten Grün hindurch: »Ich bin eine Ente, die gerne auf dem Wasser schwimmt.« Entschlossen ergriffen ihn die Wachen und führten ihn ab. Auf dem Weg ins Verlies begann er plötzlich zu schnattern. »Was soll denn das nun?«, fragten die Männer der königlichen Garde, »Du hast uns schon vorhin als Ente nicht überzeugen können!«

Kommentierungen

Wer sein ganzes Leben unaufrichtig war, der wird es schwer haben, in seiner letzten Stunde der Wahrheit ins Auge zu schauen. Seid daher stets redlich und bereut all eure schlechten Taten, bevor es einst zu spät ist.

Tut nichts Böses und redet nicht falsch, so kommt ihr am einfachsten durch dieses Leben.

Ein Kommentator erzählt die folgende Geschichte zur Vertiefung: Ein edler Mönch kehrte nach einer längeren Reise zu seinem Tempel zurück, der am Ufer eines kleinen Flusses lag. Kurz vor dem Ziel ging plötzlich ein heftiger Gewitterregen nieder. Im Nu ergossen sich gewaltige Regenschauer über das Land. Als der Ordensmann gerade das Flüsschen erreicht hatte, auf dessen gegenüberliegendem Ufer sein Heimattempel lag, waren die Wassermassen bereits gewaltig angeschwollen und umspülten jetzt mit ungestümer Kraft den kleinen Holzsteg, der die einzige Verbindung nach drüben bildete. Der Wind blies so heftig wie nie zuvor und vom Himmel goss es wie aus Kübeln. Obwohl der schmale Steg jeden Moment wegbrechen konnte, war der Mönch entschlossen, ihn todesmutig zu überqueren. Als er etwa ein Drittel der zwanzig Fuß langen Balkenstrecke vorsichtig balancierend überwunden hatte, sah er auf der anderen Seite aus dem peitschenden Regen unerwartet eine Gestalt auftauchen, die gerade in der Gegenrichtung über den tosenden Wasserlauf wollte. Der Mann am anderen Ufer war ein in der Gegend bekannter Räuber, der einen scharfen Krummsäbel im Gürtel trug. »Los zurück mit dir, mach den Weg frei, du Glatzkopf«, herrschte der Bandit den Robenträger an. Obwohl der Mönch sich vor diesem Finsterling keineswegs fürchtete, wich er auf dem Steg schnell zurück zum Ufer, wie der Mann es verlangt hatte. Mit einem kräftigen Sprung landete der Dieb nun auf den Holzbohlen, die zwischen den brausenden Wassern kaum noch zu sehen waren. Da preschte urplötzlich eine mächtige Welle heran. Im Nu wurde der Steg weggerissen, der Säbel schwingende Bandit verlor das Gleichgewicht und stürzte in die reißenden Fluten. Die wilde Strömung riss den Mann augenblicklich fort und er tauchte nicht wieder auf. Vom Tempelturm aus sahen die anderen Mönche ihren zurückgekehrten Glaubensbruder am andern Ufer mit gefalteten Händen stehen. Er betete für eine gute Wiedergeburt dieses Menschen.

Strebt nach Buddhaschaft und lasst euch durch die Geschehnisse der Wandelwelt nicht vom Pfad abbringen

An einem Herbsttag lag unter einem großen Baum einmal ein vollgefressener Hund und schlief. Unbewegt und wie tot ruhte er dort auf den weichen Gräsern am Boden. Nach einigen Stunden kam plötzlich ein heftiger Sturm auf und riss fast alle Blätter von den Bäumen. Überall lag nun dichtes Laub auf der Erde und der Hund war vom Kopf bis zur Schwanzspitze mit gelben und roten Blättern bedeckt. Doch das Tier störte sich nicht daran, sondern strich nur einmal gemächlich mit der Pfote über Kopf und Oberkörper und schlief dann seelenruhig weiter.

Nach nicht allzu langer Zeit fielen die ersten Schneeflocken des Jahres vom Himmel. Den Hund rührte es nicht. Er blinzelte nur einmal kurz und schloss dann wieder langsam seine Augen. So sanft wie die Schneeflocken zur Erde schwebten, versank er im Reich der Träume. Es dauerte nicht lange und erneut tobte ein wilder Sturm. Jetzt blies der Wind so heftig, dass er ganze Bäume umriss. Plötzlich krachte ein schwerer Ast mit vielen Zweigen von genau dem Baum herab, unter dem der Hund lag. Mit lautem Getöse landete er auf dem Rücken des immer noch schlafenden Tieres. Obwohl es furchtbar schmerzte, jaulte der Hund dennoch nicht. Ohne Murren ging er wortlos einfach ein paar Meter zur Seite und ließ sich nun dort zum ungestörten Ruhen nieder. Keinen Augenblick jammerte er über seinen Schmerz oder sann gar darüber nach, warum diese schwere, knorrige Last gerade auf seinen Rücken gestürzt war. Stattdessen schloss er seine Lider und war alsbald wieder in einem tiefen Schlaf versunken. Am späten Abend dieses Tages erwachte er einmal für einen kurzen Augenblick. Mit weit aufgerissenen Augen konnte er nun sehen, wie der Wind in der Ferne noch immer gewaltig an den Bäumen zerrte und Äste und Zweige seinem Willen unterwarf. Dabei schien es ihm, als ob in der Ferne einer der Bäume ihm ein Zeichen gab, so als wolle er durch sein geneigtes Hin- und Herschwingen das Tier einladen, an seinem Wurzelgrund zu verweilen. »Er ruft nach mir«, sagte sich der Hund. Dann ging er in Richtung des Baumes, um sich dort erneut niederzulassen und weiter zu ruhen.

Es gibt noch eine Variation dieser Geschichte mit einem etwas anderen Handlungsverlauf und einer ganz verschiedenen Aussage. In dieser Variante ist anstelle des Hundes von einem Fuchs bzw. einem fuchsähnlichen Wesen mit Namen Yegan die Rede, das unter dem Baum schläft. Als ein Zweig von oben auf seinen Rücken fällt, flieht das Tier in die offene Weite und schließt dort schnell wieder die Augen, damit es den Baum, von dem die Last herabstürzte, nicht länger betrachten muss und so ungestört weiterschlafen kann. Beim Aufwachen erblickt das Füchslein den Baum erneut aus der Ferne und beobachtet, wie sich dieser im Wind wiegt. Das Auf- und Hinabschwingen der Äste deutet der Fuchs als eine Aufforderung des Baumes, an seinen alten Schlafplatz zurückzukehren, was das Tier dann auch tut.

Kommentierungen

Die Interpretationen sind unterschiedlich, je nachdem, welche Textfassung zugrunde gelegt wird. Die »Hundeversion« wird so gedeutet:

Wer die Buddhalehre übt, der braucht Entschlossenheit, überwinden muss er allen Wankelmut, was immer auch geschieht.

Je stürmischer die Welt um euch herum, desto tiefer soll eure Versenkung sein.

Ein Interpret versteht diese Episode als Hinweis an einen Schüler, bei seinem einmal gewählten Meister zu bleiben und nicht gleich bei den ersten Schwierigkeiten das Weite zu suchen. Andere Lehrer mögen vielversprechender erscheinen, doch ob es dort einfacher ist, lässt sich kaum sagen.

Die »Fuchsversion« wird auf folgende Weise interpretiert:

Leid und Schmerz erfahren wir alle Tag um Tag, doch viele wollen es nicht wahrhaben und spannen um sich herum einen Kokon aus Traumwelten.

Nur die Törichten glauben, die ganze Welt ließe sich nach ihren Wünschen verändern. Nichts lassen sie unversucht, diese Selbsttäuschung für sich und andere zu bewahren.

Das Löwengebrüll ist der Ruf der Furchtlosigkeit. Wer das wahre Wesen der Wirklichkeit erkannt hat, vor was sollte er noch Angst haben? Doch der Fuchs ist schreckhaft und flieht die Wahrheit. Da er die Wirklichkeit meidet, deutet er sie falsch.

Wer in einem Wettstreit obsiegt, was hat er am Ende gewonnen?

Am Ufer eines Flusses spielten einmal zwei Knaben. Der eine war ein kleines Dickerchen, der andere von großem und schlankem Wuchs. Im Sand hatten sie gerade eine große leere Muschel gefunden und in zwei Teile gebrochen. Nun versuchte jeder der beiden mit seiner Muschelhälfte kleine Kostbarkeiten aus der Strömung zu angeln. Schnell entspann sich ein Wettbewerb zwischen den Jungen, wer die brauchbarsten Dinge an Land ziehen konnte. Bald hatte der Dürre ein kleines Stöckchen aus der Strömung gefischt und zeigte diese Beute freudestrahlend seinem Gefährten. Kurz darauf gelang es dem dicken Jungen mit seiner Muschel eine kleine farbenprächtige Feder zum Ufer zu ziehen.

»Sieh nur, wie schön bunt sie ist«, verkündete er triumphierend, »was für eine Feder ist das bloß?«

»Das ist das Barthaar eines Bergheiligen«, behauptete der dünne Junge.

»Nein«, erwiderte das Dickerchen und schüttelte mit dem Kopf, »sie ist aus dem Fell eines Bären gewachsen.«

Im Nu war ein heftiger Streit zwischen den Knaben entbrannt. »Das Barthaar eines heiligen Mannes!«, rief der eine. »Von einem Bären stammt sie!«, kreischte laut der andere. Keiner der beiden war bereit, auch nur einen Deut nachzugeben.

Während sie so lautstark stritten, sahen sie am Ufer des Flusses einen Eremiten entlangschlendern. Schnell rannten die Knaben auf ihn zu und baten darum, durch ein weises Wort ihren Streit zu schlichten. Doch der heilige Mann erwiderte nichts auf die drängenden Fragen der beiden Streithähne. Stattdessen zog er aus seinem Beutel eine Handvoll dunkler Sesamkörner, schob sie in seinen Mund und begann, darauf herumzukauen. Stumm starrten ihn die Jungen an. Nach ein paar Augenblicken spuckte er die weich gekaute Masse in die Innenfläche seiner Hand. »Schaut genau hin«, forderte er die beiden auf, »ist das nicht Pfauenscheiße?«

Die Jungen waren sprachlos und wussten nicht, was sie sagen sollten.

Kommentierungen

Alles ist relativ, absolute Gewissheit ist nirgendwo zu finden.

Je lauter und lärmender die Welt, desto ferner das, worum es eigentlich geht.

Den Mund zu halten ist immer besser als Unsinn zu reden. Worte an sich sind ohne eigenen Wert.

Wahre Worte umkreisen und treffen dadurch den Kern.

Über die Leerheit zu sprechen und sie mit Worten erklären zu wollen ist ein sinnloses Unterfangen. Die höchste Wahrheit drückt sich im Schweigen aus.

Einige Kommentare sehen nicht im Streit der beiden Knaben, sondern in der vermeintlich unpassenden Antwort des Eremiten die Quelle der Sinndeutung, so die beiden folgenden Stellungnahmen:

Wer einen Ahnungslosen fragt, braucht sich über die Antwort nicht zu wundern.

Wer den Buddhismus verkündet, aber nicht nach der Lehre lebt, der redet nur hohles Zeug, wovon keiner etwas hat, auch er selbst nicht.

Ein Kommentator erzählt zur Verdeutlichung seines Verständnisses dieses Gleichnisses eine Geschichte aus dem China der Tang-Dynastie. Der Mönch Hui Hai hatte seinen angestammten Tempel verlassen, um Schüler des berühmten Meisters Ma Zu zu werden. Bei der ersten Begegnung entspann sich der folgende Dialog:

Ma Zu: »Woher kommst du?«

Hui Hai: »Aus dem großen Wolkentempel in Yuezhou.«

Ma Zu: »Und warum kamst du hierher?«

Hui Hai: »Ich kam zu Euch, dem großen Lehrer, um Buddhaschaft zu erlangen!«

Ma Zu: »Hier gibt es nichts zu ›erlangen‹. Was für eine Art von Erleuchtung schwebt dir überhaupt vor? Du hast den Ort deiner Herkunft verlassen ohne Glauben an den verborgenen Schatz in dir selbst. Warum bloß?«

Hui Hai: »Ich weiß nichts von einem verborgenen Schatz.«

Ma Zu: »Das ist dein Problem! In Wirklichkeit fehlt dir nämlich gar nichts. Alles, was du brauchst, liegt in deinem Innern. Unnötig jeder Wechsel der Umgebung. Was du andernorts zu finden erhoffst, trägst du stets mit dir herum, in deinem eigenen Herzen.«

In diesem Augenblick erwachte der Mönch.

Die versuchte Heilung eines Buckligen

Ein buckliger Mann litt furchtbar unter der unförmigen Last, die er auf seinem Rücken tragen musste, dazu kamen noch der Hohn und Spott, die ihn trafen, wo immer er sich in der Öffentlichkeit blicken ließ. Daher entschied er sich eines Tages, einen Arzt aufzusuchen und ihn um Hilfe zu bitten. Leider besaß der arme Kerl nicht viel Geld. Da er sich keinen guten Doktor leisten konnte, landete er schließlich bei einem Kurpfuscher. Dieser nahm sich des Buckligen sogleich auf seine Weise an: Er bestrich den Rücken des Mannes mit Öl und forderte ihn auf, seinen Körper zwischen zwei lange und dicke Holzbretter zu quetschen. Dann legte er diese »Packung« auf den Boden und begann auf dem oberen Brett kräftig herumzuhüpfen; damit glaubte dieser Scharlatan, die Erhebung auf dem Rücken einfach plattpressen zu können. Als dies offensichtlich zu nichts führte, begann er zentnerschwere Eisengewichte aufzuschichten, um den Druck noch mehr zu erhöhen. Der eingezwängte Mann schrie vor Schmerzen. Doch der Kurpfuscher gab nicht auf, sondern schrie ihn an, still zu sein, und sprang dann nur noch heftiger auf die schweren Gewichte. Erst als dem Patienten die Augen aus den Höhlen hervorquollen, stellte er die qualvolle Prozedur ein. Befreit aus dieser misslichen Lage konnte jeder sehen, dass der dromedarförmige Buckel auch nicht einen Zentimeter kleiner geworden war.

Kommentierungen

Man kann ein Pferd nicht vom Schwanz her aufzäumen.

Seid auf der Hut vor falschen Lehrern. Prüft jeden, der vorgibt euch helfen zu wollen, auf seine eigenen Motive.

Nicht jeder, der anderen etwas gibt, tut dies aus einem reinen Herzen. Doch wer beim Überreichen von Almosen nur seinen eigenen Vorteil sieht, erwirbt die Tugend der Gebefreudigkeit nicht.

Wer unablässig nach Vorteilen strebt, muss damit rechnen, dass er am Ende gar einen Schaden erleidet, der größer ist, als sein Gewinn je hätte sein können.

Wer Reichtum mit unlauteren Mitteln erlangt, wird dafür am Ende büßen müssen.

Wer viel verlangt, bekommt am Ende oft, was er um keinen Preis wollte

Eine Magd war nicht zufrieden mit dem, was sie hatte. Eines Tages überlegte sie sich, wie sie ihr Einkommen und Ansehen wohl mehren könne. Sie dachte: »Ich bin fleißig und kann durch meine langjährige Erfahrung die Arbeit heute viel schneller erledigen als früher, warum sollte ich da eigentlich nur einem einzigen Herrn dienen?« So hörte sich die Frau nach neuen Auftraggebern um und stellte sich bald darauf in den Dienst von gleichzeitig fünf Familien.

Die erste Familie schickte sie eines Morgens in aller Frühe zum Wäschewaschen an den Fluss. Als dem Vorstand des zweiten Haushaltes nun zu Ohren kam, dass die Magd heute für den ersten waschen sollte, rief er sie sogleich herbei, damit sie auch die Wäsche seines Hauses reinige. Nachdem nun der Dritte bei einem zufälligen Blick durch das Fenster die Waschfrau mit all der schmutzigen Kleidung der anderen in Richtung des Flusses marschieren sah, schrien plötzlich auch seine Sachen nach sofortiger Säuberung. Glücklicherweise bekamen der vierte und fünfte Herr nichts mit, da diese beim Tagesanbruch noch schliefen. Die Magd stöhnte unter dieser dreifachen Arbeitslast, wusste jedoch, dass dies ihre Aufgabe war, die sie nicht zurückweisen durfte.

Am Fluss breitete sie zunächst alle Wäschestücke der ersten Familie nebeneinander aus, wusch dann eins nach dem anderen in den Fluten und legte sie anschließend zum Trocknen auf die Steine am Ufer. Die anderen Sachen blieben zunächst auf zwei Haufen verteilt liegen. Wie sie nun mitten im Waschen war, kam der Herr aus dem zweiten Haushalt am Fluss vorbei, trat an sie heran und stellte fest, dass trotz der Stunden, die sie schon am Wasser war, noch kein einziges seiner Kleider gereinigt war. Alles lag noch auf einem großen Berg aufgeschichtet am Ufer. Wütend beschimpfte er die Wäscherin: »Faules Weib«, schrie er, »du arbeitest für uns beide, doch gibst den anderen einfach den Vorzug.« Dann griff er zu seiner Peitsche und versetzte ihr einige sehr schmerzhafte Hiebe. Der armen Frau blieb nichts anderes übrig, sie musste die Wäsche des ersten Herrn liegen lassen und unverzüglich damit beginnen, nun für den zweiten zu arbeiten. Kurze Zeit später erschien zu allem Unglück auch noch der Vorsteher des dritten Haushalts und herrschte die arme Frau an: »Den ganzen Vormittag bist du mit unserer Wäsche fort und hast noch nicht einmal einen einzigen Strumpf gewaschen. Für was bezahle ich dich eigentlich?« Dann musste sie auch von ihm Schläge einstecken.

So hatte sich die Dienerin am Ende nichts als den Zorn ihrer übelwollenden Herren zugezogen. Keiner war mit ihr zufrieden. Die Magd wusste nicht, was sie tun sollte. Laut kreischend lief sie fort und suchte nach einem Platz, um sich irgendwo zu verstecken.

Kommentierungen

Überladet euren Alltag nicht mit hohen Ansprüchen und unerfüllbaren Wünschen. Selbstbeschränkung ist der Schlüssel zu Erfüllung und Glück. Ihr könnt in einem Leben nicht alles erreichen, was ihr erstrebt. Entscheidet euch lieber für weniger, aber macht all das, wofür ihr euch entscheidet, stets gut und mit uneingeschränkter Achtsamkeit.

Durch fünf Bereiche erschließt sich uns die Erfahrungswelt: durch unseren Körper, die Wahrnehmung, die Empfindung, die Willenskraft und den Geist. Diese fünf treiben uns durch Geburt, Altern, Krankheit und Tod. In der Summe quälen sie uns mehr, als dass sie uns erfreuen, warum daher ständig nach mehr verlangen? Die höchste Wirklichkeit ist eins und ungeteilt.

Nur wo die Dinge unvollendet sind, ist Raum für die Niederlage.

Leid kommt nicht aus sich heraus. Wo Zorn und Missgunst lodern, da dreht sich unaufhörlich das Rad von Tod und Wiedergeburt. Doch wie viele wissen nicht, dass sie schließlich selbst erleiden müssen, was sie anderen zufügen?

Altern, Krankheit und Tod ist dieser Leib unterworfen. Egal, was du tust und wie eifrig du dich mühst, du kannst diesen dreien nicht entfliehen.

Ein Kommentator zieht eine andere Geschichte heran, um zu erklären, dass, wer Großes erreichen will, zunächst einmal Verzicht üben muss: An einem heißen Sommertag brach in einem Bergwald ein Feuer aus. Im Nu griffen die Flammen um sich. Schon nach kurzer Zeit hatten sie den großen Tempel erreicht, der mit einem wunderschönen Garten in seiner Mitte am Waldrand lag und an dessen Mauern sich die Felder der Bauern anschlossen. Als er das herannahende Flammenmeer sah, ordnete der alte Abt, Meister Ding Yi an, in Windeseile einen Graben auszuheben und das Wasser aus dem Klosterbrunnen hineinzuleiten. Für weitere Schutzmaßnahmen blieb keine Zeit mehr. Die gewaltige Feuersbrunst vernichtete die Felder der Bauern, doch der Tempel nahm dank des Wassergrabens keinen

Schaden. Nachdem das Feuer erloschen war, kamen die Bauern aus dem Dorf im Tal und schauten auf die verkohlte schwarze Erde ihrer Felder. Viele der Männer wurden wütend und schimpften nun auf die Mönche: Die Ordensleute seien selbstsüchtig und hätten nur an sich gedacht. Meister Ding wehrte die Kritik der Bauern nicht ab. Womit die Landleute allerdings nicht gerechnet hatten: Sie bekamen jetzt große Unterstützung von den Mönchen. Der Abt ließ die Hälfte der jungen Obstbäume aus dem Tempelgarten ausgraben und auf die zerstörten Felder der Bauern pflanzen, dazu auch Beerensträucher und andere Pflanzen. Was noch an Sämereien aus dem Tempelgarten vorhanden war, wurde ebenfalls an die Not leidenden Landmänner gegeben. Noch bevor der Winter hereinbrach, war das Land um den Tempel herum wieder genauso grün wie zuvor. Wäre auch der Tempelgarten zerstört worden, so wäre nichts von alledem möglich gewesen.

Wer anderen niemals Freude schenkt, am eigenen Kummer bald verbrennt

Es lebte einmal ein hochbegabter Musikant[7], der verschiedene Blas- und Saiteninstrumente virtuos beherrschte und es durch seine vielen erfolgreichen Auftritte zu großer Berühmtheit gebracht hatte. Allerdings war er zugleich ein sehr eingebildeter Mensch, der nur in die Häuser wohlhabender Leute kam, um dort gegen gutes Geld aufzuspielen. Als er eines Tages wieder einmal in der Prunkvilla eines reichen Gönners ein Konzert gab, ging draußen ein armer Mann mit seiner kleinen Tochter vorbei. Das Mädchen war von diesen herrlichen Melodien völlig verzaubert, solche erhabenen Klänge hatte es noch nie zuvor in seinem Leben vernommen.

Kurze Zeit später wurde das Kind schwer krank. Tag um Tag verschlimmerte sich sein Zustand und keinerlei Besserung war in Sicht. Alle fürchteten um sein Leben. »Wenn ich doch nur noch einmal diese wunderschöne Musik hören könnte«, sprach das Mädchen zu seinem Vater, »so leicht würde mir dann ums Herz.« Flehentlich bat die Kleine, dass der Musikant doch einmal auch für sie spielen möge. Der Vater wusste um die Geldgier des Künstlers und zögerte zunächst, ihn überhaupt zu fragen. Doch konnte er nicht länger ansehen, wie seine arme Tochter auch noch der allerletzte Rest an Hoffnung verließ. So entschloss er sich schließlich, trotzdem loszugehen und den großen Spielmann inbrünstig um Hilfe zu bitten. Kaum war er eingetreten und hatte dem Musikanten sein Anliegen vorgetragen, spürte er unvermittelt eine eisige Kälte. Der Mann hatte noch nicht zu Ende gesprochen, da beförderte ihn dessen Diener auch schon hinaus. »Scher dich fort, du aufdringlicher Kerl«, schrie man ihm hinterher, und auch noch schlimmere Worte. Mit bedrückter Miene schlich der Mann fort. In eben diesem Augenblick kam der König vorbeigeritten, der die wütenden Rufe aus diesem Hause vernommen hatte. Er stieg vom Pferd und wollte von dem Hinausgeworfenen wissen, was denn geschehen sei. Nachdem er die Geschichte angehört hatte, ging er in die vornehme Villa, um dem Hausherrn eine Lehre zu erteilen. Allerdings wollte er dies auf seine ihm eigene indirekte Weise tun. Zunächst fragte er ihn daher, was eigentlich das Geheimnis seines Erfolgs sei. »Ich zelebriere den Ursprung der Töne aus dem Nichts«, antwortete der Musiker in einem

[7] In einigen Textfassungen ist von einer Sängerin anstelle eines Musikanten die Rede.

einzigen Satz und meinte damit alles gesagt zu haben. »Ihr müsst mir so bald wie möglich eine Probe Eures Könnens geben«, sprach der König und lud den bekannten Spielmann in den Palast ein. Mit großer Freude nahm der Künstler die Einladung in den Palast an, denn er erhoffte sich ein königliches Salär. Entgegen seiner sonstigen Gewohnheit verzichtete er dieses Mal darauf, den Preis im Vorhinein auszuhandeln.

Tags darauf schon spielte er im hochherrschaftlichen Schloss. Alle waren sehr berührt von den Klängen, die er Flöte und Laute zu entlocken imstande war. Als der Abend vorüber war, sprach der Herrscher des Landes zu ihm: »Dein Spiel war wunderschön. Ich war wie gelöst von allen Dingen und fühlte, dass rein gar nichts auf dieser Welt wirklich ist, noch nicht einmal dein Spiel und auch nicht meine Freude darüber. Dafür danke ich dir.« Der Musiker strahlte ob dieses hohen Lobes und wartete auf klingende Münzen. Allerdings rief der König weder den Schatzmeister herbei noch griff er eigenhändig in seine Schatulle. Er blieb nur still auf dem Thron sitzen und starrte in den leeren Raum. Daraufhin rieb der Künstler Daumen und Mittelfinger zweimal sichtbar gegeneinander, um damit dem Herrscher seine Erwartung zu versinnbildlichen. Der König reagiert auf diese Geste, indem er dem Musiker ins Angesicht schaute und sprach: »Da du mich auf diese Weise lehrtest, wie alle Dinge eins und gleichsam leer sind, wirst du doch wohl kaum darauf bestehen, dass noch irgendwelche Münzen aus meinen in deine Hände gelangen müssen!«

Kommentierungen

Keine der roten Blüten des Frühjahrs ist hundert Tage später noch zu sehen, ein paar Jahre bleiben nur, dann ist auch dieses Leben vorüber.

Kurz und flüchtig sind die Vergnügungen des Lebens, gleich dem Spiel eines Musikanten. Wenn er fort ist, bleibt nichts mehr.

Was zählen schon die weltlichen Freuden? Kurz und vergänglich sind sie, wie das Bild des Mondes auf dem Wasser, gleich Blumen in einem Spiegel.

Nichts bleibt außer der Spur unserer Taten. Allein das Gute ist die Quelle wahrer Freude.

Manch einer verschenkt einen Pfirsich, weil er hofft, als Gegenleistung später ein Stück Jade zu erhalten.

Die gebrochenen Beine

In einem kleinen Tempel im Norden lebte einst ein alter Meister mit seinen zwei Schülern, einem älteren und einem jüngeren. Mit zunehmendem Alter wurde der Meister immer öfter von Krankheiten geplagt. In den feuchten und kalten Wintern litt er arg unter seinem Rheuma. Jeden Tag massierten die beiden Schüler abwechselnd seine Beine, um ihm ein wenig Linderung zu verschaffen. Als der ältere Schüler eines Morgens das rechte Bein des Meisters massierte, bemerkte dieser, ohne groß über die Wirkungen seiner Worte nachzudenken: »Gestern massierte dein jüngerer Mönchsbruder mein linkes Bein. So wohltuend und sanft waren die Bewegungen seiner Hände, dass alle Schmerzen augenblicklich wichen.« Der ältere Schüler fühlte sich durch diese Bemerkung beleidigt und ungerecht behandelt.

Am folgenden Tag war die Reihe an dem jüngeren Schüler. Als dieser gerade das linke Bein des Meisters massierte, sagte er plötzlich: »Als gestern dein älterer Mönchsbruder mein rechtes Beim massierte, war dies eine große Wohltat, weil er so sanft und behutsam dabei vorging.« Nun war es der jüngere Schüler, der diese Bemerkung als demütigend und verletzend empfand.

Einige Tage später, als der jüngere Schüler den Tempel für kurze Zeit verlassen hatte, massierte der ältere Schüler wieder die Beine des Meisters. Unwillkürlich stieg heftiger Groll in ihm auf, als er an die lobenden Worte des Meisters für seinen jüngeren Mönchsbruder denken musste. In einem Anfall unbeherrschbarer Wut brach er urplötzlich mit einer Eisenstange das linke Bein des Meisters und ging dann fort.

Am Abend dieses Tages kam der jüngere Mönch in den Tempel zurück. Da sah er, dass der ältere Schüler das linke Bein des Meisters, das er so sorgsam massiert und für das er gelobt worden war, absichtlich gebrochen hatte. Ohne zu zögern, brach er daraufhin mit ebensolcher Wucht das rechte Bein des Meisters.

Kommentierungen

Hass, Neid und Missgunst sind die Quellen allen Leids und aller Zerstörung.

Obwohl es im Buddhismus viele Schulen gibt, sollen sie doch nicht miteinander streiten oder gar gegeneinander kämpfen, denn ihre Ziele sind im Kern die gleichen.

Wer anderen nimmt, verliert am Ende; nur wer anderen gibt, der gewinnt.

Kopf und Schwanz einer Schlange[8]

In einem Wald lebte einmal eine große und kräftige Schlange. Ihr gewundener Körper war derart lang, dass Kopf und Schwanz nahezu ein Eigenleben führten. Eines Tages gerieten die beiden Enden des Tieres miteinander heftig in Streit. Das Kopfende sprach zum Schwanzende: »Ich bin das Haupt und stehe über allem, daher musst du mir gehorchen.« – »Nein, es ist genau umgedreht«, rief die Schwanzspitze empört, »du stehst unter meinem Kommando!« Aus dem anfänglichen Disput wurde schnell unerbittliches Gezänk, das kein Ende nehmen wollte. »Ich habe Ohren, die hören, Augen, die sehen, und in meinem Mund eine Zunge, die jeden noch so kleinen Winkel ertasten kann«, erwiderte der Kopf, richtete sich voller Stolz auf und erklärte: »Nichts von alledem besitzt du. Wie könnte ich da nicht alles kontrollieren dürfen?«

Der Schlangenschwanz war alles andere als überzeugt: »Erst wenn ich das Signal gebe, kann sich unser gemeinsamer Körper überhaupt in Bewegung setzen. Falls ich es nicht will, wie willst du denn allein Nahrung finden und am Leben bleiben?« So sprach er und wickelte daraufhin als Beweis seiner Macht den biegsamen Schlangenleib am Körperende beginnend um einen großen Baum. Dreiunddreißig Tage ließ die Schwanzspitze den Rest des gewundenen Tieres in dieser Position verharren. Ohne den Willen des Schwanzes war die ganze Schlange so gut wie bewegungsunfähig. Fest um den Baum geschlungen konnte sie keine Maus und keinen Vogel erbeuten und musste wohl bald vor Hunger sterben. In dieser Situation gab der vorausschauende Kopf schließlich nach, um das gemeinsame Überleben zu sichern: »Gut, einverstanden«, sprach er, »lass uns vom Baum hinunter kriechen und Futter suchen. Du sollst von nun an als der Ältere und Wichtigere von uns beiden gelten.« Kaum schlängelte das Tier wieder über den Erdboden, wollte plötzlich der Schwanz die Bewegungen des ganzen Körpers lenken. Da sprach der Kopf: »Du bist zwar der Kommandierende, aber bitte lass mich die Richtung festlegen!« Durch die plötzlich gewonnene Stärke selbstbewusst geworden erklärte der Schlangenschwanz: »Das ist nicht erforderlich. Ich kann das genauso gut wie du.« Dann übernahm er einfach die Führung. Ohne Augen und Ohren, ohne Nase und ohne züngelnden Mund kam das Tier jedoch nicht weit. Nach nur wenigen hundert Metern war plötzlich eine

---

[8] Diese Geschichte findet sich auch im Sutra der vermischten Gleichnisse (Za Pi Yu Jing).

Grube im Weg, in der ein Feuer brannte. Vermutlich sollte dort ein Leichnam eingeäschert werden. Die Schlange stürzte hinein, stand sofort in Flammen und fand so den Tod.

Kommentierungen

Hass und Missgunst vernichten alle, die ihr verfallen. Ohne klare Richtschnur geht ihr im Leben in die Irre. Gemeinsame Anstrengung bringt alle voran, Entzweiung ist der erste Schritt ins Verderben.

Meister und Schüler bilden eine Einheit. Der Jüngere und Unerfahrene soll auf den Rat des Älteren und Erfahrenen hören. Doch ein Schüler, der seinen Meister am Ende nicht übertrifft, hat das Ziel nicht erreicht.

Ein Lehrer mag irren, doch für den Schüler ist er dennoch unersetzlich; auch von einem schlechten Lehrer kann er noch etwas lernen. Nimmt der Lehrer seine Rolle jedoch nicht wahr und lässt sich von einem unerfahrenen Adepten einlullen, tragen am Ende beide Schaden davon.

Ein Kommentator versucht den Sinn anhand einer weiteren kleinen Geschichte zu erklären: In einem Tempel arbeiteten die Mönche einmal am Bau einer neuen Versammlungshalle. Während einige von ihnen das Gerüst fertigten, die Balken zimmerten und das Dach mit gelben Ziegeln eindeckten, wurden zwei künstlerisch begabte Mitbrüder vom Abt damit beauftragt, aus Lehm und Gips zwei große Buddhafiguren zu fertigen, die dann rechts und links des Altars stehen sollten.

»Sollen wir diese Skulpturen nach Vorbildern aus anderen Tempeln formen?«, wollte der Jüngere von seinem älteren Glaubensbruder wissen, als sie ihre Arbeit begannen. »Nein«, antwortete dieser, »wir schaffen sie nach unseren eigenen Vorstellungen!«

Der Jüngere blickte verwirrt drein: »Wie könnten wir denn ohne jedes Modell etwas Eigenes erzeugen?«

»Kein Problem«, erklärt ihm sein Gegenüber, »du nimmst mich und ich nehme dich zum Vorbild. Auf diese Weise verleihen wir dann diesen beiden Figuren Gestalt.« Der junge Mönch erschrak, als er diese Worte vernahm, und mochte nicht mit solch nassforscher Kühnheit an diese Aufgabe herangehen.

»Wir selbst machen uns auf diese Weise doch lediglich zu Hilfsmitteln, um ein großes Ziel zu erreichen«, erklärte ihm der Ältere und sprach: »Das Wichtigste ist, dass unsere Herzen eins sind, auf diese Weise werden wir immer wahre Buddhas schaffen.«

Ist das Dummheit oder die Bescheidenheit kleiner Freuden?

Vor langer Zeit lebte einmal ein König, der einen treuen und fürsorglichen Diener hatte. Bei Tag und Nacht stand dieser Mann seinem Herrscher stets treu zu Diensten. Niemals wich er von seiner Seite, unentwegt bestrebt, seinem Herrn jeden nur erdenklichen Wunsch von den Augen abzulesen und allen Schaden von ihm abzuwenden.

Eines Tages brach ein Krieg aus und der König zog hinaus in die Schlacht. Selbst im Schlachtgetümmel wich der treue Diener auch nicht einen Zollbreit von seiner Seite, obgleich er keinerlei militärische Fertigkeiten besaß. Plötzlich griff ein bewaffneter Reiter den König mit einer spitzen Lanze an. Im Nu fiel der Herrscher zu Boden und hätte wehrlos den Todesstoß empfangen, wenn nicht der Diener in eben diesem Augenblick geistesgegenwärtig und ohne Rücksicht auf sein eigenes Leben die Lanze oberhalb der Spitze ergriffen und unter Aufbringung unbändiger Kraft dem Reiter entrissen hätte. Seiner Waffe beraubt, suchte dieser augenblicklich das Weite. Der Diener hatte seinem König das Leben gerettet.

Nach dem Ende der Schlacht sprach der Herrscher in Anwesenheit aller seiner Untertanen zu ihm: »Dir allein verdanke ich mein Leben, und so will ich dir heute einen Wunsch gewähren. Was immer du verlangst, es sei dein, ohne Rücksicht auf seinen Preis.«

Der Diener sprach: »Ich habe nur einen einzigen Wunsch, nämlich dass Ihr heute einmal mich rasiert, so wie ich es sonst jeden Tag für euch tue. Darüber hinaus begehre ich nichts.«[9] – »Wenn dies dein Wunsch ist, so soll es geschehen«, erwiderte der Herrscher, stieg vom Pferd herab, ließ den Diener Platz nehmen und rasierte dann sorgfältig dessen Stoppelbart ab, während der Untertan selbstzufrieden grinste und sich dachte: »Es sind doch vor allem die kleinen Freuden, die das Leben schön machen!«

Schnell hatte sich um die beiden herum ein Kreis Neugieriger gebildet. Dabei blickten sich die Leute mit verständnisloser Miene an. »Er hätte sich das halbe Königreich wünschen können und es wäre sein gewesen«, murmelten einige. »Was für ein Dummkopf«, riefen andere, »sich angesichts eines solchen Angebots mit einer einfachen Rasur zu begnügen!«

---

[9] In einer Textvariation verlangt der Diener nicht vom König rasiert zu werden, sondern bittet den Herrscher darum, ihm anstelle des Hausbarbiers den Vortritt zu lassen, wenn sein Gebieter nach einer Rasur verlangt.

Kommentierungen

Wer viel begehrt, wird letztlich unter dem leiden, was er alles bekommt. Wer gar nichts begehrt, leidet unter dem, was ihm fehlt. Dazwischen liegt der mittlere Weg.

In jedem Augenblick deines Lebens kannst du wählen. Sinne gründlich nach und triff stets die richtige Entscheidung.

Kostbar ist dieser menschliche Körper, Gefährt der Erleuchtung. Die Weisheit der Buddhalehre kannst du durch ihn erfahren.

Die menschliche Geburt zu erlangen ist schwer, in diesem Leben die Lehre zu vernehmen ein großes Glück. Wer im Besitz von beiden ist, darf nicht selbstzufrieden werden und in seinen Anstrengungen auf keinen Fall nachlassen. Strebt nach großen Dingen. Jemand der sich an Belanglosigkeiten ergötzt, kann keine Fortschritte auf dem Pfad erzielen.

Verschwendet euer Leben nicht mit belanglosen kleinen Freuden. Nach Erlösung zu streben ist letztlich der einzig wahre Weg.

Nichts ist nichts

Zwei Männer gingen einmal eine einsame Landstraße entlang. Da trafen sie auf einen Knecht, der gerade vergeblich versuchte, seinen mit Sesam schwer beladenen Karren aus dem Graben zu ziehen, in den dieser aufgrund seiner Unachtsamkeit gerutscht war. »Seid doch so gut und packt einmal mit an«, sagte der Mann, »mit vereinten Kräften haben wir meinen Wagen schnell wieder auf die Straße gehievt.« Die beiden reagierten erst nicht und schauten zunächst nur eine Weile zu, wie der Mann sich abmühte. Dann wollten sie erst einmal wissen, was er denn für ihre Hilfe bezahle. »Ich kann euch nichts geben«, erklärte der Mann. Diese jungen Burschen waren recht einfältig, kamen nicht aus der Gegend und verstanden den lokalen Dialekt nicht so gut. Weil sie nicht richtig hingehört hatten, meinten sie, dass »Nichts« irgendeine Sache sei. So sprangen sie mit der Aussicht auf Belohnung sogleich in den Graben, drückten und schoben kräftig, und ruck, zuck war die Karre wieder oben auf der Straße. »Nun gib uns was dafür«, forderte der Jüngere der beiden den Mann sogleich auf. »Ich kann euch nichts geben«, erklärte der Knecht, verwundert über dieses forsche Verlangen, »ich habe nichts und der Sesam auf dem Wagen gehört meinem Herrn.« – »Dann gibt uns eben dieses ›Nichts‹« bedrängten ihn beide nunmehr. »Aber ich sagte euch doch schon vorher, dass ich nichts habe, was ich euch geben kann«, wehrte sich der Mann. So ging es noch eine Zeit hin und her, bis die Burschen schließlich aufgaben und weiter ihres Weges zogen.

Kommentierungen

Gebt das berechnende Denken auf und lernt loszulassen.

Der Mensch stirbt für Geld, der Vogel auf der Suche nach Futter – ein Unterschied?

Diejenigen, welche die Lehre nicht kennen, begreifen nicht, dass der Urgrund der Wirklichkeit leer ist und frei von allen Eigenschaften. Dieses »leer« bedeutet, dass kein einziges Dinge allein aus sich heraus existiert.

Form ist Leerheit und Leerheit ist Form. Die manifeste Welt und die Große Leere, der alles entstammt, von der höchsten Wirklichkeit gesehen sind sie eins.

Ein unabsichtlicher Fußtritt in den Mund eines alten Mannes

Es lebte einmal ein sehr reicher Mann. Als er schließlich alt geworden war, begannen seine Kräfte allmählich nachzulassen, mit der Zeit wurde er immer schwächlicher und kränker. Er konnte sich jedoch viele Diener leisten, die ihn Tag und Nacht gut umsorgten. Jeder Wunsch wurde ihm erfüllt, und er dankte es seinen Pflegern und Helfern stets mit wohlfeiler Münze. Der alte Mann litt an einem chronischen Husten, ständig bildete sich Schleim in seinem Hals. Wohin er sich mit schleppendem Gang auch fortbewegte, unentwegt musste er alle paar Minuten kräftig ausspeien. Dann sprang unverzüglich einer der Diener herbei, um mit einer seiner Schuhsohlen den ekligen Auswurf auf der Erde zu verreiben. Einer der jüngeren Helfer ärgerte sich mit der Zeit, weil er durch das ständige Vordrängen der Älteren dabei selbst nie zum Zuge kam, und so in der Gunst seines Herrn nicht zulegen konnte. »Ich will einmal schneller sein als die anderen«, sprach er zu sich und passte daher genau auf, was vorging. Als der Mann nun wieder einmal kräftig zu husten anfing und klar war, dass er im nächsten Moment eine schleimige Aule rausschleudern würde, sprang dieser junge Diener im Nu herbei. Er riss seinen Fuß mit einem Ruck nach oben, sodass die Spucke direkt auf seine Schuhe treffen konnte. Da im Übereifer der Fuß jedoch viel zu schwungvoll nach oben geschossen war, hatte der Ungeschickte versehentlich dem gebrechlichen Mann mit großer Wucht in den Mund getreten. Der Tritt war so heftig, dass die Lippe aufplatzte und heftig blutete. Sogar die verbliebenen Vorderzähne wackelten. »Warum hast du das gemacht?«, wimmerte der Verletzte mit schwacher Stimme. »Ich bin immer zu kurz gekommen«, verteidigte sich der einfältige junge Bursche.

Kommentierungen

Blinder Eifer schadet nur. Tut das Richtige zur richtigen Zeit.

Habt Geduld, das ist das Wichtigste in der geistigen Übung. Solange ihr nur beharrlich seid, werdet ihr erlangen, sobald die Zeit reif ist.

Ein Kriecher mag kurzfristig Vorteile gewinnen, doch am Ende schadet er nur sich selbst und anderen.

Ein Kommentator trägt eine Episode aus der chinesischen Chan-Tradition vor: Ein Schüler des großen Meisters Hui Neng war trotz langer Übung noch immer erfüllt von großer innerer Unruhe. Über jede Kleinigkeit konnte er sich furchtbar aufregen. Unzufrieden mit seinen Fortschritten auf dem Pfad ging er eines Tages zu Meister Hui und wollte wissen, wie er am besten wahre Geistesruhe erlangen könne. Hui Neng antwortete ihm auf indirekte Weise, indem er eine kleine Geschichte erzählte: Nach seinem Tod kommt ein Mann zu Yama, dem Herrscher des Totenreiches. Als er in der riesigen Palasthalle vor dem mächtigen Thron dieses furchterregenden Wesens steht, glaubt er, sich bereits in der Hölle zu befinden. Doch dann wundert er sich: denn was er in diesem Augenblick empfindet, ist nichts als reines Wohlbehagen. Der Mann fühlt sich frei und gelöst an diesem Ort und bereut, dass er nicht schon viel früher gestorben und hierher gelangt ist. Da er weder Hunger noch Durst leidet, findet er den Aufenthalt angenehm und vergnüglich. Unwillig fortzugehen, verbleibt er einfach in Yamas Residenz, einem Ort, wo es ihm vermeintlich an nichts fehlt. Doch mit dem Verstreichen der Zeit schwindet seine Daseinsfreude allmählich. Jeder Tag gleicht dem anderen. Bald wird ihm der Aufenthalt langweilig; die allgegenwärtige Fadheit bedrückt ihn, alles um ihn herum ist nichtig und belanglos. Was ihm am meisten fehlt, ist, dass er keine Aufgabe hat. »Hätte mich der Tod nicht aus der Menschenwelt gerissen, so könnte ich das Leben dort jetzt nutzen, dem Ziel der Erleuchtung näherzukommen«, sagte der Mann mit wehleidiger Stimme zu sich. »Selbst wenn ich in der Hölle gelandet wäre«, fügte er jammernd hinzu, »so müsste ich mich doch täglich mühen, ihr zu entkommen.«

Das Aufteilen einer Erbschaft unter zwei Brüdern

Ein wohlhabender Mann, der als Kanzler in den Diensten des Königs stand, war alt geworden und spürte eines Tages, dass die Stunde seines Todes nun nicht mehr fern war. Weil er vermeiden wollte, dass nach seinem Ableben ein Streit um sein Erbe ausbricht, rief er seine beiden Söhne ans Sterbebett und ermahnte sie eindringlich: »Wenn ich aus dieser Welt gegangen bin, dürft ihr auf keinen Fall um meine Hinterlassenschaft streiten. Ihr seid mir beide gleich lieb, so hört auf meine Worte und teilt später alles, was ich besitze, mein Geld und meine ganzen Besitztümer, zu gleichen Teilen untereinander auf.«

Kurz darauf verstarb der Mann. Die Bestattung war kaum vorüber, da entbrannte unter den Brüdern dennoch ein heftiger Streit, wem welcher Teil der Hinterlassenschaft zustünde. Der eine wollte unbedingt alle Silbermünzen des Vaters bekommen und erklärte sich – wie er meinte großzügigerweise – dazu bereit, auf all die fernen Ländereien des Vaters zu verzichten. Der andere jedoch, zornig ob dieses Angebots, behauptete, dass diese Münzen den Wert der wenig fruchtbaren Böden um ein Vielfaches überträfen. Als die beiden immer heftiger zankten, trat schließlich ein alter Nachbar hinzu und versuchte zu schlichten. Sein Vorschlag war äußerst einfach: »Wiegt den Wert der Dinge nicht gegeneinander auf. Handelt einfach wortgetreu und genauso, wie euer geliebter Vater zu Lebzeiten befohlen hat: Teilt jeden Gegenstand, jedes Stück Land und alles, was er besaß, in zwei genau gleichgroße Teile auf. Auf diese Weise kommt keiner von euch zu kurz.« Dann griff der alte Mann zu einer Säge und führte vor, wie er das meinte. Er setzte an und zerteilte den großen Tisch des Hausherrn in zwei Hälften; dann wollte er fortfahren, die Stühle, die Schüsseln, die Schränke, ja alles, was er vorfand, auf eben diese Weise zu teilen. Doch da waren alle Anwesenden trotz der Trauerzeit schon in schallendes Gelächter ausgebrochen.

Kommentierungen

Hütet euch vor einfachen Antworten. Alle Dinge haben zwei Seiten: Der Mensch ist sterblich, das schließt aber nicht aus, dass die Toten später wiedergeboren werden. Sinnt ein wenig tiefer darüber nach und Ihr werdet erkennen, dass nur diejenigen wiedergeboren werden, die voller Wünsche und Verlangen sind, die Triebversiegten hingegen nicht.

Alles ist relativ. Die Geburt in der Menschenwelt ist besser als eine Existenz im Tierreich, der Welt der hungrigen Geister oder Höllenwesen. Doch sie ist eine schlechte Wahl verglichen mit den himmlischen Sphären oder gar dem Frieden des Nirvana.

Entscheidet entsprechend jeder konkreten Situation, welches Verhalten jeweils angemessen ist. Eintracht ist oft wichtiger als Gerechtigkeit.

Erfasst den Geist einer Sache, oft ist er tief verborgen hinter den Worten und Schriftzeichen.

Es gibt Fragen, die der menschliche Geist nicht ergründen kann, so ob die Welt eine Grenze hat oder grenzenlos ist, ob irgendwann ein Beginn war und später ein Ende sein wird, oder ob sie anfangslos existiert und damit ewig bestehen bleibt. Verzichtet daher besser darauf, nach einer Antwort zu suchen. Erwägt stattdessen das Erwägbare.

In einem Kommentar findet sich die folgende Geschichte zur Erläuterung: Ein Bettler kam einmal zum Hause eines reichen Mannes und bat um eine milde Gabe. Als der Reiche ins fahle Gesicht des in Lumpen gehüllten Mannes blickte, glaubte er, ihn von irgendwoher zu kennen. Der Bettler wusste sofort ganz genau, wer der andere war und erklärte ihm auf seine Nachfrage, dass beide ursprünglich aus der gleichen Stadt kämen. Da dämmerte es dem Mann: Die zerlumpte Gestalt gehörte einst einer reichen Familie an, die durch eine Feuersbrunst ihr gesamtes Hab und Gut verloren hatte. Auch einige Familienmitglieder waren seinerzeit in den Flammen umgekommen. Nun blieb dem Verarmten keine andere Wahl, als bettelnd durch die Straßen zu ziehen, um seinen Lebensunterhalt zu bestreiten. Bevor er sich auf seinen täglichen Almosengang begab, schüttete der Unglückliche jeden Morgen erst einmal ein paar Glas billigen Fusel in sich hinein, damit er seine furchtbare Scham überwinden konnte. Der Reiche war innerlich sehr aufgewühlt von dieser Begegnung. Schlagartig ging ihm auf, wie schnell alles Erworbene auch wieder verschwinden kann und dass das irdische Leben vergänglich ist. Am folgenden Tag begab er sich zu Meister Hui Ke, weil er nach irgendeiner Art von Trost suchte. Nachdem er über die Sorge in seinem Herzen gesprochen hatte, gab ihm Meister Hui folgende Antwort: »Die Sonne geht im Osten auf. Ganz oben auf den Bäumen wirft ihr Licht keinerlei Schatten.«

Zunächst schaute der Reiche den Meister mit verständnislosem Blick an. Er bohrte noch einmal nach und Hui Ke erklärte ihm, dass die Zukunft stets ungewiss und nicht zu fassen sei. Daher sei es nutzlos, den heutigen

Tag voller Sorge an das Künftige zu verschwenden. Besser ist es, jedem Augenblick des Lebens große Wertschätzung entgegenzubringen. Frei von Furcht vor dem Kommenden und vom Streben nach Reichtum und Ruhm wäre das Dasein schon vieler seiner Sorgen beraubt.

Ein Mann versäumt wegen nichtiger Freuden die wirklich wichtigen Dinge

Am frühen Morgen eines Tages kamen einmal zwei Mönche an einer Töpferwerkstatt vorbei. Durch die offene Tür sahen sie den Meister vor seiner Töpferscheibe sitzen, die mit großer Geschwindigkeit rotierte. So etwas hatte keiner der beiden je zuvor gesehen. Beeindruckt schauten sie daher dem Handwerker eine Weile bei der Arbeit zu. Vor ihren Augen entstanden mit unglaublicher Geschwindigkeit zunächst Schalen und Schüsseln, ein wenig später auch noch Becher, Vasen und Krüge. Nach vielleicht einer Stunde meinte einer der Mönche, nun genug gesehen zu haben, und ging zum Tempel zurück, wo am Mittag ein feierliches Ritual stattfinden sollte, zu dessen Abschluss wie immer bei solchen Gelegenheiten ein opulentes Mahl gereicht wurde.

Auch der zweite Mönch hatte sich schon seit Tagen auf diese einmalige Feierlichkeit gefreut, die höchstens einmal im Jahr stattfand. Doch der Anblick sich in vielfältige Gefäße verwandelnder nasser Tonklumpen hatte ihn so sehr verzaubert, dass er noch viele weitere Stunden in der Werkstatt des Töpfermeisters blieb und daher das Ritual und das anschließende Essen im Tempel verpasste.

»Wie wunderbar, wie wunderbar«, rief er voller Entzücken aus, sobald wieder ein neues Stück Gestalt angenommen hatte. Erst beim Untergang der Sonne kehrte er schließlich in den Tempel zurück. Er sah noch, wie die anderen ihre feierlichen Gewänder ablegten und die Novizen die Schüsseln wuschen. Das große Ereignis jedoch war an ihm vorbeigegangen.

Kommentierungen

Von kleinen Dingen gefesselt, wird leicht das Große vergessen.

Form ist Leere und Leere ist Form. Lasst euch nicht ablenken vom großen Pfad der Befreiung.

Strebt nach geistiger Vervollkommnung. Die Begeisterung für irdische Schönheit führt euch auf Abwege.

Tugend geht schneller verloren, als sie erworben wird. Die Zeit eures Lebens ist kostbar, lasst sie nicht sinnlos verstreichen.

Denkt und handelt vorausschauend. Wer winzige Keimlinge erblicken kann, erspürt den Ursprung der Dinge. Wer aufs Äußerste zu schauen imstande ist, der weiß um ihre Vergänglichkeit.

Gold, das am Grund eines Teiches schimmert

Am Rande eines stillen Teiches saß einmal ein Jüngling und blickte auf das Wasser. Plötzlich war ihm, als schimmere etwas Helles und Gelbglänzendes auf dem Grund. »Da liegt ja Gold!«, rief der junge Bursche voll jauchzender Freude, stürzte sich augenblicklich in das Wasser und tauchte hinab. Doch so sehr er dort auch den Schlick am Teichgrund durchwühlte, nirgendwo konnte er irgendetwas Festes ertasten. Da meinte er, einer Täuschung aufgesessen zu sein, stieg wieder aus dem Wasser heraus und saß nun wie zuvor am Ufer. Das aufgewühlte Wasser begann sich schnell zu klären. Es dauerte nicht lange und er glaubte erneut, reines Gold glänze tief unten im Wasser. Noch einmal sprang er in den Teich und suchte bis zur Erschöpfung den Grund ab – doch wiederum vergeblich. Wie er nun so missmutig am Ufer saß, da kam zufällig sein Vater hinzu und wollte wissen, was ihn denn so bedrücke. »Siehst du das Gold im Wasser?«, fragte er seinen alten Herrn und erzählte ihm, dass, sobald er ins Wasser tauche, auch nicht mehr die Spur davon zu sehen sei. Der Vater sah ebenfalls ein goldfarbenes Schimmern im Wasser, blickte dann zu den Bäumen am Teichrand auf und erkannte sofort, dass es sich lediglich um die Reflexion des sonnenbeschienenen Herbstlaubs im dunklen Wasser handelte. Was den jungen Burschen getäuscht hatte, war nichts als eine Spiegelung des Lichts.

Es gibt noch eine Version dieses Gleichnisses mit einem anderen Schluss: Der Vater blickt hinauf ins Laub der Bäume und erkennt dort, was die Spiegelung auslöste: »Dort oben im Baum über dir befindet sich das Gold, das du am Teichgrund zu finden glaubtest«, spricht er zu seinem Sohn und erklärt: »Die Elstern müssen es wohl in ihren Schnäbeln dorthin gebracht haben.« Der junge Bursche kletterte sofort den Baum hinauf, wo er fand, wonach er suchte.

Kommentierungen

Die Oberfläche ist falscher Schein, schaut besser ins Herz der Dinge.

Der Blick mit den Augen kann täuschen, glaubt daher nur, was ihr durch eure eigene Erfahrung bestätigt findet. Seht mit eurem Herzen!

Unbeständig, leidhaft und frei von inhärenter Existenz sind alle Phänomene dieser Welt.

Überall in den Dingen glaubst du ein Ich zu erblicken, doch niemals kannst du es fassen; denn es ist nichts als eine Illusion.

Ein moderner Kommentator erzählt zu diesem Gleichnis die folgende Geschichte, um zu illustrieren, wie Täuschung und Gier einander bedingen: »Ein Chan-Meister wurde einmal gefragt: ›Was muss ein Mensch auf dieser Welt am meisten fürchten?‹ Er antwortete mit der folgenden Anekdote: Ein reicher Grundbesitzer meinte eines Tages, dass er bei Weitem noch nicht genug Land besäße, dabei verfügte er bereits über weit mehr Boden als seine hundert Knechte überhaupt bestellen konnten. So ging er zum Fürsten mit tausend Goldmünzen im Gepäck. ›Gebt mir so viel Land wie möglich dafür‹, bat er mit entschlossener Stimme. Der Fürst nahm eine Karte seines riesigen Herrschaftsgebiets und zeichnete ein Viereck hinein: ›Das soll alles dir gehören‹, sprach er zu dem Mann. Doch dem schien dies ein schlechter Handel. Er schüttelte mit dem Kopf und forderte noch mehr Boden für sein Geld. ›Nun gut, dein Verlangen ist von wölfischer Wildheit‹, erwiderte der Fürst und sprach: ›Ich will dir daher ein Stück Erde geben, das so groß ist, wie du an einem Tag vom Aufgang der Sonne bis zu ihrem Untergang umrunden kannst. Du musst nur sicherstellen, dass du am Abend wieder zu deinem Ausgangspunkt zurückgekehrt bist.‹ Der Gutsbesitzer freute sich über dieses Angebot und willigte sogleich ein. Am anderen Morgen rannte der Mann los; schnellen Schrittes hatte er in wenigen Stunden fast zwanzig Meilen in Richtung Norden zurückgelegt. Wo immer es möglich war, zog er hier noch einen Bogen um einen fruchtbaren Acker, dort noch einen Schlenker, der einen satten Wiesengrund umschloss. Eigentlich hätte er eine Rast verdient, doch von unbändiger Gier getrieben wechselte er jetzt die Richtung und lief schnell nach Osten, dem Sonnengestirn zunächst noch entgegen. Es war schon Nachmittag, und der Mann war die ganze Zeit in Bewegung, ohne auch nur fünf Minuten zu ruhen, da schwenkte er schließlich und rannte dann in Richtung Süden weiter. Als wenige Stunden später die Sonne schließlich am Firmament sank, änderte er erneut seine Laufrichtung und stürmte nun gen Westen, der blutroten Himmelskugel hinterher. Jetzt bot er völlig erschöpft die allerletzten seiner Kräfte auf: hier noch eine Biegung, dort noch ein kleines Tal, was auch immer noch umschlossen werden konnte auf seiner Wegstrecke, das umrundete er im schmerzenden Lauf seiner Füße und getrieben von überschäumender Gier. Gerade rechtzeitig zum Versinken des Sonnenballs kam er wieder in die Nähe seines Ausgangspunktes. ›Ich habe nichts ausgelassen‹, dachte er und rief mit versagender Stimme: ›Diese ganze Erde ist jetzt mein!‹ Doch kaum hatte er den Ort erreicht, von dem er am Morgen losgelaufen war, brach er zusammen und stand nicht wieder auf. Sein von Gier getriebenes Herz hatte zu schlagen aufgehört. In der Nacht kamen die Leichengräber und maßen die Länge seines Körpers von den Füßen bis zur Scheitelspitze und die Breite seines Rumpfes anhand seiner Schultern. Dann gruben sie ein Loch von eben dieser Größe und legten den leblosen Körper hinein. So viel Erde braucht ein Mensch! Was diesen Menschen antrieb, das müsst ihr am meisten fürchten.« (Leo Tolstoi hat diese Anekdote 1885 in seinem Werk »Wie viel Erde braucht der Mensch?« erzählt. Es ist nicht auszuschließen, dass das Motiv ursprünglich aus China stammt und Tolstoi während seines dreijährigen Studiums der ostasiatischen Sprachen in Kasan (1844-47) damit in Berührung kam. Möglich ist allerdings auch, dass diese Anekdote aufgrund ihrer geistigen Nähe erst durch die Übersetzung von Tolstois Werk in die moderne chinesische Chan-Tradition Eingang fand).

Ein Schüler Brahmas versucht sich als Schöpfer aller Dinge

Die Brahmanen lehren, dass der große Brahma der Vater dieser Welt und Schöpfer aller Dinge sei. Eines Tages, so erzählt eine Legende, erklärte einer der gelehrtesten Schüler des Weltenlenkers, dass auch er die Macht und Fähigkeit besäße, sämtliche Dinge dieser Welt zu erzeugen. Auf diese Weise soll er zu Brahma gesprochen und damit seine Unwissenheit offenbart haben. »Hüte deine forsche Zunge«, erwiderte ihm der große Brahma, »da es dir an wahrem Verständnis mangelt, bist du dazu gewiss nicht imstande!« Nichtsdestotrotz begann der Schüler, einen Menschen zu erschaffen. Doch es wollte ihm nicht recht gelingen. Als Brahma schließlich das erste Geschöpf seines Schülers erblickte, schüttelte er nur mit dem Kopf und sprach: »Sieh nur, was du angestellt hast. Dieses arme Wesen gleicht einem Monster. Der Kopf ist so riesig, dass der dünne Hals ihn nicht tragen kann. Die spindeldürren Ärmchen sind nicht imstande, die viel zu großen Hände zu bewegen. Ganz zu schweigen von den aufgedunsenen Füßen, mit denen diese arme Kreatur niemals auch nur einen einzigen Schritt gehen kann. Wie konntest du dir nur anmaßen zu wissen, wie ein lebendes Wesen beschaffen sein muss?«

Da erkannte der Brahma-Schüler, dass sich die Dinge in Wahrheit selbst erzeugen.

Kommentierungen

Brahmas eigene Worte lehren uns, dass die Menschen sich selbst erschaffen durch ihre Taten, kein Schöpfer hat sie erzeugt und ist für ihr Leiden verantwortlich.

Unendlich groß ist die Welt, wer vermag zu behaupten, sie in ihrer Gänze zu verstehen? Die Anmaßenden erkennt ihr an ihren Taten.

Getrieben von selbstsüchtigem Verlangen kann nichts Rechtes erzeugt werden.

Der Kranke, der seine Heilsuppe nur ein einziges Mal zu sich nahm

Ein Mann war einmal schwer erkrankt. Tag um Tag verschlimmerte sich sein Zustand. Weil er unablässig schwächer und kraftloser wurde, schwand ihm allmählich fast die Hoffnung auf Heilung. Schließlich riet ein erfahrener Arzt der Familie, dem Kranken über längere Zeit jeden Tag eine Suppe zu kochen, und zwar aus dem Fleisch und den Knochen eines wilden Fasans. Dies sei eine wirkungsvolle Medizin. Mit der Zeit würde so gewiss Besserung eintreten.

Die Ehefrau ging noch am gleichen Tag zum Markt und fand nach einiger Suche tatsächlich einen solchen Vogel mit bunten Schwanzfedern, den der Händler für sie schlachtete und zum Kochen vorbereitete. Fasanenfleisch war selten und daher sehr teuer. Zurückgekehrt ins Haus bereitete sie daraus eine Suppe, in die sie auch noch einige wilde Kräuter tat, die der Arzt ihr genau benannt hatte. Der Mann aß dieses Mahl ganz auf und schon am nächsten Tag fühlte er sich so frisch und kräftig, als habe er die Krankheit bereits vollständig überstanden. Er nahm nun keine weitere Heilsuppe mehr zu sich und ging bald wieder seiner Arbeit nach.

Doch schon kurz darauf erkrankte er erneut und dieses Mal noch schwerer als zuvor. Als der Heilkundige ihn fragte, an wie viel Tagen er von dem Fasanen- und Kräutersud getrunken habe, musste der Mann zugeben, dass es nur ein einziges Mal war. »Da ist es kein Wunder, wenn die wirkliche Heilung ausbleibt«, erklärte der Arzt mit vorwurfsvollem Blick.

Kommentierungen

Steter Tropfen höhlt den Stein. Beharrlichkeit führt zum Erfolg.

Nehmt die Arznei des Dharma und folgt dem Erlösungspfad ohne Unterlass.

Alle Dinge sind in ständigem Wandel, sie entstehen, entwickeln sich und vergehen schließlich – und genauso ist es auch mit euch. Wer dies erkennt, heilt sich dauerhaft von der Krankheit des Glaubens an Beständigkeit.

Im Kostüm eines Dämons

In einem Königreich war einmal eine Hungersnot ausgebrochen. Die Schauspielertruppe der Hauptstadt hatte plötzlich keine ausreichenden Einnahmen mehr, da die Gedanken der Leute nur noch um die Nahrungsbeschaffung kreisten. Für kulturelle Vergnügungen fehlte jedwede Muße. In dieser Lage entschlossen sich die Theaterleute über die Dörfer zu ziehen, wo sie trotz der kärglichen Ernten noch ein wenig Lebensmittel für ihre Vorführungen einheimsen konnten. So brachen sie zu den weiter abgelegenen Landesteilen auf, die aufgrund ihrer fruchtbaren Böden vom allgemeinen Mangel weniger stark betroffen waren. Auf dem Weg dorthin mussten sie das gefährliche Para-Gebirge überqueren. Die Menschen glaubten, dass dort wilde, Menschen verschlingende Rakshas[10] ihre Wohnstatt haben. Das Gebirge war zu groß und unzugänglich, um es an einem einzigen Tag überqueren zu können. Daher mussten die Spielleute hoch oben in den Bergen ihr Nachtlager aufschlagen. Erst am anderen Tag wollten sie dann mit den ersten Strahlen der Morgensonne wieder ins gegenüberliegende Tal hinabsteigen. Mitten in der Nacht wurde es eisig kalt, ein heftiger Wind zog auf und ihre dünnen Decken boten kaum Schutz. Auch das Feuer, das sie entzündet hatten, spendete nur wenig Wärme. Zwischen den kahlen Felsen hatten sie lange suchen müssen, um ein paar trockene Zweige Feuerholz zu finden. Einer der jungen Schauspieler fror so kläglich, dass er es ohne warme Kleidung nicht länger auszuhalten glaubte. Während die anderen bereits eingeschlafen waren, stand er auf und wühlte zähneklappernd solange in der Kiste mit den Kostümen für die Aufführungen herum, bis er die Verkleidung eines Rakshas gefunden hatte. Umhüllt und gewärmt von diesem wollenen Gewand, ließ er sich nun neben dem schwachen Feuer nieder. Mitten in der Nacht ließ die beißende Kälte nun einen der anderen Schauspieler erwachen. Kaum hatte dieser die Augen aufgeschlagen, sah er den »Dämon« neben der Feuerstelle sitzen. In Panik stieß er einen lauten Schrei aus. Im Nu waren alle erwacht, starrten in Richtung des Feuers und ergriffen dann, ohne weiter nachzudenken, augenblicklich die Flucht. Als die Fliehenden merkten, dass der Verkleidete ihnen hinterher lief, rannten sie umso schneller. Bald hatten sich die Menschen in alle Richtungen zerstreut.

[10] Im Hinduismus werden gefährliche und wutrasende Dämonen der Nacht als Rakshas bezeichnet.

Manche hatten Schutz zwischen hohen Gräsern gesucht, andere sich in Gräben und Felsritzen verborgen. Bei ihrem hastigen Aufbruch hatten sich einige sogar kleine Verletzungen zugezogen. Erst als der Tag anbrach und die Sonne die Felsen erhellte, kamen die Ängstlichen aus ihren Löchern wieder hervorgekrochen. Nun ging ihnen auf, dass der gefürchtete Dämon bloß der verkleidete junge Bursche aus ihrer Truppe war, also einer der ihren.

Kommentierungen

Die Dämonen, die euch verfolgen, habt ihr mit eurem eigenen Geist geschaffen.

Alles, was Ihr fürchtet, ist nicht wirklich. Die höchste Realität ist frei von Entstehen und Vergehen, kennt weder Geburt noch Tod. Wenn die Nacht des Samsara einst endet, schwindet auch all eure Furcht, denn da ist kein Ego mehr, das um seine vergängliche Existenz bangt.

Solange ihr an die Existenz eines »Ich« glaubt, ist die Angst euer ständiger Gefährte.

Falsche Ansichten über euch selbst und die Welt sind eine der Ursachen des Leidens. Wer das Vergängliche festhalten will, den Schmerz zur Lust erklärt, das Befleckte für rein und sein Ich für wirklich hält, der muss die Frucht der Unwissenheit am eigenen Leib erfahren.

Sinnt kühl und nüchtern nach, auf dass euer Handeln nicht durch Panik bestimmt wird.

Wer sich selbst eine Stütze ist, bestimmt die Richtung seines Lebens und kann sein Schicksal meistern.

Ein böser Dämon in einem alten Haus

Am Rande eines Dorfes stand einmal ein Haus, von dem die Menschen sagten, in den Nächten würden dort böse Geister ihr Unwesen treiben. Die Einheimischen fürchteten sich alle, nach Anbruch der Dunkelheit auch nur in die Nähe dieses Anwesens zu gelangen. Eines Tages kam ein tapferer junger Bursche in diese Gegend. Als die Leute ihn vor dem Haus warnten, erklärte er furchtlos: »Das ist doch alles Unsinn. Ich werde dort heute übernachten und euch allen zeigen, dass an diesem Aberglauben auch nicht ein Deut Wahrheit ist.« Dann ging er geradewegs zu dem Haus, trat ein und schloss die Tür hinter sich.

Wie es der Zufall wollte, kam am gleichen Abend ein zweiter Bursche aus einem Nachbarort zu eben diesem Haus. Auch er hatte von den Erzählungen der Leute gehört und schon seit einiger Zeit daran gedacht, sich und anderen seinen Mut zu beweisen, indem er dort eine Nacht verbringt. An genau diesem Tag wollte er seinen Vorsatz entschlossen in die Tat umsetzen. Als der Mann nun an der Tür rüttelte, um sie aufzustoßen, bekam der Besucher im Innern plötzlich heftige Angst. Er, der sich eben zum Schlafen niederlegen wollte, glaubte nun allen Ernstes, dass draußen tatsächlich ein Dämon sei, der jetzt ins Haus eindringen und ihn vernichten wollte. So hielt er mit Leibeskräften die Tür von innen fest und brüllte gleichzeitig laut, um damit den vermeintlichen Angreifer zu vertrieben. Der draußen Stehende war in diesem Augenblick seinerseits überzeugt, dass drinnen ein böser Geist haust, der ihm Schlimmes antun könne. Vermeintliche Kühnheit hatte beide an diesen Ort getrieben; was sie in dieser Situation verband, war die gemeinsame Angst, da sie um das wahre Wesen des anderen nicht wussten. Es dauerte eine ganze Weile, bis sie gewahr wurden, was sich wirklich abspielte.

Kommentierungen

Alle Dinge gehen vom Geist aus.

Selbsttäuschung ist die Basis aller Irrtümer.

Unser Ich ist ebenso unbeständig und unwirklich wie alle Dinge dieser Welt. Dem Gesetz von Ursache und Wirkung unterworfen ist der menschliche Körper, kein Herrscher kann ihn autonom regieren.

Manche sagen, das Ich sei der Körper, andere behaupten, es sei jenes Unerklärliche am Ursprung einer jeden Sinneswahrnehmung, wiederum andere behaupten, das Ich sei die Seele des Menschen, anfangslos und ewig, und dann gibt es noch welche, die meinen, es handle sich um das inhärente Wesen aller Dinge – unzerstörbar und ewig. Alle diese vier Ansichten sind falsch.

Egal, ob von innen oder außen, solange ihr mit Furcht auf die Welt blickt, könnt ihr die Soheit nicht erkennen.

Fünfhundert Glückskugeln

Es lebte einmal eine liederliche Frau, die ihren treuen Gatten unentwegt betrog und sich mit jedem einließ, der ihr gefiel. Eines Tages überkam sie das Gefühl, dass dieser Mann eigentlich nur eine Last für sie sei. Heimtückisch begann sie plötzlich Pläne zu schmieden, wie sie ihn schnell und unauffällig aus dieser Welt schaffen könnte. Als er kurze Zeit später zu einer mehrtägigen Reise im Dienste des Königs aufbrechen musste, bereitete sie für ihn fünfhundert kleine Kügelchen, geknetet aus feinstem Mehl, Honig und dem Aroma duftender Blüten. Doch spritzte sie in jedes dieser runden Häppchen eine Dosis Gift. Da sie nicht wusste, wie viele ihr Mann essen würde, hatte sie die Menge so bemessen, dass ein einziges dieser süßen Bällchen genug war, um einen erwachsenen Menschen zu töten. Als ihr Gatte am Morgen sich von ihr verabschiedete, überreichte sie ihm die teuflische Gabe und sprach: »Sobald du über die Berggipfel bist, solltest du dir eine lange Rast gönnen. Bevor du dich dann zum Schlafen niederlegst, verzehre so viel du kannst von diesen Köstlichkeiten, die ich nur für dich bereitet habe.«

Am Abend dieses Tages schlug der Mann im Talwald auf der anderen Seite des Berges sein Nachtlager auf. In der Dunkelheit vermeinte der Mann, einen wilden Tiger brüllen zu hören, da überkam ihn heftige Angst und er kletterte schnell auf einen Baum, wo er sich sicherer fühlte. Den Reiseproviant der Frau hatte er dabei in der Hektik unten auf der Erde liegen lassen. Das sollte seine Rettung sein. Denn kurze Zeit später kam eine Bande von fünfhundert Räubern angeritten, die von einem Beutezug zurückkamen und ihre Satteltaschen bis zum Bersten mit Gold, Schmuck und anderen Kostbarkeiten gefüllt hatten. Beim schnellen Vorbeireiten fiel einigen Räubern der Beutel mit den vergifteten Kugeln ins Auge, der dort unter dem Baum scheinbar herrenlos lag. Die Meute stoppte und man betrachtete den Fund eingehender. Der Räuberhauptmann probierte als erster die süßen Bällchen. Entzückt von dem guten Geschmack ließ er alles unter seine Leute verteilen. Keiner sollte zu kurz kommen, damit kein Streit aufkäme. So geschah es, dass jeder der Räuber eines der tödlichen Häppchen verspeiste. Zitternd vor Angst schaute der Mann aus seinen Versteck nach unten und beobachtete regungslos, was vorging. Es dauert nur wenige Minuten, bis das Gift zu wirken begann. Er konnte nun zusehen, wie sich die ersten Banditen am Boden krümmten und mit feuerroten Gesichtern nach Luft schnappten. Einer nach dem anderen ließ in kurzer

Zeit sein Leben. Nachdem es völlig ruhig geworden war, stieg der Mann vom Baum herab und inspizierte die toten Verbrecher, die überall zwischen den Bäumen herumlagen. Dann griff er zu seinem Schwert und durchbohrte jeden der Leichname. Mit großer Mühe gelang es ihm anschließend, die Pferde zusammenzutreiben. Als der Morgen anbrach, sah er einen herannahenden Truppenverband, den der König entsandt hatte und der den Räubern auf den Fersen war. Der Mann winkte die Soldaten herbei und erklärte, dass er ganz allein diese Verbrecherbande zur Strecke gebracht habe. Der Heerführer war von dieser noch nie da gewesenen Tapferkeit und Kriegskunst zutiefst beeindruckt und brachte den Mann zu seinem König. Der Herrscher war hocherfreut, solch einen Helden kennenzulernen und wieder in den Besitz all der geraubten Schätze zu kommen. Der vermeintlich unbesiegbare Kämpfer wurde überschwänglich gelobt, zu einem Herzog ernannt und mit einem großen Stück Land und Schätzen reichlich belohnt.

Wie oft im Leben, so dauerte es auch dieses Mal nicht lange, bis die Neider auf den Plan traten. »Ihr habt ihm viel zu viel gegeben«, versuchten sie dem König einzuflüstern. »Wenn er wirklich so tapfer ist«, meinten andere voller Misstrauen, »so sollte der Herrscher ihn doch einmal gegen den wilden Löwen kämpfen lassen, der im Palastwald seit Jahren unser aller Leben unsicher macht und schon unzählige Menschen getötet hat.« Weil einige Hofleute ihn hartnäckig bedrängten und ihr Ansinnen wieder und wieder vortrugen, stimmte der König schließlich zu. So blieb dem vermeintlichen Helden nichts anderes übrig, als mit einem Schwert bewaffnet in den Palastwald zu ziehen, um gegen die wilde Bestie zu kämpfen. Gleich in der ersten Nacht trafen beide aufeinander. Kaum hatte der Löwe den Eindringling erblickt, wollte er sich auf ihn stürzen. Der arme Kerl flüchtete schnell auf einen Baum und kletterte, feige wie er war, bis hoch in die Krone, wo er sich am dünnen Geäst festklammerte. Mit zornigen, rasenden Augen und einem weit aufgerissenen Maul blickte der König der Tiere den Stamm hinauf und brüllte zornig nach oben. In diesem Augenblick rutschte dem armen Burschen vor lauter Angst sein Schwert aus den Händen. Wie das Schicksal es wollte, fiel es dabei mit der Spitze genau in den offenen Rachen des Löwen hinein, der nicht mehr schnell genug ausweichen konnte. Durch die Wucht des Aufpralls durchbohrte die messerscharfe Klinge den Leib des gefährlichen Raubtiers. Durch diese ganz unabsichtliche Tat fand die gemeine Bestie ihr Ende und dem Mann war einmal mehr das Glück hold. Er empfing erneut reichlichen Lohn und fortan wagte niemand mehr, an seinem Mut und Kampfgeschick auch nur den leisesten Zweifel zu äußern.

Kommentierungen

Der Aufrechte überwindet alle Schwierigkeiten und Gefahren, doch sobald Stolz und Überheblichkeit von ihm Besitz ergreifen, ist er es selbst, der die Probleme schafft.

Gute Tat schafft gutes Karma, schlechte Handlungen erzeugen schlechtes Karma. Wo kein Karma ist, da ist die Zeit noch nicht herangereift. Ist die Zeit gekommen, trägt jede Handlung ihre Frucht.

Wer Almosen gibt, soll aus einer aufrechten Geisteshaltung geben und niemals heucheln oder gar etwas an andere weiterreichen, was diesen schadet.

Auch die Furchtsamen können siegen, wenn sie nur dem Bösen entsagen.

Das Gute ist grenzenlos, das Böse aber brennt heiß und vernichtet alles.

Ein Kommentator zieht die folgende Episode zur Erklärung heran: Viele hundert Jahre schon stand ein bronzener Milefo[11] vor dem Eingang eines großen Tempels. Im Lauf der Zeit hatten Verfall und Erosion der Metallfigur so zugesetzt, dass ihr Rumpf fast vollständig erneuert werden musste. Die Handwerker kamen und hoben die mächtige Statue mit vereinten Kräften von ihrem Lotossockel. Dann drehten sie den Bronze-Buddha auf den Rücken, damit sie die beschädigten Teile des Rumpfes leichter ablösen konnten. Wie sie nun den dicken Bauch auftrennten, stießen sie auf etwas, das sie zunächst erschrecken ließ. Schnell riefen sie nach der Klosterleitung. Der Abt und die Mönche kamen herbeigelaufen und sahen, dass sich im Bauch des mächtigen Buddhas zwölf Tonfiguren von Männern und Frauen – alte wie junge – befanden. Als die Handwerker diese Schätze dann vor den Augen der Laien und Ordensleute nach und nach auf dem Boden aufstellten, fiel allen sofort das friedfertige Lächeln dieser Figuren auf. Sie blickten so selig, als seien sie selbst alle Buddhas. In diesem Augenblick verstanden die Anwesenden endlich den Sinn der schon stark verblassten Inschrift, die sich seit Jahrhunderten über dem Kopf Milefos

[11] Milefo ist der chinesische Name von Maitreya, dem Zukunftsbuddha, der noch als Bodhisattva im Tushita-Himmel weilt. Seine Skulptur fehlt in keinem Tempel. Die typischen Merkmale sind das breit lachende Gesicht, der große Kopf mit Glatze und langen Ohren sowie die barocke Leibesfülle.

befand und lautete: »Im großen Bauch des Glücks-Buddhas wandelt sich alles Leid in Lächeln. So solltet auch ihr auf diese Welt schauen!« Nachdem der Rumpf erneuert worden war, wanderten die zwölf Figuren wieder zurück an ihren ursprünglichen Ort. Während einer großen Zeremonie mit viel duftendem Räucherwerk wurde Milefo wieder auf seinen alten, angestammten Platz gesetzt.

Ein Mann lernt die Kunst des Segelns allein aus Büchern

Ein junger Mann aus einer recht wohlhabenden Familie hatte einmal gehört, dass man mit Meeresperlen viel Geld verdienen und noch reicher werden könne. Besessen von dieser Idee fasste er den Plan, mit einer Gruppe von Freunden auf einem alten Boot in See zu stechen, um nach diesen Schätzen des Meeres zu suchen. Doch weder er noch seine Gefährten hatten irgendwelche praktische Erfahrung, wie man über die weiten Wasser segelt. Zwar wurde das Schiff von einem erfahrenen Kapitän gesteuert, doch der junge Mann studierte nichtsdestotrotz fleißig nautische Schriften und lernte aus ihnen so viel er konnte über die Seefahrt. Bald glaubte er, auch selbst ein Boot richtig steuern, es auf Kurs halten und Klippen sicher umschiffen zu können. Der kühne Bursche vermeinte nun genau zu wissen, was zu tun sei, wenn Strömungen auftauchen oder plötzlich heftige Winde aufkommen. Bevor die Gruppe den Hafen verließ, erklärte er mit stolzer Brust: »Jetzt verstehe auch ich die Kunst des Segelns auf den Meeren.«

Kurz darauf legte das Boot vom Ufer ab, außer dem Schiffsführer bestand die Gruppe nur aus unerfahrenen jungen Leuten mit wilden Ambitionen.

Als sie mitten auf dem großen Ozean waren, geschah es leider, dass der Kapitän schwer krank wurde und ein paar Tage später auf hoher See verstarb. Als sie seinen Leichnam über die Reling warfen, beruhigte der junge Bursche die anderen, denen jetzt sehr mulmig zumute war. Alle vertrauten ihm. Zunächst schien es, dass er tatsächlich imstande war, das Schiff virtuos über die Meereswogen zu steuern. Einige Stunden später zogen allerdings auf einmal von überall her dunkle Wolken auf. Es dauerte nicht lange und der Himmel wurde rabenschwarz, dann zuckten überall Blitze herab und ein heftiger Sturm trieb mit dem Boot jetzt sein eigenes Spiel. Der büchergelehrte Segler war plötzlich völlig ratlos. Was er auch tat, welche Kommandos er auch gab, das Schiff war außer Kontrolle geraten und gehorchte nicht länger seinem Kommando. Der Traum vom Reichtum durch Raub der Meeresperlen fand ein schreckliches Ende. Alle diese Männer kamen in den Fluten ums Leben.

Kommentierungen

Wer nur hier und da etwas über die richtigen Techniken der Versenkung gelesen hat, selbst aber kaum Erfahrung damit gesammelt hat und dann mit seinem Halbwissen prahlt, richtet großen Schaden an.

Lernt anhand eurer Erfahrung, das schützt am besten vor Fehlern.

Ein General, der nur Schlachtpläne zeichnen kann, wird den Krieg nicht gewinnen.

Du kannst die Lehre nicht allein aus Schriften erfahren. Lerne sie zu leben.

Ein Kommentator illustriert seine Deutung mit der folgenden kleinen Episode: Ein Meister gab den Mönchen einmal eine Belehrung über die rechte Betrachtung. Alle verstanden seine Worte, nur der jüngste Novize, der erst wenige Tagen im Tempel lebte, kapierte überhaupt nichts. Da er nicht wusste, was er nun praktisch tun sollte, ging er zum Meister und fragte, was es eigentlich heiße, geistige Anstrengungen zu unternehmen.

»Viel und gründlich nachdenken!«, gab der alte Mönch ihm kurz und knapp zur Antwort.

»Wie und über was soll ich denn nachdenken?«, hakte der Novize sogleich nach.

Der Meister bat ihn daraufhin in seine Klause und ließ ihn vor einem großen Tisch Platz nehmen. Dann gab er ihm zwei Kastanien in die Hand. Der Schüler sollte ihm sagen, was der Unterschied zwischen beiden sei.

»Die eine wurde über einem Feuer geröstet, die andere ist roh«, gab der junge Mann zur Antwort.

»Woran glaubst du das erkennen zu können?«, wollte der alte Mönch daraufhin von ihm wissen.

»Ganz einfach«, erklärte der Novize, »wenn die Kastanie kalt ist, dann ist sie roh, die geröstete hingegen ist noch warm.«

»Nicht zwangsläufig«, klärte ihn der Meister auf, »warm ist sie nur, wenn sie vor nicht allzu langer Zeit aus dem Feuer kam. Liegt sie erst eine Zeit lang draußen, dann ist sie bald genauso kalt wie eine rohe. Nimm andererseits eine ungeröstete Kastanie und umklammere sie mit einer deiner Handflächen, so wird sie sich ebenfalls nach wenigen Minuten warm anfühlen.«

Der Schüler blickte unverständig drein.

»Wie kannst du nun den Unterschied erkennen?«, fragte ihn der Meister erneut.

Der Novize antwortete noch einmal genauso wie zuvor.

»Wie prüfst du denn die Temperatur einer Kastanie?«, hakte der Meister nun nach.

»Allein mit meinen Händen«, rief der junge Mann mit lauter Stimme.

»Was du sagst, wird immer unsinniger«, beschied ihm daraufhin der alte Mönch.

»Wieso denn?«, wehrte sich der junge Bursche.

»Die Hand alleine kann doch gar nichts«, wurde er sogleich belehrt.

»Nur sie allein kann prüfen!«, wehrte sich der Novize

»Aber kann sie auch urteilen?«, wollte der Meister daraufhin wissen.

»Nein, natürlich nicht, es ist der Geist, der das Urteil fällt!«, rief der Schüler mit lauter Stimme, so als habe ihn gerade ein Erkenntnisblitz getroffen.

»Richtig«, lobte ihn der Meister und bohrte dann sogleich nach: »Was heißt dann also ›rechtes Bemühen‹?«

Der Novize überlegte einen Augenblick und sagte dann gleichsam einer inneren Eingebung folgend: »Die Betrachtung der Dinge im Geiste, so wie sie sind.«

Da lachte der alte Meister und sprach: »Danke für deine erleuchtete Rede.«

Der Novize freute sich über diese Worte und schlug mit der Hand kurz an seinen Kopf, gleichsam sich selbst bestätigend und überrascht von seiner eigenen Weisheit. Dabei ging ihm gar nicht auf, dass erst der Meister mit seinen Fragen ihn Schritt für Schritt zu dieser Erkenntnis geführt hatte.

Eine Wette zwischen zwei Eheleuten

Zu seinem Hochzeitstag bekam ein Ehepaar von Freunden einmal drei süße Reisküchlein geschenkt. Kaum hatten beide die kleine Gabe ausgepackt, entbrannte sofort ein Streit, wie diese Leckereien gerecht aufgeteilt werden sollten. Zunächst nahm sich jeder ein Küchlein und aß es, dann jedoch stellte sich die Frage, wem denn nun das dritte dieser erlesenen Häppchen zustünde. Um das Problem zu lösen und den lästigen Streit zu beenden, kamen sie überein, eine Wette zu schließen: Da beide gern und viel plapperten und dabei oft miteinander stritten, beschlossen sie jetzt einmal das zu tun, was ihnen am schwersten fiel: Sie wollten schweigen, und wer als Erstes wieder zu sprechen begann, der sollte das Recht auf den kleinen Kuchen damit verwirkt haben. Beide nickten und redeten an diesem Abend tatsächlich kein einziges Wort miteinander.

In der folgenden Nacht aber schlich sich ein Dieb ins Haus. Als das Ehepaar ihn bemerkte, rief dennoch keiner der beiden laut um Hilfe. Der Mann versuchte lediglich, den Einbrecher stumm aus dem Haus zu drängen. Aber der große und kräftige Eindringling verstand solch seltsames Gebaren als Ausdruck der Schwäche und Dummheit des Hausherrn. Mit einem kräftigen Hieb schlug er ihn zu Boden und fiel anschließend über die Frau her, während ihr Mann betreten und schweigsam dalag und beobachtete, was geschah. »Idiot, hilf mir endlich«, schrie ihn die Frau mit so lauter Stimme an, dass die Nachbarn davon wach wurden. Nun grinste der Mann und erklärte. »Du hast unsere Wette verloren. Jetzt bekomme ich den dritten Kuchen!«

Kommentierungen

Für kleine und nichtsnutzige Freuden nehmen die gewöhnlichen Leute oft viel Leid und Beschwernisse auf sich und verzichten dabei auf das unfassbare Glück der überweltlichen Befreiung.

Die Genüsse, die ihr durch die Sinne erfahrt, sind nichts im Vergleich zur unbeschreiblichen Freude des Erlöschens.

Ein Kommentator erzählt diese Geschichte zur Verdeutlichung, wie er dieses Gleichnis versteht: Zwei Mönche machen einen Spaziergang. Während einer Rast bei einem Strohhaufen spürt einer der beiden plötzlich, wie etwas an seinem Fuß hochkriecht. Ohne genau hinzuschauen, greift er mit seiner Hand dorthin. Da wird er von einem Skorpion gebissen. Ärgerlich packt er sich das Tier. »Amituofu, Amituofu«, ruft da sein Gefährte und verkündet mit lauter, aber besänftigender Stimme: »Wer die Robe trägt, soll keine schlechten Handlungen begehen, vor allem aber, keinem anderen Wesen das Leben nehmen.« Kaum dass er den Namen des barmherzigen Buddhas des Mitgefühls vernimmt, weicht augenblicklich alle Wut aus dem Herzen des Mönchsbruders, schnell setzt er das Tier auf die Erde und lässt es wieder fortkriechen.

Drei Tage später gehen die beiden am Abend erneut spazieren. Bei Anbruch der Dunkelheit machen sie wieder an der gleichen Stelle Rast. Als sich der zweite Mönch gerade auf dem Strohhaufen zum Sitzen niederlässt, stößt er plötzlich einen fürchterlichen Schrei aus. Im Strohhaufen sitzt noch immer der dort Schutz suchende Skorpion, der jetzt ihn ins Gesäß beißt. Von Wut gepackt wühlt der Mönch den Strohhaufen durch und sucht nach dem Übeltäter. Schneller als der andere ihn noch durch Rezitation des Buddha-Namens wieder zur Geistesruhe bringen kann, zerquetscht er dabei während des zornigen Hin- und Herstampfens über den Boden unbeabsichtigt den kleinen Skorpion. Beim Anblick des toten Tieres spricht der Mönch, der damit seine Gelübde gebrochen hat, zu seinem Gefährten: »Vor drei Tagen stach er dich und ich appellierte an dein Mitgefühl und rettete so sein Leben. Es tut mir so leid für ihn, doch da er erneut zustach, fand er nun den Tod. War sein Ende unverdient?«

Ein Mantra zur Schädigung eines anderen

Eines Tages sahen die Menschen eines kleinen Dorfes einen der ihren mit finsterem und unwirschem Gesichtsausdruck einhergehen. »Was ist los mit dir?«, wollte jeder wissen, der ihn so verbissen durch die Straßen laufen sah. Der Mann erklärte, dass ein böser Nachbar überall Lügen und Gerüchte über ihn verbreite, und sogar seine Verwandten und engsten Freunde diesen Glauben schenkten. Zunächst konnte ihm keiner einen guten Rat geben, bis ihm schließlich einer der Dorfleute empfahl, einen Magier aufzusuchen, um von ihm das Vetala-Mantra[12] zu lernen, mit dem man allein durch das bloße Rezitieren seinen Gegnern allerschlimmsten Schaden zufügen könne. Begeistert griff der Mann diese Idee auf und begab sich noch am gleichen Tag zu einem alten Meister, der ein paar Orte weiter wohnte und von dem es hieß, er sei der schwarzen Magie mächtig.

»Lehrt mich das Vetala-Mantra, damit ich endlich Rache nehmen kann«, bat er den der Zauberei Kundigen. Der alte Mann erklärte ihm, dass dieses Mantra sehr wirkungsvoll sei, um einen Feind nachhaltig zu schädigen, doch wer es rezitiere, würde sich damit in gleicher Weise selbst verletzen. »Macht nichts«, erklärte der Hasswütige, »wenn es den anderen nur richtig schmerzt, will ich das gerne in Kauf nehmen.«

Kommentierungen

Hass zerstört jeden, der ihn hegt.

Wo das Herz nicht weit ist, kann Tugend nicht gedeihen.

Geht mit einem liebenden Herzen und offenem Geist durch diese Welt.

Hundert einzeln aufgestellte Kerzen leuchten längst nicht so hell, wie hundert Kerzen eng beieinander auf einem Altartisch. Ein einzelnes Licht erlischt schneller als viele vereinte, die einander Schutz bieten.

Wenn die euch schützenden Mauern erst einmal tausend Fuß hoch sind, kann keinerlei Verlangen keimen. Hass und Begierdelosigkeit sind die Quellen bleibender Freude.

Ein Kommentator präsentiert die folgende Episode, die schildert, wie ein Laie einen Meister zum Erwachen führt: Dieser Laie besuchte einmal

---

[12] Im hinduistischen Volksglauben sind Vetalas böse Geister, die Friedhöfe bevölkern und verwesende Leichname behausen. Durch Mantras können sie herbeigerufen und aktiviert werden.

einen Meister in dessen kleinem Tempel. Den ganzen Vormittag führten sie eine angeregte Unterhaltung miteinander. Zur Mittagszeit trug ein Novize ein einfaches Mahl auf. In die Mitte des Tisches stellte er zwei Schalen mit Nudeln: eine große und eine etwas kleinere. Sogleich schob der Meister dem Gast die größere Schale zu. Gemäß den klassischen chinesischen Höflichkeitsregeln hätte der Gast Bescheidenheit ausdrücken, die große Schale zurückweisen und die Nudeln aus dem kleineren Gefäß verzehren müssen. Doch der Laie war hungrig und achtete nicht weiter auf diese Feinheiten. Er griff einfach zu seinen Stäbchen und schlang die große Portion wortlos in sich hinein. Nachdem er fertig war, schaute er auf und stellte fest, dass der Meister seine Mahlzeit noch nicht angerührt hatte.

»Warum habt ihr selbst nichts gegessen?«, wunderte er sich.

Der Gastgeber schwieg und schluckte seinen Ärger mürrisch in sich hinein.

Da blickte der Gast auf die unterschiedliche Größe der Schüsseln und schlagartig ging ihm auf, woher das Missbehagen des Meisters rührte. Doch er bereute nichts. Ihn störte jetzt die so offensichtlich zur Schau gestellte Unzufriedenheit seines Gegenübers, daher erwiderte er ein wenig forsch: »Warum nur immer dieses Höflichkeitsgetue, was soll damit eigentlich erreicht werden?«

»Wir Buddhisten wollen dem anderen stets mehr zukommen lassen als uns selbst«, belehrte ihn der Meister.

Da erwiderte der Laie: »Dem anderen das Beste zuteilwerden lassen, ist ein gutes und edles Ziel. Aber wenn es in leeres und formelhaftes Getue ausartet, wird am Ende niemand richtig satt. So euer Wunsch aufrichtig war, mich besser wegkommen zu lassen, warum dann jetzt dieser Groll? – War am Ende eure Bescheidenheit etwa nur gespielt?«

Der Meister musste mächtig schlucken, als er diese Worte vernahm. Doch in seinem Herzen wurde ihm in diesem Augenblick schlagartig vieles klar.

Der Schnellesser

Ein Mann aus dem Norden des Landes hatte ein Mädchen aus dem Süden zum Weibe genommen und sich dann in der Heimat seiner Angetrauten niedergelassen. Nachdem sie zusammenlebten, bemerkte die junge Frau recht bald, dass ihr Gatte alle Nahrung, ganz egal, was es war, immer fürchterlich schnell herunterschlang. Was immer auf dem Tisch stand, es konnte noch so heiß sein, stets griff er sofort zu und im Nu war alles in seinem Schlund verschwunden, ohne dass es von den Zähnen groß zermahlen worden wäre. Lange Zeit war es ihr peinlich, ihren Gatten auf diese sonderbare Gewohnheit hin anzusprechen. Eines Tages jedoch nahm sie all ihren Mut zusammen und richtete beim gemeinsamen Mittagsmahl das Wort an ihn: »Sag nur einmal Liebster, warum schlingst du eigentlich alles immer so schnell hinunter, was ich in vielen Stunden mit Liebe und Sorgfalt für dich an Essen bereitet habe? Außer uns ist doch niemand hier, der dir irgendetwas wegessen könnte.«

»Das ist mein Geheimnis und geht dich nichts an«, erwiderte der Mann, der sich irgendwie ertappt fühlte, nach einem kurzen Moment aber einfach hastig und stumm weiter aß. Durch diese Bemerkung wurde die Frau nun erst recht neugierig, und während der folgenden Tage fragte sie wieder und wieder hartnäckig nach. Schließlich lenkte der Gatte ein und erklärte, dass er schlicht in der Weise esse, wie es sein Vater und auch sein Großvater stets getan hätten, er also nichts weiter tue, als einfach der Verhaltenstradition seiner Familie zu folgen.

Kommentierungen

Eingeschliffene, üble Gewohnheiten sind ein ernstes Hindernis auf dem Pfad.

Seht, wie alle Dinge sich unablässig verändern; prüft eure Überzeugungen und euer Verhalten stets im Lichte dieser Erkenntnis.

Findet selbst den richtigen Weg und klebt nicht an überlieferten Traditionen, die euch schaden könnten.

Einen Schöpflöffel kann man nicht nach einem Flaschenkürbis formen – Ihr müsst euren eigenen Weg finden und ihn selbst beschreiten.

Der Diener, der für seinen Herrn alle Äpfel vorkostete

Ein reicher Mann wollte zur Sommerzeit einmal einen Apfel[13] essen. Da er keinen mehr im Haus hatte, schickte er seinen jungen Diener zu einem Obstbauern in der Nähe, um welche zu kaufen. Der Hausherr überreichte ihm zuvor ein paar Münzen und schärfte dem jungen Mann ein, ja nur süße und wohlschmeckende Ware zu kaufen. Mit dem Geld im Beutel ging der Diener zu dem Bauern, der ihm sogleich viele Körbe mit rot glänzenden Früchten zeigte. Der Landmann nahm einen Apfel in die Hand, schnitt ihn auf und ließ den Abgesandten davon kosten. Der junge Mann fand den Apfel gut und köstlich. Als der Bauer ihm nun einen ganzen Korb mit diesen Früchten vollpacken wollte, hielt ihn der Diener plötzlich am Ärmel fest: »Halt«, rief er, »ich habe doch nur den einen hier probiert, wie soll ich denn wissen, ob die anderen von gleicher Qualität sind?«

»Probier halt jeden, den du kaufen willst!«, lachte das schlaue Bäuerlein und deutete auf seine großen Stegen mit den sonnengereiften Äpfeln, wohlwissend, dass alle den gleichen, feinen Geschmack hatten. So biss der Diener von jedem Apfel ein Stück zum Vorkosten ab, bevor er ihn in seinen Korb legte.

Zurückgekehrt zu seinem Herrn wurde dieser augenblicklich sehr zornig, als er den Korb voll angebissener Früchte sah. Er aß keinen einzigen davon und ließ sie alle fortwerfen.

Kommentierungen

Aus Erfahrungen lernen bedeutet nicht, immer neue Erfahrungen machen zu müssen. Zieht zur richtigen Zeit nur einfach die richtigen Schlüsse.

Achtet auf das rechte Maß und die Angemessenheit der Mittel.

Ohne klares Urteilsvermögen werdet ihr selten die richtigen Entscheidungen treffen können.

Manche sind misstrauisch gegenüber der Lehre. Sie wollen nicht glauben, dass gutes Tun auch gute Früchte trägt. Stattdessen schauen sie auf ihre augenblicklichen Vorteile. Sie wollen nur glauben, was sie sehen können. Blind gegenüber den karmischen Folgen stellen sie ihr gegenwärtiges Wohlergehen über alles.

Ein Kommentator verweist auf eine Anekdote von Han Fei aus dem alten China, um den Sinn dieses Gleichnisses noch anschaulicher zu machen:

---

[13] In einigen Textfassungen ist von Mangos statt Äpfeln die Rede.

Im Staate Zheng lebte einmal ein Mann, der sich auf dem Wochenmarkt in der Kreisstadt neue Schuhe kaufen wollte. Am Abend vor dem Markttag maß er gewissenhaft die Größe seiner Füße und schrieb den so ermittelten Wert auf einen Zettel. Als er am anderen Tag an einem Marktstand ein Paar Schuhe fand, das ihm sehr gefiel, musste er plötzlich feststellen, dass er den Zettel mit den Maßangaben leider zu Hause vergessen hatte. Dem verdutzten Händler erklärte der Mann, er müsse erst schnell in sein Dorf zurücklaufen, um die genauen Maße zu holen. Doch zu seinem Haus waren es etliche Li, und als der Mann nach vielen Stunden wieder zum großen Platz in der Kreisstadt kam, war der Markt längst vorüber. Mit der hereinbrechenden Dunkelheit hatten die Händler ihre Stände bereits alle geräumt. Als er anderen Menschen von seinem Missgeschick erzählte, schauten ihn diese nur sehr verwundert an. »Warum hast du denn die Schuhe nicht einfach anprobiert«, wollte einer sogleich wissen, »deine Füße hattest du doch dabei.« Aber der Mann wehrte heftig ab: »Was Schwarz auf Weiß geschrieben steht, dem traue ich mehr als meinen Füßen.«

Ein anderer Kommentator erzählt die folgende Geschichte, um sein Sinnverständnis darzulegen: Ein weiter Landstrich wurde einmal von gewaltigen Hochwassern überflutet. Stunde um Stunde wurde die Lage bedrohlicher. Nirgendwo war auch nur ein noch so kleiner Flecken trockener Erde zu sehen. Im knietiefen Wasser stand ein Mann und rief in seiner Not die Bodhisattva Guanyin um Hilfe. Da kamen plötzlich Leute mit einem Floß vorbei und boten ihm an, ihn mitzunehmen. »Nicht nötig«, antwortete der Mann, »die Guanyin wird mir helfen.« Das Wasser stieg derweil unaufhörlich weiter an. Als es ihm bereits bis zur Brust stand, tauchte ein großes Boot auf und der Fährmann wollte den armen Kerl aus dem Wasser ziehen. Doch dieser wehrte erneut ab: »Ich warte auf Rettung durch die Guanyin.« Eine Stunde später kam zu seinem großen Glück noch einmal ein mit flüchtenden Menschen voll beladenes Schiff in seine Nähe, und obwohl das Wasser dem Mann mittlerweile bis zum Hals stand, wollte er sich auch von diesen Menschen nicht retten lassen. »Es ist zu viel Gedränge bei euch an Bord!« rief er mit lauter Stimme und blieb trotz mehrfacher Aufforderung des Kapitäns weiter im Wasser stehen. Unter den Leuten auf dem Schiff war auch ein Mönch, der sich nun nach vorne beugte und dem in Wasser Stehenden erklärte, dass dies seine allerletzte Chance auf Rettung sei, denn die Wellen würden bald über seinem Kopf zusammenschlagen. Beim Anblick des in Gelb gewandeten Ordensmannes stieg in dem Mann nackte Wut auf: »So viele Jahre war ich ein frommer und aufrechter Buddhist, doch jetzt in der Stunde der Not warte ich vergeblich auf Rettung durch die Guanyin, die ich stets so inbrünstig verehrt habe.« – »Red nicht und komm schon!«, trieb ihn der Mönch zur Eile. Mürrisch kletterte der Mann schließlich über die Reling und fluchte still vor sich hin: »Wenn die Bodhisattva mir nicht hilft, bleibt mir wohl nichts anderes übrig, als auf diesem verdreckten und überfüllten Boot der Gefahr zu entkommen und mein Leben zu retten.«

Ein Mann mit zwei Ehefrauen

Es lebte einmal ein wohlhabender Mann, der mit zwei Frauen gleichzeitig verheiratet war. Eigentlich wollte er damit glücklicher werden als seine Geschlechtsgenossen, die sich nur eine Gemahlin leisten konnten. Doch es kam ganz anders. Kaum verheiratet und zu dritt im gleichen Haus, begannen die Frauen unablässig zu streiten. Ständig waren sie aufeinander eifersüchtig. Daher musste der Mann stets peinlich darauf bedacht sein, beide vollständig gleich zu behandeln, sodass keine je zu kurz kam. Den ganzen Tag über war dies seine alles überragende Sorge, die ihm auch in den Nächten keine Ruhe ließ. Er schlief bald nur noch auf dem Rücken und mit dem Gesicht zur Decke, damit ja keine Klage kam, er wende sich der einen liebevoll zu und zeige der anderen nur sein Hinterteil.

Eines Nachts ging nun einmal ein fürchterlicher Gewitterregen nieder, der viele Stunden anhielt. Da das Dach schon längere Zeit nicht neu eingedeckt worden war, fand das Wasser bald seinen Weg ins Innere und tropfte nun genau auf das Gesicht des Mannes herab. Das langsam aber stetig eindringende Wasser spülte nach und nach die schützende Kalkschicht vom Dach. Der feine Kalk machte das Wasser ätzend und diese helle Brühe geriet nun in die Augen des Mannes. Noch immer wagte er es nicht, sich umzudrehen, aus Angst wieder einen neuen Streit seiner Gesponse zu entfachen. So ertrug er die immer heftiger brennenden Tropfen, die unablässig auf seinen Lidern aufschlugen. Die Folgen waren furchtbar. Als er am anderen Morgen erwachte, stellte der Mann mit Entsetzen fest, dass er nicht mehr sehen konnte. In dieser Nacht hatte er sein Augenlicht für immer verloren.

Kommentierungen

Die Leidenschaft ist das, was das Leiden schafft.

Wer viel begehrt, muss einen hohen Preis dafür zahlen.

Verkeilt zwischen Habgier und Irrtümern ist keine Weisheit zu finden.

Fehler sind die Stolpersteine auf dem Weg des Erfolgs. Sobald du unachtsam bist, kommst du ins Straucheln.

Zwischen richtig und falsch gibt es stets einen Unterschied, aber du allein entscheidest, welchen Weg du gehst.

Ein Kommentator zieht die folgende Episode heran, um den Sinn des Gleichnisses zu beschreiben: Vor langer Zeit lebte einmal ein alter Wandermönch, der durch die Lande zog und überall, wo er hinkam, die leidenden

Wesen auf den richtigen Weg führen wollte. Eines Morgens traf er einmal auf einen Räuber, der ihn jedoch nicht behelligte, da er wusste, dass bei einem Eremiten nichts zu holen war. »Wenn du dein Leben nicht änderst, treibt du dich durch dein Verhalten selbst in den Tod!«, ermahnte der weise alte Mann den Gestrauchelten, bevor er wieder weiterzog. Kurze Zeit später erblickte er einen Bauern mit seinem Zugpferd, die beide träge am Rand eines ungepflügten Ackers vor sich hin dösten. »Die Jahreszeiten warten nicht, bis der Mensch für sie Zeit hat«, rief der Eremit ihnen zu und erklärte: »Wenn ihr so weitermacht, wird es nicht mehr lange gut gehen mit euch!«

Am Mittag machte der Mönch selbst Rast und wollte sich ein wenig ausruhen. Da kam ein Gelehrter vorbei, der ebenfalls müde war und sich neben ihm niederließ. Schnell kamen die beiden ins Gespräch. Der Mann erzählte ihm, dass er seine Studien vor einiger Zeit aufgegeben habe. Er hätte einfach das Interesse daran verloren, meinte er lakonisch. So könne er jetzt besser dem Müßiggang frönen. »Wissen ist wichtig«, bekam er daraufhin sogleich von dem alten Mann zu hören, der ihn mit ernster Miene ansah und sprach: »Mach nur so weiter, dann ist es bald vorbei mit dir.«

So ermahnte der Eremit einen jeden, den er traf, ob der andere seinen Rat nun hören wollte oder nicht. Tatsächlich änderte jedoch kaum jemand allein aufgrund dieser harschen Kritik seine Lebensweise.

Der gefräßige Ehemann

Ein Mann besuchte einmal die Familie seiner Frau. Dort angekommen, half seine Gattin sogleich ihren alten Eltern beim Zubereiten von Klebreis. Vor dem Haus zerstieß sie mit einem großen Holzstampfer gekochten Reis, bis sich daraus eine süße, klebrige Masse gebildet hatte. Ihr Gatte schaute dabei aus einiger Entfernung heimlich zu. Zwischendurch musste die Frau einmal in die Speisekammer zurückgehen. Diesen unbeobachteten Augenblick nutzte der Mann und stopfte sich mit dem wohlschmeckenden Brei schnell seinen Mund voll. Noch bevor er das klebrige Zeug ganz herunterschlingen konnte, trat die Frau plötzlich wieder durch die Tür ins Freie hinaus. Ihr fiel nicht auf, dass sich ihr teurer Gatte bereits an den Früchten ihrer Arbeit ungefragt zu schaffen gemacht hatte. Sie wollte nur erstaunt wissen, warum er heute nicht auf die Felder gehe, um dort zu arbeiten. Doch der Mann konnte nicht sprechen, da sein Mund voll aufgequollenem Klebreis war. Um sich nicht zu verraten, wagte er nicht zu schlucken; auch war die Menge so groß, dass es eine Zeit gedauert hätte, sie vollständig herunterzuwürgen. Spontan umspannte er einfach Mund und Wangen mit beiden Händen. Die Frau erschrak und dachte, der Mann sei plötzlich krank geworden. Genau in diesem Augenblick ging der Dorfarzt am Haus vorbei. »Welch ein Glücksfall«, dachte sich die Frau und rief ihn mit lauter Stimme herbei. Der Mann war ratlos, was er in dieser peinlichen Situation tun sollte und wusste sich nicht anders zu helfen, als dass er den Mundinhalt nun ganz auf die linke Seite drückte. Mit einer heftigen Bewegung zog der Arzt die Hände von seinem Mund und betrachtete die geschwollene Wange. »Ganz klar, eine gefährliche Geschwulst«, verkündete er mit lauter Stimme. Wir dürfen keine Zeit verlieren und müssen sofort operieren. Im Nu zog er ein scharfes Messer aus seiner Tasche und schnitt damit, bevor der Mann überhaupt bemerkte, was der Doktor vorhatte, kreuzweise dessen linke Backe auf. Voller Erstaunen sahen die neugierig herbeigeeilten Dörfler, wie aus der klaffenden Wunde nichts als heller Klebreis hervorquoll. Erst jetzt verstand die Ehefrau, was geschehen war.

Kommentierungen

Gier ist die Ursache des Leidens.

Fehler kann jeder begehen. Der Mutige schämt sich ihrer daher nicht. Wer aber seine Fehler vertuscht, macht sie nur noch größer. Ein Mensch hingegen, der seine falschen Handlungen eingesteht und aufrichtig bereut, der öffnet damit sein Herz; so weitet sich sein Geist ins Grenzenlose.

Der größte Gegner ist das eigene Selbst.

Die Buddhalehre ist die Arznei, die vom Leiden an der Welt heilt.

Das tote Pferd

Ein Soldat zog einmal auf seinem schwarzen Ross in eine Schlacht für den König. Als der Kampf begann, zischten sogleich von überall her spitze Pfeile heran, neben ihm fielen seine ersten Mitkämpfer zu Boden. Wie der Mann das viele Blut sah und aus allen Richtungen die Schreie der Verwundeten hörte, da bekam er fürchterliche Angst um sein Leben. Schnell ließ er sich von seinem Pferd fallen, beschmierte in dem Getümmel unauffällig sein Gesicht mit dem Blut der Verletzten, wälzte sich im Schlamm und stellte sich tot. Niemand beachtete ihn. Die Feinde nahmen seinen umherirrenden Rappen an sich und zogen mit dem Tier fort. Nachdem die gegnerischen Truppen das Schlachtfeld geräumt hatten, sah der Soldat um sich herum nur noch Tote und Schwerverletzte liegen. Ganz allein zog er in sein Dorf zurück. Doch zuvor schnitt er noch einem anderen Pferd den Schwanz ab. Zu Hause angekommen, wollten die Leute wissen, wo denn sein edles Ross abgeblieben sei. »Es ist tot«, erklärte der Mann und hielt den abgetrennten Pferdeschweif in die Höhe. »Wie kann das sein?«, wunderten sich die Leute voller Misstrauen, »du hattest einen Rappen doch zeigst uns den Schwanz eines Schimmels!«

Kommentierungen

Schmückt euch nicht mit fremden Federn, am Ende täuscht ihr niemanden außer euch selbst.

Glaubt nicht denen, die mit ihrer vermeintlichen Tugend vor anderen prahlen, schaut auf ihre Taten und ihr erkennt ihr wahres Wesen.

Wenn ihr nur genau beobachten würdet, dann könnten die Aufschneider und Heuchler nicht lange bestehen.

Der Brahmanenschüler mit dem leeren Wasserkrug

Im alten Indien gab es einmal einen König, dem das nachlässige Verhalten seiner Brahmanen missfiel. Immer öfter wurde er Zeuge, wie diese den Menschen Reinheit predigten, während sie selbst übel rochen und mit ungewaschenen Kleidern umherzogen. Je länger er dies mit ansehen musste, umso mehr störte es ihn. Daher erließ er eines Tages den Befehl, dass sich künftig alle Brahmanen seines Reiches jeden Morgen und jeden Abend in der Öffentlichkeit zu waschen hätten und dabei einem ausführlichen Ritual folgen mussten. Wer von ihnen künftig in einem unreinen Zustand angetroffen würde, sei unverzüglich zur körperlichen Arbeit zwangszuverpflichten – die tiefste Erniedrigung für einen Angehörigen dieses Standes.

Kurze Zeit nachdem dieser Befehl überall im Land bekanntgegeben worden war, sah man einen jungen Brahmanen mit einem leeren Wasserkrug durch die Straßen laufen, wobei er ihn so vorsichtig zwischen beiden Händen trug, als sei es bis zum Rand mit Wasser gefüllt. Es schien, als wolle er damit den Eindruck erwecken, dass er seinen Körper bereits gereinigt habe. Als die Leute entdeckten, dass sein Krug völlig leer war, lief sogleich eine Frau herbei und wollte das Gefäß mit Wasser füllen. Doch der junge Mann wehrte ab und schüttete das Wasser, das man ihm in seinen Krug füllen wollte, einfach auf die Erde. »Der König selbst soll sich von meiner Reinheit überzeugen, nur er hat das Recht mich zu tadeln«, rief er im Brustton tiefster Überzeugung und blickte mit hochgezogener Nasenspitze über die Köpfe der Menschen hinweg, die sich in diesem Moment alle um ihn herum versammelt hatten.

Von dieser so kühn zur Schau gestellten Selbstgewissheit ließen sich die Leute tatsächlich einschüchtern. Niemand wagte es, dem König von diesem hagestolzen jungen Burschen zu berichten. Auf diese Weise konnte er sich auch in Zukunft vor den regelmäßigen Reinigungsritualen drücken und zugleich die Strafe der Zwangsarbeit meiden. Da es ihm selbst offensichtlich wohlbehagte, erfreute er sich weiterhin am Geruch seiner eigenen Unreinheit.

Kommentierungen

Glaubt nicht einem jeden, bloß weil er sein Haupt kahl geschoren hat und sich in ein gelbes Mönchsgewand kleidet. Die innere Reinheit ist das Einzige, was zählt.

Wer stets achtsam ist, lässt sich nicht täuschen.

Wer andere hinters Licht führt, betrügt dabei stets auch sich selbst.

Rechtes Handeln, rechte Rede und rechte Betrachtung sind die drei Grundpfeiler, an denen wir den aufrechten Pfadgänger erkennen.

Ein Kommentator will den Sinn mit einer anderer kleinen Episode aufzeigen: An einem heißen Tag waren die Mönche zur Mittagszeit aus der stickigen Tempelhalle geflohen und hatten sich im kühlen Schatten der alten Gingkobäume neben der Klostermauer zur Meditation niedergelassen. Während der Wind sanft über die Gräser strich, traten die Edlen in die Stille ein. Plötzlich tauchte am blauen Himmel ein Adler auf, der einem jungen Kaninchen nachsetzte, das wilde Haken schlagend um sein Leben rannte. In seiner Panik sah das Tier keinen anderen Ausweg und sprang zwischen die Reihen der Meditierenden. Dort versteckte es sich schnell unter der Kutte eines Mönchs. Doch der Adler gab nicht auf. Wutschnaubend setzte er sich auf die Schultern des Meditationsmeisters, der auf einem erhöhten Platz ganz vorne saß, von wo man die Reihen alle überblicken konnte. Von dort hielt der Räuber nach seiner Beute Ausschau. Allerdings konnte er den kleinen Hasen nirgendwo entdecken. Dem alten Mönch war nicht entgangen, was geschehen war und dass sich ein großer Vogel auf seinem Körper niedergelassen hatte. Aber er reagierte nicht. Er blinzelte nur einmal kurz mit seinen Augen und kehrte dann in die Versenkung zurück. Erst als am Abend die Dunkelheit hereinbrach, flog der erfolglose Jäger wieder fort. Bald darauf beendeten auch die Mönche ihre Übung und wollten nun wieder in ihre Klausen zurückkehren. Während sie sich langsam von ihren Plätzen erhoben, sah man das kleine Häslein glücklich ins Tal davonhoppeln. »Warum habt Ihr das arme Tier solange der Gefahr ausgesetzt und den Adler nicht gleich fortgescheucht?«, wollte ein junger Novize von dem alten Meister wissen.

Das Kamel und der Getreidekasten

Ein Kamel steckte seinen Kopf einmal in einen engen Vorratskasten, nachdem es auf dessen Boden ein wenig Getreide erblickt hatte. Als es mit seiner Zunge die leckeren Körner aufschlecken wollte, verdrehte es dabei unabsichtlich seinen Hals mit dem Ergebnis, dass sich der Kopf in dem schmalen Holzrahmen völlig verklemmte. Das Tier war nun nicht mehr in der Lage, sein Haupt aus eigener Kraft zurück ins Freie zu ziehen. Der Kamelbesitzer ärgerte sich mächtig, als er sah, was geschehen war. Nicht nur das weggefressene Getreide erregte sein Missbehagen, auch konnte er das Kamel an diesem Tag nicht als Zugtier einsetzen. So sehr er auch zerrte und zog, der Kamelschädel klemmte im Kasten fest. Je mehr er sich dabei mühte, desto wütender wurde nun auch das Kamel. Wild schlug es mit seinen Hufen in alle Richtungen aus und bäumte sich derart unbändig auf, dass der Mann es fast nicht mehr im Zaum halten konnte. Ein älterer Herr hatte die ganze Sache mit angesehen und sprach: »Reg dich nicht auf, für dieses Problem gibt es eine gute Lösung: Schlag dem Tier einfach den Kopf ab, dann lässt er sich ganz leicht herausziehen. Später brauchst du ihn nur einfach wieder auf den Hals draufsetzen.« Genau das machte der einfältige Kamelbesitzer dann auch und brachte sich so selbst um sein kostbares Tragtier.

Kommentierungen

Der Erleuchtungssucher muss alles Schlechte meiden. Eine einzige böse Tat zerstört unzählige Tugenden.

Wer nur nach Ruhm und Vorteil, nach Nahrungsfreuden und sinnlicher Berauschung strebt, oder der Trägheit verfallen ist, kann Klarheit und innere Ruhe nicht bewahren. Ein solcher Mensch verfehlt das Ziel.

Ein Fisch kann mit der Pfote eines Bären keine Freundschaft schließen. Erkennt, was unvereinbar ist.

Sinnt gründlich nach und prüft sie sorgfältig, bevor ihr die Ratschläge anderer in die Tat umsetzt.

Das Leben ist ein langer und beschwerlicher Weg. Ständig trefft ihr auf Kreuzungspunkte, wo ihr entscheiden müsst, in welche Richtung die Reise gehen soll. Sinnt dabei stets tief und gründlich nach.

Ein Kommentator erklärt dieses Gleichnis anhand einer anderen Geschichte: Der Eremit Zhi Cong (»Der durch Hören Verständnis Erlangende«) verbrachte zehn Jahre in strenger asketischer Übung unterhalb der majestätischen Zhurong-Gipfel. Nach dieser langen Zeit glaubte er, dass er nun die Staubwelt endgültig überwunden habe. Furchtlos wollte er daher eines Morgens erstmals wieder ins Tal hinabsteigen. Auf dem steilen Pfad begegnete ihm ein Mädchen von ungewöhnlicher und zuvor nie erblickter Schönheit. Sie trug den Namen Hong Lian (»Roter Lotos«) und in Zhi Cong flammte augenblicklich wildes Fühlen auf, das er nicht mehr bändigen konnte. Beide warfen sich lodernde Blicke zu und waren kurz darauf im Gebüsch verschwunden, wo sie sich die Kleider vom Leib rissen und sich hemmungslos ihren Trieben hingaben. Am folgenden Tag sah man die Leichen der beiden auf einem kleinen Teich im dunklen Wasser treiben. Einer der Bergbewohner, der beide gut kannte, schrieb bei diesem Anblick einen Stegreifvers nieder:

Zhi Cong, der Edle, ging lange Zeit den Pfad der Berge
Zehn Jahre unablässig im Schatten des Zhurong-Gipfels
In seinen Lenden reifte stetig der Nektar der Erleuchtung
An roten Lotosblättern floss er dahin und versiegte

Ein anderer Kommentator will das Gleichnis vom Kamel und dem Getreidekasten anhand einer anderen Geschichte erklären: Der Mönch San Yuan wurde einmal aus Gründen, die im Einzelnen nicht überliefert sind, von einer Räuberbande gefangen genommen. Die Banditen fesselten ihn an Händen und Füßen, verbanden seine Augen, steckten einen Knebel in seinen Mund und warfen ihn in ein dunkles Verlies. Dort versuchte er vergeblich, sich von den Stricken zu befreien, die seine Arme und Beine fest und über ihre ganze Länge zusammenschnürten. Als er schon fast aufgeben wollte und einen Augenblick innehielt, um sich zu sammeln, da hörte er plötzlich fremde Atemgeräusche, die aus diesem Raum kommen mussten. Neugierig kroch er wie eine Raupe langsam in allen Richtungen den Boden entlang. Und tatsächlich! Plötzlich spürte er einen anderen warmen Körper. Da war ihm sofort klar, dass hier noch ein weiterer, gefesselter und geknebelter Mensch gefangen gehalten wird. Ohne lange nachzudenken drehte er sich nun so, dass er mit seinen auf dem Rücken zusammengebundenen Händen an die Fesseln des anderen gelangen konnte. Was er bei sich selbst nicht vermochte, konnte er nun unter größter Anstrengung und mit viel Geschick für den anderen tun. Mit dem wenigen Spielraum, der seinen Fingerspitzen noch verblieben war, gelang es ihm schließlich, die verknoteten Seile zu öffnen, die Hände und Arme des zweiten Opfers zusammenschnürten. Kaum konnte der andere

Mann sich wieder frei bewegen, öffnete er sogleich San Yuans Fesseln. So gelang beiden gemeinsam die Flucht aus der Gewalt der Räuber.

Der Bauer und die Königstochter

Ein Landmann kam eines Tages in die Hauptstadt des Landes. Dort erblickte er unerwartet die Königstochter, wie sie im sanften Licht der Morgensonne in ihrem fein bestickten, diamantenbesetzten Kleid und geleitet von zwei Hofdamen durch die Straßen schritt. Niemals zuvor war er eines solchen Anblicks teilhaftig geworden. Von dieser Stunde an kreiste sein Denken um nichts anderes als die schöne junge Prinzessin. Sie stieg in seinen Gedanken auf, wenn er pflügte und säte; sie erschien ihm in den Nächten, in denen er sich fortan nur noch unruhig und schlaflos in seinem Bett wälzte. In kurzer Zeit wurde er krank vor Sehnsucht nach diesem Mädchen, das in einem einzigen flüchtigen Augenblick sein Herz verzaubert hatte. Aus Liebeskummer konnte er bald nicht mehr richtig essen, all seine Lebenskräfte drohten zu versiegen. Nach einigen Wochen war sein Körper völlig erschöpft und kraftlos, die einst frische, vom Sonnenlicht gegerbte Haut matt und fahl geworden. Doch sprach er mit niemandem über seine Seelenqual. Erst als sein Vater und seine Mutter ihn mehrmals hartnäckig bedrängten, erzählte er schließlich, was in der Stadt vorgefallen war und seinen Geist seither völlig einnahm. »Ich sah in der Wirklichkeit, was ich mir in meinen kühnsten Träumen nicht vorzustellen wagte: solch eine Schönheit«, erklärte der Bauernsohn, seufzte und sprach: »Ich bin besessen von dieser wunderbaren Frau und spüre, dass ich sterben muss, wenn ich nicht mit ihr zusammen sein kann.«

Die Familie dachte viele Stunden gemeinsam nach, wie man dem armen Burschen wohl helfen könne. Schließlich hatte jemand eine listige Idee, um seinen Liebeswahn zu heilen. Alle machten bei diesem Spiel mit: »Wir waren im Palast und haben vorgetragen, was du empfindest«, erklärte sein ältester Bruder dem Landmann am folgenden Abend und sprach: »Lass dir nun berichten, was dort geschah: Man hat die Prinzessin gerufen und sie hat unseren Worten aufmerksam gelauscht. Doch dann hat sie sofort und mit abfälliger Miene erklärt, dass sie kein Interesse an einem einfachen Bauern wie dir habe.« Der junge Mann war für einen Augenblick von unfassbarem Entsetzen gepackt. Doch als ihm die Anwesenden alle sagten, dass, wenn er nur einfach die Tatsachen zur Kenntnis nehme, alle Probleme augenblicklich gelöst seien, da musste er plötzlich über seine eigene Torheit aus vollem Halse laut loslachen. Von dieser Stunde an war er wieder völlig geheilt.

Kommentierung

Wer nach Höherem strebt, sich aber nicht um die Mehrung seines Wissens bemüht, der handelt wie ein völlig unerfahrener Bauer, der zu allen Zeiten des Jahres sät, weil er die Unterschiede zwischen Frühling, Sommer, Herbst und Winter nicht kennt. Ein solcher wird schwerlich gute Ernten einbringen.

Wer in seinen Träumen dem großen Glück nachjagt, wird es dort kaum finden.

Eine träge Kröte mag ihr Leben lang davon träumen, vom Fleisch eines Schwanes zu fressen, aber ihr Wunsch wird niemals Wirklichkeit.

Wer glaubt, dass der Himmel sich eines Tages nur für ihn öffnet, frönt leeren und sinnlosen Träumereien.

Begierde hält den Geist gefangen. Nur Zufriedenheit schafft bleibende Freude.

Wer nicht gesät hat, wie sollte er ernten können?

Das Melken eines Esels

Im fernen nördlichen Grenzgebiet eines Reiches lebte einmal eine Gruppe von Soldaten. Die Männer, die dort ihren Dienst verrichteten, stammten allesamt aus dieser abgelegenen Gegend, kaum einer von ihnen kannte von der Welt mehr als seine eigene Heimat. Eines Tages kam ein Reisender mit einem männlichen Esel vorbei. Keiner der Soldaten hatte je ein solches Tier mit eigenen Augen gesehen. Während der Eselstreiber in einer Herberge nach einem reichhaltigen Mal fest schlief, musterten sie das seltsame Geschöpf von allen Seiten. »Es ist wohl keine richtige Kuh, doch irgendwo muss die Milch doch herauskommen«, erklärte schließlich einer dieser Einfallspinsel und meinte: »Lasst uns einmal schauen, wie dieses Tier zu melken ist!« Dann machten sich die Soldaten an dem armen Esel zu schaffen. Der erste zog an seinen Ohren, der zweite an seinem Schwanz, der dritte an seiner Schnauze, der vierte an seinen Füßen und der fünfte an seinem Geschlechtsteil. Letzterer meinte schließlich bekommen zu haben, wonach er suchte. Doch keiner konnte sich so recht daran erfreuen. So schoben sich die Männer gegenseitig die Schuld zu. In der Nähe standen ein paar ältere Leute, die über diese Torheit lauthals loslachen mussten.

Kommentierungen

Mit falschen Ansichten kann man arg in die Irre gehen.

Geht mit offenen Augen durch die Welt. Wer von seinen alten Vorstellungen nicht lassen kann, bleibt blind für das Neue. Als Erstes muss sich stets der Geist öffnen.

Hört mit dem Herzen, so werdet ihr Verständnis erlangen.

Wenn fünf Blinde einen Elefanten betasten, versteht ihn jeder nur auf seine Weise, aber keiner richtig.

Der vorschnelle Aufbruchs eines Sohnes

Am Abend saß einmal eine Kaufmannsfamilie gemeinsam zu Tisch. Bei dieser Gelegenheit erklärte der Vater seinem jungen Sprössling, dass er am anderen Morgen in eine weiter entfernt liegende Kreisstadt aufbrechen wolle, um dort noch ausstehende Schulden einzutreiben. Dabei sollte ihn der Sohn begleiten. Doch dieser dachte sich in der Nacht: »Das könnte ich doch genauso gut auch alleine machen.« So brach er bereits vor Sonnenaufgang in die abgelegene Gegend auf, ohne seinen Vater davon in Kenntnis zu setzen. An diesem Tag lief bei ihm alles schief. Zunächst hatte er die Entfernung gründlich unterschätzt und daher nicht genug Marschverpflegung mitgenommen. Dann hatte er zu allem Unglück auch noch vergessen, Geld einzustecken, um unterwegs etwas kaufen zu können. Weil er den Weg nicht genau kannte, verlief er sich am Ende auch noch. Als er schließlich die Kreisstadt erreichte, war die Dunkelheit schon lange hereingebrochen. Die Häuser der Schuldner waren alle verschlossen, und niemand öffnete ihm. Unverrichteter Dinge musste er daher in später Nacht wieder allein nach Hause zurückkehren. Sein Vater schallt ihn heftig und die Nachbarn lachten über so viel Torheit.

Kommentierungen

Um eine Sache gut zu machen, muss man vor Beginn gründlich überlegen, was und wie es zu tun ist. Blinder Eifer schadet nur.

Ohne kluge Methoden ist der Erfolg in weiter Ferne.

Der Wissende versteht, dass die Sonne immer da ist, auch dann, wenn dunkle Wolken den Himmel verhüllen.

Wer der Lehre des Erhabenen folgen will, sollte nach einem geeigneten Meister Ausschau halten. Um den Pfad auf richtige Weise zu gehen, ist Anleitung sehr wichtig, sonst bleibt ihr leicht im Dunkeln gefangen und es gibt kein Erwachen.

Im Park »Frei von allen Sorgen«

Vor langer Zeit lebte einmal ein König, der hinter seinem Palast einen kleinen Park hatte anlegen lassen. Wunderschöne alte Bäume wuchsen dort, die einen smaragdblauen Badeteich umsäumten. »Frei von allen Sorgen« nannte der Hofstaat dieses kleine Refugium, das der Herrscher in seinen Mußestunden regelmäßig aussuchte, um sich auszuruhen oder zu vergnügen. Eines Morgens deutete er auf eine Ansammlung von kleinen Teetischchen[14] aus Holz und sprach zu seinem Kanzler: »Nimm diese hölzernen Tischlein und bring sie für mich in den Park.« Der Kanzler fühlte sich zutiefst gedemütigt, als er diese Aufforderung vernahm, denn er empfand es unter seiner Würde, irgendeine Art von körperlicher Arbeit zu verrichten. Da er nicht wusste, was er nun tun sollte, sann er erst einige Augenblicke nach und sprach dann mit ruhiger Stimme zu seinem Herrscher: »Majestät, bitte versteht mich: Die Tische mit meinen Händen zu tragen, ist unter meiner Kanzlerehre. Einen Befehl von Euch nicht zu befolgen, würde ich natürlich niemals wagen. Daher bitte ich Euch inständig, fordert die Diener auf, diese Tischchen auf meine beiden Schultern zu packen. Auf diese Weise gehorche ich Eurem Willen und bewahre zugleich meine Ehre.«

Der König hatte keine Einwände so zu verfahren. Kurz darauf sah man den Kanzler mit Türmchen aus insgesamt sechsunddreißig kleinen Teetischen auf seinen beiden Schultern in Richtung des königlichen Parks balancieren. Alle am Hofe lachten laut, die diesen mühseligen Kraftakt mit ansehen mussten.

Kommentierungen

Nach den frühbuddhistischsten Texten besteht der menschliche Körper aus sechsunddreißig grundlegenden Bestandteilen.[15] Alle sind sie eklig wie Haare, Nägel und Zähne, wie Blut, Schleim und Rotz, Gelenkschmiere oder Kot und Urin. Ihr müsst mit ihnen leben, haftet nicht an ihnen. Meditiert in rechter Weise über die Widerwärtigkeit des Leibes, auf dass ihr ihm nicht verfallt und als Ergebnis leiden müsst.

Durch Erklärungen allein kann man die Wirklichkeit nicht verändern.

---

[14] In einigen Fassungen ist von kleinen Hockern statt Teetischchen die Rede.

[15] Einige Lehrreden des Dīghanikāya sprechen auch von einunddreißig oder zweiunddreißig Bestandteilen.

Ein aufgedunsenes Gesicht ist nicht dasselbe wie das Antlitz eines glücklichen Dickerchens.

Ein Kommentator verweist auf eine kleine Anekdote zur Erklärung: Ein Novize fragte einmal einen alten Meister »Wie kann ich die Erleuchtung erlangen?« Der Meister antwortete mit einer kleinen Geschichte: Ein Fuhrmann besaß zwei Pferde, die sehr verschieden waren. Eines Tages wurde ihm der Unterschied zwischen seinen beiden Tieren extrem deutlich. An diesem Tag hatte er eine schwere Fracht über eine ganze Tagesstrecke zu transportieren. Er verteilte die Lasten auf zwei Wagen und spannte dann vor jeden eines seiner Zugtiere. Das erste Pferd zog den Wagen schnell und voller Kraft, das zweite hingegen war missmutig und bewegte sich nur langsam vorwärts. Während das erste Tier fast von ganz allein seines Weges zog, musste das zweite ständig angetrieben werden. Schon nach kurzer Zeit war dieses träge Ross müde und machte keinerlei Anstalten mehr, das schwere Gefährt auch nur noch einen Meter vorwärts zu bewegen. Weil die Fracht noch am Abend am Ziel sein musste, blieb dem Händler keine andere Wahl: Er packte die gesamte Ladung auf den ersten Wagen. Nun musste das fleißige Tier eine doppelt schwere Last ziehen. Doch auch dies gelang ihm, wenngleich es nun allergrößte Mühe aufzuwenden hatte. Das zweite Ross trabte derweil unbeschwert hinterher. Nach einer Weile rief es dem vorderen Tier zu: »Oh, wie dich unser Herr quält. Du hast es wirklich schwer und tust mir furchtbar leid!« Als der Fuhrmann mit seinen beiden Zugpferden wieder nach Hause zurückgekehrt war, kam er ins Nachsinnen. »Ich kann es mir nicht leisten, in meinem Gewerbe einen nutzlosen Fresser durchzufüttern«, sagte er sich noch am gleichen Abend. Am anderen Morgen führte er das träge und widerborstige Pferd zu einem Metzger und ließ es dort töten. »So bringt mir wenigstens seine Lederhaut noch etwas ein«, erklärte er den Leuten, die von ihm wissen wollten, warum er denn das noch junge Ross schlachten lasse.

Das Einlaufmittel

Ein Mann ging einmal zu einem Arzt, weil ihn plötzlich heftige Schmerzen im Unterleib plagten. Der Heilkundige meinte, dass in seinem Fall ein Einlauf schnelle Abhilfe schaffen könne. So zerstieß er mit einem Mörser Salz und Seifenstücke sowie einige Kräuter zu einem feinen Pulver, fügte Wasser hinzu und stellte die Schale mit dieser Zubereitung dann zu Füßen des Mannes ab. Anschließend forderte er den Patienten auf, ein paar Minuten zu warten; er müsse zunächst seine Instrumente holen, anschließend werde er mit der Behandlung beginnen. Der Mann hatte jedoch nicht richtig zugehört und auch gar keine Ahnung, was ein Einlauf überhaupt ist. Kaum war der Arzt außer Sichtweite, griff er sich das Gefäß, betrachtete und beschnupperte den Inhalt und trank dann von dem übel schmeckenden Zeug. Unter mehrfachem Schlucken und heftigem Würgen wanderte so alles nach und nach in seinen Magen hinab. Ehe der Mann sich versah, schwoll sein Bauch von einer Minute zur anderen unförmig an. Heftige Schmerzen peitschten durch seinen ganzen Leib. Plötzlich war er nicht mehr Herr über seinen Körper. Unvermittelt stürzte er vom Stuhl, auf dem er saß, und krümmte sich am Boden liegend unter heftigen Krämpfen.

Als der Arzt kurze Zeit später wieder zurückkam, konnte der arme Kerl nur noch mit stammelnden Worten erklären, was vorgefallen war. »So einen Trottel hatte ich noch nie hier«, schimpfte der Mediziner. Dann verabreichte er ihm ein starkes Brechmittel. Nachdem der Mann alles wieder herausgewürgt hatte, fühlte er sich sogleich besser. Bald darauf war er wieder vollständig genesen.

Kommentierungen

Die Kunst der Versenkung kennt viele Techniken und Methoden. Doch ohne die Unterstützung eines weisen Meisters begeht man leicht Fehler, die großen Schaden nach sich ziehen können.

Richtiges Handeln ergibt sich aus einem Verständnis der Dinge, das ihre Soheit erkennt.

Der Weise weiß um seine Beschränktheit. Ein Wissender hat daher keine Scheu, zuzugeben, wenn er von etwas nichts versteht; auch daran erkennt man seine Weisheit. Ein Unwissender, der mit seiner vermeintlichen Gelehrsamkeit prahlt, beweist damit genau das Gegenteil.

Die Gelübde einhalten ist gleich der Pflege einer kostbaren Perle, nur stets gehegt und gepflegt, bleibt sie strahlend hell und rein.

Ein Kommentator erzählt diese Geschichte zur Illustration: Vor dem Fenster eines alten Abtes wuchs einmal ein Zitrusbaum, dessen fünfgliedrige gelbe Früchte in China den Namen »Buddhafinger« tragen. Zu allen vier Zeiten eines Jahres trug dieser Baum grüne Blätter. Wenn im Spätsommer die fingerförmigen Zitronen reiften, erfüllte jedes Mal über viele Wochen ein feiner und frischer Duft die Klause und auch alle umliegenden Räume, deren Fenster sich in Richtung des Baumes öffneten. Wer zu dieser Zeit den Abt besuchte, war stets sehr angetan von dem wunderbaren Aroma, das dort die Nasenlöcher streifte. Alle beneideten den Meister um diesen einzigartigen Baum vor seinem Fenster. Da entstand bei dem alten Mann der Wunsch, den anderen Mönchen diese Freude regelmäßig zuteilwerden zu lassen. So zog er im Frühjahr eines Jahres in kleinen Schälchen ein paar Dutzend Ableger von dem Zitrusbaum. Im Sommer verteilte er dann diese kostbaren Gaben unter den Klosterbewohnern. Nachdem ein Jahr vergangen war, wollte er sich einmal ansehen, was aus den winzigen Bäumlein geworden war. Beim Gang durch die Klausen entdeckte er nun, dass ein Teil der Mönche die kleinen Kostbarkeiten sorgsam gepflegt und regelmäßig gegossen hatte. Diese Stecklinge waren gut angewachsen und trugen üppiges, sattgrünes Laub. Ein anderer Teil der Mönche jedoch hatte die Gabe des Abtes zwar entgegengenommen, es an der richtigen Pflege allerdings mangeln lassen. Durch die Trägheit und Unwissenheit dieser Männer waren die kleinen Bäumchen verkümmert und viele bereits eingegangen.

Der Angriff durch einen Bären

Am Abend eines Tages ging ein Vater mit seinem kleinen Sohn einmal vor Anbruch der Dämmerung durch einen Wald. Als sie auf einer Lichtung Rast machten, wurde der Vater plötzlich ein wenig müde. So legte sich der Mann ins hohe Gras und machte ein Nickerchen, denn er hatte den ganzen Tag über hart gearbeitet. Der Sohn aber war noch quicklebendig und durchstreifte, während der Vater schlief, neugierig das Unterholz in der Nähe. Dabei störte er unabsichtlich einen Bären, der dort im dichten Moos seinen Ruheplatz hatte. Das Tier fühlte sich bedroht, stürzte sich in einer schnellen Attacke auf den Eindringling und ließ ihn kurz mit seinen scharfen Zähnen und Klauen Bekanntschaft machen. Schnell ließ der Bär aber wieder von dem Kind ab und trottete missmutig davon. Mit verkratzter Haut und einer blutenden Wunde rannte der Sohn so schnell er konnte zu seinem Vater zurück. »Was ist geschehen?«, fragte dieser entsetzt, als ihn sein übel zugerichteter Sprössling aus dem Schlaf schreckte. »Ein langhaariges Monster hat sich plötzlich auf mich gestürzt und furchtbar gebissen«, erklärte der Junge, der zuvor noch nie einen Bären gesehen hatte. Wütend griff der Vater zu Pfeil und Bogen und rannte in eben die Richtung, aus der sein Sohn gekommen war, weil er den Übeltäter noch erwischen wollte. Der Bär war jedoch längst verschwunden. Stattdessen sah der Vater nach einiger Suche einen Waldasketen zwischen den Bäumen umherwandeln, dessen Haartracht lang und zerzaust über seinen Rücken herunterhing. Diesen in der inzwischen hereingebrochenen Dunkelheit für den Übeltäter haltend, zog der Mann einen Pfeil aus seinem Köcher und legte sogleich auf den heiligen Mann an. Da erschien plötzlich wie aus dem Nichts ein himmlisches Wesen neben ihm und sprach: »Was hat Euch dieser Edle getan, dass Ihr ihn töten wollt? Sucht lieber den wahren Schuldigen!«

Kommentierungen

Das Wahre vom Falschen zu unterscheiden ist oft nicht einfach, man muss schon sehr genau hinschauen, um eine Perle in einem Berg von Fischaugen zu entdecken.

Ein Mönch, der die Robe trägt und Schlechtes tut, ist der größte Schaden für die Gemeinschaft der Edlen und Rechtschaffenen.

Vergesst nicht, dass ihr eine Verantwortung tragt für alles, was ihr tut. Handelt daher niemals unüberlegt. Manchmal wird ein Robenträger beleidigt oder jemand tut ihm etwas an. Bei einem aufrichtig der Lehre Folgenden soll auch in solcher Lage keinerlei Wut aufkommen. Geschieht es dennoch, so darf er sie weder an dem Schädiger noch an anderen auslassen.

Wie man ein Feld richtig bebaut

Ein Bauer besuchte einmal einen Nachbarhof. Als er die üppigen Weizenfelder dort sah, geriet er ins Staunen, denn das Getreide gedieh dort viel besser als auf seinem eigenen Acker. »Wie machst du es bloß, dass die Weizenhalme bei dir so schwere Ähren tragen?«, erkundigte er sich neugierig bei seinem Nachbarn. »Zuerst bereite ich sorgfältig den Boden, vor allem mache ich den Grund völlig eben, dann trage ich den Mist aus meinen Ställen auf die Erde, bringe die Saat aus, und den Rest macht die Natur von ganz allein«, klärte ihn der andere Landmann bereitwillig auf. Schließlich fügte er noch hinzu: »Wenn du meinen Hinweisen folgen willst, gib außerdem gut Acht, dass du nicht zu viel auf deinem Land herumtrampelst, denn dadurch wird der Boden hart und das kann alle deine Bemühungen schnell völlig zunichtemachen.«

Der Bauer nahm sich diese Ratschläge zu Herzen. Im folgenden Frühjahr pflügte er ebenfalls mit größter Sorgfalt seinen großen Acker und eggte den Boden so flach er nur konnte. Als er anschließend den Stalldung aufbringen und dann die Saat aussäen wollte, erinnerte er sich, was der wohlmeinende Freund über das Betreten des Feldes gesagt hatte. Er dachte eine Zeit lang nach, dann kam ihm, wie er fand, eine großartige Idee: »Ich werde jetzt keinen einzigen Fuß mehr auf meine Erde setzen, sondern den Mist und die Saat im Liegen auf den Acker verbringen.« Wie sollte das geschehen? Der Bauer legte sich auf sein Bett und ließ vier seiner Knechte kommen. Jeder musste nun das Bett an einem der Pfosten aufnehmen und das darauf liegende Bäuerlein so über sein Land tragen. Dabei streute der Mann erst den Dung und später die Weizenkörner aus. Als die anderen Bauern nach einiger Zeit diesen merkwürdigen Aufzug erblickten, liefen sie alle herbei und wollten von dem Landmann wissen, was er denn dort Merkwürdiges treibe. »Ja, seht nur hin« rief er den Leuten zu, »keiner meiner beiden Füße tritt die Erde platt, so werde ich eine reiche Ernte einbringen.« Ungläubig blickten die Menschen einander an. »Keiner deiner eigenen Füße, aber dafür acht andere«, rief ihm ein schlauer junger Bursche zu. Alle mussten laut loslachen.

Kommentierungen

Tut Gutes auf rechte Weise, so wird euer Handeln reiche Frucht tragen. Folge der Lehre, indem du nach ihr lebst, also durch dein eigenes

Tun. Erfasse den wahren Sinn der Gebote und halte sie ein; so wirst du gesegnet sein, was auch immer geschieht.

Ein Kommentator deutet das Gleichnis als Hinweis auf falsches bzw. richtiges Streben nach den sechs Paramitas. Als Paramitas (chin.: Shidizhu, Shifazhu, Shixinzhu oder Boluomi) werden die buddhistischen Vollkommenheiten oder transzendentalen Tugenden bezeichnet, die durch beharrliche Übung täglich zu kultivieren sind: Großzügigkeit (*dana*), Einhaltung der Gelübde (*shila*), Geduld (*kshanti*), Entschlossenheit (*virya*), Versenkung (*dhyana*) und Weisheit (*prajna*).

Die Weisheit anderer Menschen ist nur von Nutzen für euch, wenn ihr sie im Leben richtig anzuwenden versteht.

Viele wollen hoch hinaus, doch am Ende scheitern sie an ihrem eigenen Ehrgeiz, gleich einem Maler, der einen Tiger zeichnen will, aber am Ende nur einen Hund zustande bringt.

Ein weiterer Kommentator erzählt eine kleine Episode, die den Sinn verdeutlichen soll: In den Zeiten der Song-Dynastie lebte in einem kleinen, abgelegenen Tempel in den Lu-Bergen einst ein Mönch, den seine Glaubensbrüder alle respektvoll »Obermönch« nannten. Dieser Buddhajünger war von edler Bescheidenheit. Niemals sah man ihn in etwas anderes gekleidet als eine zerschlissene Flickenkutte, mit abgewetzten Strohsandalen an den Füßen und gestützt auf einen alten Bambusstab umherziehen. Als er einmal von einer Reise in die Stadt Jinjiang auf dem Heimweg war, brach plötzlich ein Unwetter herein. So kam es, dass er im großen und bekannten Ostwald-Tempel Zuflucht fand und nun übernachten musste, wo er sonst einfach vorbei gewandert wäre. Kun Rong, der dortige Klostervorsteher war von der würdevollen Erscheinung dieses plötzlichen Gastes tief beeindruckt. Da bot er ihm sogleich den Vorsitz in der Chan-Halle an, das bedeutete eine Einladung, dauerhaft in diesem großen und schönen Tempel zu leben. Doch der »Obermönch« lächelte auf dieses Ansinnen nur und sprach: »Wer für sich die Schlichtheit und das einfache Leben gewählt hat, der sollte darin tiefe Herzensfreude erfahren. Ich muss wohl etwas falsch gemacht haben, sonst würde mir heute nicht solch ein Angebot gemacht!« Kun Rong hatte jedoch nicht verstanden, was der Gast hatte zum Ausdruck bringen wollen, und redete auf sein Gegenüber weiter hartnäckig ein. So antwortete dieser schließlich mit einem Stegreifvers:

Glaubt nicht, ein abgelegener Tempel sei keine gute Stätte
Wenn auch mein Äußeres armselig erscheint
Ist mein Geist doch gestillt, erfüllt und glücklich
Nur Strohsandalen schützen meine Füße
Aber durchs Leben bewege ich mich wie auf Tigerpfoten
Auf meinen Stab gestützt gehe ich schweren Schrittes durchs Land
Doch fühle mich so flink und beweglich wie ein Drache
Meinen Durst stille ich an der Quelle von Cao[16]
Früchte der Dornensträucher sind meine Nahrung
Kopf und Stirn schon so hart wie Kupfer und Eisen
Allein in der Stille der Heimatberge
Wo sonst könnte ich dies alles finden?

Der Klostervorsteher war peinlich berührt, als er diese Worte vernahm, und bedrängte den Edlen danach nicht länger.

[16] Die »Quelle von Cao« steht als Metapher für den Chan-Meister Hui Neng und seine Lehre, weil in dessen Heimat einst ein Bächlein dieses Namens floss.

Der misshandelte kleine Affe

In den warmen und feuchten Wäldern des alten Indien lebten einst unzählige Affen, noch viel mehr als heute dort anzutreffen sind. Viele arme Leute, die keinerlei Mittel zum Lebensunterhalt hatten, durchstreiften damals den Dschungel und hielten nach kleinen Affenbabies Ausschau. Sobald sie ein Muttertier mit Nachwuchs entdeckt hatten, lockten sie den Affen in eine Falle oder töteten die Mutter mit einem Pfeil. Anschließend ergriffen sie das Junge und nahmen es zur Aufzucht mit in die Stadt. Dort wurde es mit Hunger und mit Stockschlägen dazu dressiert, allerlei bizarre Kunststückchen vorzuführen. Auf ihrem Vagabundenleben zogen diese Schausteller dann mit diesen Äffchen umher, um ihren Lebensunterhalt zu sichern. Ihrer Freiheit beraubt, führten die armen Tiere ein elendes Leben.

Eines Tages war so ein niedlicher junger Affe in die Hände eines brutalen Dompteurs geraten, der mit dem armen Tier bald auf Marktplätzen landauf und landab das Geld für sich und seine Familie verdiente. Mit einer Kette um den Hals musste der kleine Kerl vor entzückten Zuschauern virtuose Saltos schlagen und in bunte Stoffhöschen gekleidet auf zwei Beinen wie ein Mensch herumstolzieren. Am Ende der Vorstellung lief er dann mit einer Schale zwischen den winzigen Affenhändchen durch die Reihen der Dabeistehenden und sammelte Geldstücke ein, von denen die Schausteller ihr Dasein fristeten. Das arme Tier jedoch, das ihren Unterhalt sicherte, behandelten sie schlecht. Es bekam oft Prügel und nur eklige Abfälle zu essen.

Nach nichts sehnte sich der kleine Affe mehr als nach der Freiheit in den Wäldern. Wie gerne wäre er wieder mit seinen Gefährten zusammen gewesen und gemeinsam mit ihnen durch die Wipfel der hohen Bäume gesprungen. Doch die schwere Eisenkette um seinen Hals schien sein Schicksal besiegelt zu haben. Trotz allem Leid verblasste der Traum der Freiheit nicht. Je länger er in der Hand des grausamen Dompteurs lebte, desto mehr wuchs sein Hass und Widerwille gegen die Menschen.

An einem heißen Tag hatte er wieder einmal von morgens bis abends auf dem Marktplatz seine Kunststückchen vorführen müssen. Erschöpft und hungrig wartete er nun auf sein Futter. Doch weil die meisten der Leute diese Aufführung schon einmal gesehen hatten, waren am Ende des Tages nicht allzu viele Münzen zusammengekommen. Wütend über diese magere Ausbeute, schrie sein Herr ihn an: »Du nutzloses Vieh bist zu nichts zu gebrauchen, eigentlich sollte ich dich totschlagen! Zumindest kriegst du heute nichts zu fressen; von was sollte ich dich denn auch füttern, wenn du kein Geld reinbringst?« Dann band der Mann den wimmernden Affen an einem Türpfosten fest und nahm mit seiner Frau und seinem Sohn gemeinsam das Abendessen ein.

Das hungrige Tier hockte nun traurig in seiner Ecke und begann zu schluchzen. »Solch ein Leben ist das Schlimmste, was es gibt«, dachte es sich. »Ach, wäre ich doch bloß tot, dann müsste ich nicht länger hungern und hätte keine Schmerzen mehr.«

Der Affendompteur war grausam, doch sein kleiner Sohn hatte ein gutes Herz. Der Bub mochte den jungen Affen; sobald sein Vater fort war, steckte er ihm oft den einen oder anderen Leckerbissen zu. Wie er das Tier nun so jammernd auf dem Boden hocken sah, wollte er seinen kleinen Freund ein wenig trösten, beugte sich zu ihm hinab und sprach: »Sei nicht traurig und weine nicht. Mein Papa ist selten für lange Zeit böse, im Nu ist seine Wut auch wieder verflogen. Warte eine Weile, dann bringe ich dir wieder ein wenig zu essen. Bald ist wieder alles in Ordnung.«

Doch dieses Mal ließ sich der Affe nicht so leicht besänftigen. Seine Traurigkeit war längst verbissenem Groll gewichen. Als er nun diese Worte vernahm, da platzte eine schlimme, unbändige Wut aus seinem Bauch, eine Wut, die so lange unterdrückt worden war. Mit blitzenden Augen schaute er den Jungen an und zischte ihm entgegen: »Duuuuh gibst mir zu essen? – Oh, welch große Gnade! Vergiss dabei bloß nicht, dass alles, was auf eurem Tisch an Nahrung steht, allein durch mich verdient wurde.« Dann fauchte das Tier und sprang wie besessen hin und her. Der kleine Bub bekam es mit der Angst und lief fort.

Der Affe bleckte mit den Zähnen und lachte schrill. In diesem Augenblick fühlte er eine Genugtuung wie noch nie zuvor in seinem Leben. Plötzlich war die gerade noch so heftige Wut auf einmal wieder verschwunden.

Dieser arme kleine Affe ist bemitleidenswert, doch andere Schwache zu erschrecken, ist keine Lösung.

Kommentierungen

Ein Schwacher gewinnt nicht an Stärke, wenn er sich als Tiger verkleidet und im falschen Gewand die Leute erschreckt.

Der Mann schlägt im Zorn die Frau, die Frau das Kind und das Kind tritt nach der Katze – Hass und Wut treffen stets die Schwächsten.

Auch wer leidet, sollte andere nicht mit seinem Unmut und seiner Wut behelligen.

Wer imstande ist, Hass und inneren Groll zu überwinden, der macht schnell Fortschritte auf dem Pfad.

Bei einer Mondfinsternis bellen die Hunde laut

Der König eines mächtigen Reiches trat einmal kurz nach Mitternacht aus seinem Palast ins Freie, um sich an der frischen Luft zu erfreuen. In dieser Nacht schien der Mond hell vom Himmel.[17] Urplötzlich fühlte sich der König von dem hellen Schein gestört. Abwehrend hielt er daher beide Hände in Richtung der Mondscheibe, um seine Augen zu schützen. In der Nähe des Palastes standen ein paar Leute, die still lächelten, als sie den Herrscher auf diese Weise agieren sahen. »Manche Leute verprügeln ihre Hunde, weil sie bei einer Mondfinsternis laut bellen«, kommentierte ein weiser alter Mann diesen Vorgang und erklärte: »Solche Verwirrten glauben allen Ernstes, der Himmelshund sei der Schuldige, weil er die Mondscheibe gefressen habe.«

Kommentierungen

Die gewöhnliche, weltliche Sicht der Dinge missversteht oft die wirklichen Zusammenhänge. Erst wo das Wissen den Zweifel besiegt, gehen wir auf richtigem Wege.

Vor allen an drei Dingen leiden die Menschen: ihren Wünschen, ihrem Zorn und ihrer Unwissenheit. Auf dem Erlösungspfad gibt es Extreme. Manche gehen den Weg der Selbstkasteiung und schlafen nur auf Dornen, andere sind unwissend und werden dadurch zum Opfer ihrer eigenen Wünsche. Doch Unwissenheit und Selbstkasteiung führen beide nicht zur Erlösung.

Ein Kommentator präsentiert diese Geschichte: Der Mönch Di Shui fragte einst seinen Meister Yi Shan: »Was ist der Unterschied zwischen der reinen Weisheit und dem Zeichenlosen?« Anstatt zu antworten versetzte ihm Yi Shan einen Faustschlag und schrie ihn an: »Mach, dass du fortkommst!« Als er sich von dem Schock erholt hatte, dämmerte es Di Shui: »Wer nach Unterscheidungen sucht, bleibt an der Oberfläche der Wirklichkeit. Meister Yi hat mich mit brutaler Wucht auf mein ›Ich‹ gestoßen, allein damit ich das ›Nicht-Ich‹ erkennen kann.«

---

[17] Einige Textfassungen sprechen von einer Sonnenfinsternis; der König sei also während des Tages und nicht in der Nacht ins Freie getreten. Sein sinisierter Name wird mit Axiuluo angegeben und es heißt in einem Kommentar, dass er ein historischer Herrscher im alten Indien war und berüchtigt für sein eiferndes und kriegerisches Wesen.

Eine Frau will sich ihre Augen ausstechen

Eine Frau litt einmal an einer schlimmen Entzündung der Augen. Eines Morgens tat ihre Netzhaut so furchtbar weh, dass sie die Lider gar nicht mehr öffnen mochte. Den ganzen Tag jammerte sie nur noch und klagte unentwegt über schreckliche Schmerzen. Eine Nachbarin, die dieses Leiden mitbekam, sagte eines Morgens mit sorgenschwerer Miene zu den Leuten, die um sie standen und die kranke Frau bedauerten: »Ja, so ist das Leben, nur weil wir Augen haben, die sehen, können diese auch furchtbar wehtun. Ich aber will solche argen Schmerzen niemals ertragen müssen, daher, so hört meine Worte, will ich mir noch heute beide Augen ausstechen, sodass mir solche Krankheit in Zukunft niemals widerfahren kann.«

Einer der Dabeistehenden antwortete ihr und sprach: »Du hast wohl recht, dass die Augen sich von Zeit zu Zeit schmerzhaft entzünden können, doch wenn du dein Augenlicht verlierst, dann müsstest du fortan dein ganzes Leben ohne Unterlass und noch viel schlimmer leiden.«

Kommentierungen

Es sind schon Menschen an spitzen Knochen, Fischgräten oder anderer sperriger Nahrung erstickt, doch wer würde deswegen darauf verzichten, überhaupt noch etwas zu essen?

Niemand weiß, was die Zukunft bringt; doch wie ihr künftig leben werdet, hängt viel von eurem Denken und euren Handlungen ab.

Erwägt das Erwägbare und sorgt euch allein um das, was auch in eurer Macht steht zu verändern. Das ist schon Mühe genug.

Der mittlere Weg führt aus dem Leidensmeer, nicht aber die schmerzvolle Selbstkasteiung.

Bist du ein wohlhabender Mensch und gibst Almosen, so möge dir Glück widerfahren, aber du kannst dessen nicht sicher sein. Wenn du jedoch viel besitzt und mit anderen nicht zu teilen bereit bist, dann wirst du mit Gewissheit das schlechte Karma der Geizigen erleiden.

Eulen sind schlaue Vögel, bevor die Regenzeit hereinbricht, bessern sie regelmäßig ihre Nester aus.

Ein Kommentator erzählt eine Episode aus dem Leben eines Mönchs, um dieses Gleichnis zu verdeutlichen: Mu Zhou war ein erleuchteter Meister. Jeden Tag suchten ihn viele Leute auf, um von seiner Weisheit zu lernen. Eines Morgens kam ein Mann und sprach: »Jeden Tag müssen wir aufs Neue essen und trinken und uns um warme Kleidung sorgen.

Wie können wir dieser ständigen Last bloß entkommen?« – »Indem wir essen, trinken und uns bekleiden!«, gab Meister Mu zur Antwort. Der Fragesteller schüttelte ungläubig mit dem Kopf: »Wie könnte Nahrung und Kleidung uns vom Leid der Welt befreien?« – »Frierst du, so zieh dir etwas Warmes an; iss wenn du Hunger hast und trinke, so dich dürstet«, erklärte Mu Zhou brüsk und lachte dann laut.

Ein Mann schützt die Ohrringe seines Sohnes vor Räubern

Ein wohlhabender Mann befand sich mit seinem kleinen Sohn einmal auf einer Reise, die sie durch ein einsames Waldgebiet führte. Als sie gerade eine Lichtung durchquerten, stürzte aus dem umgebenden Dickicht plötzlich eine Gruppe von Räubern auf sie zu, um ihnen ihre Habseligkeiten wegzunehmen. Beide nahmen ihre Beine in die Hand und rannten fort, doch es war klar, dass die Verbrecher sie schnell einholen würden, denn der Bub war noch jung und kein guter Läufer. Ein paar Tage zuvor hatte der Vater seinem Sohn zwei kostbare goldene Ohrringe geschenkt, die dieser heute voller Stolz an beiden Seiten seines Hauptes trug. In panischer Angst um diese teuren Ringe versuchte der Vater jetzt, diese im Laufen schnell aus den Ohren herauszuziehen, was ihm aber nicht gelang. In Bruchteilen einer Sekunde vermischte sich seine Angst mit Wut und Geiz. Atemlos griff er zu seinem Messer und schnitt mit zwei kräftigen Bewegungen seinem Sohn beide Ohren ab. Schreiend stürzte der Junge zu Boden. Augenblicke später hatten die Verfolger beide gestellt. Der Anblick des blutenden Kopfes erschreckte die Räuber, schnell rafften sie zusammen, was sie fassen konnten und suchten dann schleunigst das Weite. Weil der Mann die Ohren seines Sohnes mit den Ringen daran in seine Tasche gesteckt hatte, blieben sie unentdeckt. Als die Angreifer fort waren, versuchte der Mann die abgetrennten Ohren wieder an ihre ursprüngliche Stelle zurückzustecken. Das konnte natürlich nicht gelingen. Die Leute, die später davon erfuhren, wussten nicht, ob sie über solche Torheit lachen oder weinen sollten.

Kommentierungen

Die Tugend bewahren ist wichtiger, als den eigenen Reichtum zu schützen.

Unter all den Dingen des Lebens solltet ihr vor allem das Wahre und Gute wertschätzen.

Was zählen schon die kleinen Verluste des täglichen Lebens? Belanglos und nichtig sind sie verglichen mit dem Ziel der Befreiung von der leidhaften Existenz.

Vielfältig sind die Irrlehren, gleich dem Gestrüpp und den Lianen des Dschungels, in denen man sich gar leicht verfängt oder den Weg verliert. So beispielsweise die Lehre, es gäbe nur diese Welt und keine andere oder die Vorstellung, dass nicht alles bedingt sei und vom Geist ausgehe.

Ein Kommentator präsentiert diese Geschichte zum Verständnis: In einer abgeschiedenen Bergklause lebte einmal ein alter Mönch mit seinem Novizen. Obwohl hochbetagt, war der Meister ein glücklicher Mensch, der trotz seiner Gebrechlichkeit gern und viel lachte und sich seines Lebens erfreute. Der junge Schüler wurde mit der Zeit ein wenig eifersüchtig auf den alten Mann, weil er selbst dem Leben nicht so fröhlich begegnen konnte.

»Meister, was ist das Geheimnis Eures Glücks?«, fragte er ihn daher eines Morgens. »Da gibt es kein Geheimnis«, antwortete dieser, »sieh doch nur wie die warmen Strahlen der Morgensonne auf mein Gesicht scheinen und zärtlich meine Wangen streicheln. Mir ist heute, als öffneten sich Frühlingsblüten, überall wo ich hinschaue.« Der Novize schaute den alten Mann verdutzt an und sprach: »Die Sonne scheint auf mein Gesicht genauso wie auf Eures. Warum nur empfinde ich nicht genauso wie Ihr?« – Der Meister sah ihm in die Augen und sprach: »Das ist, weil du das warme Sonnenlicht noch nicht gestreichelt hast ...«

Das Glück eines Räubers

In einer einsamen Berggegend lebte einmal eine Räuberbande, die regelmäßig Reisende überfiel, wenn diese den schmalen Pass überqueren wollten, der die zwei großen Gebirge des Landes voneinander trennte. An dieser Stelle war kein Entkommen möglich, da rechts und links des Weges schroffe Felswände in den Himmel ragten und die Räuber stets von vorne und hinten gleichzeitig angriffen. Eines Tages zog eine Händlerkarawane über die Passstraße und wurde so zum Opfer dieser gemeinen Wegelagerer. Wie immer nach solchen Raubzügen teilten die Banditen die Beute gemäß ihrer Rangordnung untereinander auf. Das heißt, die mächtigen Oberhäupter des Clans schnappten sich erst einmal die dicksten Brocken, über den Rest konnten dann die anderen entsprechend der Dauer ihrer Bandenzugehörigkeit verfügen. Einer dieser Räuber, ein dunkelhäutiger Bursche aus dem Süden, bekam stets den geringsten Teil ab. Jedes Mal ärgerte er sich maßlos über diese Benachteiligung allein wegen seiner Hautfarbe. Doch die anderen Übeltäter lachten nur und schenkten seinem Unmut keine weitere Beachtung.

Nach diesem Überfall zog er mit seinem Beuteanteil allein auf den Marktplatz der großen Stadt, die einen Tagesmarsch entfernt unten im Tal lag, wo er die Sachen verhökern und in klingende Münze umsetzen wollte. Zwar hatte er von dem Raubzug nur billige irdene Waren und ein paar abgewetzte kleine Teppiche abbekommen, da er jedoch ein guter Verkäufer und nicht maulfaul war, gelang es ihm, dafür sehr gute Preise zu erzielen. Weil ihm der clevere Bandit das verschlungene Muster eines der geraubten Teppiche mit wohlfeilen Worten richtig schmackhaft gemacht hatte, legte ein wohlhabender Kunde für das gute Stück mehr als das Fünffache der sonst üblichen Summe auf den Tisch. Auch viele andere Kunden waren seinem Verkaufsgeschick erlegen. Am Ende hatte der anfangs so benachteiligte Bursche weitaus mehr Geld in seinen Händen, als die Beute all der anderen Räuber zusammen wert war.

Kommentierungen

Auch wenn ihr glaubt, der Schaden sei gering, tut dennoch niemals etwas Schlechtes. Selbst wenn ihr keine Vorteile darin erblickt, lasst das Gute niemals ungetan.

Wer anderen gibt, soll nicht nach himmlischer Belohnung trachten, derjenige, der Almosen von anderen empfängt, soll dankbar sein, aber nicht aufmucken und meinen, dass ihm eigentlich viel mehr zustünde.

Je mehr ihr besitzt, desto größer eure Sorgen. Aus Gier tauchte ein Vogel seine Schwingen einst in flüssiges Gold. Doch als das edle Metall dann erkaltet war, hatte es ihn seiner Freiheit beraubt, denn er konnte sich nun nicht mehr in die Lüfte erheben und fortfliegen.

Das Leben ist unbeständig und Glück niemals dauerhaft. Glaubt bloß nicht, dass ihr immer auf Seiten der Sieger stehen werdet.

Wer kann schon wissen, was kein Glück ist? Dazu gibt es in China die bekannte Geschichte vom alten Sai Weng. Dem lebenserfahrenen Mann war einst ein Pferd zugelaufen. Als die Nachbarn kamen, um ihm zu diesem Glücksfall zu gratulieren, wies er die guten Wünsche gleich von sich und meinte, man werde noch sehen, ob es gut ist oder nicht. Nur drei Tage später war das Pferd wieder fortgelaufen. Als nun die Nachbarn kamen, um Sai Weng über den Verlust zu trösten, wollte er auch den Trost nicht akzeptieren und meinte bloß, man werde noch sehen, zu was es gut ist. Schon nach kurzer Zeit kam das Pferd erneut zu Sai Weng zurück und führte sogar noch ein zweites mit sich. Die erneuten Glückwünsche der Leute interessierten den alten Sai wiederum nicht. Einige Tage später ritt sein Sohn mit dem neuen Pferd aus. Beim Reiten stürzte er und brach sich ein Bein. Auf die Klagen der Leute erwiderte Sai Weng nur: »Wer weiß, wozu es gut ist.« Kurz darauf begann ein Krieg und alle jungen Männer zogen ins Feld, wo viele starben. Nur Sai Wengs Sohn blieb zu Hause. »Sai Weng verliert ein Pferd – wie wissen, was kein Glück ist«, zählt zu den geläufigsten chinesischen Sprichwörtern.

Die Welt ist groß. Tue Gutes, wo immer du auch bist, dann wandelst du auf dem Pfad überall; solches Handeln ist niemals vergeblich.

Alle Phänomene dieser Welt sind miteinander verbunden und frei von inhärenter Existenz. Die Wandelwelt ist voller Ränge und Unterschiede, aber im erleuchteten Zustand sind alle Wesen gleich.

Ein Kommentator zieht eine Geschichte zur Erklärung heran, die in verschiedenen Versionen in den Chan-Annalen zu finden ist: Der Mönch Fa Yan übte unablässig, doch er erreichte den Zustand der Erleuchtung nicht. Das bedrückte ihn sehr. So ging er eines Tages auf Mönchswanderschaft, in der Hoffnung, einen Meister zu treffen, der ihn in rechter Weise lehren könne. Er war so etwa eine Woche unterwegs, da brach plötzlich ein heftiges Gewitter herein, das dann in einen lang anhaltenden Regen überging. Zum Glück lag in der Nähe der Tempel von Meister Zhi Ke, wo er Zuflucht vor den Wetterunbilden fand. Der Meister wollte nun wissen, wohin es ihn eigentlich ziehe. Fa Yan antwortete, dass er eigentlich weder Ziel noch Richtung habe. »Gut so«, beschied ihm daraufhin Meister Zhi: »Folge dem Lauf des Wassers und den vorbeiziehenden Wolken, dann bist du stets auf dem richtigen Wege.« Als er diese Wort vernahm, wich mit einem Mal alle Anstrengung aus Fa Yans Geist. Augenblicklich kam eine große Gelassenheit über ihn. So kam er der Erleuchtung näher.

Die Äffin und ihre Erdnüsse

In der Abfallecke vor einem Haus entdeckte ein Affenweibchen einmal ein kleines Häuflein Erdnüsse. Mit beiden Händen grabschte sich das Tier die Nüsse und floh in den sicheren Wald, wo die Äffin ihre Beute genusslich zu verspeisen gedachte. Weil sie so gierig fraß, fielen ihr in der Hektik plötzlich zwei Erdnüsse aus den zusammengedrückten Handflächen und rollten den kleinen Abhang hinunter, an dessen Rand sich das Tier hingehockt hatte. Ärgerlich und nicht bereit, diesen Verlust hinzunehmen, legte die Äffin den kleinen Haufen, den sie fest mit ihren Händen umklammert hatte, nun auf der Erde ab und sprang eilends nach unten, um die beiden verlorenen Nüsse wieder einzusammeln. Kaum war sie die Schräge wieder hinaufgeklettert, musste sie allerdings voller Entsetzen feststellen, dass von ihren anderen Erdnüssen nur noch leere Hülsen herumlagen. Ein im Gebüsch sich versteckt gehaltenes Wildschwein und die Krähen auf den Bäumen ringsumher hatten auf solch eine Gelegenheit nur gewartet und im Nu alles restlos weggeputzt.

Kommentierungen

Das Kleine und das Große sind beide wichtig. Gebt das große Ziel der Befreiung nicht auf, doch starrt nicht unentwegt darauf, sodass ihr es am Ende verfehlt, da ihr die Möglichkeiten des gegenwärtigen Augenblicks nicht wahrnahmt.

Verlangt nicht zu viel vom Leben, sonst werdet ihr am Ende gar nichts bekommen. Wer den Gipfel des Berges erklimmen will, darf sich von den Lockungen der Ebene und der Seitenwege nicht von seinem Pfad abbringen lassen.

Seid niemals kleinlich, löst euer Streben unter keinen Umständen vom großen Ziel, der Erlösung.

Nichts existiert aus sich selbst heraus, alles, was es gibt, besteht immer nur in Verbindung zu etwas anderem. Etwas kann nur »groß« genannt werden, weil ein anderes Ding »klein« ist. Nur weil es Unwichtiges gibt, können wir das Wichtige erkennen.

Das Frettchen mit dem Goldfell

Auf einem Streifzug durch die Felder, die um sein Dorf herum lagen, entdeckte ein Mann einmal ein Frettchen mit einem goldschimmernden Fell. Er näherte sich ihm und das flinke kleine Wesen zeigte sich gleich sehr zutraulich. Der quirlige kleine Räuber mochte die wärmende Nähe dieses Menschen. So konnte der Mann das Tier einfach unter seinem Hemd forttragen. Am anderen Tag kam er an das Ufer eines nahegelegenen Flusses, den zappeligen kleinen Burschen trug er noch immer mit sich herum. Die Sonne schien heiß vom Himmel und er wollte in dem Wasser baden, um sich ein wenig zu erfrischen. Kaum hatte er seine Kleider abgestreift, sah er plötzlich, wie sich das Frettchen auf einmal in eine giftige Schlange verwandelte. Der Mann wunderte sich sehr über diesen Vorgang, doch weil er das Tier liebgewonnen hatte, blieb er frei von Furcht. Nachdem er sein Bad genommen und wieder aus dem Wasser gestiegen war, packte er die am Ufer auf ihn wartende Schlange wieder unter sein Hemd, genauso wie er es zuvor mit seinem pelzigen kleinen Freund getan hatte. Kaum spürte das Reptil wieder die Wärme dieses Menschen, verwandelte es sich sofort in das possierliche kleine Frettchen zurück.

Dieses Geschehnis war von einem jungen Burschen beobachtet worden. Seit er den Mann im Wasser erblickt hatte, hielt er sich die ganze Zeit neugierig hinter einem Busch versteckt. Beim Anblick der Verwandlung dachte sich dieser Einfallspinsel nun: »Ah, so ist das also: Eine Giftschlange wird zu einem Goldfellfrettchen, wenn man das Tier nur unter sein Hemd packt und dort wärmt.« So etwas Possierliches wollte er auch gerne einmal besitzen. Daher zog er los und drehte die Steine am Ufer solange um, bis er schließlich eine Schlange entdeckt hatte. Entschlossen griff er zu, damit auch sie sich für ihn in so ein putziges Tierchen verwandele. Doch der junge Mann bekam nichts außer dem Giftzahn dieser Schlange zu spüren, die ihn wütend in die Hand biss und dann schnell fortkroch. Der arme Kerl starb kurz darauf unter furchtbaren Qualen.

Kommentierungen

Das meiste, was ihr Tag um Tag seht und erlebt, ist weder wahr noch wirklich.

Ein Einfältiger, der sieht wie gutes Tun zu gutem Karma führt, zieht oft den falschen Schluss, nämlich dass es ausreiche, so zu tun als ob: Das Ergebnis sei ohnehin das Gleiche, auch wenn man nur vorgibt so zu handeln. Doch wer die wirklichen Zusammenhänge nicht versteht, der schadet sich am Ende selbst.

Der Schein trügt oft. Sinnt daher stets gründlich nach, bevor ihr handelt, durch unbedachtes Tun schafft ihr leicht Unheil für euch und andere.

Folgt der Lehre aus edlen Motiven, nicht jedoch, um schnelle und flüchtige Vorteile zu erheischen.

Der Fund

Ein Mann ging einmal eine Straße entlang und fand dabei unverhofft einen Sack voller Goldmünzen. Irgendjemand musste diesen Schatz dort verloren haben. »Vielleicht ist er von einem Wagen der vielen vorbeiziehenden Händlerkarawanen gefallen«, dachte sich der Mann. Gemächlich stapelte er die Münzen am Straßenrand, betrachtete jede einzelne eingehend und begann, sie dann langsam und gewissenhaft zu zählen. Kaum war er damit fertig, begann er noch einmal gründlich nachzuzählen, um sicherzustellen, dass er sich ja nicht vertan hatte. Wie er so mit seinem Fund beschäftigt war, sah er plötzlich aus der Gegenrichtung den Wagen eines Händlers in schneller Fahrt auf sich zukommen. Kurz darauf stand der rechtmäßige Besitzer der Goldmünzen vor ihm, der nun übers ganze Gesicht strahlte, weil er wiedergefunden hatte, was er schon verloren glaubte. Natürlich forderte er sogleich die Herausgabe seines rechtmäßigen Eigentums. Da bedauerte der Mann, dass er mit seinem Fund nicht schneller das Weite gesucht hatte.

Kommentierungen

Manch einer begegnet dem Schatz der Lehre, versteht sie wohl, doch übt sie nicht aus. So bleibt unerreicht, was er hätte erlangen können.

Falsches Tun bleibt falsches Tun, auch dann, wenn es gewissenhaft und mit Fleiß ausgeführt wird.

Wie gewonnen, so zerronnen – ganz egal, was und wie viel du hast.

Ein Kommentator erzählt eine kleine Episode aus einem südchinesischen Tempel, um sein Sinnverständnis auszudrücken: An einem Sommertag brannte die Sonne heiß vom Himmel. In der Tempelhalle, wo die Mönche saßen, war die Luft stickig. Da verließ ein junger Novize die Reihen der Meditierenden und schlich nach draußen, wo er sich unter einen großen Gingko-Baum niederließ und bald einschlief. Der Meister hatte sein Verschwinden jedoch bemerkt, ging nach einiger Zeit ins Freie und hielt nach dem abtrünnigen Burschen Ausschau. Als er ihn entdeckt hatte, weckte er ihn sogleich. Mit verschlafenen Augen blickte ihn der Novize an und sprach: »Im kühlen Schatten dieser Zweige lässt sich gut ruhen – ein wunderbarer Ort.«

»Das ist kein Platz für dich«, antwortete der Meister, dessen Stimme weder Ärger noch Missbilligung erkennen ließ.

»Warum soll es nicht schön sein, hier zu verweilen?«, wunderte sich der Schüler.

»Weil es hier gefährlich ist«, erklärte der alte Mönch, dann senkte er seine Stimme und flüsterte: »Sieh nur, im Gestreiften lauert ein Tiger.«

»Ein Tiger?«, der Novize sprang ängstlich auf, »Wo, wo denn?«

»Sieh einmal genau hin«, sprach der Meister zu ihm, »die Muster von Licht und Schatten hier unter dem gemütlichen Blätterwerk, ist das nicht genau das gestreifte Fell dieses gefährlichen Räubers?«

Der Schüler schaute hin, überlegte einen Augenblick, dann hatte er verstanden. Zusammen mit dem Meister trottete er wieder zurück zur Meditationshalle. Bevor der Novize wieder seinen Platz einnahm, sprach der Meister zu ihm: »Die Hitze des Sommers, die Kälte des Winters, die Frühjahrsmüdigkeit und die Melancholie des Herbstes sind gleich den vier Krallen eines Tigers. Gib stets acht, dass dich keine von ihnen je erwischt. Ein Augenblick der Unachtsamkeit genügt und schon bist du im Bauch dieses Ungeheuers gelandet.«

Der Arme, der reich sein wollte

Es lebte einmal ein Mann, der einst arm gewesen, aber im Lauf der Zeit durch geschickten Handel zu einigen Besitztümern gekommen war. Wenn er sich nun dieser Tage mit anderen armen Leuten verglich, erblühte augenblicklich der Stolz in seinem Geiste, denn er fühlte sich mittlerweile um vieles besser und reicher denn diese. Doch solches Fühlen dauerte immer nur kurze Zeit an. Bald ging ihm nämlich auf, dass es auch Menschen gab, die noch sehr, sehr viel mehr besaßen als er. Solchen gegenüber empfand er sich noch immer als armer, ja fast mittelloser Bursche. Dies grämte ihn umso mehr, als er feststellen musste, dass sein bescheidener Wohlstand trotz größter Anstrengungen jetzt einfach nicht mehr weiter wachsen wollte. Eines Morgens packte ihn ob dieser Erkenntnis so sehr die Wut, dass er bei Sonnenaufgang all seine Besitztümer in den großen Fluss warf, der in der Nähe seines Hauses vorbeiströmte. »Ich kann es nicht ertragen, weniger zu haben als andere, da will ich lieber gar nichts besitzen!«, erklärte er den Leuten, die am Flussufer zusammengelaufen waren und voller Verwunderung wissen wollten, warum er gerade all seine Habseligkeiten den Fluten übergab.

Kommentierungen

Gebt den Pfad nicht auf, bloß weil ihr seht, dass andere schon weiter sind als ihr.

Ein großes Mahl verzehrt man Bissen um Bissen, Wissen wird erworben durch stetes und beharrliches Lernen. Wer meint, noch nicht genug davon zu besitzen, der sollte einfach fortfahren zu studieren.

Mehrt beständig eure Tugend und vergeudet sie nicht.

Stets zufrieden lebt, wer sich an dem erfreut, was er hat, ohne ständig nach einem »Mehr« in der Zukunft zu schielen. Genügsamkeit ist die Quelle des täglichen Glücks.

Jeder Augenblick im Leben verdient Wertschätzung. Das Vergangene ist vergangen und vergeblich ist es, dem Verlorenen nachzutrauern, nutzlos auch alles hoffungsvolle Starren auf die Zukunft, gewiss ist allein, dass sie ungewiss ist.

Schätzt das Kleine nicht gering; viele Federn machen ein Bett, kleine Bäche bilden den Ursprung der großen Flüsse.

Alles in dieser Welt ist relativ und nichts besteht aus sich heraus. Nur weil es »wenig« gibt, lernen wir das »viele« wertzuschätzen. Ohne die

Wandelwelt des ewigen Werdens und Vergehens gäbe es auch nicht das Todlose und Ungeborene, ohne die Vergänglichkeit alles Konstruierten nicht die Vollkommenheit des unerschaffenen Zustands.

Das hinters Licht geführte Kind

Eine Amme führte einmal das Kleinkind ihrer wohlhabenden Herrschaft aus. Wie es sich für Nachwuchs von hohem Stand gebührt, war das Mädchen trotz der frühen Kinderjahre bereits mit schönen Perlenkettchen und funkelnden kleinen Jadestücken geschmückt. Als Oberkleid zierte ein feines Seidengewändchen seinen puderzarten Leib.

Es war ein heißer Sommertag und die Amme wurde nach einiger Zeit müde und des quengelnden Balges ein wenig überdrüssig. So ließ sie sich recht bald am Wegrand zum Schlafen nieder und das Kind war nun sich selbst überlassen. Während die Frau tief und fest schlummerte, kam ein gemeiner Betrüger des Wegs, der, wenn er einmal niemanden übers Ohr hauen konnte, sein Geld als Gaukler auf Markplätzen verdiente. Sofort erkannte der fiese Kerl die Gelegenheit, hier leichte Beute zu machen. Während die Amme schlief, schlich er sich an das nichtsahnende kleine Ding heran. Beim Anblick des Fremden wollte das Kind gerade losschreien, da zog der Gaukler ein paar bunte Jahrmarktskugeln aus der Tasche und ließ die glitzernden Bälle vor den Augen des kleinen Mädchens virtuos zwischen seinen Fingern hin und her gleiten.

Das kleine Kind war fasziniert und fasste schnell Vertrauen zu dem Mann, der ihm nun ein paar Stückchen duftenden Wildhonig überreichte. Vergnügt nahm das kleine Mädchen die süßen Häppchen in den Mund. Während es ganz hingerissen darauf herumkaute, streifte ihm der gerissene Dieb die Perlenkettchen von seinem Hals und den Armgelenken, brachte die kostbare Jade an sich, und als sich das Kind schließlich müde und gestillt zum Schlafen hinlegte, raubte er auch noch das feine Seidenkleid.

Die friedlich vor sich hin schlummernde Amme bekam von alldem gar nichts mit.

Kommentierungen

Verlockung heißt das Tor, durch das die Gierigen in den Abgrund stürzen.

Überall auf den Märkten treiben die gerissenen Kaufleute mit den Törichten ihr Spiel, gaukeln ihnen vor, dieses und jenes unbedingt besitzen zu müssen, kitzeln ihre Begierden und locken sie solange in Scheinwelten, bis auch die letzte Münze dieser Verblendeten in ihre Taschen gewandert ist.

Ein Ordensmann oder eine Ordensfrau, wenn in der Lehre noch nicht gefestigt, erliegt leicht den Reizen der Glitzerwelt, der betörenden Töne und lieblichen Genüsse. So verlieren solche am Ende alles, was sie sich zuvor mühsam an Tugendreichtum und Geistesruhe geschaffen hatten.

Lasst nicht nach in der Achtsamkeit, insbesondere dann nicht, wenn ihr müde und erschöpft seid, denn überall lauern Gefahren.

Gewinnt Weisheit und vor allem bewahrt sie in jeder Lebenssituation, das schützt euch vor allem Übel.

Ein Kommentator erwähnt ein Koan von Meister Fo Guang, um den Sinn

dieses Gleichnisses von einer anderen Seite her zu erhellen: Im alten China trugen die Leute, wenn sie in dunkler, mondloser Nacht unterwegs waren, an einer Stange oft eine Papierlaterne vor sich her. Ein blinder Mönch besuchte nun einmal einen Freund und als die Nacht hereingebrochen war, wollte er wieder in seine Klause zurückkehren. Beim Abschied überreichte ihm der Gastgeber an der Tür eine Laterne. Der blinde Mönch lachte über diese Geste und scherzte, dass er eine Lampe nun wirklich nicht benötige, da für ihn ohnehin immer alles schwarz sei. »Nimm sie trotzdem mit, damit andere dich sehen und dir rechtzeitig ausweichen können«, entgegnete der Freund. So zog der Mann mit der Laterne in die stockfinstere Nacht hinaus. Er war keine zwanzig Meter gegangen, da rempelte ihn plötzlich ein anderer Mönch an, der ebenfalls im Dunklen unterwegs war. »Pass auf, wo du hintrittst«, herrschte ihn der blinde Nachtgänger ärgerlich an, »hast du etwa das helle Licht meiner Lampe nicht gesehen?«

»Deine Lampe?«, wunderte sich der andere und schaute nun genauer hin. »Aber der Lampendocht ist doch erloschen!«, rief er dann plötzlich aus. »Was erloschen ist«, erwiderte der Blinde daraufhin, »das ist das Licht der Achtsamkeit in deinem Geist, mit der Kerze in meiner Lampe hat das gar nichts zu tun!«

Ein junger Bursche will einer alten Frau beim Töten eines Bären helfen

Eine alte Frau ruhte sich einmal am Rande eines großen Waldes unter einem riesigen, Schatten spendenden Baum aus. Da erblickte sie voller Schrecken einen großen schwarzen Bären, der aus dem Dickicht wutschnaubend direkt auf sie zugelaufen kam und angreifen wollte. Trotz ihres Alters sprang die Frau blitzschnell auf und lief um den Baum herum; der Bär stürzte sogleich hinterher, konnte sie jedoch auch nach mehreren Umrundungen nicht fassen. Für einen kurzen Augenblick blieb der Angreifer regungslos stehen, währenddessen seine beiden Arme den Baumstamm weit umspannten und sich beide Tatzen tief in die Baumrinde eingruben. Dabei verklemmte sich für den Bruchteil einer Sekunde eine seiner Pfoten zwischen der grobgefurchten Oberfläche und einem eng am Stamm anliegenden, erst steil nach oben aufragendem Seitenast, der sich in seiner Mitte dann scharf nach unten bog. Geistesgegenwärtig ergriff die alte Frau in genau diesem Moment den bodennahen Teil des Astes und drückte ihn mit unbändiger Kraft so fest gegen den Stamm, dass die Tatze festgeklemmt war. Aufgrund der starken Hebelwirkung konnte sich der Bär aus dieser Position nicht befreien, solange die Frau den Seitenast nur fest genug gegen das Holz drückte. Sein Kopf mit den scharfen Zähnen war zu weit entfernt, dass er damit noch zubeißen konnte.

In eben dieser Lage kam plötzlich ein junger Bursche des Weges. »Komm schnell, komm schnell«, rief die Frau ihm zu, »und hilf mir den Bären zu töten, wir ziehen ihm sein Fell über die Ohren, du kannst es alleine haben und auch all sein Fleisch.« Mit der Aussicht auf ein wärmendes Bärenfell sprang der Bursche sofort hinzu. Während er zugriff und nun an Stelle der Frau die Bärenpfote festklemmte, suchte die hinterlistige Alte sofort das Weite. Allein mit dem großen und wutschnaubenden Raubtier konnte er nicht allzu viel ausrichten. Er musste sehen, dass er schnell fortkam, wurde beim Weglaufen noch ins Bein gebissen und war am Ende heilfroh, dass er überhaupt noch am Leben war.

Kommentierungen

Wer die Lehre verstanden hat und nach ihr lebt, handelt allein aus edlen Motiven.

Richte deinen Blick stets auf die Wirklichkeit, das schützt dich vor falschen Urteilen. Lass dich von den falschen Theorien anderer nicht täuschen.

Ein Kommentator erklärt seine Sinndeutung anhand einer kleinen Episode: Ein junger Novize hatte Aufnahme in einem abgelegenen Bergtempel gefunden. Schon nach wenigen Wochen meinte er, die Einsamkeit und Stille an diesem Ort nicht länger ertragen zu können. Tag um Tag wurde er betrübter und melancholischer. Am Anfang hatte er sich entschlossen, Mönch zu werden, weil er das weltliche Leben für unerträglich hielt. Jetzt meinte er, auch das Kloster nicht aushalten zu können. So sah er bald in gar nichts mehr einen Sinn. Nach einiger Zeit entschloss er sich, seinem Dasein ein Ende zu setzen. Eines Abends kletterte er auf den Felsvorsprung in der Nähe des Tempels, der einen viele hundert Meter tiefen Abgrund überragte. Langsam trat er auf die Spitze der steinernen Plattform und schloss seine Augen, bereit, sich jeden Augenblick hinab in die Tiefe zu stürzen. Da spürte er plötzlich eine Hand auf seiner rechten Schulter. Ein alter Mönch des Tempels hatte schon längere Zeit bemerkt, was in dem jungen Mann vorging, und war ihm unauffällig gefolgt, da er das drohende Unheil ahnte. Schweigend schaute er dem jungen Novizen nun in die Augen. »Ich fürchte den Tod nicht«, sprach dieser und erklärte: »Schon lange habe ich die Nichtigkeit der Staubwelt durchschaut und weiß auch, dass alles durchdrungen ist von der großen Leere.« Sein Freitod sei daher ein klarer und überlegter Schritt, erklärte er dem Glaubensbruder. Der alte Mönch schüttelte über diese Worte den Kopf. »Du betrügst dich selbst!«, sprach er zu ihm. »Sieh nur«, rief er dann plötzlich und deutete mit der Hand zur Seite: »Dort gibt es noch etwas Interessantes für dich!« Der Novize drehte neugierig seinen Kopf und schaute ganz schnell in die Richtung, die ihm der Mann gewiesen hatte. Er sah Blumen und weiße Wolken und in der weiten Ferne ein Dorf, wusste aber nicht, was der alte Buddhajünger gemeint hatte. »Ist da etwa eine Träne in deinem Auge?«, fragte ihn der Mönch plötzlich. Da musste der Novize laut losheulen.

»Blick in die Innenfläche deiner Hände!«, forderte ihn sein Gegenüber auf. Der junge Mann tat wie ihm geheißen und betrachtete eingehend seine beiden Hände. »Aber was soll denn da zu sehen sein?«, wunderte er sich nach einer Weile. Da lachte der alte Meister: »Siehst du denn dort nicht das helle Licht der Sonne?«

Die Mani-Perlen

Missverständnisse im täglichen Leben führen oft zu komischen Situationen, manchmal muss man laut darüber lachen; allerdings können sie auch tödlich enden, wie in dem folgenden Fall:

In einer Stadt lebte einmal ein frivoler Bursche, der eine Liebschaft mit einer verheirateten Frau hatte. Der Ehemann, ein Kaufmann, war für seine Geschäfte oft lange Zeit auf Reisen. Diese Abwesenheit machte sich die untreue Gattin dann jedes Mal zunutze. Allerdings blieb die Affäre nicht völlig unbemerkt und die Leute begannen bald, darüber zu tuscheln. Dieses Gerede kam schließlich auch dem Kaufmann zu Ohren. Obwohl er es eigentlich kaum glauben mochte, stieg dennoch Misstrauen in ihm auf. So entschloss er sich, der Sache einmal auf den Grund zu gehen. Während die beiden eines Nachts im Bett des liederlichen Weibes der Unzucht frönten, kam der zweifelsgeplagte Gatte absichtlich früher als geplant von einer Reise zurück. Da die Tür von innen verschlossen war, konnte der Mann nicht ins Haus gelangen. Als wollüstige Schreie nach draußen drangen, war ihm natürlich sofort klar, was im Innern vorging. Mit seinem rechten Zeigefinger bohrte er ein kleines Loch ins Papierfenster und konnte es nun auch persönlich in Augenschein nehmen. Vor Wut schnaubend stand er vor der Tür und wartete, dass der andere ins Freie trat, um ihn auf der Stelle zu töten.

Mitten im Liebesspiel überkam die Frau eine unheimliche Ahnung. Sie fühlte plötzlich die Nähe ihres Mannes und konnte die ausstrahlende Wut spüren, die in ihm kochte. Augenblicke später hörte sie auch seinen donnernden Atem. Entsetzt schreckte auf sie. Jetzt musste etwas geschehen. Sie hielt ihrem Liebhaber den Mund zu und flüsterte ihm ins Ohr: »Hau schnell ab durchs Abflussrohr!« Die Frau wollte, dass er sich unbemerkt aus dem Staub machte, der Mann hatte jedoch nicht richtig hingehört und verstanden: »Hol schnell die Abwehrsteine hervor!« Das sind Mani-Perlen, die der Liebhaber vermeinte, jetzt suchen zu sollen. Während das untreue Weib leise im Schlafraum verblieb, durchstöberte er Küche und Korridor, wurde jedoch nirgendwo fündig. So dachte er: »Das, wonach ich suche, muss wohl draußen zu finden sein!« Dann öffnete er die Tür und trat ins Freie. Dort erschlug ihn im rasenden Zorn der Ehemann.

Kommentierungen

Es gibt Menschen, die haben Angst vor dem Tod, weil sie ihn für das unwiderrufliche Ende halten, und es gibt solche, die ihn nicht fürchten, da sie an eine Wiedergeburt ihres Ichs in einem anderen Körper glauben. Beide Ansichten sind falsch.

Das eigene Selbst ist gleichzeitig unser liebster Freund und unser ärgster Feind.

Jenseits der Extreme von Vernichtung und Überdauern liegt der goldene Mittelweg.

Weil wir die Natur der Wandelwelt nicht erkannten, traten wir ins Leben und wählten einst diesen Fleischesleib, unterworfen Altern, Krankheit und Tod.

Alle Dinge gehen vom Geist aus. Jeder Augenblick hält Freude und Leid zugleich bereit. Himmel und Hölle trennt nur ein Gedanke.

Sprecht stets klar und verständlich.

Ein Kommentator will den Sinn anhand dieser Geschichte verdeutlichen: Meister und Schüler waren einmal nach einer Reise in die ferne Hauptstadt auf dem Weg zurück zu ihrem Tempel. Bevor sie ihr Ziel erreichten, mussten sie noch einen hohen Berg überqueren. Auf dem Gipfel legten sie eine Rast ein. Wie sie nun gemeinsam auf einem Stein saßen und ausruhten, sprach der junge Mann plötzlich: »Wir haben Zuflucht zum Buddha genommen und folgen seiner Lehre. Uns verbindet das Wissen um die vier Siegel der Leerheit[18] ebenso wie das Streben nach der Stille und dem Erlöschen.« Anschließend schaute er auf die Gipfel, die sich in allen vier Richtungen um sie herum in den Himmel erhoben, und richtete an den Meister eine Frage: »Warum müssen wir Unglücklichen überhaupt noch auf dieser Erde verweilen? Uns gehört nichts und niemand kann über uns verfügen; eigentlich sind wir doch bereits gelöst von allem.«

»Wir sind hier, um den Weg des Herzens zu gehen, den Buddhapfad der Erleuchtung«, antwortete der Meister und sprach: »Du hast nicht recht, mit dem was zu sagst. Unendlich viele Dinge gibt es, mit denen wir verbunden sind und die zu uns gehören.« Der Schüler blickte erstaunt auf. Der Meister fuhr fort und erklärte: »Nicht falsch ist der Gedanke, dass der befreite Geist alles übertrifft, das Denken und die Worte, den blauen

---

[18] Damit ist gemeint, dass alle Phänomene unbeständig sind und alles Befleckte leidhaft; leer sind alle Manifestationen der Welt und frei von inhärenter Existenz. Die Befreiung und höchste Freude ist das Erlöschen im Nirvana.

Himmel und die weißen Wolken, diese hohen Berge ebenso wie die fließenden Wasser dort unten im Tal. Doch glaube bloß nicht, wenn ein Wesen in die Große Leere eintritt, es dann einfach verschwände. Im Gegenteil: Es ist dann mit allem verbunden, ein unlösbarer Teil des Ganzen. Wenn du die Berge erblickst, so sind da die Berge, siehst du Wasser, so ist da Wasser. In deinen Träumen kannst du über die weiten Ozeane reisen und die fünf großen Gebirge Chinas überqueren. Was ist es sonst noch, das du erstrebst?«

Der Novize überlegte eine Weile, bevor er antworteten wollte, doch dann stellte er eine weitere Frage: »Gilt das, was Ihr gerade sagtet, auch für die gewöhnlichen Weltmenschen?«

»Nein«, antwortete der Meister, »denn ihr Geist haftet unaufhörlich an der Dingwelt. Wer Geld hat oder meint, es unbedingt besitzen zu müssen, dessen Geist kreist bald um nichts anderes mehr. Wer Haus und Grund besitzt, den plagt oft Tag und Nacht die Sorge, es könne ihm eines Tages wieder genommen werden. Wer Macht hat, denkt an kaum etwas anderes, als sie zu behalten und zu vergrößern. Den Weltmenschen fehlt es an unserem Gleichmut und unserer Gelassenheit, nämlich alle Dinge des Lebens so nehmen, wie sie kommen. Nichts fürchten sie mehr, als irgendetwas von dem zu verlieren, woran ihr Herz hängt.« In diesem Augenblick sah der Novize, wie sich im Tal die Nebel auflösten. Am Himmel zog der Abendmond auf.

Das Taubenpaar

Am Rande eines Waldes lebte einmal ein Taubenpärchen, das sein gut gepolstertes Nest in der geräumigen Höhle eines alten Baumes gebaut hatte. Im Herbst sammelten die beiden dort fleißig Früchte für die kommende kalte Jahreszeit, wenn draußen kaum noch Nahrung zu finden sein würde. So war die Behausung bald bis zur Hälfte mit Beeren und anderen Köstlichkeiten gefüllt. In der trockenen Luft der Baumhöhle begannen die eingesammelten Vorräte innerhalb weniger Tage zu trocknen und sanken so bald auf einen Bruchteil ihrer ursprünglichen Größe zusammen. Als der Täuberich bemerkte, dass plötzlich viel weniger Früchte da zu sein schienen als noch kurze Zeit zuvor, wurde er augenblicklich sehr wütend. »Du hast das alles allein aufgefressen«, schrie er das Weibchen an, »was wir in mühevoller Arbeit gemeinsam zusammengetragen haben.« – »Nein«, wehrte sich die Gefährtin, »ich habe nichts davon, auch nicht eine einzige Beere zu mir genommen. Die Sachen sind von sich aus eingeschrumpft.« Doch diese Worte erregten die männliche Taube umso mehr: »Ich glaube dir kein einziges Wort«, schrie das Tier und hackte heftig auf das Weibchen ein. Mit jedem Schnabelhieb schwoll sein Zorn heftiger an. Wehrlos ließ die Gefährtin den Angriff über sich ergehen, ängstlich hoffend, dass die Wut ihres Gatten gleich gestillt sei und er schnell wieder von ihr ablassen werde. Doch das Gegenteil geschah: Je mehr Blut floss, desto heftiger und brutaler wurden die Attacken. Nach wenigen Minuten hatte der Täuberich sie getötet. Noch immer voll rasender Wut stieß er den leblosen Leib aus dem Nest. Ein paar Tage später ging ein lang anhaltender Regen nieder. Da die Höhle in dem alten Baum morsch war, drang dort Wasser ein und sickerte auf die eingelagerten Vorräte. Durch die Feuchtigkeit begannen die Früchte und Beeren nun aufzuquellen und hatten alsbald wieder ihre ursprüngliche Größe erreicht. Nun ging dem Taubenmännchen schlagartig auf, dass seine Gefährtin die Wahrheit gesagt und ihn nicht hintergangen hatte. Tiefe Reue ergriff ihn und er weinte bitterlich. »Komm zurück, komm zurück«, rief er mit verzweifelter Stimme.

Kommentierungen

Ein zerschlagener Stein lässt sich nicht mehr zu einem Stück zusammenfügen. Aus einem gefällten Talabaum (eine Palmenart, auf deren Blätter früher Sutrentexte eingeritzt wurden) treiben keine neuen Zweige mehr aus, auf trockene, ausgelaugte Erde geschüttetes Wasser ist verloren und nicht mehr wiederzugewinnen. Bedenkt der Worte, bevor ihr sie aussprecht, seid stets gewahr der Folgen eurer Handlungen.

Missgunst kann zu Taten veranlassen, die in diesem Leben nicht wieder gut zu machen sind.

Wut und Hass machen jeden blind, der ihnen verfällt.

Wer seine Selbstkontrolle verliert, beherrscht nichts mehr und verliert am Ende alles.

Ein klarer Geist ist die Quelle aller Weisheit.

Eins teilt sich in zwei. Das Eine ist der Ursprung aller Dinge. Alles ist daher im Grund eins, aber nur wer in der Lage ist, auch die Unterschiede deutlich zu sehen, kann diese Wahrheit wirklich begreifen.

Ein moderner Kommentator erzählt, um seine Sinninterpretation zu verdeutlichen, eine Episode aus der Zeit des Zweiten Weltkrieges, als große Teile Chinas von japanischen Truppen besetzt waren: Ein chinesischer Soldat wurde von einer Gruppe japanischer Invasoren verfolgt. Auf seiner Flucht rannte er eine Klostermauer entlang, und da er nicht wusste, wo er sich sonst verstecken konnte, sprang er durch einen kleinen und unauffälligen Seiteneingang schnell in eine der Tempelhallen. Das plötzliche Verschwinden des Mannes hatte die Verfolger stutzig gemacht. Der japanische Truppenführer befahl daher seiner Gruppe in den Tempel einzudringen und dort alles gründlichst zu durchsuchen. Weil das Kloster weitläufig war und mehrere hundert Mönche beherbergte, nahm die Durchsuchung einige Zeit in Anspruch. Inzwischen hatten die Mönche die Uniform des Soldaten versteckt, ihm schnell seine Haare geschoren und ihn eine gelbe Robe anlegen lassen. Nachdem die Japaner alle Mönche im Innenhof zusammengetrieben hatten, riss der Truppenführer einem nach dem anderen das Obergewand von den Schultern. Es dauerte nicht lange, bis er schließlich einen Mönch entdeckt hatte, auf dessen rechter Schulter ein roter Striemen zu sehen war. »Los, vortreten!«, herrschte ihn der Japaner an und brüllte: »Da ist also der versteckte Soldat, nach dem wir suchen; denn nur wer täglich ein Gewehr auf seiner Schulter trägt, bekommt solche Striemen.« In diesem Augenblick trat der alte Abt des Tempels an den Truppenführer heran und sprach: »Bitte verzeiht, aber dieser Mönch ist als Wasserträger eingeteilt, genauso wie zwanzig andere seiner Brüder. Was Ihr entdeckt habt, sind nichts anderes als die Spuren des Tragejochs, die sich durch diese tägliche Plackerei dort eingegraben haben.« Dann winkte er kurz in die Reihen seiner Mönche und im Nu traten über ein Dutzend Robenträger nach vorne, die einer nach dem anderen ihre Schultern freilegten. Was der Japaner jetzt sah, waren überall die gleichen roten Striemen.

Der Offizier traute den Mönchen dennoch nicht über den Weg. »Ein Soldat hat vom täglichen Drücken des Gewehrabzugs oft kleine Schwielen an seinem rechten Zeigerfinger«, erklärte er und brüllte dann die Mönche an: »Los, ihr Nichtsnutze, stellt euch in einer langen Reihe vor mir auf und streckt eure rechten Finger nach vorne!« Es dauerte nicht lange, dann hatte er tatsächlich einen Robenträger gefunden, an dessen rechtem Zeigefinger deutliche Schwielen zu sehen waren. »Du bist enttarnt«, herrschte er den Mann an und zog seine Pistole aus dem Halfter, um ihn zu erschießen. Wieder schritt der Abt mutig dazwischen und rief: »Nein, nein, sein Finger hat allein deshalb Schwielen, weil er damit jeden Morgen und Abend die Holztrommel während der Rituale anschlägt, die viele Stunden dauern.« Als der Offizier mit der Pistole in der Hand noch immer misstrauisch dreinschaute, traten schließlich noch zehn andere Mönche hervor, die ebenfalls für diesen Dienst eingeteilt waren, und zeigten dem Japaner ihre an den Innenseite verhärteten Zeigefinger. Da gab der Offizier schließlich auf. Die Eindringlinge konnten nichts ausrichten. Ärgerlich zogen sie wieder von dannen. Der chinesische Soldat kam unbeschadet davon.

Ein Zimmermann erklärt sich selbst für blind

Ein Zimmermann hatte viele Jahre im Dienste des Königs gestanden und die ihm aufgetragenen Werke stets gewissenhaft und gründlich verrichtet. Eines Tages jedoch war er der anstrengenden Arbeit überdrüssig geworden. Er mochte nicht mehr bei jedem Wetter draußen schuften, ihm schauderte vor den kommenden kalten Wintern, den kältesteifen Fingern und Frostbeulen; und ebenso fürchtete er die heißen Sommer, wenn ihm der Schweiß aus jeder Pore rann. So sehr er auch darum bat, der König wollte auf seine Dienste nicht verzichten. Um sein Ziel dennoch zu erreichen, erschien der Mann eines Morgens mit einem Stock den Weg ertastend im Thronsaal und erklärte dem erstaunten Herrscher, er sei ganz plötzlich nahezu erblindet. Beim heutigen Aufwachen habe er festgestellt, dass er in der letzten Nacht sein Augenlicht verloren habe. So sehr er sich auch anstrenge, er sähe nun nichts mehr außer ganz groben Umrissen, die Welt um ihn herum bestehe nur noch aus hellen und dunklen Schemen. Für die filigrane Arbeit mit edlen Hölzern sei er daher nicht mehr zu gebrauchen.

Unter den Leuten, die im Palast arbeiteten, gab es viele, die im Zwangsdienst standen und wesentlich härter arbeiten mussten als dieser Zimmermann. Sie erhielten nur das Allernotwendigste zum Leben und zu essen nur, was in der Küche an Resten übrig blieb. Einer von ihnen trat noch am gleichen Tag an den Zimmermann heran und sprach im Beisein der Palastbediensteten zu ihm: »Wenn zu erblinden der einzige Ausweg aus diesem elenden Dasein ist, dann will ich mir noch heute beide Augen ausstechen, sodass ich zumindest von dieser Fronarbeit befreit bin.« Alle mussten laut loslachen, die diese Worte hörten.

Kommentierungen

Wer andere täuschen will, richtet großen Schaden an.

Ahmt nicht blindlings nach, Nachahmung kann das Verstehen einer Sache nicht ersetzen.

Brecht nicht kleiner Vorteile wegen die Gebote.

Wie du nur mit deinen eigenen Augen sehen kannst, so zählt im Leben auch nur, was du selbst tust. Verlass dich nicht auf andere, handele selbst stets überlegt und richtig.

Viele erkennen erst im Angesicht von Krankheit und Tod ihre Buddhanatur, doch es gibt auch noch andere Wege.

Zur Zeit der Streitenden Reiche kam einmal ein junger Bursche aus dem Staate Zhao in die Stadt Handan. Dort fiel ihm als Erstes auf, wie stolz und grazil sich die Menschen auf den Straßen bewegten. In seiner Heimat gingen sie eher plump und ungelenk einher. Weil auch er gerne so erhaben daherschreiten wollte wie die Menschen dieser Stadt, begann er jede Bewegung der Handaner eingehend zu studieren und versuchte sie nach besten Kräften nachzuahmen. Völlig besessen von diesem Ziel machte er jedoch alles falsch und verstand schließlich gar nichts mehr. Bald hatte sein blindwütiges Üben dazu geführt, dass er selbst seine frühere Fähigkeit zum gewöhnlichen Gehen ausgelöscht hatte. Am Ende sah man ihn nur noch bäuchlings den Boden entlangkriechen.

Der böse Räuber und sein einfältiges Opfer

Vor langer Zeit mussten zwei Freunde einmal gemeinsam ein einsames Waldgebiet durchqueren, in dem böse Räuber ihr Unwesen trieben, wovon die beiden Männer jedoch nichts ahnten. Wie es das Schicksal wollte, wurden sie dort auf halber Strecke von einem der Wegelagerer entdeckt, einem großen bärenstarken Mann, der mit einem Schwert in der Hand und zwei scharfen Dolchen im Gürtel bewaffnet war, während die schmächtigen Burschen noch nicht einmal einen Stock dabei hatten. Einem der beiden Freunde gelang es noch rechtzeitig, fortzurennen und sich unbemerkt von dem Räuber schnell hinter einem Busch zu verstecken. Der andere jedoch wurde von dem Verbrecher gepackt, zu Boden geworfen und heftig mit Faustschlägen traktiert. Als der Mann wehrlos unter ihm lag, riss der Bandit ihm seinen kostbaren Wollmantel vom Leib und wollte damit das Weite suchen. Der Beraubte war allerdings nicht bereit, diesen herben Verlust hinzunehmen, daher rief er dem Wegelagerer hinterher: »Komm zurück, lass uns einen Tauschhandel machen!« – »Was hast du anzubieten?«, wollte der Räuber wissen, drehte sich um und stand augenblicklich wieder vor seinem Opfer. »Gib mir den Wollmantel zurück und ich gebe dir ein kleines, echtes Goldstück dafür!«, versprach ihm der Beraubte – »Wo hast du denn das Gold?«, fragte der Zurückgekehrte neugierig. Der Mann griff in sein Hemd, wo unter dem Kragen eine versteckte kleine Innentasche eingenäht war. Er öffnete die Lasche und zog ein Goldstückchen heraus, das im Sonnenlicht hell funkelte. Der Bandit schaute ihn verdutzt an. »Wenn du nicht glaubst, dass es echtes Gold ist«, erklärte der Bestohlene, »dann geh hinter den Busch dort drüben, dort hält sich nämlich der Goldschmied versteckt, von dem ich es bekommen habe.« Der Räuber lachte laut, holte aus und versetzte dem Mann nochmals ein paar kräftige Schläge mit der Faust. Anschließend rannte er zu dem Busch, schnappte sich den arglosen Freund und raubte auch diesen aus. Mit Gold, Mantel und allen anderen kostbaren Dingen der beiden verschwand der Bandit dann wieder im Wald. Am Ende hatte der törichte Mann so nicht nur sein Eigentum verloren, sondern auch seinen besten Freund, der von nun an mit ihm nichts mehr zu tun haben wollte.

Kommentierungen

Viele gibt es, die sich in ihrem Leben entschließen, den Erlösungspfad zu gehen, doch da noch Gier, Hass und Verblendung ihren Geist beherrschen, verlassen sie ihn alsbald wieder. Oft verlieren solche nicht nur alle Tugend, die sie zuvor erzeugten, sondern schaden durch ihr Tun und schlechtes Beispiel auch noch anderen.

Der Unredliche schädigt andere und damit am Ende auch sich selbst.

Es gibt einen hinterlistigen Dieb. Er heißt der Dieb der Versuchung und des Habenwollens. Dieser gemeine Bursche bringt die Menschen um alles, vor allem um ihre Tugend.

Wer kleine Verluste nicht ertragen kann, muss am Ende große erleiden.

Ein Kommentator gibt folgende Erklärung zu dieser Episode: Nach dem Eintritt des Erleuchteten ins Nirvana verläuft die Entwicklung der Lehre in drei Stadien. Die ersten vierzehnhundert Jahre sind die »Zeit des wahren Dharma« (Zhengfa): Die Lehre wird geachtet und ausgeübt; viele der Übenden erreichen die Frucht der Pfadverwirklichung. Darauf folgen tausend Jahre der »Dharma-Bilder und Symbole« (Xiangfa), während derer die Lehre zwar noch praktiziert wird, aber es keine Erleuchteten mehr gibt. Anschließend beginnt das »Zeitalter des Niedergangs der Lehre« (Mofa), in dem die Lehre verschwinden wird. Immer geringer wird dann die Zahl der Menschen, die dem Dharma folgen, und niemand erreicht mehr das große Ziel der Befreiung. Diese kleine Geschichte sei als Metapher des Niedergangs zu verstehen.

Ein anderer Kommentator erzählt zur Sinninterpretation diese Anekdote: Wie jeden Tag betraten die Mönche eines Tempels zur festgesetzten Stunde die große Dharmahalle, um einer Belehrung des Abtes zu lauschen. Normalerweise sprach der alte Meister bei diesen Gelegenheiten über eine Lehrrede des Buddha, die Aufzeichnungen der Linienhalter oder ermahnte die Gemeinschaft, die Ordensgelübde gewissenhaft einzuhalten. Doch nachdem an diesem Tag der Abt auf seinem Sitz Platz genommen hatte, schwieg er nur. Gespannt und erwartungsvoll schauten die Teilnehmer nach vorne. Doch der Meister blickte nur mit strenger Miene in den Raum. Kein einziges Wort kam über seine Lippen. Minute um Minute verfloss, ohne dass irgendetwas geschah. Erst zog eine Welle der Verwirrung durch den Raum, doch dann wurden mit der Zeit auch die Mönche ruhig. Eine große Stille erfüllte das Haus des Buddha, alle Neugier und fiebrige Erwartung war erhabenem Schweigen gewichen. Wie Hähne aus Holz saßen die Ehrwürdigen in langen Reihen und bald nahmen auch ihre Antlitze den Ausdruck asketischer Strenge an, gleich dem ihres Meisters. Einige Stunden verstrichen und allmählich wich die Anspannung auf dem

Gesicht des alten Abtes einem friedlichen Lächeln. Es dauerte nicht lange, bis dieses Lächeln nun nach und nach auch die Mönche ergriff. Nun sah man sie entspannt und innerlich gestillt, ohne jede Absicht und frei von allem Unmut auf ihren Plätzen verharren. »Die heutige Übung ist beendet«, verkündete der Abt nach einiger Zeit, erhob sich von seinem Platz und ging wieder nach draußen.

Eine gefangene Schildkröte findet die Freiheit wieder

Ein Junge durchstreifte einmal ein Dornengestrüpp in der Nähe eines Flusses. Plötzlich entdeckte er auf einer kleinen Lichtung eine Schildkröte, die ihren Kopf in den Himmel streckte und sich am wärmenden Licht der Sonne erfreute. Ganz langsam schlich sich das Knäblein heran und ergriff dann mit einer blitzschnellen Bewegung das Tier. »Ich werde dich töten und dein Fleisch essen!«, sprach er mit lauter Stimme. Doch der Junge wusste nicht, wie man eine Schildkröte richtig schlachtet und ausweidet. Daher fragte er einen alten Mann um Rat. Dieser weise Alte hatte Mitleid mit dem Tier und wollte nicht, dass der Junge das schlechte Karma des Tötens auf sich lud. So sprach er zu ihm: »Du musst sie ertränken! Geh mit der Schildkröte zum Fluss und wirf sie einfach ins Wasser!« Genau das tat der Knabe dann auch. Kaum war das Panzertier wieder im nassen Element, schwamm es sogleich fort.

Mit Verblüffung sah der Knabe wie flinke Flossen den schweren Körper in Windeseile zur Flussmitte beförderten, wo die Schildkröte dann auf Nimmerwiedersehen in den Fluten verschwand.

Kommentierungen

Ein kluger Bauer bestellt seine Felder zur rechten Zeit und nicht, bloß weil er irgendwo einen Kuckuck rufen hört.

Seid nicht leichtgläubig! Was durch die Pforten eurer Sinne ins Innere gelangt, betrügt euch. Glaubt nicht allen Tönen, die ihr vernehmt, allen Bildern, die vor euren Augen tanzen, allen Düften, die euch betören, allen lockenden Geschmäcken und den Berührungen, die euch in ihren Bann schlagen. Was auch immer den Geist nährt durch diese fünf staubbefleckten Tore, verweilt stets in der Achtsamkeit und haltet euch frei von Bindung und Anhaftung.

Wo drei Menschen versammelt sind, ist gewiss stets einer darunter, von dem du etwas lernen kannst, doch musst du selbst erkennen, welcher es ist.

Die Arznei, die deine Krankheit heilt, schmeckt bitter; nur derjenige Rat, der beim Anhören schmerzt, ist ein guter Rat!

Vertraut eurer eigenen Erfahrung und seid euch selbst eine Stütze.

Folgt der Lehre nicht allein aus Glaubensgründen, oder weil ihr dem Buddha oder einem großen Lehrer vertraut, folgt ihr vor allem, weil ihr selbst erkennt, dass sie eurer eigenen Erfahrung entspricht. Das ist es, was der Buddha vor allem lehrte.

Ein Kommentator versucht den Sinn anhand einer anderen Geschichte zu erklären: Zwei junge Mönche folgten einmal ihrem Meister, der sich vor einiger Zeit in ein anderes Reich begeben hatte. Lachend und in guter Stimmung zogen die beiden ihres Weges. Plötzlich erblickten sie am Boden die großen Abdrücke von Elefantenfüßen. Da fragte der Ältere den Jüngeren, ob er wohl irgendetwas über das Tier sagen könne, das hier seine Spuren hinterlassen habe. »Es ist eine trächtige Elefantenkuh, die auf dem rechten Auge blind ist«, antwortete der junge Mönchsbruder. Beide lachten. Nach einer Weile trafen die beiden tatsächlich auf einen weiblichen Elefanten, dem das rechte Auge fehlte. Sein dicker Bauch verriet, dass sich darin ein Junges befinden musste. Der ältere Schüler war sprachlos und fragte sich, warum er nicht imstande gewesen war, aus dieser beiläufigen Fährte eine derart präzise Schlussfolgerung zu ziehen. Als sie am folgenden Tag an der Klause ihres Lehrers eintrafen, schilderte der Ältere – immer noch tief bewegt – diese Begebenheit. Der Meister fragte daraufhin den jüngeren Schüler, aufgrund welcher Anhaltspunkte er eine so klare Auskunft hatte geben können. Der Mönch zögerte nicht mit einer klaren Antwort und sprach: »Ich habe einfach nur genau hingeschaut. Der Abdruck der Hinterfüße war viel tiefer als der der vorderen, obwohl die Erde an dieser Stelle von gleicher Beschaffenheit war. Daraus habe ich geschlussfolgert, dass im Bauch des Tieres etwas Schweres sein muss, denn woher sollte der starke Druck auf die Hinterbeine sonst kommen? Anschließend habe ich mich umgesehen und dabei fiel mir auf, dass auf der linken Seite alles kahlgefressen war, während rechts jedoch noch überall fette und saftige Gräser in voller Höhe standen. Ein Elefant, der auf beiden Augen gut sieht, hätte solch gutes Futter gewiss nicht verschmäht. So schlussfolgerte ich: Dieses Tier ist gewiss auf dem rechten Auge blind, was sich dann kurze Zeit später auch als wahr herausstellte.«

Da lachte der Meister und nickte zustimmend mit dem Kopf: »Auf solche Weise sollt ihr stets die Wirklichkeit betrachten.«

Lobpreis des Sutras durch Mönch Suna

Dieses Werk, gespickt mit Witz und viel Humor
wurde durch meine Hand zu Papier gebracht
Doch ob die Scherze wirklich ins Schwarze treffen
das herauszufinden liegt allein an euch
Wer bittere Medizin schlucken muss
versüßt sie sich gern mit ein paar Zuckerstückchen
Ist am Ende die Krankheit geheilt –
Warum sollte das auch nicht erlaubt sein?
Wie Kristallzucker im Arzneibecher
genauso wirkt ein deftiger Scherz im Dharma
Wo die Weisheit unter den Menschen wächst
da erlischt schließlich alle Verwirrung in Klarheit
Gleich einem guten Abführmittel ist die Lehre
das alles Unreine aus den Gedärmen spült
Als ich das erkannte
wurde mein Geist still und klar
Die heilende Kraft der Buddhaschaft
spürte ich zuerst unter einem schützenden Blätterdach
Als schließlich all meine Leiden geheilt waren
brauchte ich die schützenden Blätter nicht mehr
Heute lächele ich nur noch, da ich einst solcher Mittel bedurfte
um den tieferen Sinn zu erfassen
Der Weise, der die Buddhalehre richtig verstanden hat
kann auf Scherze und Humor gern verzichten
Hier endet nun der Blumenkranz der Hundert Gleichnisse
niedergeschrieben von dem Mönch Suna

Literatur und Quellenverzeichnis

Buren Danyi (Bearb. und Kommentar): Fo Yu Chan Xin - Shouyong Yisheng De 98 Ze Jingdian Shenghuo Zhihui, ISBN 978-7-80251-558-1, Jincheng Chubanshe. Beijing 2011.

Li Mutong (Bearb.): Bai Yu Jing ISBN 9-787546108490, Huangshan Chubanshe. Heifei 2010.

Shanggong Siran (Bearb.): Bai Yu Jing, ISBN 9-7875-0472-275, Zhongguo Wuzi Chubanshe. Beijing 2010.

Wang Wenyuan (Bearb.): Fodian Biyujing Quanji, ISBN 978-7-229-00269-5, Chongqing Chubanshe. Chongqing 2008.

Wu Zeshun (Bearb.): Fojing De Gushi, ISBN 7-80655-557-9, Guangzhou Chubanshe. Guangzhou 2003.

Ying Wu (Bearb.): Fodian Ru Men, ISBN 7-8078-0752-5196 / 7-8075-2519-3, Sichuan Bashu Shushe. Chengdu 2000.

Zhou Jing/ Li Ran/ Zhou Wei (Bearb.): Kuai Le Bai Yu Jing, ISBN 978-7-5034-2077-1, Zhongguo Wenshi Chubanshe. Beijing 2007.

Websites mit chinesischen Originaltexten des Bai Yu Jing
(Stand Juli 2011)

http://www.baike.com/view/142780.htm

http://www.hudong.com/wiki/《百喻经》

http://www.zensoul.org › 禪心首頁 › 智慧故事

http://www.buddhist-canon.com/PLAIN/STORY/

http://www.boder.idv.tw/puj.htm

http://www.shuimo.com/.../fj086.htm

http://www.sutra.goodweb.cn/kgin/

http://www.suttaworld.org/gbk/sutra/kgin/kgin04/209/209.htm

http://www.ebudhano.cn/english/sultra/baiyujing/index.htm (zusammen mit einer englischen Übersetzung durch Tetcheng Liao), auch unter: http:www.kaladarshan.arts.ohio-state.edu

Weitere Bücher des Übersetzers zu China und zum chinesischen Buddhismus

Altchinesische Volkslyrik (Guofeng) – Aus dem Buch der Lieder und Gedichte. Ins Deutsche übertragen von Hans-Günter Wagner, Yin-Yang Media-Verlag, Frankfurt/Main 2007.
ISBN 978-3-935727-12

Wie die Wolken am Himmel – Die Dichtung des Chan-Buddhismus, Yin-Yang Media-Verlag, Frankfurt/Main 2007.
ISBN 978-3-935727-13-6.

Unvollkommen die Worte und alle Rede darüber – Die Lyrik des Chan-Buddhismus – Band 1, Verlag Beyerlein & Steinschulte, Stammbach 2009.
ISBN 978-3-931095-81-9.

Kommen und Gehen – kein Unterschied – Die Lyrik des Chan-Buddhismus – Band 2, Verlag Beyerlein & Steinschulte, Stammbach 2009.
ISBN 978-3-931095-81-9.

Hoch wie die Berge, tief wie das Meer – Die Lyrik des Chan-Buddhismus – Band 3, Verlag Beyerlein & Steinschulte, Stammbach 2009.
ISBN 978-3-931095-81-9.

Das Kostbarste im Leben – Geschichten und Anekdoten des Chan-Buddhismus, Kristkeitz Verlag, Heidelberg 2009.
ISBN 978-3-932337-26-0

Doch ewig währt, was aus Liebe geschieht – Buddhistische Legenden, Kristkeitz Verlag, Heidelberg 2010.
ISBN 978-3-932337-39-0.

Dank

An dieser Stelle möchte ich meiner Frau Dagmar für die Hilfe und große Geduld beim Korrekturlesen des Manuskripts sowie für die vielen wertvollen Verbesserungsvorschläge danken.

C. L. R.

J. CORUBLE Institutrice
J.-C. LUCAS Instituteur
J. ROSA Instituteur

350 dictées

niveau CM

HACHETTE
Écoles

Illustrations : Jean-Louis Goussé.

ISBN 2.01.015395.2

PRÉFACE

Au sortir de l'école primaire, un élève doit pouvoir rédiger un texte dans une orthographe correcte. Dès lors, comment vérifier le niveau des acquisitions? Réussir un exercice systématique est une chose, mais réinvestir ses connaissances en est une autre.

À ce titre, la dictée est l'étape indispensable entre l'application ponctuelle de règles et la rédaction libre d'un texte.

En proposant cet ouvrage, nous souhaitons qu'enseignants et parents trouvent ici l'outil qu'ils attendaient.

Les auteurs.

COMMENT UTILISER CE RECUEIL ?

Afin que chacun puisse choisir un texte en fonction des notions qu'il souhaite aborder, les dictées proposées sont classées dans la table des matières en trois parties :

1. Conjugaison
2. Orthographe
3. Thèmes (vocabulaire)

Chaque dictée est précédée d'un récapitulatif des notions qu'elle contient.
Cet ouvrage s'articule autour des points suivants :

Répertoire orthographique

Nous présentons ici un ensemble de mots dont la connaissance - tant du point de vue du sens que de l'orthographe - nous paraît importante en fin de scolarité primaire. Il est bien évident que les listes données ne sont pas exhaustives.

Ce répertoire pourra être utilisé à plusieurs niveaux :
— apprentissage systématique afin que l'élève dispose ensuite d'un certain nombre de mots-repères;
— travail de vocabulaire (à dessein, nous ne donnons aucune indication de sens afin d'inciter l'élève à une recherche individuelle);
— vérification du niveau des dictées par rapport aux normes attendues pour des élèves de cours moyen.

Dans ce chapitre, sont également incluses des listes d'homonymes. Nous avons choisi ceux-ci parmi les confusions les plus courantes en excluant certaines homonymies grammaticales (ex. : on - ont) et les homonymes homographes (ex. : un voile - une voile), ces derniers ne présentant pas de difficultés orthographiques.

Le classement adopté est le suivant :
— noms (au singulier);
— adjectifs qualificatifs (au masculin singulier);
— verbes (à l'infinitif);
— mots invariables (adverbes, prépositions...).

Autodictées

Écrire un texte préalablement mémorisé est un exercice qui inclut à la fois un travail sur l'orthographe, une imprégnation des structures syntaxiques et, selon le choix du texte, un enrichissement des connaissances générales.

Un travail de ce type, hebdomadaire ou bimensuel, en rapport avec les autres activités de la classe, semble donc souhaitable.

Les autodictées sont classées par ordre de difficulté croissante.

Dictées quotidiennes

Il est difficile pour un enseignant de donner plus d'une dictée par semaine : préparation, correction, exploitation nécessitent beaucoup de temps. Pourtant, la dictée se doit d'être une activité quotidienne afin que l'élève mobilise et utilise en permanence ses acquis.

Nous présentons donc des dictées très courtes, sur des sujets variés. Elles pourront fort bien commencer chaque journée et offrir une introduction à d'autres activités.

Les dictées quotidiennes sont classées par ordre de difficulté croissante.

Préparations de dictées

Dans ce chapitre, nous proposons un travail de préparation sur des dictées qui figurent dans la dernière partie. Les exercices portent sur le vocabulaire, l'orthographe et la conjugaison. Ils permettront à la fois de vérifier les acquisitions et d'éliminer certaines difficultés avant d'aborder la dictée.

Dictées

Elles figurent en grand nombre et offrent ainsi un large choix. Nous avons délibérément mêlé textes d'auteurs et dictées axées sur des points particuliers d'orthographe ou de conjugaison. Ces dernières devraient être une étape entre les exercices systématiques et la pratique naturelle de l'orthographe.

Les dictées sont classées par thème. Toutefois, une table des matières détaillée et un rappel en en-tête de chaque texte permettent de choisir une dictée portant plus particulièrement sur un sujet d'orthographe ou de conjugaison.

De nombreuses dictées sont suivies de questions ou de propositions d'exploitation. Celles précédées d'un astérisque font l'objet d'une préparation.

TABLE DES MATIÈRES

	Pages
I RÉPERTOIRE ORTHOGRAPHIQUE	9
II AUTODICTÉES	21
III DICTÉES QUOTIDIENNES	29
IV PRÉPARATIONS DE DICTÉES	43
V DICTÉES	71

Remarque : tous les points d'orthographe ou de conjugaison traités dans une dictée ne peuvent évidemment être cités en en-tête.

1 — Conjugaison	Nos de dictées
■ Indicatif (on trouvera dans chaque thème un large choix des temps de l'indicatif)	
■ Subjonctif	272 - 280 - 299 - 313 - 314
■ Impératif	184 - 242 - 262 - 299 - 314 - 327
■ Conditionnel	160 - 164 - 178 - 183 - 192 - 222 - 313 - 343
2 — Orthographe	
■ et - est	157 - 195 - 229 - 245 - 304
■ a - à	200 - 271 - 304
■ on - ont	230 - 278
■ son - sont	168 - 304 - 326
■ ou - où	178 - 278 - 285
■ se - ce	173 - 273 - 293
■ on - on n'	177 - 189 - 221 - 243 - 272 - 273
■ ces - ses - c'est	168 - 212 - 219 - 235
■ c'est - s'est - c'était - s'était	261 - 328
■ c'était - c'étaient	240 - 312
■ tout - tous	158 - 236
■ quelque - chaque - tout	163 - 175 - 341
■ ce - ceux	301
■ cela ; ceux-là	203
■ leur - leurs	208 - 234 - 316 - 317 - 334 - 338
■ si - s'y - ni - n'y	190 - 199 - 343
■ dans - d'en - sans - s'en	172 - 199 - 238 - 266
■ quel - quelle - qu'elle	167 - 182 - 243

- la - l'a - là .... 198 - 231 - 262
- pluriel des noms (difficultés) .... 175 - 197 - 217 - 325
- orthographe du complément du nom .... 275 - 324 - 330
- nom ou verbe ? .... 165 - 266 - 302
- accord du verbe (difficultés) .... 185 - 186 - 232 - 315 - 349
- le - la - les devant le verbe .... 171 - 210 - 212 - 256 - 277
- accord des adjectifs qualificatifs (difficultés) .... 159 - 206 - 257 - 258 - 265 - 269 - 279 - 300 - 307 - 315 - 330 - 333 - 347
- adjectifs de couleur .... 256 - 260 - 297 - 324 - 332
- adjectifs numéraux .... 276 - 340
- noms et adjectifs de nationalité .... 273 - 297 - 299 - 345
- participe présent ou adjectif verbal ...... 181 - 191 - 204 - 239 - 294 - 338
- accord du participe passé .... 156 - 161 - 162 - 174 - 241 - 284 - 304 - 305 - 306 - 318 - 320 - 323
- accord du participe passé avec avoir (difficultés) .... 180 - 221 - 231 - 247 - 319
- accord du participe passé des verbes pronominaux .... 182 - 227 - 296
- é - er .... 154 - 182 - 208 - 215 - 220 - 244 - 255 - 265 - 287 - 320 - 322 - 327 - 331 - 336
- participe passé en « i » ou verbe en « it » .. 263 - 295 - 308
- participe passé en « u » ou verbe en « ut » . 176 - 179

3 — Thèmes **Pages**

- L'école (N°s 152 à 164) **72**
- Vie quotidienne (N°s 165 à 184) **77**
- La ville (N°s 185 à 192) **84**
- La forêt - La campagne (N°s 193 à 201) **87**
- La mer (N°s 202 à 210) **90**
- La montagne (N°s 211 à 222) **93**
- Les saisons (N°s 223 à 242) **97**
- Les animaux (N°s 243 à 254) **103**
- Portraits (N°s 255 à 262) **107**
- Vie sociale et économique (N°s 263 à 272) **110**
- Sciences et techniques (N°s 273 à 284) **114**
- Sports (N°s 285 à 299) **119**
- Jeux - Loisirs - Spectacles (N°s 300 à 314) **125**
- Phénomène naturels (N°s 315 à 321) **131**
- Histoire (N°s 322 à 328) **134**
- Voyages - Transports - Pays (N°s 329 à 343) **137**

I RÉPERTOIRE ORTHOGRAPHIQUE

NOMS

un abattoir
un abbé
un abcès
une aberration
un abîme
un aboiement
l'abolition
l'abondance
un abreuvoir
un abricot
un abus
une baguette
une balance
un banc
un bandit
un banquier
un baptême
un barrage
un cadran
un caillou
un calendrier
une calomnie
un camp
un canard
un candidat
un canevas
un canoë
un canton
un danger
un dé
un débat
un début
une déception
un décès
un défaut
un défenseur
un défi
un degré
un délai

ADJECTIFS

abondant
abrupt
abstrait
accessible
accroupi
bizarre
blond
cent
certain
cher
cinq
circonflexe
dangereux
délicat

MOTS INVARIABLES

abondamment
absolument
actuellement
afin
ailleurs
ainsi
alors
beaucoup
bientôt
ceci - cela

VERBES

abaisser
abandonner
aboutir
abriter
absorber
accabler
balancer
balbutier
ceindre
cesser

HOMONYMES

un jet - un geai
la plaine - pleine
une poêle - un poil
un pot - la peau
près - prêt

NOMS

une accalmie
un accès
un accent
une barrière
un bâtiment
un cantonnier
le caoutchouc
un délice
la demeure
la dentelle
le départ
une écaille
un échantillon
un échec
un écho
une économie
une écorce
un fabricant
une façade
la gaieté
une galerie
la gamme
un gant
un gâteau
l'habileté
un habit
une habitation
un iceberg
un idéal
une jacinthe
un kangourou
la mâchoire
un maçon
le miel
une miette
un militaire
une nageoire
la naissance
la naïveté
la natation

ADJECTIFS

absent
demi
différent
discret
efficace
effrayant
facile
faible
familial
gai
géant
imaginaire
immense
immobile
impair
jaloux

MOTS INVARIABLES

d'abord
d'accord
davantage
debout
dedans
dehors
généralement
jadis
jamais

VERBES

jaillir
lâcher
lécher
maintenir
manier
manœuvrer
manquer
nager
naître
nettoyer

HOMONYMES

une ancre - l'encre
un cygne - un signe
grasse - la grâce
le lait - laid - les - une laie
une patte - une pâte
le poids - un pois

NOMS

la capacité
un caprice
la carapace
une caresse
un cargo
une carotte
un carrefour
un cas
un dépôt
un écran
un écrivain
une façon
un gaz
une habitude
une hache
une idée
un kayak
un képi
un magasin
un magazine
un maillon
un maillot
le maïs
une majuscule
un nerf
une oasis
un objet
un pacte
le paiement
un païen
la paille
la paix
un pamplemousse
une panne
un panneau
un panorama
un pansement
une panthère
une pantoufle
un paon

ADJECTIFS

paisible
pâle
palpitant
parallèle
pareil
qualificatif
radieux
raide
sain
second
sensible
sérieux
terrestre
végétal

MOTS INVARIABLES

parce que
parfois
particulièrement
partout
quand
quelquefois

VERBES

pâlir
payer
paraître
parcourir
quitter
rafraîchir
ramasser
ranger
rappeler
rassembler

HOMONYMES

un coup - le coût - le cou
un palais - un palet
le sang - sans
sur - sûr
un ver - un verre - vers - vert

NOMS

une faiblesse
la faim
un fait
une falaise
la famille
une gazelle
le gazon
le gazouillement
la gelée
une haie
un hameau
la haine
une haleine
un hameçon
l'identité
un igloo
une île
un jaguar
une jambe
une kermesse
un malheur
un mammifère
une mangeoire
un manuel
le maquis
un marais
un marchand
la neige
un observatoire
un obstacle
un papillon
un paquebot
un paquet
le paradis
un parapluie
un parc
un parcours
un parent
un quadrillage
le quai

ADJECTIFS

familier
fantastique
fatal
généreux
gentil
habile
hebdomadaire
ignorant
illustre
impatient
imperméable
important
jeune
natal
naturel

MOTS INVARIABLES

guère
hélas
ici
immédiatement
joyeusement

VERBES

fabriquer
se fâcher
garantir
habiller
ignorer
jeter
jeûner
nier
obéir
observer

HOMONYMES

un coq - une coque
une fête - un faîte
la guerre - guère
du pain - un pin
un cahot - le chaos

NOMS

un accessoire
un accident
un accompagnateur
un accord
un bâton
un bazar
un casque
une casserole
une cathédrale
une cédille
une cellule
le désir
un écureuil
un effet
un fascicule
un îlot
une illusion
une illustration
l'immensité
un kilogramme
un laboratoire
un labyrinthe
un lac
un lâche
le marché
la marée
une marionnette
un maquis
un marron
le matériel
le nettoiement
le neveu
une occasion
un océan
la paresse
un parfum
la paroi
le parquet
le parrain
une part
un parti

ADJECTIFS

admirable
boueux
bouillant
divers
efficace
effrayant
fatigant
faux
favori
féroce
impossible
imprévu
laborieux
magique

MOTS INVARIABLES

apparemment
après
assez
déjà
demain
également
jusque
là
loin

VERBES

accepter
accorder
décoller
découvrir
ébahir
éblouir
échapper
éclaircir
faciliter
ignorer

HOMONYMES

le cœur - le chœur
un golfe - le golf
la morale - le moral
une plainte -
une plinthe
un seau - un sceau -
un sot - un saut

NOMS

un partenaire
un passage
une passion
un pâté
la patience
un patin
un pâtissier
la paupière
un pavé
un pays
la qualité
la quantité
un rabot
une race
une racine
une rafale
la rage
la raie
le raisin
un rameau
une rampe
une rançon
un sac
un sacrifice
une saison
un salaire
un sandwich
le tabac
un tabouret
un taillis
le talent
un talus
un tambour
un tapis
un uniforme
une unité
un vaccin
un vagabond
la vaillance
un vaisseau

ADJECTIFS

quelconque
quotidien
quatorze
quinze
récent
reconnaissant
sévère
simple
sincère
singulier
solaire
solitaire
tranquille
transparent
vieux

MOTS INVARIABLES

pendant
peu
quoi
tant
tantôt
tard
tôt

VERBES

peindre
rattraper
rayer
récompenser
réconcilier
saccager
saisir
scintiller
se taire
tenter

HOMONYMES

une chaîne - un chêne
la chair - cher - une chaire
un lit - la lie
la houe - le houx - où - ou
une tante - une tente

NOMS

un accrochage
un accueil
un accusé
l'acier
une acrobatie
une activité
une addition
la beauté
le bénéfice
le berceau
la berge
le besoin
la cendre
un centime
une céréale
une cérémonie
un chagrin
un chalet
un chameau
un chamois
une description
le dessert
le destinataire
un détail
un effort
l'égoïsme
un éléphant
l'émail
une épée
la fascination
un fauteuil
un fauve
une fée
une femelle
la gencive
un gendarme
un général
un haricot
une harmonie
un immeuble

ADJECTIFS

adroit
adverse
affectueux
bref
brumeux
divers
dix
égoïste
électrique
élégant
épais
essentiel
fertile
fidèle
gourmand

MOTS INVARIABLES

au-dessous
au-dessus
aujourd'hui
auprès
cependant
depuis
derrière

VERBES

acclamer
accuser
balayer
clouer
coiffer
compter
conclure
déjeuner
démêler
éclore

HOMONYMES

un cerf - un serf
un compte - un conte - un comte
le foie - une fois - la foi
un hêtre - un être
la soie - soi

NOMS

un génie
la géographie
l'importance
un incendie
un jambon
la jetée
un jeu
un kiosque
une lame
une lampe
une lance
le langage
un martyr
un mât
le nez
un nid
une nièce
un niveau
un nœud
une occupation
un paysage
un paysan
une pêche
un peigne
la peine
la peinture
le pelage
une pelle
une pellicule
une pension
le quart
une randonnée
une rangée
la rapidité
un rapport
un rat
un râteau
un sanglier
un tarif
un tas

ADJECTIFS

imprudent
inactif
inattendu
joyeux
juteux
laid
lamentable
limpide
magnifique
natif
plat
plein
pratique
remarquable
ridicule

MOTS INVARIABLES

maintenant
mais
malgré
malheureusement
nullement
peut-être
plusieurs

VERBES

illuminer
imiter
joindre
nouer
nourrir
s'obstiner
prendre
permettre
reconnaître
recueillir

HOMONYMES

un champ - le chant
un point - le poing
un maître - le mètre
un pair - une paire - le père
une salle - sale
le teint - le thym

NOMS

un empereur
un emplacement
un emploi
une empreinte
une enclume
une encyclopédie
une femme
une fenêtre
le fer
une gerbe
un geste
le gibier
un hasard
la hâte
la hauteur
un incident
une incisive
un inconvénient
l'indépendance
une indication
la jeunesse
un jockey
un match
le matin
la mécanique
un médecin
une noix
une odeur
un œil
la pente
un pépin
une perdrix
la perfection
une performance
une permanence
un perroquet
le persil
le personnel
un quartier

ADJECTIFS

gracieux
gras
gratuit
incapable
incompréhensible
inconnu
indécis
maigre
majeur
maladroit
malhonnête
masculin
naturel
nécessaire

MOTS INVARIABLES

guère
gravement
même
merveilleusement

VERBES

s'écrier
effacer
effaroucher
embarquer
faciliter
faillir
falloir
garantir
gaspiller
jongler
juger

HOMONYMES

un brin - brun
la forêt - un foret
le maire - la mère - la mer
un puit - puis
une selle - du sel - celle
un ton - un thon - un taon

NOMS

une langouste
une lanterne
la lavande
une leçon
une légende
le lendemain
la lenteur
un léopard
une médaille
la mélancolie
un mélange
un mélèze
une mélodie
un membre
une ménagère
un mendiant
le menton
un menuisier
un message
un nom
le nord
un notaire
un nourrisson
un œuf
une œuvre
un officier
une oie
un pétale
un peuplier
la peur
un phare
une pharmacie
un philosophe
une question
un ravin
une réalité
un rébus
une recette
un récit

ADJECTIFS

loquace
loyal
lugubre
maternel
mauvais
négatif
nerveux
roux
sourd
souriant
stable
vilain
vif
vigoureux
violent

MOTS INVARIABLES

longtemps
longuement
lorsque
mieux
plutôt
quoique
réellement
toujours

VERBES

se mêler
menacer
mener
se noyer
nuire
obtenir
pétiller
peupler
réfléchir
remercier

HOMONYMES

le basilic - une basilique
un juré - jurer
mai - une maie - un mets
un pou - le pouls
une voie - la voix

NOMS

un adhérent
un adieu
une administration
le bétail
une betterave
le beurre
un champignon
le chaos
la chair
un chapitre
un chariot
une détonation
un détour
un détroit
un deuil
une giboulée
un gigot
un hebdomadaire
un indice
un individu
la joie
le mercure
le métal
un métier
un microbe
une miette
un noyau
une ombre
un orchestre
un phoque
la photographie
une phrase
un piano
un pic
une pièce
un pied
une queue
un ravin
une réalité
un récit
une récompense

ADJECTIFS

brusque
clair
combatif
comique
fier
flexible
grossier
indifférent
indigné
indispensable
indulgent
maximum
méchant
obscur
précieux

MOTS INVARIABLES

dès que
désormais
enfin
ensuite
moindre
pourquoi

VERBES

accommoder
balayer
condamner
déployer
embellir
embrasser
fendre
lier
mettre
occuper

HOMONYMES

un dessin - un dessein
le capital - la capitale
le mâle - le mal - une malle
un pore - un porc - un port
une tache - une tâche

II AUTODICTÉES

30-11

1. Le premier ordinateur fut mis en service aux États-Unis en 1946. Il réalisait trois cents multiplications en une seconde. De nos jours, un ordinateur peut réaliser en une seconde plus de deux millions d'opérations.

J. Marseille, *les Grandes Inventions,* « Histoire Juniors », Hachette.

2. **La géothermie.** Une source d'énergie insolite et pratiquement inépuisable pourrait être exploitée dans les profondeurs du sol : c'est la chaleur des couches profondes, qui atteint 6000 °C au centre de la Terre.

J. Satchwell, F. Corlier, *l'Énergie et nous,* « Sources futures », Gamma.

3. **La pollution de l'eau.** Des tonnes de produits toxiques sont déversées journellement par les industries, les agglomérations et l'agriculture, contaminant le moindre organisme vivant, du plancton animal au poisson en passant par les insectes et leurs larves.

B.T. n° 1003, *la Loutre.*

4. Andreï laissait errer son regard sur les montagnes pointues qui fermaient l'horizon et considérait le sol sans arbres, les collines abruptes, les falaises à pic sur la mer, les plages de sable ou de galets.

J. Dailey, *les Grandes Solitudes,* Presses de la Cité.

5. Les gorilles passent environ 40 % de leur temps à se reposer, 30 % à se déplacer et 30 % à se nourrir. Ils continuent même à s'alimenter en marchant, arrachant çà et là des chardons, des feuilles d'ortie, de céleri ou des morceaux d'écorces et de racines d'arbres.

J. de Cardaillac, « la Piste des gorilles », *Science et Vie Junior* n° 1, février 1989.

6. Le papyrus est une espèce de roseau qui pousse sur les bords du Nil. La tige est écorcée, puis coupée en fines lamelles. Elles sont superposées puis martelées pour être aplaties et former une feuille qu'on laisse sécher sous un poids.

O. Limousin, *l'Histoire de la feuille de papier,* « Découverte Benjamin », Gallimard.

7. Elle était là, partout, devant lui, immense, gonflée comme la pente d'une montagne, brillant de sa couleur bleue profonde, toute proche, avec ses vagues hautes qui avançaient sur lui.
« La mer, la mer ! » pensait Daniel, mais il n'osa rien dire à voix haute.

J.-M. G. Le Clézio, *Celui qui n'avait jamais vu la mer,* « Folio Junior », Gallimard.

8. Pour encercler Vercingétorix dans Alésia, César ordonne la construction d'une double ceinture de fortifications en bois sur un remblai de terre.
En dépit de leur héroïsme, les Gaulois ne parvinrent jamais à traverser ces défenses.

Jules César, J. Marseille, « Histoire Juniors », Hachette.

9. Cela voudrait dire que la vie est plus forte que la mort, que tout s'efface, que toutes les blessures guérissent, ou quand elles ne guérissent pas vraiment, c'est qu'elles restent au fond de soi, congelées comme les brins d'herbe sous la glace.

J. Lanzmann, *la Baleine blanche*, Laffont.

10. En pointant la lunette magique vers les hauts monts, on apercevait, parfois, sur les contreforts de rochers couverts de neige, des points noirs, de minuscules silhouettes sombres qui bougeaient, se déplaçaient... Les ours de la tribu de Djidi !

R. Guillot, *Grichka et les loups*, le Livre de poche Clip.

11. Avec l'obscurité naissante, les paysages de rizières commencent à fuir le décor. Les nuages cotonneux se reflètent dans le miroir des champs liquides, les derniers buffles sillonnent la boue si lentement que le soc de métal laboure doucement le ciel.

J.-P. Mari, Reportage « Birmanie », *Partir* n° 59, février-mars 1980.

12. La route s'ouvrait large et profonde et sur les bas-côtés les jeunes arbres semblaient autant d'amis accourus pour un signe affectueux. Une poudre de soleil se tamisait du ciel, s'accrochait aux buissons, collait aux feuilles neuves, barbouillait d'or les pierres et les mousses.

A. Blanc, *la Part du diable*, La solidarité par le livre.

13. Il avait treize ans. C'était un gaillard tanné par l'air marin. Le travail des champs et les corvées l'avaient sculpté. Son torse évasé tel celui d'un nageur était plutôt rentrant, comme s'il avait honte de respirer. Les jambes musclées en longueur bénéficiaient d'une vélocité féline.

Y. Queffélec, *les Noces barbares*, Gallimard.

14. Le grand-père ouvre son sac. Ses marionnettes commencent à vivre sur sa langue. La première, c'est lui-même, la seconde, moi, les autres sont les gens du quartier. Chaque soir, nous poursuivons toutes sortes d'aventures dont personne, pas même le conteur, ne sait où elles vont nous mener.

P. Jakez Hélias, *le Cheval d'orgueil*, « Terre humaine », Plon.

15. **La petite chèvre de Monsieur Seguin.** Quand la chèvre blanche arriva dans la montagne, ce fut un ravissement général. Jamais les vieux sapins n'avaient rien vu d'aussi joli. Les châtaigniers se baissaient jusqu'à terre pour la caresser du bout de leurs branches. Les genêts d'or s'ouvraient sur son passage et sentaient bon tant qu'ils pouvaient. Toute la montagne lui fit fête.

A. Daudet, *Lettres de mon moulin,* Fasquelle.

16. La Terre s'appauvrit. Pendant que l'espèce humaine explose sur la planète, les autres espèces vivantes disparaissent à un rythme accéléré. L'humanité pourrait compter plus de huit milliards d'hommes en 2025, mais la moitié des espèces vivantes aura probablement disparu avant la fin du siècle prochain.

M. A. d'Adler, *l'Événement du jeudi,* mars 1989.

17. Nous allions dormir de bonne heure, épuisés par les jeux de la journée, et il fallait emporter le petit Paul, mou comme une poupée de chiffons : je le rattrapais de justesse au moment où il tombait de sa chaise, en serrant dans sa main crispée une pomme à demi rongée, ou la moitié d'une banane.

M. Pagnol, *la Gloire de mon père,* Presses Pocket.

18. C'est dans la forêt où il va traquer le gibier qu'un Yanomani passe les moments les plus intenses de sa vie. Une grande partie de son prestige dépend de son adresse, car pour séduire une jeune fille, il devra offrir du gibier à sa famille et, comme preuve supplémentaire, il se parera avec des plumes d'oiseaux abattus.

R. Harbury et les rédacteurs des éditions Time-Life,
les Aborigènes de l'Amazonie, France Loisirs.

19. Très occupée à dépouiller l'écorce d'une branche, la petite souris n'a pas vu le crotale; mais celui-ci, sûr de sa victoire, ne peut résister à l'envie de clamer sa joie et il se laisse aller à agiter sa queue. Elle n'a pas à entendre deux fois le bruit fatal pour comprendre que l'ennemi est tout proche et que ses minutes sont comptées.

Désert vivant, par Walt Disney, texte de P. A. Gruénais, Hachette.

20. C'était une tortue, une tortue qui gisait sur le dos, dans le sable. Mais quelle tortue! Elle était gigantesque, un vrai mammouth. Je n'aurais jamais pensé qu'une tortue pût être aussi énorme. Comment donner une idée de ses dimensions? Je crois que si elle avait été sur ses pattes, un homme de grande taille aurait pu s'asseoir sur son dos sans que ses pieds touchent terre.

R. Dahl, *l'Enfant qui parlait aux animaux,* « Folio Junior », Gallimard.

21. Du haut de leur orbite, des satellites observent les grands mouvements atmosphériques. Les uns sont placés à 36 000 km d'altitude et restent toujours au-dessus d'un même point du globe ; d'autres, placés beaucoup plus bas, décrivent des orbites régulières autour de notre planète.

« Le Temps calculé », *Science et Vie Junior,* avril 1989.

22. **Les îles Lofoten.** À 200 kilomètres au nord du cercle arctique, s'accrochent des îles étranges, hérissées de pics déchiquetés et animées de milliers d'oiseaux. Il faut les découvrir par la mer, s'arrêter dans ces minuscules ports où les séchoirs à morue s'alignent de part et d'autre des cabanes traditionnelles sur pilotis, et goûter le calme des îlots déserts.

« Kayak aux Lofoten », *Grands Reportages,* avril 1989.

23. La canne à sucre est originaire de Nouvelle-Guinée, où les habitants la cultivaient déjà il y a plus de 3 000 ans. Apporté en Occident au VIIIe siècle par les navigateurs arabes, le « roseau sucré » est acclimaté dans les pays méditerranéens. Toutefois, pendant plusieurs siècles encore, le sucre de canne reste très rare et ne parvient pas à remplacer le miel et les sucres de fruit.

P. Langley, « Mangeons-nous vraiment trop de sucre ? », *Ça m'intéresse* n° 43, septembre 1984.

24. Les yeux riaient, pétillants, vifs dans les faces épanouies par le rire, les grosses joues rouges, rebondies comme de belles pommes, hurlaient la santé et la joie ; les bras, les jambes, les pieds, les épaules, les mains, le cou, la tête, tout remuait, tout vibrait, tout sautait en eux.

L. Pergaut, *la Guerre des boutons,* Mercure de France.

25. **Les Normands.** Ils venaient par mer de Suède, de Norvège et du Danemark. Ces pays étaient très pauvres. Les habitants y trouvaient difficilement de quoi se nourrir. C'est pourquoi ils allaient chercher dehors de la nourriture.
Chaque année, au printemps, des Normands montaient sur de grandes barques. Ils choisissaient pour chef le plus brave d'entre eux, qu'ils appelaient roi de mer.

E. Lavisse, *Histoire de France CM,* 1914, Armand Colin.

26. Au Moyen Âge, les villes se développent et les remparts deviennent vite trop étroits. Mais ils assurent la sécurité et les bourgeois s'entassent dans des maisons construites en hauteur. Les ateliers et les boutiques s'ouvrent sur des rues bruyantes, étroites et boueuses. On commencera à les paver au XIIIe siècle seulement.

J. M. Laporte, D. Pain, *Histoire de France CM1,* Istra.

27. Les coucous sont des voisins envahissants. Ils ne construisent pas de nids et préfèrent installer leurs œufs dans celui du voisin. Pour mieux tromper l'oiseau qui couvera sa progéniture, la femelle coucou pond un œuf qui imite celui de l'autre espèce. Pas n'importe laquelle d'ailleurs : les coucous choisissent précisément qui ils vont parasiter.

«La Guerre des coucous», *Science et Vie Junior* n° 1, février 1989.

28. Pendant le long hiver islandais, plus un cri d'oiseau, mais le long sifflement du blizzard ou le silence infini de l'espace. La glace fige les lacs et les rivières, s'accroche aux volcans déchiquetés. L'immensité blanche envahit l'immensité noire des déserts de cendre qui, dès lors, se confond intimement aux calottes des glaciers.

Brochure *Terres d'aventure*, 1987.

29. La saison sèche était propice au voyage. Les jours étaient cléments et les nuits fraîches, mais, à mesure que nous allions vers le sud, il faisait presque assez chaud pour pouvoir dormir dehors sans couverture et les midis étaient devenus si brûlants que nous avions envie de nous défaire de tous nos vêtements et de notre chargement.

G. Jennings, *Azteca*, Hachette.

30. Elle a retransformé la citrouille en automobile. Mais comme le rat l'avait rongée, la carrosserie était trouée.
Elle a refait du rat rouge un chauffeur. Mais le chauffeur n'était pas content, parce qu'il ne pouvait plus manger sa voiture, et il prétendait que rouler ne lui rapportait pas assez.

P. Gripari, *la Sorcière et le commissaire*, Grasset.

31. Les grands oiseaux qui ne peuvent plus voler doivent se fier à leur vitesse pour échapper aux prédateurs. L'un des plus rapides, et certainement le plus gros oiseau actuel, est l'autruche qui atteint une hauteur de 2 à 2,40 m... Elle est réputée pour sa propension à avaler n'importe quoi et les objets les plus extraordinaires : des clous, des pièces de monnaie, des bouchons, des ficelles, ont été découverts dans ses entrailles.

J. A. Burton, D. H. S. Risdon, *la Passion des oiseaux*, Gründ.

32. Ali Baba s'était attendu à voir un lieu de ténèbres et d'obscurité; mais il fut surpris d'en voir un bien éclairé, vaste et spacieux, creusé de main d'homme, en voûte fort élevée, qui recevait la lumière du haut du rocher, par une ouverture pratiquée de même. Il vit de grandes provisions de bouche, des ballots de riches marchandises en piles, des étoffes de soie et de brocart, des tapis de grand prix, et surtout de l'or et de l'argent.

Ali Baba et les quarante voleurs, Contes des «Mille et une nuits», Gallimard.

33. Je prends pied sur la glace. Elle est recouverte d'une infinité de fleurs de gel, atteignant chacune jusqu'à six centimètres de diamètre et ressemblant à de la monnaie-du-pape, si courante dans le Midi de la France...
À ce moment, je m'amuse à les balayer d'un coup de ski latéral. Horreur! La glace qui se trouve juste en dessous est noire, donc d'une extrême finesse!

Dr J. L. Étienne, *le Marcheur du pôle,* Laffont.

34. À la surface des mers du Sud, on voit souvent, par beau temps, errer très lentement de vastes taches plus sombres que le reste des flots. Ces îles d'ombre, de plusieurs lieues d'étendue, indiquent un calme plat. L'absence de brise laisse là les eaux immobiles, déterminant cette couleur plus foncée, teinte naturelle de la mer lorsque le vent ne fait pas miroiter sa surface en l'agitant sous le soleil.

R. Margerit, *l'Île des Perroquets,* Phébus.

35. Malgré les invasions arabes, grecques, perses, soudanaises, qui se sont succédées dans la vallée du Nil, le type, l'ethnie égyptienne n'a rien perdu de son caractère : cheveux frisés et noirs, teint cuivré, profil droit aux pommettes saillantes, lèvres charnues et nez massif et surtout ces yeux doux, fendus en amande qui me regardent maintenant étonnés.

G. Mermet, reportage « Égypte », *Partir* n° 41, mars 1978.

36. Chaque pays a ses lutins, ses génies familiers... Chez nous, en Lorraine, ces menues créatures s'appellent les sotrés. Ce sont de petits hommes qui se montrent généralement pleins de prévenances pour leurs grands frères humains, pour ceux, du moins, qui, par leur honnêteté, leur ardeur au travail, leur bonté et leur charité, méritent ce secours mystérieux. Ils sont partout, souvent invisibles mais toujours présents.

A. Dorny, *Légendes lorraines,* Éd. de l'Écureuil.

37. C'était une vision superbe que ces couleurs éclatantes et que ces manœuvres réglées avec précision d'horlogerie; les voilures noires évoquaient des ailes de chauves-souris gigantesques dans la lumière faiblissante du crépuscule; les fanaux déjà allumés papillotaient dans la mâture comme des paillettes d'or et les mouettes, attirées par l'odeur du poisson frais pêché, tournaient par centaines autour des bateaux avec des cris agressifs.

J. de Hartog, *l'Artiste,* Julliard.

38. Il était près de onze heures du soir lorsque je pensais à revenir; comme j'avais beaucoup marché, je me dirigeai du côté d'une ferme

que j'aperçus pour demander une tasse de lait et un morceau de pain... Quoiqu'il y eût de la lumière et que j'entendisse aller et venir, on ne répondit pas quand je frappai, en sorte que je m'approchai d'une fenêtre pour regarder s'il n'y avait là personne.

A. de Musset, *la Confession d'un enfant du siècle,* Éd. La Renaissance du livre.

39. Sur la carte rectangulaire de la Terre, appelée planisphère, les fuseaux sont représentés par des bandes parallèles; par endroits, certaines bandes ont des limites irrégulières. En effet, on a cherché à mettre dans un même fuseau les territoires d'un même État, pour éviter de changer d'heure dans ce pays. Chaque fois qu'on passe d'un fuseau à un autre en allant vers l'est on avance d'une heure; en allant vers l'ouest, on retarde d'une heure.

Physique - Biologie - Technologie - Informatique CM, Collection «Pour connaître les sciences», Hachette.

40. À l'époque de la ponte, au moment de la pleine lune, quand les marées sont les plus hautes, les tortues de mer abordent les îles où elles savent que nul autre animal ne viendra les troubler.
Si le sable porte la moindre empreinte, elles vont ailleurs chercher une retraite plus sûre. La plage doit donc être vierge, témoignant ainsi d'une solitude absolue, pour que ce prudent animal se décide à lui confier ses œufs.

H. de Monfreid, *l'Enfant perdu,* Coll. «Junior Club», Éd. Brepol's, Bruxelles.

41. On croit souvent que les pythons écrasent leurs victimes, mais il n'en est rien. Quand ils ont trouvé une proie à leur convenance, ils l'attaquent, la gueule grande ouverte, se jettent dessus et enroulent leur corps autour d'elle. L'animal assailli se débat furieusement et, ce faisant, consomme beaucoup d'oxygène. Les anneaux du serpent forcent l'air encore présent dans ses poumons et finalement, ne pouvant plus respirer, il meurt asphyxié.

J. Klaarenbeek, *les Animaux géants,* Éd. Princesse.

42. Pierrot connaît la lune. Il sait la regarder. Il sait voir que ce n'est pas un disque blanc et plat comme une assiette. Il la regarde avec assez d'attention et d'amitié pour voir à l'œil nu qu'elle possède un relief, qu'il s'agit en vérité d'une boule — comme une pomme, comme une citrouille — et qu'en outre, elle n'est pas lisse, mais bien sculptée, modelée, vallonnée — comme un paysage avec ses collines et ses vallées, comme un visage avec ses rides et ses sourires.

M. Tournier, *Pierrot ou les secrets de la nuit,* Gallimard.

III DICTÉES QUOTIDIENNES

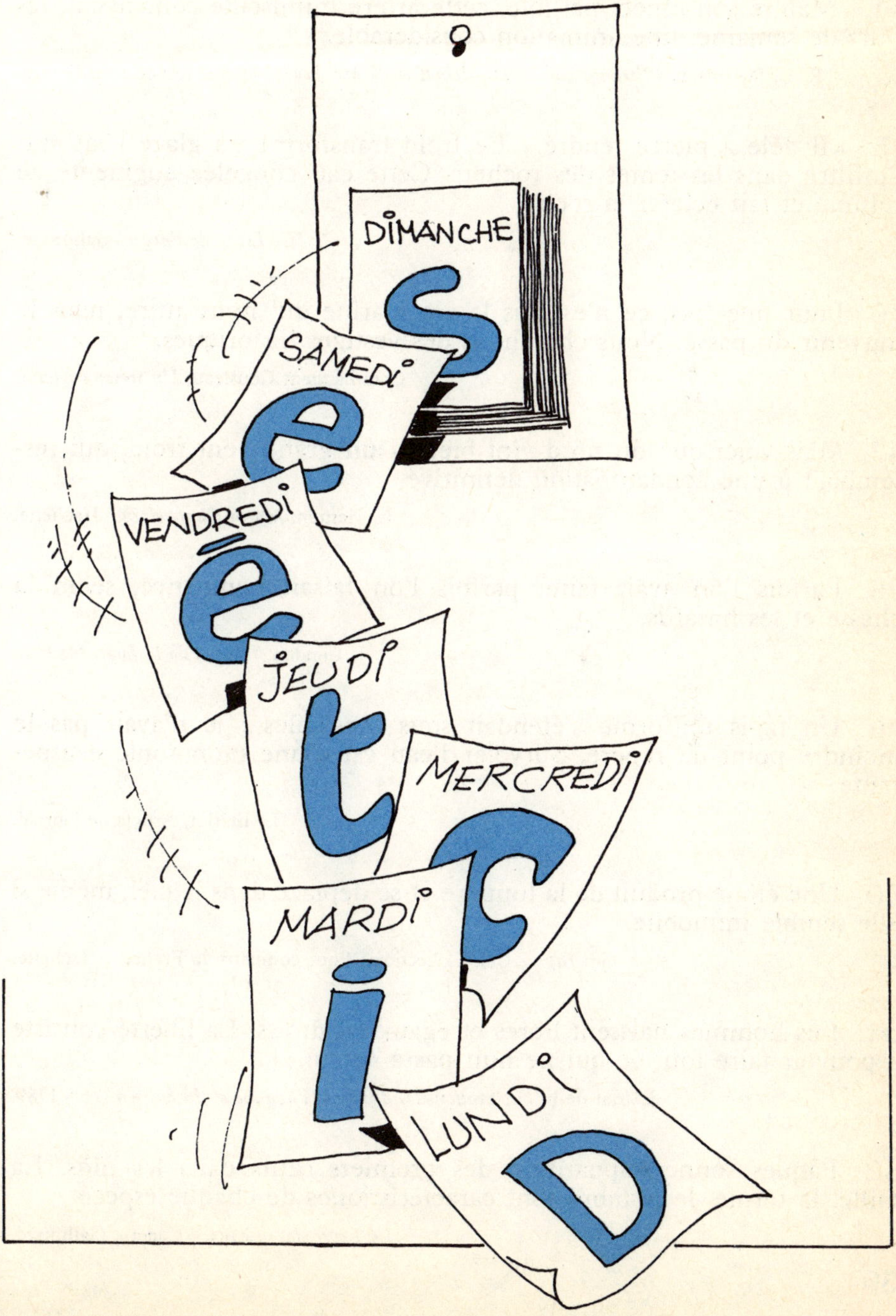

43. Au nord du Groenland, les Esquimaux entraînent leurs chiens à la chasse en s'affublant d'une peau d'ours.

I. Silis, « Peau d'ours », *Géo* n° 109, mars 1988.

44. Malgré son aspect paisible, cette artère minuscule connaissait, les jours de semaine, une animation considérable.

R. L. Stevenson, *l'Étrange cas du Dr. Jekyll et de Mr. Hyde,* « Folio Junior », Gallimard.

45. « Il gèle à pierre fendre. » Le froid transforme en glace l'eau qui s'infiltre dans les fentes des rochers. Cette eau congelée augmente de volume et fait éclater la roche.

Le Livre de l'hiver, Gallimard.

46. Pour une fois, ce n'est pas la vie marine qui nous attire, mais le souvenir du passé. Nous cherchons des vestiges historiques.

Commandant Cousteau, *Un trésor englouti.*

47. Mais voici que du nord vint bientôt un grand vent froid, qui ressemblait à une condamnation définitive.

L. Hémon, *Maria Chapdelaine,* Hachette.

48. Parfois l'on avait faim, parfois l'on faisait bombance, selon la chasse et les hasards.

J. London, *l'Appel de la forêt,* Nathan.

49. Un tapis uniforme s'étendait sous mes ailes : je n'avais pas le moindre point de repère. Survoler l'eau est d'une monotonie exaspérante.

L. Blériot, Article de journal.

50. Une étoile produit de la lumière et se déplace dans le ciel, même si elle semble immobile.

Géographie CM, Collection « Pour connaître la France », Hachette.

51. Les hommes naissent libres et égaux en droits. La liberté consiste à pouvoir faire tout ce qui ne nuit pas à autrui.

Extrait de la *Déclaration des droits de l'homme et du citoyen,* 26.8.1789.

52. Pâques sonne l'apparition des premiers œufs dans les nids. La taille, la forme, le nombre sont caractéristiques de chaque espèce.

Le Livre des oiseaux, « Cadet », Gallimard.

53. Tout change autour de nous. Nous changeons nous-mêmes et nul ne peut s'assurer qu'il aimera demain ce qu'il aime aujourd'hui.

J. J. Rousseau, *les Rêveries du promeneur solitaire,* « L'Intégrale », Seuil.

54. En Afrique du Sud, la vie tout entière est déterminée par la couleur de la peau. Les enfants ne vont pas dans les mêmes écoles selon s'ils sont blancs ou noirs.

S. Doinel, « l'École des autres », *Science et Vie Junior,* avril 1989.

55. Près du foyer, un vieux chien, presque aveugle et moustachu, un de ces chiens qui ressemblent à des gens qu'on connaît, dormait le nez dans ses pattes.

G. de Maupassant, *la Peur,* Albin Michel.

56. Lorsque je suis arrivé, au milieu de l'après-midi, le village était presque désert, abandonné au soleil, au bourdonnement des mouches et aux récitations des écoliers.

G. Mermet, reportage « Égypte », *Partir* n° 41, mars 1978.

57. La cigale chante tout l'été tandis que la fourmi travaille et économise. Quand survient l'hiver, la cigale n'a rien, mais la fourmi a attrapé un tour de reins.

W. Allen, *Opus 1 et 2,* France Loisirs.

58. La neige tombait à nouveau en flocons serrés et de brusques rafales de vent la plaquaient sur le pare-brise.

M. Higgins Clark, *la Nuit du renard,* Albin Michel.

59. Pour l'instant, les vagues sont hautes et blanches sur le dessus; c'est la mer qui montre les dents en riant, comme un enfant terrible.

A. Bombard, *Naufragé volontaire,* Éd. de Paris.

60. À ce moment, elles entendirent les sirènes des voitures de pompiers, et peu après, deux hommes venaient les rejoindre avec une puissante lance.

C. Quine, *Alice et la fusée spatiale,* Hachette.

61. La statue de la Liberté trône dans le port de New York depuis 1886. Il y a un siècle, l'œuvre du sculpteur français Bartholdi gagnait l'Amérique en pièces détachées à bord d'un voilier.

M. Bessaguet, *Géo* n° 89, juillet 1986.

62. Les remous sont terribles. Je ne sais plus si c'est nous qui descendons ou si c'est la forêt qui monte. J'ai mal au cœur. Enfin, nous ralentissons.

N. Schneegans, « le Pêcheur d'oiseaux », *J'aime lire* n° 39.

63. Le cerveau travaille toute la journée ; alors il a besoin de repos. On ne peut pas rester sans dormir. Un homme peut mourir si on le prive de nourriture, mais aussi si on le prive de sommeil.

B.T.J. n° 313, *l'Énergie de l'eau,* novembre 1988.

64. Les grandes personnes ne comprennent jamais rien toutes seules, et c'est fatigant, pour les enfants, de toujours et toujours leur donner des explications.

A. de Saint-Exupéry, *le Petit Prince,* « Folio Junior », Gallimard.

65. Un sous-marin nucléaire peut faire sept fois le tour du monde avec une réserve d'uranium de la taille d'une balle de golf.

Texte original de J. Rutland — adaptation française de F. de Montériel, *Un sous-marin au téléobjectif,* Gamma.

66. La jacinthe des bois possède un bulbe et de longues feuilles à nervures parallèles. Ses fleurs en clochette sont groupées en une grappe.

Godier, Moreau, *les Leçons de choses au CM1,* Nathan.

67. Le bruit de grelots et les aboiements se rapprochent. Alors, se faufilant doucement, le chat s'enfonce sans bruit dans le bois.

A. M. Chapouton, *Janus, le chat des bois,* « Castor Poche », Flammarion.

68. « Pourquoi vas-tu si vite puisqu'une fois arrivé, il faudra que tu reviennes ? »

Proverbe arabe.

69. Le conducteur emprunte alors un étroit sentier bordé de broussailles, d'aubépine, de fougères et de noisetiers.

J. Thomas, Bilstein, *Une surprise pour Natacha,* Éd. Hemma.

70. Elle portait un long manteau d'une étoffe foncée et sur la tête un châle tricoté au crochet.

Somerset Maugham, *Servitude humaine,* Hachette.

71. Le site valait vraiment la peine d'être regardé, visité, choisi, et sans doute occupé.

J. Verne, *l'École des Robinsons,* Hachette.

72. Dans les Pyrénées, l'ours meurt des routes que l'on perce et des forêts que l'on abat.

T.D.C. n° 500, Centre national de documentation pédagogique, novembre 88.

73. Ils étaient l'un et l'autre affublés de vieux vêtements usés, peut-être dans le double dessein de se garantir de la pluie et d'éviter d'attirer l'attention.

C. Dickens, *Oliver Twist.*

74. Pour tracer les limites de chaque département, un simple principe fut appliqué : aucun endroit de département ne devait être éloigné d'un autre lieu de ce même département de plus d'une journée de cheval.

D'après un texte de l'Assemblée constituante, le 26 février 1790.

75. Les feux gigantesques allumés chaque année pour défricher la forêt amazonienne modifient l'écologie de toute la planète.

Calypsolog, janvier 1989.

76. La transition de la contrée stérile à la campagne cultivée fut brusque. Au lieu de broussailles, des haies vives entouraient un enclos récemment défriché.

J. Verne, *les Enfants du capitaine Grant,* Hachette.

77. Son accoutrement était composé de haillons de matelot et de lambeaux de toile à voile, retenus par un système hétéroclite : boutons de cuivre, morceaux de bois, bouts de ficelle...

R. L. Stevenson, *l'Île au trésor,* Hachette.

78. Le 24 novembre 1974, en Éthiopie, des savants retrouvèrent les os d'une jeune fille d'environ 20 ans. Ils la baptisèrent Lucy. Elle avait vécu là, il y a 3 millions d'années.

Le Livre des découvertes et des inventions, Gallimard.

79. La statue de la Liberté est un témoignage de l'amitié franco-américaine. Elle a été dessinée, construite en France, puis offerte et transportée aux États-Unis.

Couleurs du temps CM2, Istra.

80. Une détonation épouvantable, inouïe, surhumaine, dont rien ne saurait donner une idée, se produisit instantanément. Une immense gerbe de feu jaillit des entrailles du sol comme d'un cratère.

J. Verne, *De la Terre à la Lune,* Hachette.

81. Notre maître était la conscience même. Je ne l'ai jamais vu malade ou en retard. Il aurait pu servir d'horloge au village. Il apportait aux papiers de la commune la même exactitude.

J. Cressot, *le Pain au lièvre,* Stock.

82. Basile, le chat, faisant un grand bond en l'air, donna un coup de patte à la corneille qu'il fit choir de sa branche. Elle s'envola de justesse, la moitié de la queue arrachée.

A. Tolstoï, *la Petite Clé d'or.*

83. Quand une maison, une terre, un village, un pays ont passé d'un état déplorable à un état satisfaisant, le spectateur ne peut jamais deviner les efforts immenses sur lesquels reposent les premiers changements.

Balzac, *le Curé du village,* Seuil.

84. Chaque année, les divers déchets en plastique, qui polluent les mers et les océans, entraînent également la mort de millions d'oiseaux, de poissons et de mammifères marins.

Sciences et Avenir, avril 1985.

85. Les enfants marchaient sur le sable humide et chatoyant dans lequel se miraient les gros nuages roses qui naviguaient dans le ciel doré. La mer s'était retirée très loin et ils couraient pieds nus vers elle.

A. Lesai, *Un village près de la mer,* « Folio Junior », Gallimard.

86. Georges et Élisa n'avaient rien de plus que les oiseaux de l'air, que les fleurs des champs, et pourtant, ils étaient au comble de la joie... Ils avaient la liberté !

H. B. Stowe, *la Case de l'oncle Tom,* Nathan.

87. Le ciel était clair et la lune à peine nimbée. De grosses étoiles apparaissaient à travers un voile transparent. Le brouillard qui s'était épaissi nc laissait plus filtrer aucune lueur d'incendie.

B. Clavel, *la Saison des loups,* R. Laffont.

88. Originaire d'Orient, la carpe peuple nos étangs et nos rivières depuis plus de 2 000 ans. Très résistante, elle peut se trouver dans un bloc de glace jusqu'à une température de moins 40 °C et rester en vie.

J. F. Norcy, *Buldo et la rivière qui brûle,* le Livre de poche Copain.

89. Nombreux dans les régions tropicales et tempérées chaudes, les pélicans sont des oiseaux de lignage ancien. Grands et lourds, ils aiment peu voler, mais le cas échéant, ils se révèlent de puissants aviateurs.

J. A. Burton, D. H. S. Risdon, *la Passion des oiseaux,* Gründ.

90. Claudine est rouge. Sa joue est brûlante. Elle a peine à respirer. Elle a l'impression que la déchirure qu'elle avait oubliée s'ouvre de nouveau dans sa poitrine. Elle tente d'effacer ce qui l'entoure, elle se concentre.

M. C. Helgerson, *Claudine de Lyon,* « Castor Poche », Flammarion.

91. De même que le Soleil possède neuf planètes toutes différentes, de même la plupart de ces planètes retiennent, à leur tour, une invraisemblable ribambelle de lunes.

H. Ponchelet, « Savoirs », *Le Point,* 3/9 avril 1989.

92. « Allez dire au roi que nous sommes ici par la volonté du peuple et que nous n'en sortirons que par la force des baïonnettes. »

Mirabeau, député du Tiers État, le 23 juin 1789.

93. Tout était tranquille sur le lac et sur la grève. Les quatre garçons, nichés entre les énormes racines d'un hêtre, s'endormirent d'un sommeil si profond que les éclats de la foudre n'auraient pu l'interrompre.

J. Verne, *Deux ans de vacances,* Hetzel.

94. L'eau était délicieusement fraîche. Je me séchai lentement pour ne pas me remettre à transpirer, attachai une serviette autour de ma taille, et ressortis sur la terrasse.

E. Ambler, *les Visiteurs du crépuscule,* Les Humanoïdes associés.

95. Cependant, le chevalier avait ôté son casque et la plus grande partie de son armure. C'était un homme d'une haute taille, à la tête couverte de cheveux bouclés, aux yeux vifs et aux moustaches châtain clair.

W. Scott, *Ivanhoé,* Nathan.

96. L'après-midi, une grande fête se déroula dans la capitale royale. Les orchestres parcouraient les rues en exécutant des airs joyeux.

J. Lada, « l'Incroyable Honza, *J'aime lire* n° 77.

97. Il voulut se jeter dans un fossé pour leur échapper mais il se trompa de direction et marcha droit vers le premier des cavaliers qui arrivaient.

R. L. Stevenson, *l'Île au trésor,* Nathan.

98. En 1978, les Français ont jeté quatorze millions de tonnes d'ordures ménagères. Il faudrait, pour les contenir, une poubelle de 300 mètres de diamètre et trois fois plus haute que la tour Eiffel !

M. Cabanat, *les Énergies renouvelables,* « En savoir plus », Hachette.

99. Tout tombe. Si vous posez un verre au bord d'une table et que vous le cognez, il tombera. Cela nous paraît tellement évident que nous ne nous posons même pas la question : pourquoi le verre tombe-t-il ?

L. Broomhead, D. Sanier, *À la conquête de l'espace,* « Monde en poche », Nathan.

100. La Révolution française a aussi établi dans toute la France le même système de poids et mesures. Partout, désormais, on mesure en mètres, en grammes ou en litres.

A. Drouet, *la Révolution française,* « Histoire Juniors » Hachette.

101. Le petit Marcellin Caillou aurait pu être un enfant très heureux comme beaucoup d'autres enfants, malheureusement, il était affligé d'une maladie bizarre : il rougissait.

Sempé, *Marcellin Caillou,* « Folio Junior », Gallimard.

102. Article premier. Tous les êtres humains naissent libres et égaux en dignité et en droits.
Ils sont doués de raison et de conscience et doivent agir les uns envers les autres dans un esprit de fraternité.

Déclaration universelle des droits de l'homme, 10 décembre 1948.

103. Il est impossible de savoir à quelle date fut fabriqué le premier kayak. Cependant, il est à peu près certain qu'on l'utilisait dans les îles aléoutiennes il y a 4 000 ans.

W. Herbert, *les Esquimaux,* Flammarion - International library.

104. La bauge est l'endroit où se repose le sanglier. Elle se situe en forêt, dans un endroit abrité, sur le sol qui est aplani et recouvert de feuilles mortes et d'herbes.

M. Davot, F. Davot, *le Sanglier et l'homme,* Épigones.

105. Le banc leur servait de barre de saut. Ils prenaient leur élan du bout du square, arrivaient à fond de train, sautaient et retombaient en exécutant un arrêté de grand style.

H. Bichonnier, *Kiki la casse,* le Livre de poche Clip.

106. Tuer un animal comme ça, ou uniquement pour lui faire payer quelque vague forfait, cela semblait injuste et absurde.

M. Ellis, *le Chant triste du coyote,* « Castor Poche », Flammarion.

107. La brume s'étant ouverte devant nous, nous aperçûmes un voilier à l'arrêt qui semblait avoir un cachalot amarré à ses flancs.

H. Melville, *Moby Dick,* Éd. Hemma.

108. Le héron ouvrit de grands yeux, leva une patte, fit claquer son bec. Sa manière à lui d'exprimer une vive surprise.

J. F. Norcy, *Buldo et la rivière qui brûle,* le Livre de poche copain.

109. La Chèvre et la Brebis étaient très amies. Elles avaient les mêmes goûts... Comme elles ne se quittaient jamais, certains animaux disaient qu'elles étaient sœurs.

J. Muzi, *Dix-neuf fables du roi lion,* « Castor Poche », Flammarion.

110. Quand le pain d'épice salé, poivré et savonné fut cuit, Mathilde le mit à refroidir sur le rebord de la fenêtre.

W. Gage, M. Hafner, *Mathilde et le corbeau,* « Folio Benjamin », Gallimard.

111. Ils se retournèrent, tout surpris, et virent une souris des bois. Elle avait un pelage bien lustré, des yeux très brillants et de très longues moustaches.

S. Mac Cullagh, *Dick la souris,* Bordas.

112. Pour gouverner la cité, les Athéniens inventent la démocratie. Ce système très nouveau permet à tous les citoyens de choisir leurs dirigeants, de rendre la justice, d'examiner les dépenses de l'État, ou de décider de faire la guerre.

Images Doc n° 1, janvier 1989, « la Grèce antique », Production *Astrapi-Okapi.*

113. Pendant le règne de Louis IX, les défrichements ont favorisé la mise en culture de terres nouvelles, nécessaires pour nourrir une population en forte augmentation.

D'après *Saint Louis,* « Histoire Juniors », texte de S. Abraham-Thisse, Hachette.

114. Au temps de Guillaume le Conquérant, la campagne normande est alors plantée en vignes. Ce n'est que bien plus tard, au XVIe siècle, qu'on importera les célèbres pommiers.

D'après *Guillaume le Conquérant,* « Histoire Juniors », texte de P. Brochard, Hachette.

115. La haute civilisation qui, 3 500 ans avant notre ère, est née et s'est développée sur les rives du Nil, en a certainement fait le plus célèbre fleuve de l'univers.

D'après G. Benati, *Atlas des merveilles,* Nathan.

116. Le grand soleil d'août montait dès cinq heures à l'horizon, et la Beauce déroulait ses blés mûrs, sous le ciel de flamme. Depuis les dernières averses de l'été, la nappe verte, toujours grandissante, avait peu à peu jauni.

É. Zola, *la Terre,* Fasquelle.

117. Les éponges sont les plus simples et les plus primitifs de tous les animaux pluricellulaires. Ce qui leur a valu d'être considérées pendant longtemps comme des plantes.

M. Loir, *les Animaux étranges du bord de mer,* Éd. Ouest-France.

118. Notre baie est défendue par de gros rochers, sous la mer. Il faut les connaître. Il arrive que même nos pirogues s'éventrent parfois sur un écueil.

L. Fillol, *l'Enfer noir,* « Castor Poche », Flammarion.

119. Dans le jardin, les bourgeons éclatent, libérant leurs jeunes feuilles et toutes s'empressent d'habiller les arbres d'un vert très tendre.

P. Lorin, *Un carré de ciel bleu,* G. P.-Rouge et Or.

120. Les Gaulois n'étaient pas unis : ils formaient plusieurs « nations », les unes à côté des autres, alliées ou ennemies tour à tour.

P. Brochard, *Dans un village gaulois,* « Monde en poche », Nathan.

121. Il n'y aura plus d'éléphants en Afrique dans cinquante ans, si les chasseurs d'ivoire continuent à les abattre en dépit des réglementations.

D. et M. Frémy, *Quid 1986,* Laffont.

122. Lancées à l'assaut des sommets, les remontées mécaniques ont constitué un fantastique réseau pour mener toujours plus vite, toujours plus haut les passionnés de ski.

Géo n° 109, mars 1988.

123. Sous les tropiques, depuis des millénaires, les paysans se sont servi du bois qui était à portée de main jusqu'à épuisement et puis s'en sont allés défricher et planter un peu plus loin.

R. Dumont, *Géo* n° 121, mars 1989.

124. Des estimations sérieuses fixent à environ 10 % le nombre des espèces animales et végétales qui ont déjà disparu du fait des agissements de l'homme. Une solution pour protéger ce patrimoine : la création de parcs et de réserves.

Calypsolog, janvier 1989.

125. La liberté d'opinion implique évidemment que l'État ne favorise aucune religion, n'encourage aucune philosophie, ne privilégie aucune morale.

Le Livre de tous les Français, « Cadet », Gallimard.

126. C'est la Révolution française qui a inventé presque tous les symboles actuels de l'État français : la devise « Liberté, Égalité, Fraternité », le franc, le chapeau tricolore, la Marseillaise, le bonnet phrygien. En revanche, le coq, le béret basque et la baguette de pain ne lui doivent rien.

Le Livre de tous les Français, « Cadet », Gallimard.

127. Tout ici me fascinait : l'attention, la gravité des hommes et des femmes vêtus et masqués de blanc, l'autorité du chirurgien, l'économie de parole, la précision et l'efficacité des gestes, la lutte à la fois contre le temps et contre le mal.

F. Jacob, *la Statue intérieure,* O. Jacob.

128. Commencée au XIe siècle, la construction de Mont-Saint-Michel constitua un véritable tour de force et nécessita des prouesses techniques tant pour acheminer les blocs de granit que pour asseoir les imposants édifices.

Le Mont-Saint-Michel, Larousse-Laffont.

129. Il n'y avait pas une âme dans ce triste hameau. Les animaux paissaient çà et là, sans être gardés, sur une lande fertile en chardons, qui était toute la propriété communale des habitants.

G. Sand, *le Chêne parlant,* La Farandole.

130. Récoltez de beaux souvenirs, mais ne cueillez pas de fleurs.
N'arrachez surtout pas les plantes : il pousserait des pierres.
Il faut beaucoup de brins d'herbe pour tisser un homme.

Samivel, extrait des *Commandements du Parc national de la Vanoise.*

131. Les peintres de l'âge de pierre fabriquaient eux-mêmes leur peinture. Ils utilisaient différents ingrédients, de la terre, du sang, des oxydes minéraux, des jus de plantes, qu'ils transformaient en brun, rouge, jaune ou noir.

Le Livre de la peinture et des peintres, Gallimard.

132. Il avait les yeux pleins de larmes qui débordaient à chaque mouvement de ses paupières. Et il tenait tellement à ressasser ses chagrins qu'il se refusait à admettre aucune intervention, aucun apaisement venant de l'extérieur.

M. Twain, *les Aventures de Tom Sawyer,* « Folio Junior », Gallimard.

133. Nous sommes pleins d'enthousiasme à la lecture des actes héroïques de ceux qui ont lutté pour la défense des droits de l'Homme, mais c'est souvent une autre affaire dès qu'il s'agit de notre vie quotidienne.

J. L. Ducamp, *les Droits de l'Homme racontés aux enfants,* Éd. Enfance heureuse.

134. C'est depuis quelques siècles à peine que l'homme a pris conscience de la minuscule place occupée par sa planète dans l'univers. Et plus ses connaissances ont progressé, plus il a compris combien cet univers est immense. Excellente leçon de modestie !

P. de Latil, *la Lune et les planètes,* Hachette.

135. Il y a un moment, dans l'évolution de l'homme, où apparaissent les premières traces d'une civilisation primitive. L'homme se met à utiliser, puis à fabriquer des outils. Il construit des abris et crée des œuvres d'art.

Jan Jelinek, *l'Homme préhistorique,* Gründ.

136. Article II. Les enfants devront, pour être admis, avoir au moins huit ans. De huit à douze ans, ils ne pourront être employés au travail effectif plus de huit heures sur vingt-quatre divisées par un repos.

Extrait de la loi publiée en 1841 et réglementant le travail des enfants.

137. Des tartes copieusement badigeonnées de mélasse étaient suspendues sous une poutre et les jeunes gens de la ville, mains derrière le dos, s'efforçaient avec des contorsions ridicules de les dévorer.

T. Mac Nab, *la Grande Course de Flanagan,* Laffont.

138. Bientôt, dans les mers d'Écosse, le temps du saumon arriva. Se précipitant en bandes venues du cercle arctique, ces poissons au dos violacé s'entassaient vers le rivage, repérant à leur goût les eaux tourbeuses du fleuve où ils sont nés.

J. Lucas, *Sabre la baleine,* Laffont.

139. Ce sont les lapins qui ont été étonnés!... Depuis si longtemps qu'ils voyaient la porte du moulin fermée, les murs et la plate-forme envahis par les herbes, ils avaient fini par croire que la race des meuniers était éteinte.

A. Daudet, *Lettres de mon moulin,* Fasquelle.

140. Elle jeta un coup d'œil autour d'elle et vit une grande cour carrée formée par quatre corps de logis en brique, dont le temps avait changé la couleur vermeille en une teinte sombre assez lugubre.

T. Gautier, *le Capitaine Fracasse,* Hachette.

141. « Pars vite, pauvre homme, mon père est allé à la ville chercher les gendarmes. Tourne dans le sentier à droite qui passe dans les bois, et cours pour qu'on ne te prenne pas. Je dirai que tes amis sont venus te chercher. »

Comtesse de Ségur, *le Général Dourakine,* Hachette.

142. Claude avait pour principe absolu de ne jamais mentir. Dans les occasions, très rares, où elle ne pouvait s'offrir le luxe de dire toute la vérité, du moins ne faisait-elle aucune affirmation mensongère.

C. Voilier, *le Marquis appelle les Cinq,* Hachette.

143. Magua entra dans les bois par une petite ravine où l'attendaient les deux chevaux que les voyageurs avaient abandonnés quelques jours auparavant et qu'il avait trouvés.

F. Cooper, *le Dernier des Mohicans,* Nathan.

144. Les flamants roses, sur des étangs saumâtres du littoral méditerranéen, s'occupent à nicher. On constate qu'ils font leur nid en colonies sur des monticules de boue formant un cône dont ils ont évasé le sommet.

P. Pellerin, *le Calendrier mois par mois de la nature*, Nathan.

145. Le grand sapin était pourtant bien rassurant, avec ses branches en escalier, son ombrage amical, ses cachettes depuis longtemps explorées, et le sommet vacillant d'où l'on découvre la maison, les bois, les prés, la ferme, tout un monde qu'on voit sans être vu.

C. Roy, *la Maison qui s'envole*, « Folio Junior », Gallimard.

146. Se précipitant en trombes du sud de l'Antarctique, les vents semblaient s'être perdus et arrivaient en hurlant dans la rage de retrouver leur chemin.

C. Thiele, *On l'appelait Tempête*, « Castor poche », Flammarion.

147. Déclinant déjà vers l'ouest, le soleil émiettait un long ruban de feu derrière les arbres où l'on devinait le fleuve. Les ombres violettes durcissaient. C'était un spectacle d'une grande beauté, mais personne n'y prêtait attention.

B. Clavel, *Miséréré*, Albin Michel.

148. De véritables cités avaient poussé autour des mines, enfouies au fond des montagnes, et pourtant à portée de main. À peine au-delà des limites de la ville commençaient les vastes étendues sauvages.

L. Bromfield, *Colorado*, Stock.

149. Les découvertes faites au cours des siècles ont donné naissance aux merveilles technologiques qui nous entourent : application de l'électricité, médecine moderne, moteurs automobiles, fusées spatiales...

B. Smith, *50 expériences faciles et amusantes*, « Doc en Poche », Nathan.

150. Aujourd'hui, nous comprenons de nombreux phénomènes naturels. L'astronomie, la météorologie expliquent les éclipses de Lune ou de Soleil, les étoiles filantes, les orages, etc.
Mais au Moyen Âge, tout cela semblait très mystérieux et les hommes y voyaient souvent des signes envoyés par Dieu.

V. Koenig, *les Croisades*, « Monde en poche », Nathan.

151. Pour moi, quand je vis s'inonder de joie le visage creux de l'homme vaillant et résolu qui était notre chef, je sentis qu'en cela même, j'avais ma récompense.

Général Sir John Hunt avec la collaboration de Sir E. Hilary, *Victoire sur l'Éverest*, Hachette.

IV PRÉPARATIONS DE DICTÉES

L'ÉCOLE

154 p. 73. En classe de neige

1 — Comment appelle-t-on une habitation construite essentiellement en bois et que l'on trouve surtout en montagne?

2 — Le mot « chaîne » est utilisé dans de nombreuses expressions. Expliquez ce que signifie :
- une chaîne de montagnes ;
- une chaîne alimentaire ;
- une chaîne de supermarchés ;
- faire la chaîne ;
- travailler à la chaîne.

Trouvez au moins une autre expression utilisant ce mot.

3 — L'une de ces expressions est incorrecte. Laquelle et pourquoi?
la mer azurée ;
un reflet azuré ;
des yeux azurés ;
une rose azurée.

4 — Trouvez la bonne définition :
L'épicéa est un arbre de la famille des résineux.
L'épicéa est une épice asiatique voisine du poivre.
L'épicéa est un insecte au corps couvert de piquants.

5 — Donnez un synonyme de « limpide ».

6 — Complétez les mots inachevés :
Amandine, émerveill.., écoute l'orchestre jou... Le jeune enfant, pench.. à la fenêtre, risque de tomb... Rassur.. par la présence du guide, les grimpeurs s'engagent dans une voie réput... Depuis une heure, Pierre est pench.. sur son ordinateur ; il essaie de perc.. les mystères d'un programme compliqu...

7 — Conjuguez au passé composé le verbe venger.

157 p. 74. La récréation

1 — Donnez 3 mots de la famille de « surveiller ».

2 — Donnez 2 homonymes de « court ». Employez-les dans une phrase.

3 — Complétez les phrases suivantes par « c'est » ou « s'est » :
... l'été ; la ville ... assoupie sous une chaleur accablante.
L'avion ... écrasé ; ... une catastrophe.
Il est le premier ; ... le meilleur.
Il ... cassé la jambe ; ... très douloureux.

4 — Accordez les adjectifs :
(crochu) : un bec, une griffe ;
(inattendu) : un cadeau, une note ;
(terminé) : un devoir, une émission ;
(démoli) : un mur, une bâtisse.

5 — « i » ou « it » :
L'enfant pol.. d.. bonjour.

Le marbrier pol.. la pierre.
Le maçon bât.. une maison.
Après avoir franch.. le fossé, le cheval part.. vers la victoire.

6 — Conjuguez les verbes suivants au présent de l'indicatif à la 3e personne du pluriel : animer - jouer - grandir - retenir - ouvrir - paraître.

159 p. 74. **Des après-midi magiques**

1 — Cherchez le sens des mots : discipline - audiovisuel - contrée.

2 — Accordez les participes passés suivants avec un nom féminin pluriel.
Ex. : lavé ; des chemises lavées.
essoré - fermé - tombé - cassé - donné.

3 — Dans les phrases suivantes, accordez le participe passé avec le nom auquel il se rapporte :
Lancé.. très loin, la balle disparut.
Expédié.. depuis longtemps, les colis ne sont toujours pas arriv...
Défendu.. par un bon avocat, le suspect fut libéré...

4 — Mettez les noms suivants au pluriel :
un lionceau - un oiseau - un hameau - un plateau - un manteau.

5 — Conjuguez à l'imparfait de l'indicatif les verbes suivants :
porter - tendre - courir.

163 p. 76. **Nostalgie**

1 — Cherchez dans le dictionnaire le sens des mots suivants :
nostalgie - austère - mobilier - révolu.
Donnez pour chacun un mot de la même famille.

2 — Donnez un homonyme de « air » ; employez-le dans une phrase.
Donnez le contraire de « extérieurement ».

3 — Cherchez le sens du mot « hormis » ; employez-le dans 3 phrases.

4 — Écrivez en lettres les nombres des phrases suivantes :
Je viendrai te chercher vers les 8 heures.
Il a 20 images.
Pour mon anniversaire, j'ai reçu 200 francs.
Ce livre coûte 82 francs, mais je vous le laisse pour 80 francs.
Dans une année, il y a 365 jours et 6 heures.

5 — Formez des adverbes avec les adjectifs qualificatifs suivants ; utilisez-les dans une phrase :
lent - lourd - chaud - doux - sage.

6 — Écrivez correctement les expressions entre parenthèses :
C'est l'automne ; déjà (quelque feuille) tombent.
J'ai (quelque peine) à le croire.
Tu as sûrement (quelque chose) à me dire.
(Quelque animal) se sont échappés du zoo.
Il y avait (quelque craie) sur le bureau du maître.
Il y a (quelque 30 ans) que je n'ai revu mon école.

7 — Conjuguez à l'imparfait, puis au plus-que-parfait les verbes suivants :
je (avoir) - il (voir) - elles (tourner) - nous (prendre) - ils (bégayer) - vous (mordre) - tu (ranger) - je (pincer) - on (plonger) - tu (teindre).

VIE QUOTIDIENNE

168 p. 78. **Le commencement de la journée**

1 — Complétez par « ce » ou « se » :
Il ... roule sur le tapis.
Les gens ... promènent en forêt. Ils ... reposent de la vie trépidante de la semaine.
Que préfères-tu ? cette bague ou ... collier ?
J'aime beaucoup ... clown ; il me fait tellement rire.

2 — Complétez par « ces » ou « ses » :
Marc n'a pas fait ... devoirs.
... fruits paraissent abimés.
Prends ... feuilles pour écrire.
... paroles ont dépassé sa pensée.
Monsieur Leblanc raconte ... dernières vacances avec beaucoup de détails.

3 — Complétez par « son » ou « sont » :
Ces enfants ... sages.
Pierre est attristé ; ... problème est faux.
Mes amies ... arrivées en retard à mon anniversaire.
Quand ... réveil a sonné, il s'est levé, a retiré ... pyjama et s'est habillé.
Les camarades de Michel ... jaloux de ... beau vélo tout terrain.

4 — Complétez par « certain » ou « certains » :
Il est ... que si tu continues ainsi, tu réussiras, même si ... en doutent.
... films ne sont pas recommandés pour les enfants.
Alexandre est ... de ne pas avoir oublié son livre de grammaire.

5 — Conjuguez « pouvoir » et « valoir » au présent de l'indicatif.

6 — Complétez par « é » ou « er » :
Il faut all.. port.. ce colis.
Je vais cherch.. des médicaments pour le soign...
Le vent a souffl.. toute la nuit ; maintenant il s'est arrêt.. ; la pluie risque de tomb...

175 p. 80. **Le jardin de grand-père**

1 — Cherchez le sens de : une plate-bande - une oasis - une harmonie - cesser.

2 — Donnez un synonyme de « une cité ».

3 — Donnez 3 mots de la famille de « pierre ».

4 — Écrivez correctement les mots entre parenthèses :
Chaque (enfant) viendra avec son goûter. Il faut couvrir chaque (livre) de classe. (Tout) les enfants sont arrivés. Tu ne vas pas manger (tout) ces bonbons. (Tout) les conducteurs, (même) les meilleurs, font des erreurs. Les livres, les cahiers, les crayons, (tout) était en désordre. (Même) les plus lents élèves avaient terminé leur travail. J'avais toujours les (même) difficultés à résoudre ces problèmes.

5 — Écrivez au pluriel : un arc-en-ciel - un chien-loup - un tire-ligne - un porte-avions - un cerf-volant - un presse-papier - un oiseau-mouche - un coffre-fort.

6 — Comment appelle-t-on le petit oiseau passereau qui se nourrit des graines du chardon ?

7 — Conjuguez à l'imparfait de l'indicatif les verbes : faire - ranger.

180 p. 82. **Soirée animée**

1 — Cherchez dans le dictionnaire les mots suivants : rétablir - en vain - anxieux.

2 — Accordez les adjectifs qualificatifs : des feuilles (blanc) - de la viande (hâchée) - des miroirs (net) - de (bon) élèves - un concours (gagné) - de (gracieux) danseuses - des étoffes (chamaré).

3 — Accordez les participes passés :
Ma sœur a mangé. . tous les gâteaux.
La tarte que j'ai mangé. . était délicieuse.
Les feuilles jonchaient le sol ; nous les avons ramassé. . .
Vous avez bien chanté. . .
Les mélodies que vous avez interprété. . invitaient au voyage.

4 — Employez les adjectifs suivants avec un nom féminin singulier : royal - tropical - génial - musical - social - électoral.

5 — Complétez les noms suivants sur le modèle ci-dessous :
Ex. : le matin ; ce matin-là
soir - journée - jour - heure - moment.

6 — Conjuguez au plus-que-parfait les verbes : grandir - tondre - atteindre.

LA VILLE

185 p. 84. Un accident

1 — Cherchez dans le dictionnaire le sens des mots suivants : heurter - passant.

2 — Complétez les mots inachevés : une bouffé. . d'air pur - une rentré. . réussie - une niché. . de pinsons - une fricassé. . de champignons - une bouché. . de pain.

3 — Mettez la terminaison qui convient : « é » ou « er » :
J'entends cri. . le camelot.
Le facteur vient de pass. . .
Après avoir march. . plusieurs heures, j'étais fatigu. . .
Il était jeune quand il a commenc. . à travaill. . .

4 — Mettez les verbes suivants au présent de l'indicatif : tu le (manger) - il les (ranger) - on te (tirer) - nous la (vouloir) - je lui (rapporter).

5 — Même exercice que précédemment :
Dans le jardin de mon grand-père, (pousser) de belles salades.
Le long de la plage, (se promener) des touristes.
Tous les matins, (apparaître) la gelée blanche.
Dans le poulailler, (pépier) les poussins.
La voiture suit la nationale que (border) de hauts peupliers.

6 — Formez des adverbes à partir des adjectifs suivants : récent - apparent - méchant - courant - violent.

7 — Conjuguez au présent de l'indicatif les verbes suivants : prier - devoir - tenir.

186 p. 84. Mon cinéma muet

1 — Écrivez au présent de l'indicatif les verbes entre parenthèses :
Les arbres qui (entourer) cette propriété sont superbes.
C'est toi qui (chanter).
Vous qui (aimer) le soleil, partez donc aux Antilles.
Les chiens courent après le cerf qui (s'échapper).
Tout ce qui (faire) du bruit lui plait.

2 — Même exercice :
On (bêcher) le jardin.
Quand on (manquer) le train, on (être) en retard.
Si on (jouer) en plein soleil, on (avoir) soif.
On (préparer) ses affaires et on n'(oublier) rien.

3 — Écrivez correctement les verbes au présent de l'indicatif : tu (plaire) - je (disparaître) - il (naître) - il (plaire) - tu (faire) - elle (disparaître) - elle (faire).

4 — Conjuguez les verbes au présent de l'indicatif : je (s'asseoir) - nous (bavarder) - ils (sortir) - vous (dire) - tu (coudre) - je (s'endormir) - elles (faire) - il (écrire) - tu (savoir) - nous (camper)

LA FORÊT - LA CAMPAGNE

197 p. 88. La campagne endormie

1 — Un groupe de quelques maisons à la campagne s'appelle un ... Une toute petite vallée s'appelle un ...

2 — Trouvez 2 synonymes du mot « sommet ».
Donnez 3 mots de la famille de « drap ».

3 — Accordez les participes passés entre parenthèses :
des jeux (défendu) - une nappe (sali) - un résumé (appris) - des objets (trouvé) - des fleurs (coupé) - des rideaux (jauni).

4 — Écrivez au présent de l'indicatif les verbes entre parenthèses :
Les enfants qui (jouer) dans la cour doivent maintenant rentrer. C'est une activité qui me (plaire) beaucoup. Toi, qui (avoir) beaucoup voyagé, raconte-nous tes aventures. Les nuages qui (approcher) annoncent un orage prochain.

5 — Mettez les noms suivants au pluriel :
un fardeau - un écrou - un feu - un caillou - un canal - un arsenal - une longue-vue - un abat-jour - un clou.

6 — Mettez les noms suivants au singulier :
des caporaux - des époux - des puits - des totaux - des souris - des lieux - des porte-clefs - des résineux - des enjeux.

7 — Conjuguez au présent de l'indicatif et à la forme négative le verbe « étendre ».

198 p. 88. La mort d'un souverain

1 — Cherchez le sens de : souverain - béant - sournois.

2 — Donnez un synonyme à chacun des mots suivants : les alentours - une plaie.

3 — Trouvez l'adjectif correspondant à la définition suivante : Qui n'a pas l'usage de la parole.

4 — Donnez 2 mots de la famille de « majesté ».

5 — Remplacez les pointillés par « la », « l'a », ou « là ».
Cette histoire-..., tu ... inventée. Gilles a donné ... réponse à ... question posée; le maître ... félicité. Cette maison que vous voyez ... est ... plus ancienne de ... ville. Céline a débarrassé ... table et a fait ... vaisselle; Laurent ... essuyée et ... rangée dans ce meuble-....

6 — Conjuguez au passé composé les verbes : percer - aller.

LA MER

206 p. 91. Un petit port normand

1 — En vous aidant d'un dictionnaire, trouvez un synonyme au mot « varech ».

2 — Écrivez correctement le complément de nom :
des fruits de (mer) - une file de (voiture) - une odeur de (poisson) - des tas de (paille) - des émissions de (variété).

3 — Formez 4 adjectifs renfermant le suffixe « âtre ».

4 — Dans la liste suivante, 2 verbes sont synonymes. Lesquels ?
dériver - s'échouer - couler - sombrer - tanguer.

5 — Donnez 2 mots de la famille de « tanner ».
Expliquez « avoir la peau tannée ».

6 — Accordez les adjectifs qualificatifs et les participes passés entre parenthèses :
La rue (principal), aux trottoirs (encombré), était totalement (embouteillé). Des pluies (torrentiel) se sont abattues sur cette région (tropical). (Porté) par la brise, de (grand) oiseaux (brun) survolaient le navire. (Réparti) sur les murs de la (grand) salle, les tableaux attendaient les (premier) visiteurs de l'exposition (annuel).

7 — Expliquez les expressions suivantes :
« Le soldat était touché au flanc. »
« Je souhaite ne pas prêter le flanc à la critique. »

8 — Conjuguez à l'imparfait de l'indicatif le verbe : prononcer.

207 p. 91. Tempête en bord de mer

1 — Cherchez dans le dictionnaire le sens des mots suivants :
écume - fracas - surgir - abîme.

2 — Qu'est-ce que la « haute mer » ?
Donnez l'expression contraire.

3 — Donnez un synonyme de « surgir ».

4 — Remplacez les pointillés par « é » ou « er » :
Je vais chant... Le vent a souffl.. toute la nuit. J'espère qu'il va pens.. à me rapport.. mon livre. Après avoir roul.. toute la journée, le routier est all.. se couch...

5 — Accordez les adjectifs qualificatifs :
une montagne : rocheux, élevé, haut ;
une mer : agité, furieux, calme ;
des enfants : sage, silencieux, discipliné ;
des villes : animé, embouteillé, bruyant.

6 — « La violence était telle que je recevais des jets d'écume ».
Construisez 2 phrases sur ce modèle : ... tel(le) que ....

7 — Conjuguez à l'imparfait les verbes suivants :
rouler - tenir - corriger - finir.

208 p. 92. La vie sur l'île

1 — Donnez 3 mots de la famille de « cueillir ».

2 — Le mot « outre » peut avoir 2 sens différents selon qu'il est utilisé comme préposition ou comme nom féminin. Définissez chacun de ses sens.

3 — Écrivez correctement le complément de nom :
des assiettes de (fruit) - des feuilles de (papier) - des couteaux à (beurre) - des abus de (confiance) - des vases de (fleur) - des anneaux de (cuivre).

4 — Remplacez les pointillés par « leur » ou « leurs ».
Nous ... offrons ce cadeau. Tu ... portes ... valises. Elle ... donne ... goûter. Pour ... vacances, ils ont prêté ... chalet à ... amis. Il ne faut pas jouer avec les vêtements ; rendez-... vite ... bonnets.

5 — Remplacez les pointillés par l'infinitif en « er » ou le participe passé en « é » :
Mon voisin a achet.. une nouvelle voiture. Michel avait pens.. s'achet.. des bonbons, mais il a finalement préfér.. économis.. son argent. Sonia, attrist.., regarde pleur.. son jeune frère que Papa vient de grond... Fum.. est mauvais pour la santé. Maman jette les fleurs fan...

6 — Bruno, Marc et Valentin sont 3 frères âgés respectivement de 12, 7 et 5 ans. Bruno est donc ..., Marc, le cadet, et Valentin, le ....

LA MONTAGNE

212 p. 93. **Victoire à 8 000 m**

1 — Cherchez dans le dictionnaire le sens des mots suivants :
arête - raréfié - majestueux.

2 — Employez les adjectifs suivants avec un nom féminin :
moral - familial - matinal - royal - original.

3 — Trouvez les contraires des adjectifs suivants :
visible - destructible - croyable - partial - possible - inflammable.

4 — Complétez par « ces » ou « ses » :
. . . élèves sont sages.
Il a mis . . . gants et . . . chaussettes de laine.
Toutes . . . histoires me fatiguent.
N'achète pas . . . fruits ; ils sont abimés.

5 — Accordez les adjectifs qualificatifs :
Les enfants sont (heureux).
Le chêne est un arbre (majestueux).
Les derniers hivers n'ont pas été (rigoureux).
Ces montagnes sont (majestueux).

6 — Mettez les verbes au présent :
Tu la (manger) - Nous le (féliciter) - Le docteur les (soigner) - Ils les (corriger) - Je les (préparer).

7 — Conjuguez les verbes suivants au présent de l'indicatif aux 3es personnes du singulier et du pluriel : sentir - savoir - rendre - éteindre - voir.

217 p. 95. **Retour au village**

1 — Cherchez le sens de «une clarine».

2 — Formez l'adjectif correspondant aux noms suivants :
l'automne - l'hiver - le printemps - l'été.
Utilisez chacun de ces adjectifs avec un nom féminin.

3 — Trouvez 3 mots de la famille de «capter».

4 — Formez le nom correspondant aux verbes suivants :
pépier - renier - bégayer - flamboyer - déblayer.
Exemple : tournoyer ; un tournoiement.

5 — Écrivez les noms suivants au pluriel :
un écrou - un verrou - un clou - un hibou - un aveu - le milieu - un vitrail - un tribunal - un signal - un bateau.

6 — Mettez les noms suivants au singulier :
les journaux - les hameaux - les métaux - les creux - les croix - les épieux.

7 — Écrivez correctement les adjectifs numéraux entre parenthèses :
Il y avait au moins deux (cent) personnes dans le cinéma. Il demanda aux (cinq) premiers élèves de le suivre. Un cadeau sera adressé aux (mille) premières réponses.

8 — Conjuguez à l'imparfait de l'indicatif : entendre.

221 p. 96. **Le réveil au refuge**

1 — Cherchez dans le dictionnaire le sens des mots suivants :
pointer - commune - fumant.

2 — Complétez par «on» ou «on n'» :
... écoute le maître.
... aime pas les tricheurs.
... a gagné le match.
... ignore pas les bons conseils.
Quand ... est susceptible, ... admet pas les remontrances.
... est pas rentré sans permission.

3 — Accordez les participes passés :
La vaisselle que j'ai (lavé) est sèche.
Les colis sont (trié), puis (envoyé) aux destinataires.
Les Vikings ont (pillé) beaucoup de villes.
Les malades (soigné) sont (guéri).
Les excercices que les élèves ont (corrigé) sont (vérifié) par le maître.

4 — Écrivez correctement l'adjectif verbal ou le participe présent des verbes entre parenthèses :
Les eaux (dévaler) la pente ont tout inondé.
Les élèves (ignorer) redoublent.
Les élèves (ignorer) leur leçon n'iront pas en récréation.
Maman fait des recettes (allécher).

5 — Conjuguez aux 1res personnes du singulier et du pluriel, au passé simple et au plus-que-parfait les verbes suivants :
raconter - avoir - pendre - entendre - franchir.

LES SAISONS

226 p. 98. L'arbre de Noël

1 — Cherchez dans le dictionnaire le sens des mots suivants : un épicéa - le faîte - une parure.

2 — Donnez d'autres noms de résineux.

3 — Trouvez un synonyme de « faîte », de « paré ».

4 — Trouvez un contraire de « apporter », « grand », « joie ».

5 — Accordez les adjectifs qualificatifs :
Vert : des sapins, des haies, une herbe.
Blanc : des nuages, du linge, des roses.
Noir : une cape, des masques, un short.
Crème : une robe, des chaussures, des feuilles.
Bleu-marine : des pantalons, des jupes, une trousse.

6 — Complétez les mots :
Certains fusils ont des ba. .onnettes.
Le ca. .man est un crocodile d'Amérique.
L'ou. .e est un des cinq sens.
C'est un na. .f ; il croit tout ce qu'on lui dit..
Le ma. .s est une céréale qui vient d'Amérique.

7 — Justifiez la lettre finale des noms suivants en donnant un nom de la même famille :
poignard - débat - chalut - sang - porc - toit - vagabond - marchand - galop - permis.

8 — Complétez le tableau suivant en conjuguant les verbes au présent de l'indicatif :

Verbes / Pronoms	feindre	aboyer	perdre	mentir
Je				
Tu				
Nous				
Ils				

230 p. 99. Veille de Noël

1 — Cherchez dans le dictionnaire les mots suivants :
veille - artificiel.

2 — Complétez par « et » ou « est » :
Il . . . tard . . . je dois partir.
La voiture de Monsieur Laurent . . . verte . . . grise.
Ce boxeur . . . grand . . . très fort.
Le prunier . . . en fleurs ; c' . . . magnifique.

3 — Complétez par « on » ou « ont » :
Après l'examen, au moment des résultats, . . . saura s'ils . . . réussi.
Ils . . . gagné ; . . . a perdu.
Des explorateurs . . . disparu ; les reverra-t- . . . jamais ?
Carole et Stéphanie . . . chahuté ; elles . . . vite réparé ce qu'elles . . . cassé.

4 — Employez le participe passé de chacun des verbes suivants avec un nom masculin singulier, puis avec un nom féminin singulier.
Ex. : un plat cassé ; une assiette cassée.
rentrer - réparer - ramasser - achever - expédier.

5 — Mettez les adjectifs qualificatifs suivants au féminin :
présidentiel - essentiel - torrentiel - industriel.

6 — Conjuguez au passé composé de l'indicatif les verbes :
prendre - comprendre - mordre - courir.

236 p. 101. Le printemps

1 — Cherchez le sens du mot « froidure ».

2 — Matin : matinal
Sur ce modèle, formez l'adjectif correspondant au nom :
un ami - la Provence - l'Orient - l'horizon - une brute.

3 — Donnez un homonyme de « coup ». Utilisez-le dans une phrase.

4 — Complétez par « tout », « tous » ou « toutes » :
. . . le monde est là.
Je vais à l'école . . . les jours.
Pour être bien portant, il faut manger de . . . .
Nous allons . . . à la piscine le lundi.
Je n'aime pas . . . les fleurs.

5 — Mettez les noms suivants au pluriel :
un drapeau - un oiseau - un traîneau - un ciseau - un escabeau - un crapaud.

6 — Mettez les adjectifs suivants au féminin :
un appartement loué - une maison . . .
un filet tendu - une corde . . .
un poulet plumé - une poule . . .
un glaçon fondu - de la neige . . .
un loup pris au piège - une louve . . . au piège.

7 — Sachez écrire : le printemps - un rendez-vous - désormais.

239 p. 101. **Giboulées**

1 — Trouvez 2 mots de la famille de « gris ».

2 — Sachez écrire : une giboulée - une pellicule - la grêle.

3 — Mettez au singulier :
les pays - les toits - les mois - les progrès.

4 — Écrivez correctement le complément de nom :
une averse de (neige) - un château de (carte) - une multitude de (flocon) - des plages de (sable) - un flot de (reproche).

5 — Donnez le participe passé de ces verbes :
peindre - teindre - feindre.

6 — Écrivez correctement les adjectifs qualificatifs entre parenthèses :
un chat et une chienne (noir) - une nappe et un rideau (blanc) - une table et une chaise (cassé) - un ruisseau et une rivière (asséché).

7 — Écrivez le participe présent ou l'adjectif verbal des verbes entre parenthèses :
Nous passerons te prendre en (partir) à l'école. Des chamois (bondir) escaladaient la pente. Ils suivaient le défilé, (chanter), (taper) des mains, (danser) sur les trottoirs. Ces plantes (fortifier) vous feront du bien.

8 — Conjuguez au passé simple les verbes : rincer - partir.

240 p. 102. **La pluie**

1 — Répondez par « vrai » ou « faux » à l'affirmation suivante, puis justifiez votre réponse.
Quand il bruine, il tombe des trombes d'eau.

2 — Expliquez : le fracas - cesser.

3 — Complétez :
Nous nous arrêtons momentanément de travailler : nous faisons une . . . .
Dans une automobile, la glace située devant le conducteur s'appelle le . . . .

4 — Conjuguez le verbe entre parenthèses à l'imparfait de l'indicatif :
Elle nous (acclamer) - Tu lui (rendre) - Il vous (parler) - Vous nous (envelopper) - Il y avait surtout une maquette de bateau qui nous (intéresser) - Nous leur racontions une histoire qui les (émerveiller).

5 — Écrivez au pluriel, s'il y a lieu, le groupe de mots entre parenthèses :
Parfois, il riait, (à d'autre moment), il pleurait. De (brave personne) nous remirent sur la bonne route. Le motard était vêtu de (cuir noir). Il y a de (forte chance) qu'il soit parti.

6 — Remplacez les pointillés par « c'était » ou « c'étaient » :
Il perdit son pari : . . . à prévoir.
. . . eux mes plus fidèles amis.
Enfin, il volait ; . . . des minutes inoubliables ; . . . le rêve de toute sa vie.
À l'école, j'avais deux matières préférées : . . . la géographie et l'éducation physique.

7 — Conjuguez au plus-que-parfait : venir - casser.

LES ANIMAUX

247 p. 104. Les chèvres

1 — Comment appelle-t-on le mâle de la chèvre?

2 — Écrivez ces noms au singulier. Que remarquez-vous?
des progrès - des enclos - des tapis.

3 — Trouvez l'adjectif correspondant à chacune de ces définitions :
que l'on ne peut décrire - que l'on ne peut contourner - que l'on ne peut franchir - que l'on ne peut manger.

4 — Accordez l'adjectif entre parenthèses :
une chèvre et un cabri (têtu) - un casque et une cape (noir) - une politesse et une discrétion (remarquable).

5 — Même exercice que précédemment :
des livres d'histoire (réputé) - une table de jardin (bancal) - une partie de cartes (interminable) - une levée de boucliers (général).

6 — Accordez, s'il y a lieu, les participes passés entre parenthèses :
Les enfants étaient (descendu) dans la cour ; ils avaient (joué) au ballon.
Les camarades qu'ils avaient (rencontré) les avaient (dérangé).
Le vent s'était (levé). La mer était (devenu) furieuse. Les navires avaient été (ballotté) en tous sens.
Les enfants que le maître avait (puni) étaient (resté) en classe.

7 — Conjuguez à l'imparfait de l'indicatif les verbes : avancer - atterrir.

VIE SOCIALE ET ÉCONOMIQUE

263 p. 110. Le trappeur

1 — Cherchez dans le dictionnaire le sens de :
la bourrasque - des épinettes.

2 — Formez un nom en « eur » à partir des mots suivants :
une course - une trappe - profond - noir - splendide - instruire.

3 — Trouvez 2 synonymes de « le sommet ».

4 — Trouvez 2 mots de la famille de « brave ».

5 — Trouvez 3 autres verbes commençant par la même syllabe que « accuser ».

6 — Écrivez la terminaison en « i » qui convient. Justifiez la terminaison du verbe en écrivant l'imparfait en dessous.
La rivière, grossi... par les pluies, sort de son lit. Marie réuss... son exercice. Les bébés, nourr... aux carottes, ont de bonnes couleurs. L'hirondelle constru... son nid sous les toits. Ses devoirs fin..., il part... jouer.

7 — Écrivez le verbe entre parenthèses au présent de l'indicatif :
Elles le (déplacer) - Tu les (admirer) - Ils le (ranger).

8 — Conjuguez au présent de l'indicatif les verbes : courir - aplatir.

264 p. 110. Chercheurs d'or

1 — Cherchez dans le dictionnaire le sens de :
prospecter - un filon - hostile.

2 — Parmi les verbes suivants, un seul est synonyme de « se répandre ». Lequel ?
se répartir - se propager - se perdre - s'enfuir.

3 — Complétez par « on » ou « on n' » :
... aime pas se fâcher avec ses amis. ... a trouvé une meilleure solution. C'est hier qu'... a appris cette nouvelle. Une fois aperçus, il y a des visages qu'... oublie pas.

4 — Trouvez 2 mots de la famille de « nécessité ».

5 — Accordez l'adjectif qualificatif entre parenthèses :
des garçons et des filles (égaré) - des roses et des œillets (blanc) - des projets et des idées (désastreux).

6 — Deux de ces adjectifs sont synonymes. Lesquels ?
éreintant - amusant - méfiant - exténuant - passionnant - déconcertant.
Trouvez-leur une définition commune.

7 — Chassez l'intrus :
un convoi - convoyer - la convoitise - un convoyage - un convoyeur.

265 p. 111. La pêche aux crevettes au large du Groenland

1 — Cherchez dans le dictionnaire le sens des mots suivants :
empaqueté - cales - pont - manœuvre.

2 — Transformez l'expression sur le modèle suivant :
peler une orange ; une orange pelée.
saler la viande - chanter une comptine - laver le linge - coller des carreaux - tondre la pelouse.

3 — Accordez les adjectifs qualificatifs :
Ces fleurs sont (joli).
Martine et Line sont (infatigable).
Les villages de Provence sont (pittoresque).
Les sommets, (recouvert) de neige, sont (magnifique).
Une dictée (relu) évite bien des fautes (simple).

4 — Donnez 3 mots de la famille de manœuvre. Employez-les dans une phrase.

5 — Mettez les verbes suivants au présent de l'indicatif :
je (vendre) - tu (mentir) - nous (pendre) - je (taper) - vous (passer) - elle (gravir) - vous (louer) - tu (mordre) - elles (sentir) - ils (grandir).

271 p. 112. Évolution d'un métier

1 — Cherchez le sens des mots suivants : passe-partout - tronçonneuse - agoniser - strident.

2 — Remplacez les pointillés par « a » ou « à » :
Jean ... accompagné sa sœur ... la gare.
Maman ... gagné ... un concours ; elle ... reçu son prix ce matin.
Le public ... applaudi ... tout rompre le chanteur ... la fin du spectacle.
Le présentateur ... offert un voyage ... la Réunion ... l'heureuse gagnante.

3 — Conjuguez à l'imparfait de l'indicatif les verbes suivants :
Il (apprendre) sa leçon - Je (faire) un devoir - La voiture (rouler) vite - Nous (jouer) au football - Elles (chanter) bien - Tu (courir) vite.

4 — Conjuguez au passé composé les verbes : chanter - paraître - mordre.

5 — Sachez écrire : lors - autrefois.

6 — Trouvez un homonyme de « si » et employez-le dans une phrase.

SCIENCES ET TECHNIQUES

278 p. 116. La recherche scientifique

1 — Cherchez le sens des mots suivants : terrifiante - tragédie.

2 — Mettez les noms suivants au pluriel.
Ex. : un journal ; des journaux.
un cheval - un canal - un tribunal - un arsenal - un amiral.

3 — Mettez les verbes au présent de l'indicatif :
On (attendre) le train - On (jouer) au Monopoly - On (obéir) gentiment - Quand on (avoir) du courage, on (oser) dire ce que l'on (penser).

4 — Remplacez les pointillés par « ou » ou « où » :
. . . irez-vous en vacances cette année ?
Que préfères-tu : le cinéma . . . le théâtre ?
Voulez-vous jouer à pile . . . face ?
Il ira . . . on lui dira d'aller.
Par . . . penses-tu passer pour te rendre à Paris ?

5 — Conjuguez les verbes suivants au présent de l'indicatif :
Il (apprendre) vite ses leçons.
Nous ne (comprendre) pas tout ce que dit cet Anglais.
Aujourd'hui, les jeunes gens (pouvoir) conduire dès l'âge de seize ans.
Tu (aller) au gymnase.
Elles (comprendre) qu'elles ont mal agi.
L'artiste (créer) une œuvre.

280 p. 116. Une salle informatique

1 — Trouvez un nom et un adverbe de la famille de « technique ».

2 — Cherchez le sens du verbe « arpenter » et utilisez celui-ci dans une phrase.

3 — Accordez l'adjectif entre parenthèses :
une blessure (superficiel) - une arrivée (providentiel) - des paroles (confidentiel) - un aliment (essentiel) - un niveau (inférieur) - une patte (antérieur).

4 — Donnez le verbe de la famille de « interruption ».

5 — Écrivez au singulier le groupe de mots en italique et faites les modifications qui s'imposent.
Ces timbres ont été émis dernièrement.
Ces élèves seront admis au collège l'an prochain.
Les énoncés étaient clairs, concis, imagés.
Quand ils regardaient le dresseur, *les animaux* semblaient dociles, soumis.

6 — Écrivez les verbes entre parenthèses à l'imparfait du subjonctif :
Nous souhaitions qu'il (nettoyer) enfin son jardin. Il faudrait que tu (finir) enfin ton exercice. Il lui semblait inacceptable que l'on (écouter) du jazz. Je redoutais que tu (blêmir) en apprenant cette nouvelle. S'il avait voulu terminer sa course, il aurait fallu qu'il (s'arrêter) pour reprendre haleine.

SPORTS

299 p. 124. **Les conseils d'un entraîneur**

1 — Conjuguez le verbe « conseiller » au présent de l'indicatif, puis donnez 2 mots de la même famille.

2 — Trouvez un synonyme de « rival ».

3 — Écrivez le nom propre ou l'adjectif qualificatif qui convient :
Le joueur (Canada) a été disqualifié. Les (Norvège) sont souvent blonds. L'équipe (Marseille) a gagné le championnat. Durant mes vacances, je me suis lié d'amitié avec deux garçons (Amérique), l'un (Chili), l'autre (Argentine).

4 — En utilisant 2 préfixes différents, formez 2 nouveaux verbes à partir de « commander ».

5 — En matière sportive, quel est le travail d'un entraîneur ? d'un sélectionneur ?

6 — Conjuguez au présent du subjonctif le verbe : mentir.

7 — Conjuguez au présent de l'impératif : ranger - avoir - se mettre.

JEUX - LOISIRS - SPECTACLES

301 p. 125. Au cirque

1 — Cherchez dans le dictionnaire le sens des mots suivants : un chapiteau - les gradins - un funambule.

2 — Décomposez le mot « impatience ».
patient : impatient.
Formez d'autres adjectifs sur le même modèle.

3 — Remplacez les pointillés par « ce » ou « ceux » :
... que je préfère, c'est le cinéma.
... qui bavardent auront une punition.
... sera bientôt l'été.
Au cirque, parmi tout ... qu'on nous propose, les numéros que je préfère sont ... des clowns et des funambules.
... plat est sale.

4 — Complétez les mots suivants par « n » ou « m » :
Une o..bre - un ti..bre - gri..per - un co..pteur - longte..ps - un bo..bon - du ja..bon - néa..moins.

5 — Complétez par la lettre manquante :
Une sanc..ion - une ra..ion - une ini..iale - la démocra..ie - la calvi..ie - la diploma..ie.

6 — Conjuguez les verbes entre parenthèses au présent, puis au futur simple de l'indicatif :
je (jeter) - nous (rayer) - on (manger) - tu (essuyer) - ils (appuyer) - tu (harceler) - ils (cueillir) - je (mourir) - vous (nourrir) - elle (reproduire).

302 p. 126. Pliages chinois

1 — Trouvez 2 mots de la famille de « art ».

2 — Accordez l'adjectif qualificatif :
un lever (matinal) - la rosée (matinal) - un sentier (boueux) - une rue (boueux) - une fleur (artificiel) - des images (artificiel) - un geste (brutal) - une parole (brutal) - un temps (pluvieux) - des matinées (pluvieux).

3 — Chassez le mot qui n'a pas le même sens que les autres :
sauf - hormis - parfois - excepté.

4 — L'un de ces adjectifs ne commence pas par le préfixe « mal ». Lequel?
malaisé - malencontreux - maladroit - malhonnête.

5 — Trouvez le verbe correspondant à cette définition :
se rendre maître, dominer, contenir.

6 — Lequel de ces verbes correspond à la définition suivante : observer longuement.
contempler - apercevoir - entrevoir - découvrir.

7 — Complétez les mots s'il y a lieu :
Valentine envoi.. une carte postale à ses parents. Maman fait un envoi..

de vêtements en Amérique du Sud. Le champion a réalisé un bond prodigieux à son troisième essai... Carlos essai.. de résoudre son problème. Papa sommeil.. devant la télévision. Le navigateur solitaire souffre du manque de sommeil... Pour réussir, j'aurais besoin de votre appui... Jonathan appui.. son vélo contre le mur.

8 — Conjuguez au présent de l'indicatif : naître - essayer.

309 p. 128. Cinéma en plein air

1 — Cherchez dans le dictionnaire le sens des mots suivants : concert - accorder.

2 — Cherchez dans le dictionnaire l'origine des mots suivants : un club - le ski - le football - le tennis - le rugby - le sport - une kermesse.

3 — Employez le mot « guide » dans 2 phrases où il aura 2 sens différents.

4 — Remplacez les pointillés par « ou » ou « où » :
... cours-tu ?
Voulez-vous un micro-ordinateur ... une chaîne haute fidélité ?
On a vu la maison ... il habite.
Vous irez ... je vous dirai ... vous serez éliminés.
... roule-t-on en Angleterre, à droite ... à gauche ?

5 — Complétez les tableaux suivants.

a) Au passé simple de l'indicatif :

Verbes / Pronoms	acheter	garnir	battre
Je			
Nous			
Ils			

b) À l'imparfait de l'indicatif :

Verbes / Pronoms	forcer	protéger	conclure
Tu			
Vous			
On			

6 — Aimeriez-vous assister à une séance de cinéma en plein air ? Expliquez pourquoi en quelques lignes.

PHÉNOMÈNES NATURELS

316 p. 131. L'éruption

1 — Comment appelle-t-on le scientifique qui étudie les volcans?

2 — Observez ces mots :
accident - accueil - accessoire - accorder - accomplir - accablant.
Cherchez 4 autres mots formés de la même façon.

3 — Donnez un synonyme de « suffoquer ». Trouvez 2 mots de la même famille.

4 — Remplacez les pointillés par « leur » ou « leurs » :
Nous ... rendons ... livres. Les touristes se sont perdus ; je ... indique la bonne direction. Prête-... ta paire de jumelles. Je ... demande des nouvelles de ... mère.

5 — Mettez au pluriel : un creux - un nez - un radis - une croix.

6 — Sachez écrire : l'atmosphère - une asphyxie.

7 — Écrivez le verbe entre parenthèses au présent de l'indicatif :
Je les (forcer) à écouter.
Tu les (donner) à ta mère.
Elles la (rendre) à son propriétaire.

8 — Conjuguez au présent de l'indicatif : rire - étudier - conduire.

319 p. 132. Pollution

1 — Cherchez dans le dictionnaire le sens des mots suivants : charrier - souillé - désolation.

2 — Mettez les noms suivants au pluriel :
le bateau - un château - un cargo - un ciseau - un escabeau.

3 — À partir des adjectifs suivants, formez des adverbes.
Ex. : habituel ; habituellement.
annuel - manuel - essentiel - artificiel - cruel.

4 — Écrivez correctement les participes passés des verbes entre parenthèses :
Les lumières ont été (allumer) de bonne heure.
Nous avons (écouter) le maître.
Les gâteaux que nous avons (manger) étaient excellents.
Les cigales ont (chanter) tout l'été.
Les dettes ont été (payer).
La voiture que j'ai (doubler) avait un pneu crevé.
Les noisettes que nous avons (casser) sont véreuses.
Nous les avons (jeter).

5 — Conjuguez les verbes entre parenthèses à l'imparfait de l'indicatif :
Je (chanter) un air d'opéra. Les enfants (courir) dans la rue. Tu (vouloir) venir avec moi. Nous (être) d'accord. Elles (avoir) bon cœur. Je (grimper) dans l'arbre. L'élève (revoir) sa leçon. Vous (jouer) ensemble. Nous (balayer) la cuisine.

HISTOIRE

324 p. 135. **Un échange avantageux**

1 — Trouvez 3 mots de la famille de « commerce ».

2 — Cherchez le sens du mot « transaction » et utilisez celui-ci dans une phrase.

3 — Accordez, s'il y a lieu, le participe passé entre parenthèses :
(Pressé) par son adversaire, la joueuse avait perdu le ballon.
(Scandalisé) par les paroles qu'elles venaient d'entendre, plusieurs personnes sortirent.
(Absorbé) par son travail, il n'entendit pas sa sœur entrer.
(Applaudi) par ses admirateurs, la chanteuse s'avança vers son public.

4 — Si le sens le justifie, écrivez les groupes entre parenthèses au pluriel :
Les élèves résolvaient de (petit problème). C'étaient des affaires de (peu d'importance). Cet homme, autrefois respecté, s'était attiré de (gros ennui) pour des événements qui restaient de (triste mémoire).
Des trappeurs de (race blanche) échangeaient avec les Indiens de (pleine caisse d'alcool) contre de (superbe fourrure). Ces bijoux n'étaient que de (faible valeur).

5 — Écrivez correctement les mots entre parenthèses :
Les pétales (rouge) tranchaient nettement sur les feuilles (vert foncé). Les feux du couchant embrasaient de lueurs (orangé) les eaux (bleu) de l'océan. Des lunettes (bleu sombre) cachaient leurs yeux fatigués. Le clown avait les cheveux (jaune vif), portait une salopette (violet), à pois (vert) et d'énormes chaussures (framboise) !

6 — Conjuguez à l'imparfait de l'indicatif le verbe faire.

325 p. 135. Les châteaux forts

1 — Cherchez dans le dictionnaire le sens des mots suivants : pillage - refuge - périls - chef-d'œuvre.

2 — Mettez les mots composés suivants au pluriel ;
un chien-loup - le garde-manger - une pomme de terre - la grand-mère - un garde-pêche - une reine-marguerite.

3 — Accordez les adjectifs qualificatifs :
De (haut) tours - des salles (sombre) - des jeux (dangereux) - des recettes (savoureux) - des fées (généreux).

4 — Écrivez correctement les mots manquants :
Les Hollandais habitent en ....
La Vendée est un département de la région....
La période qui suit le Moyen Âge est la ....
La Chine est un pays d'....

5 — Accordez les verbes avec leur sujet ; mettez-les au présent.
Sur la mare, (évoluer) la cane et ses petits.
Dans cette rivière, (s'abreuver) les animaux de plusieurs fermes.
Sur ces cimes, (vivre) l'aigle royal.
Derrière les chiens, (apparaître) un lourd traîneau.
Dans le jardin, (chanter) les rossignols.

6 — Conjuguez les verbes suivants à l'imparfait de l'indicatif :
La route (s'ouvrir) au trafic - Petit à petit, il (avancer) - Tu (être) gentil - Les dauphins (filer) à travers les vagues - Nous (avoir) peur.

326 p. 135. Léonard de Vinci

1 — Choisissez pour chacun des noms suivants la bonne définition :
l'anatomie - la géologie - la cartographie.
- Art de dresser des cartes.
- Étude du corps et des organes.
- Étude des roches et des fossiles.
- Étude des végétaux.
- Art de l'écriture.

2 — Donnez 3 mots de la famille de « observer ».

3 — Comment appelle-t-on une qualité ou un talent naturel ?

4 — Complétez par « son » ou « sont » :
Myriam et ... frère ... partis se promener en forêt. Les tableaux de Picasso ... célèbres dans le monde entier. Les voitures se ... arrêtées au feu orange. Ce ... ces dessins qui lui ont valu ... premier prix.

5 — Complétez par le mot qui convient :
Un engin capable de se déplacer sous la surface des eaux est un engin .... Ce que l'on trouve à la fin d'une opération s'appelle le .... Une œuvre remarquable, magnifique est un .... Un ... est une personne qui a des connaissances très étendues.

6 — Donnez un synonyme de « prodigieux ».

7 — Conjuguez au passé simple : être - rester.

VOYAGES - TRANSPORTS - PAYS

332 p. 138. L'Australie

1 — Cherchez dans le dictionnaire le sens des mots suivants :
parsemé - fabuleux - moutonné - épineux - émeu.

2 — Complétez sur le modèle suivant : rouge ; rougeâtre.
blanc - noir - jaune - gris - vert.

3 — Écrivez correctement les adjectifs de couleur :
Il y a peu d'automobiles (noir).
Elle portait une veste (bleu clair).
Sous les Tropiques, les mers sont (bleu).
Au printemps, fleurissent les lilas (mauve).
Les maillots de notre équipe de football sont (rouge sombre).

4 — Écrivez les nombres suivants en lettres :
5 - 7 - 8 - 13 - 16 - 20.

5 — Orthographiez correctement « quelque » :
Il avait (quelque) difficulté à terminer sa course.
Tu récites ta poésie avec (quelque) hésitations.
Je viendrai dans (quelque) temps.
J'ai senti (quelque) gouttes ; il va pleuvoir.
Nous sommes un vendredi 13 ! Il va sûrement m'arriver (quelque) aventure !

6 — Remplacez les pointillés par « et » ou « est » :
Il . . . tard ; il faut te laver . . . te coucher.
Le bol tombe . . . se casse.
. . .-il arrivé ?
Qu'elle . . . douce . . . gentille !

335 p. 139. Départ

1 — Cherchez dans le dictionnaire les mots suivants : docker - appareiller - amarre.

2 — Complétez les noms suivants :
une gorgé.. - la matiné.. - la cheminé.. - une rangé.. - la jeté.. - une enjambé.. - une cuilleré.. - la rentré...

3 — Complétez par « et » ou « est » :
Ludovic ... le plus sage ... le meilleur élève de sa classe.
Mon grand-père ... très matinal.
Le temps ... maussade ; il ... froid ... pluvieux.
...-il l'heure de rentrer ?
L'équipe de Bordeaux ... celle de Marseille ont fait match nul.

4 — Complétez avec « près » ou « prêt » :
Il ne faut pas marcher si ... du bord.
... de son maître, le chien se tient ... à bondir.
Un ami doit toujours être ... à rendre service.
L'accident dont il parle a eu lieu ... d'ici.

5 — Conjuguez au présent de l'indicatif les verbes : clouer - dénouer - louer.

6 — Conjuguez au passé composé, aux 3 personnes du pluriel, les verbes : se laver - s'informer.

338 p. 140. Course de traîneaux au Groenland

1 — Cherchez dans le dictionnaire le sens des mots suivants : vaillant - redoubler - décupler - harnais.

2 — Employez le mot « redoubler » dans 2 phrases et dans 2 sens différents.

3 — Complétez :
les griffes du chien - les ... du crabe - les ... de l'aigle - les ... de l'homme - les ... du cheval.

4 — Complétez par « i » ou « y » : Ex. le rythme.
un c..gne - une p..ramide - le m..stère - un s..lex - un t..ran - un c..clone - un c..gare - un st..lo.

5 — Complétez par « leur » ou « leurs » :
Les élèves ont posé ... stylos. Le maître ... explique ... fautes.
Mes deux amis fêtent ... anniversaire. Je ... offre à chacun un livre.
Les cyclistes sont descendus de ... vélo ; on ... offre à boire.

6 — Remplacez les verbes entre parenthèses par un adjectif verbal ou un participe présent :
L'oiseau est entré dans la pièce, (voleter) au hasard.
Nous réussirons tous en (suivre) les conseils du maître.
Ils demeuraient des heures, (scruter) l'horizon.
Il a obtenu des résultats (encourager).

7 — Conjuguez à l'imparfait, puis au futur simple de l'indicatif, aux 2es personnes du singulier et du pluriel, les verbes suivants :
conduire - envoyer - savoir.

341 p. 141. Construction d'un igloo

1 — Cherchez dans le dictionnaire le sens des mots suivants : ivoire - bloc - spirale - dôme.

2 — Complétez les noms suivants et ajoutez-leur un complément :
la rentré.. - de la puré.. - une pincé.. - une gorgé.. - une cuilléré..

3 — Formez des adverbes à l'aide des adjectifs suivants :
parfait - clair - prudent - récent - fort.

4 — Trouvez un nom de la famille des verbes suivants.
Ex. : construire ; construction.
sentir - fréquenter - décrire - agir - additionner.

5 — Remplacez les pointillés par « tout, tous ou toutes » :
Il travaille ... les jours.
... à coup, il surgit.
On dit que ... les chemins mènent à Rome.
Demain, ... les régions françaises seront sous les nuages.

6 — Employez « chaque » dans une phrase avec chacun des noms suivants :
jour - fauteuil - personne - fleur.

7 — Donnez le participe présent des verbes suivants :
être - avoir - encourager - ouvrir - pédaler - corriger - jeter - éteindre - finir - grandir.

8 — Conjuguez les verbes suivants aux 3 personnes du singulier de l'imparfait et du passé simple de l'indicatif : découper - grandir - courir - ouvrir.

343 p. 142. Voyage

1 — Cherchez dans le dictionnaire le sens des mots suivants :
enthousiasme - hâte - touristique - site.

2 — Remplacez les pointillés par « si » ou « s'y » :
... on veut réussir, il faut ... mettre de bonne heure.
Pourquoi t'es-tu levé ... tard ?
Elle est ... étourdie qu'elle a oublié l'heure !
Cette histoire est ... compliquée que l'on ... perd.
C'est sa place et il ... trouve bien.

3 — Remplacez les pointillés par « ni » ou « n'y » :
... va pas ! c'est interdit !
Ne vous installez pas là, vous ... verrez rien.
La température est idéale, ... trop chaude, ... trop fraîche.
J'aime la salade sans poivre ... sel.

4 — Conjuguez les verbes suivants au présent du conditionnel :
tu (régler) - vous (jeter) - ils (sauter) - vous (être) - je (finir) - il (gravir) - elles (voir) - nous (entendre) - vous (cueillir) - tu (coudre).

V DICTÉES

L'ÉCOLE

152. La dictée

■ *présent de l'indicatif*

Le vendredi matin, nous faisons une dictée. Tout le monde se concentre. La voix du maître, puissante et grave, dicte lentement.
Je ferme les yeux, espérant voir défiler dans mon esprit le bon accord, la bonne terminaison. Marc, lui, interroge le plafond, tandis que ma voisine griffonne sur la table le mot « africain » pour voir quelle orthographe lui sied le mieux.

QUESTIONS

1 — Expliquez : « Marc interroge le plafond. »

2 — Donnez un synonyme de « sied ».

3 — Dans quel sens le verbe « se concentrer » est-il utilisé ? Faites une phrase en l'utilisant dans un autre sens.

4 — Analysez : maître - puissante - dicte - esprit - table.

5 — Conjuguez la première phrase de la dictée au futur simple de l'indicatif.

153. La rentrée

■ *présent de l'indicatif*

Samuel, un petit bonhomme de huit ans, trottine sur le chemin de l'école. Il lui tarde de revoir ses camarades ; pourtant, il a le cœur serré : c'est la rentrée.
En chemin, il rencontre David, accompagné de sa maman. Cela le réconforte.
Une fois dans la cour, les enfants inquiets se regardent quand les maîtres commencent à faire l'appel.
David est avec monsieur Delaunay ; Samuel attend toujours, quand il entend enfin son nom. Formidable, il est avec son camarade !

QUESTIONS

1 — Expliquez : «il a le cœur serré»; «il lui tarde de revoir ses camarades».

2 — Donnez 2 mots de la famille de «réconforter».

3 — Analyser les mots : tarde - David - enfants - inquiets.

4 — «Une fois dans la cour... l'appel.» Mettez cette phrase au singulier.

■ *présent de l'indicatif*

■ *é - er*

*154. En classe de neige

En face de notre chalet, la chaîne de montagnes n'est plus la même. Il a neigé pendant la nuit. On ne distingue plus la roche, mais seulement une immensité blanche sous le ciel azuré.

Les sapins, les épicéas tendent de longs bras engourdis par le froid. Pour les soulager un peu, nous faisons tomber des paquets de neige et ils semblent se redresser un peu plus chaque fois.

Autour de nous, l'air limpide comme du cristal se brise sous les rayons du soleil retrouvé.

■ *présent de l'indicatif*

155. Le jour de la rentrée

C'est la rentrée. Les petits, qui viennent de l'école maternelle, découvrent de nouveaux bâtiments scolaires. Je crois bien qu'ils ont un peu peur! Nous, les grands, nous faisons quelques exercices de révision, et l'après-midi, nous allons visiter le gymnase. L'institutrice explique que tous les élèves devront avoir une tenue d'éducation physique.

Le soir, les premières leçons marquent vraiment la fin des vacances.

■ *présent de l'indicatif*

■ *accord du participe passé*

156. Matin de rentrée

C'est la rentrée. Dans la cour, les élèves échangent leurs souvenirs de vacances : Stéphanie est allée en Bretagne, Samira a passé deux mois au Maroc, Nathalie a navigué en Méditerranée, Christophe et Alain sont restés chez eux.

Maintenant, tous sont impatients de découvrir leur nouvelle classe. La cloche retentit; on se range en silence avant de rentrer.

Bientôt, la maîtresse distribue les livres et les cahiers. Une nouvelle année scolaire commence. Il faut désormais penser à travailler!

■ *présent de l'indicatif*
■ *et - est*

*157. La récréation

Les portes des classes s'ouvrent une à une et la cour s'anime : c'est l'heure de la récréation.
Des enfants courent, d'autres jouent aux billes, d'autres enfin se racontent des histoires. Les maîtres surveillent. La sonnerie retentit. Que c'est court ! Ce moment de repos tant attendu est déjà fini et il faut retourner en classe.
Les rangs disparaissent l'un après l'autre, la cour redevient vide et silencieuse.

■ *imparfait de l'indicatif*
■ *tout - tous*

158. Triste rentrée

Nous rentrions de classe de neige par le T.G.V., rêvant à tout ce que nous avions abandonné : la montagne, la neige, le ski.
Nous ne pouvions savourer le plaisir d'être dans ce fabuleux train, car nous étions trop fatigués.
Le voyage se déroulait calmement quand, tout à coup, une voix sortant d'un haut-parleur nous tira de notre somnolence : « Mesdames, Messieurs, vous êtes dans le T.G.V. ; nous filons à la vitesse de 260 km/h... »

QUESTIONS

1 — Expliquez : « une voix sortant d'un haut-parleur nous tira de notre somnolence ».

2 — « Rêvant à tout ce que nous avions abandonné » : « abandonner » est-il employé au sens propre ou au sens figuré ? Employez-le dans une phrase où il aura un autre sens que celui du texte.

3 — Donnez un synonyme de « fabuleux ».
Donnez un contraire de « calmement ».

4 — Analysez : calmement - nous (tira) - filons.

5 — Conjuguez au passé composé, puis à l'imparfait de l'indicatif, aux 3 personnes du singulier les verbes suivants : être - aller - applaudir.

■ *imparfait de l'indicatif*
■ *futur simple*
■ *accord des adjectifs qualificatifs*

*159. Des après-midi magiques

De toutes les disciplines enseignées à l'école primaire, celle que nous préférions était la géographie.
Le vendredi, à 13 h 30, nous allions dans la salle audiovisuelle où le maître commençait par nous présenter le film à venir. Suspendus à ses

lèvres, nous attendions le moment où il appuierait sur la touche du magnétoscope, puis nous partions pour des contrées lointaines.
Les hautes montagnes aux crêtes enneigées, les plateaux sauvages et les vallées verdoyantes n'avaient plus de secret pour nous.

QUESTIONS

1 — Expliquez : « suspendus à ses lèvres »; « nous partions pour des contrées lointaines ».

2 — Donnez un synonyme de « contrées », un contraire de « lointaines ».

3 — Analysez les mots : nous (allions) - moment - hautes - attendions.

4 — Conjuguez les verbes « aller » et « partir » aux 1res personnes du singulier et du pluriel, au présent et au passé simple de l'indicatif.

- *imparfait de l'indicatif*
- *conditionnel*

160. Une bonne méthode

Mes années de cours moyen restent de merveilleux souvenirs.
Ces années-là, notre maître nous avait fait comprendre que si nous étudiions sérieusement le matin, nous pourrions consacrer une partie de l'après-midi au sport.
Ainsi, dès huit heures trente, nous nous lancions à la conquête du savoir : nous expédiions les dictées, attaquions les pires problèmes, balayions les pièges de la conjugaison...
Si, vers le milieu de l'après-midi, le ballon apparaissait aux mains de l'instituteur, nous savions que nous avions atteint notre objectif.

- *passé composé*
- *accord du participe passé*

161. Visite à nos correspondants

Nous avons rendu visite à nos correspondants anglais et nous avons été formidablement reçus. Avec eux, nous avons visité Londres en autobus; nous avons admiré la relève de la garde devant le palais de la Reine, et dans leur école, nous avons assisté à des cours de français.
Mais ce qui restera pour nous la plus grande surprise et le plus grand plaisir, c'est le petit déjeuner anglais!

- *passé composé*
- *accord du participe passé*

162. La classe de neige

Hier, nous sommes arrivés au chalet où nous passerons quinze jours en classe de neige. Nous avons été accueillis par les animateurs. Ceux-ci

nous ont expliqué le fonctionnement du centre, puis nous nous sommes installés. Nos chambres sont bien agréables et, dans la salle de restaurant, il y a même une cheminée!
Aujourd'hui, nous avons pris nos premiers cours de ski. Nous n'avons pas fait d'exploits, mais nous avons bien ri.

- *imparfait et plus-que-parfait*
- *quelque - quelques*

*163. **Nostalgie**

Il y avait plus de vingt ans que je n'avais pas revu le village où j'étais né. Hormis notre maison familiale, c'est l'école à classe unique qui éveillait ma curiosité...
Extérieurement, elle n'avait pas changé et gardait son air austère. Mais lorsque je me suis penché à une fenêtre... Surprise! notre vieille classe avait disparu! À sa place, une salle agréable, aux murs bleus et roses, un tableau blanc, quelques plantes vertes, un mobilier moderne, un coin informatique et même une petite imprimerie.
Avec quelque émotion je songeais alors que le temps des instituteurs à blouse grise était totalement révolu.

- *conditionnel présent*

164. **Si je pouvais choisir...**

J'aimerais une école tournée vers la nature. La classe serait une classe-jardin très vaste, transparente et ensoleillée où je pourrais utiliser mes talents de botaniste. Une véranda fleurie permettrait de pénétrer dans le royaume des livres et de s'y plonger tout en profitant du calme offert par ce coin champêtre. Mes travaux préférés resteraient l'écriture, la peinture et le dessin que j'exécuterais d'après nature.

QUESTIONS

1 — Expliquez : «une école tournée vers la nature»; «ce coin champêtre».

2 — Trouvez un synonyme pour l'expression : «royaume des livres».

3 — Trouvez le radical de «champêtre», puis donnez 2 mots de la même famille.

4 — Analysez les mots : vaste - botaniste - royaume - ce (coin).

5 — Faites l'analyse logique de la dernière phrase.

6 — Conjuguez au passé simple, puis au plus-que-parfait aux 3es personnes du singulier et du pluriel, les verbes : pouvoir - rendre - exécuter.

VIE QUOTIDIENNE

- *présent de l'indicatif (1er et 2e groupes)*
- *verbe ou nom ?*

165. Bricolage

Papa travaille à la maison ; il installe des étagères sur le mur de la cuisine. Depuis une heure, il étudie la meilleure disposition possible, choisit les plus belles planches, mesure, scie, rabote et cloue. Enfin, après une dernière retouche, il finit son travail et appelle maman. En entrant, elle applaudit : « Quel artiste ! » dit-elle en riant. Papa rougit : « Je vois que tu apprécies mon travail. » Et il essuie soigneusement la poussière déposée sur le sol.

- *présent de l'indicatif*

166. La vaccination

Lina observe l'infirmière. Celle-ci prépare la seringue. Ses gestes sont précis. Elle sourit à la petite fille, lui parle de ses poupées, du dessin qu'elle a commencé. Lina ne répond pas. Peu à peu, elle devient une statue de marbre et seuls dans son visage livide, ses yeux vert clair paraissent vivants. Ils foudroient la jeune femme. Mais, rien n'y fait, la seringue approche.
Lina lance un dernier regard farouche qui semble vouloir dire : « Tu es une sorcière... ! »

■ *présent de l'indicatif*
■ *quel - quelle - qu'elle*

167. L'auto-stop

Lorsque je voyage seul, je m'arrête à chaque fois que je vois un auto-stoppeur, car je sais bien quelle impression cela fait d'être au bord de la route en regardant passer les voitures.
En fait, les grosses voitures luxueuses ne s'arrêtent pratiquement jamais, alors qu'elles ont souvent trois sièges vides. Les plus sympathiques, ce sont les petites, les rouillées, celle déjà bondées ou celles qui roulent encore par on ne sait trop quel miracle !

■ *présent de l'indicatif*
■ *son - sont*
■ *ces - ses - c'est*

*168. Le commencement de la journée

Le plus dur dans la vie, pour certaines personnes, c'est de se lever le matin. Julien fait partie de ces écoliers qui regardent tard la télévision et ne peuvent pas se réveiller.
Ce lundi matin, c'est encore plus difficile que d'habitude. Sa mère le secoue et au bout d'un quart d'heure, il parvient à sortir du lit. Il enfile son pantalon et ses chaussettes qui sont sur la chaise et se rend compte de l'heure tardive. Vite, pas de déjeuner. Le maître risque de se mettre en colère.

■ *présent de l'indicatif*

169. Le feu

Dans la cheminée, les bûches crépitent joyeusement. Tandis que Michel attise les braises, quelques flammèches s'élèvent au-dessus de l'âtre. Bientôt, nous restons immobiles, attentifs au spectacle du feu, alors qu'une douce chaleur nous enveloppe. Un coup de tisonnier de temps en temps pour raviver la combustion et nous nous rasseyons avec dans les yeux les lueurs d'un incendie.

■ *présent de l'indicatif*

170. Dessin

L'enfant prend son crayon ; sur la feuille posée devant lui, il laisse courir sa main. Il trace une ligne, puis une autre ; elles tournent, se croisent, s'écartent, se chevauchent. Une vague surgit, se transforme ; c'est un ruisseau. Il grossit, disparaît, devient nuage. Quelques tirets figurent la pluie et éclaboussent le bas de la page.
L'enfant pose son crayon ; peut-être demain fera-t-il beau ?

- *présent de l'indicatif*
- *le, la, les devant un verbe*

171. **Quelle peur!**

Cécile, Ludovic et leur ami François rentrent d'une promenade dans les champs par un étroit sentier qui passe entre des buissons épais. La fillette a un peu peur, car il fait sombre. Ses compagnons lui parlent gentiment et la rassurent.
Soudain, un bruit derrière eux; ils se retournent tous les trois brusquement; un petit chat passe tout près, les ignore et disparaît dans l'obscurité. Les trois enfants éclatent de rire.

- *présent de l'indicatif*
- *dans - d'en; sans - s'en*

172. **Une gourmande**

Maman appelle Solène dans la cuisine. Elle se tient près du réfrigérateur ouvert et vient d'en sortir le plat à gâteau, vide. Sans un mot, elle fixe Solène droit dans les yeux. Elle semble très en colère et la petite fille s'en aperçoit. Elle voudrait justifier son geste, et dans un murmure, essaie de s'en expliquer :
- « Il était tellement...
- Non, coupe Maman, dans ton intérêt, je crois qu'il est inutile d'en parler. »

- *présent des 3 groupes*
- *se - ce*

173. **Une aide précieuse**

Depuis quelques jours, Maman se sent fatiguée et les enfants essaient de l'aider. Ce sont eux qui nettoient la maison : Vincent essuie la vaisselle et balaie la cuisine, Mylène range les chambres, étend le linge et sort le chien. Pendant ce temps, Maman peut se reposer. « Tu sais, lui dit Mylène, bientôt, tu seras de nouveau en pleine forme. Heureusement! Pourtant, après ce que nous venons de faire Vincent et moi, je crois que je vais regretter mes responsabilités... »

- *imparfait de l'indicatif*
- *accord du participe passé*

174. **La maison hantée**

La vieille maison du père Mathieu nous attirait, mais jamais nous n'osions y pénétrer. Tout le monde disait qu'elle était hantée.
En effet, laissée à l'abandon depuis la mort du vieil homme, elle avait un air sinistre.

Un soir de décembre, nous avions cependant décidé de nous y risquer. Les volets claquaient. Après être passés par-dessus le mur du jardin, nous arrivions sur le perron quand la porte d'entrée s'ouvrit avec un grincement effroyable.
Ce fut un sauve-qui-peut général!

QUESTIONS

1 — Expliquez : «un air sinistre»; «un grincement effroyable»; «un sauve-qui-peut général».

2 — Analysez : vieille - y (pénétrer) - perron - s'ouvrit.

3 — Conjuguez la 1re phrase au futur simple et au passé composé.

- *imparfait de l'indicatif*
- *quelque - chaque - tout*
- *pluriel des noms (difficultés)*

*175. Le jardin de grand-père

Par-dessus tout, j'aimais le jardin de grand-père. Les fleurs et les légumes, tout était mélangé avec une parfaite harmonie : des plates-bandes de reines-marguerites longeaient des carrés de pommes de terre ou de choux-fleurs, des massifs de roses s'étalaient au pied des arbres fruitiers. Même les oiseaux, rouges-gorges, mésanges, merles et chardonnerets semblaient s'y donner rendez-vous.
Dans les allées empierrées, grand-père faisait des va-et-vient incessants comme si chaque plante l'attendait impatiemment.
Pour nous, ses petits-enfants, ce jardin était une oasis dans le désert de la cité.

QUESTIONS

1 — Expliquez : «tout était mélangé avec une parfaite harmonie»; «une oasis dans le désert de la cité».

2 — Donnez 3 mots de la famille d'«empierrées».

3 — Analysez les mots : parfaite - chaque - l'(attendait) - oasis - cité.

4 — Conjuguez à l'imparfait de l'indicatif les verbes : longer - attendre - faire.

- *passé simple*
- *u ou ut*

176. La montre perdue

Pour son anniversaire, Olivier avait reçu une superbe montre. Il ne la quittait plus.
Ce jour-là, à peine revenu du gymnase, il s'aperçut de son oubli : il avait laissé sa montre près des douches! Bien vite, il courut à nouveau vers le grand bâtiment. Bousculant tout le monde, il se rua dans les vestiaires : sa montre avait disparu!

Les yeux noyés de larmes, il maudissait son étourderie quand, devant lui, il reconnut Christian qui brandissait l'objet perdu... La voix brisée par l'émotion, il ne put prononcer qu'un mot : « Merci ! »

- *imparfait et passé simple*
- *on - on n'*

177. La rencontre

16.9.96

Ce matin-là, on n'imaginait pas ce qui allait se passer. Dans la rue, nous étions toute une foule paresseuse et l'on avançait tranquillement sur le trottoir. Soudain, on entendit un bruit encore faible, mais régulier. D'abord on n'y prêta pas attention, mais il s'amplifia jusqu'à devenir assourdissant. On osait à peine lever la tête vers le ciel tant la crainte nous figeait. D'un seul coup, le bruit cessa et l'on ouvrit les yeux : il était juste au-dessus de nous et l'on n'oubliera jamais cette image incroyable !

- *indicatif et conditionnel*
- *ou - où*

178. Un choix difficile

Les vacances approchaient. Où irions-nous cette année ? À la mer, à la campagne ou à la montagne ? En France ou à l'étranger ?
Mon père affirmait qu'il serait difficile de retourner en Grèce où nous avions passé de merveilleux moments l'an dernier.
Ce fut ma mère qui trancha dans notre débat en optant pour la montagne. Bientôt, nous irions voir les forêts aux sapins majestueux, les vallons où coulent des torrents impétueux, les alpages verdoyants et les sommets aux neiges éternelles.

- *plus-que-parfait*
- *passé simple* ▪ *u ou ut*

179. Danger !

Le bruit s'accrut.
La voiture passa dans un vacarme assourdissant, vira et disparut derrière le rideau d'arbres. Yves avait couru se jeter dans le fossé ; il avait à peine eu le temps d'apercevoir qu'il s'agissait d'un modèle pour lui inconnu, au profil très allongé.
Le silence lui parut alors plus profond. Il se remit en marche et fut heureux de retrouver le calme champêtre. Il allait raconter ce qu'il avait vu, mais avait résolu de ne rien dire de sa peur.

■ *plus-que-parfait*
■ *accord du participe passé*

*180. Soirée animée

Nous avions fini de manger et nous allions allumer la télévision quand soudain la lumière s'était éteinte. Nous étions dans le noir le plus complet; la télévision restait muette.
Papa avait essayé en vain de rétablir la situation : c'était une coupure générale d'électricité. Alors, maman avait apporté une bougie qu'elle avait allumée, mais la faible lueur n'avait permis de distinguer que nos figures anxieuses.
Ce soir-là, nous nous étions aperçus que nous ne pouvions plus nous passer de l'électricité.

■ *plus-que-parfait*
■ *imparfait de l'indicatif*
■ *participe présent ou adjectif verbal*

181. La grippe

J'étais alité depuis le matin avec une forte fièvre.
J'avais pris des calmants, mais en vain; la douleur persistait, me martelant le crâne, juste au-dessus des sourcils.
Attendant la visite du médecin qui ne devait venir qu'en soirée, je passais mon temps à feuilleter des magazines, ce qui me fatiguait encore davantage. Quand il arriva, me voyant tout frissonnant et les yeux brillants, il s'exclama :
« C'est la grippe! Elle fait des ravages cette année. »

QUESTIONS

1 — Expliquez : « me martelant le crâne ».

2 — Donnez le radical de « alité », puis 2 mots de la même famille. Donnez le contraire de « persistait ».

3 — Analysez : martelant - brillants - cette - année.

4 — « C'est la grippe... année. »
Conjuguez cette phrase au présent, puis au passé première forme du conditionnel.

■ *plus-que-parfait*
■ *é - er* ■ *quelle - qu'elle*
■ *participe passé des verbes pronominaux*

182. Une bagarre

D'une main, les deux filles s'étaient attrapé les cheveux, de l'autre, elles semblaient vouloir se défigurer. Toutes deux poussaient des hurle-

ments de fauve blessé. Elles dégageaient une énergie incroyable comme si leurs corps avaient été électrisés. On ignorait pour quelle raison la bagarre avait éclaté; on osait à peine approcher...
Puis, d'un seul coup, elles se séparèrent et se toisèrent, retenant leurs larmes, chacune voulant montrer à sa rivale qu'elle avait gagné la bataille.

QUESTIONS

1 — Expliquez : «Toutes deux poussaient des hurlements de fauve blessé.»; «et se toisèrent».

2 — Décomposez le mot «incroyable», puis donnez 2 mots de la même famille.

3 — Analysez les mots : cheveux - blessé - corps - on (sait) - avait gagné.

4 — Dites combien il y a de propositions dans le texte.

5 — Mettez la dernière phrase au futur simple de l'indicatif.

■ *conditionnel présent*

183. Une rencontre

Le vieillard se tourna vers l'enfant et lui dit : «Si j'avais encore le temps, je partirais à la découverte du monde; je parcourrais les forêts tropicales, je gravirais les plus hauts sommets; je connaîtrais les pays du froid et les sables du désert, j'irais écouter le vent chanter sur les mers du Sud. Tu viendrais avec moi. Ensemble, nous découvririons tous les peuples de la Terre.»
Alors, l'enfant prit la main du vieillard.

■ *impératif présent*

184. Le pari

«Dépêche-toi, avance plus vite! cria Denis, si nous n'allongeons pas le pas, nous ne serons jamais rentrés avant la nuit.»
Jérôme avait beau faire, il ne pouvait suivre le rythme de Denis, son aîné de trois ans. Ils n'auraient jamais dû faire le pari d'aller au sommet du mont Aigoual et de revenir avant la nuit.
«Nous devrons dormir au refuge, pensait Jérôme inquiet. Que vont penser nos parents?»
«Attends-moi, Denis, écoute-moi, rebroussons chemin.»
«Jamais! répond Denis, je continue.»

EXPLOITATION

Imaginez une fin à cette aventure.

LA VILLE

- *présent de l'indicatif*
- *accord du verbe (difficultés)*

*185. **Un accident**

Le feu vient de passer au vert quand Marc s'élance sur la chaussée. Une voiture démarre et le heurte violemment. Le chauffeur du véhicule sort et voit l'enfant allongé, immobile. Déjà les passants se groupent autour de lui.
Voilà qu'arrivent des agents de police, suivis d'une ambulance. Marc revient à lui. Il se promet d'être désormais plus prudent et de respecter la priorité.

QUESTIONS

1 — Expliquez : « Marc revient à lui ».

2 — Donnez un synonyme de « heurter » et de « violemment ».

3 — Dites dans quel sens est employé le verbe « revenir ».

4 — Analysez les mots : le (feu) — chaussée — immobile — agents.

5 — « Une voiture... violemment. » Mettez cette phrase au pluriel.
« Le chauffeur... immobile. » Conjuguez cette phrase au passé composé.

- *présent de l'indicatif*
- *accord du verbe (difficultés)*

*186. **Mon cinéma muet**

Les soirs d'hiver, quand je sors du bureau, je descends les rues qui me ramènent chez nous. Dans la nuit qui s'installe, chaque maison paraît plus petite, plus fragile. À travers les vitres éclairées, c'est tout un monde qui vit : ici on s'assoit près du feu, là, on balaie, plus loin, on coud, on bavarde, on écrit, on regarde la télévision, on va, on vient.
Ce spectacle me plaît : pour moi, ces petites taches de lumière sont les étoiles de la ville qui s'endort.

187. Au marché

■ *présent de l'indicatif*

Sur la place de la mairie, l'immense marché bat son plein.
Partout, les commerçants crient leur marchandise. Ils ont tous la meilleure, semble-t-il!
Pourtout, les gens sont méfiants et tâtent tantôt les tomates, tantôt les pêches en fronçant les sourcils. Le long des étalages, tout le monde se côtoie, se bouscule, discute.
Les paniers se remplissent et deviennent de plus en plus lourds.

QUESTIONS

1 — Expliquez : «le marché bat son plein»; «les commerçants crient leur marchandise».

2 — Donnez un autre sens de «marché». Employez-le dans une phrase.

3 — Donnez un synonyme de «méfiant».

4 — Analysez : pêches - l'(immense) - immense - leur (marchandise) - place - lourds.

5 — Faites l'analyse logique de la dernière phrase.

6 — Mettez la dernière phrase au singulier. Conjuguez-la ensuite au futur simple.

188. À la découverte de Paris

■ *présent de l'indicatif*

Pierre s'engage sur les boulevards. Sur la chaussée, le long des trottoirs, entre les colonnes et les kiosques, quel encombrement, quelle cohue extraordinaire! Les voitures roulent avec un grondement de fleuve, tandis que le flot des piétons ruisselle sans cesse, à l'infini... Au moment où Pierre arrive à la place de l'Opéra, il lève les yeux. Le cœur de la grande ville semble battre là, dans la vaste étendue de ce carrefour.

E. Zola, *le Ventre de Paris,* le Livre de poche.

■ *présent de l'indicatif*
■ *imparfait de l'indicatif*
■ *on - on n'*

189. La vie citadine

Désormais, de plus en plus de Français habitent à la ville et on n'imagine plus de vivre au milieu de grands espaces.
Hier, on aimait la terre. On avait autour de soi des paysages champêtres, on pouvait se promener à travers la campagne, on ignorait tout des embouteillages, des supermarchés et des tours de quinze étages.
Aujourd'hui, on oublie les origines de l'homme; on n'admet pas de marcher plus de cent mètres et, dans certaines cités, on ne connaît de la nature que les arbres du jardin public.

- *présent de l'indicatif*
- *si - s'y*

190. Les vitrines

Il y a quelques années, on passait devant les vitrines des magasins sans y prêter attention. Elles étaient anonymes et rien n'attirait l'œil du badaud.
Aujourd'hui, si vous arpentez une rue commerçante, votre regard est sans cesse séduit par les devantures qui s'y trouvent. Prenez garde, si vous vous arrêtez! Une vitrine est un jardin merveilleux et toutes les tentations semblent s'y être donné rendez-vous...

- *imparfait de l'indicatif*
- *participe présent ou adjectif verbal*

191. Une rue vivante

Située dans les quartiers commerçants, la rue des Drapiers portait encore bien son nom : à tous les étages, dans les sous-sols et même sur les trottoirs, partout on vendait du tissu.
La rue était un immense marché bourdonnant. Les clientes s'arrêtaient, se bousculaient devant les étalages, regardant et palpant les étoffes, s'inquiétant des prix, admirant les soies brillantes. Les vendeurs s'affairaient, mesurant et coupant, promettant les tarifs les plus intéressants. C'était un monde de cris, de couleurs, de mouvements.

- *présent du conditionnel*

192. Le rêve de Jonathan

Jonathan s'était assis sur un banc. Les coudes sur les genoux, le menton sur les mains, les yeux dans le vide, il n'entendait plus le vacarme de la rue. Il s'échappait, il rêvait. « Et puis, se disait-il, je sèmerais du gazon sur le bitume, je planterais des arbres sur les trottoirs, je repeindrais en rose les façades des immeubles, je transformerais les voitures en citrouilles... Ainsi, et seulement ainsi, nous pourrions supporter la ville. »

LA FORÊT - LA CAMPAGNE

193. Un cours d'eau

■ *présent de l'indicatif*

La rivière aux eaux cristallines serpente à travers la campagne. Elle se promène entre les peupliers et les roseaux, entre les champs de blé et les prés fleuris. Sous les reflets du soleil, elle resplendit aux yeux des promeneurs qui s'attardent sur ses berges. Quelques affluents, de petits ruisseaux, la rejoindront avant qu'elle ne parte à la rencontre du grand fleuve.

194. Souvenir d'enfance

■ *présent de l'indicatif*

Je me souviens de la rivière de mon enfance. Enjambée par de vieux ponts du Moyen Âge, elle traverse tranquillement la plaine.
Quand le soleil se lève dans un coin de ciel bleuté, on peut voir les herbes folles qui la bordent se mirer dans ses eaux, les libellules folâtrer, les truites apparaître furtivement.
Et le soir, quand la brise rafraîchit la campagne, les majestueux peupliers la saluent dans un léger bruissement de feuilles.

195. Tableau de ferme

■ *présent de l'indicatif*
■ *et - est*

Tout est calme dans la cour. Le soleil est à son zénith et s'amuse à travers le feuillage du vieux rosier grimpant qui orne la balustrade de l'ancienne ferme.
Derrière, à l'ombre, un chat, l'œil mi-clos, est allongé et guette on ne sait quoi. La basse-cour, d'où il y a une heure encore sortait un concert diabolique de caquettements, est maintenant plongée dans un silence presque inquiétant...

QUESTIONS

1 — Expliquez : « le soleil est à son zénith » ; « et s'amuse à travers le feuillage du vieux rosier » ; « l'œil mi-clos ».

2 — Analysez : vieux - chat - derrière - concert.

3 — Trouvez dans le texte une proposition indépendante.

4 — Faites l'analyse logique de la 3e phrase.

5 — Conjuguez au présent de l'indicatif, aux 1ères personnes du singulier et du pluriel, les verbes suivants : appeler - plonger - sortir.

196. En forêt

■ *présent de l'indicatif*

La feuille inquiète frissonne toujours et frémit comme une robe de soie ; une eau invisible murmure sous l'herbe. Un caillou, perdant l'équilibre ou poussé par un insecte, roule sur une pente, avalanche en miniature, entraînant quelques grains de sable avec lui.
Un oiseau sort furtivement d'un arbre, un gland se détache, rebondit de feuille en feuille et tombe sur le gazon avec un bruit mat. Une bête passe, froissant l'herbe ; le pivert, avec un bruit léger, régulier comme le tic-tac d'une pendule, ausculte et frappe du bec l'écorce des ormes pour en faire sortir les insectes dont il se nourrit.

T. Gautier, *la Nature chez elle.*

*197. La campagne endormie

■ *présent de l'indicatif*

■ *pluriel des noms (difficultés)*

Peu à peu, le silence s'étend sur les fermes isolées et les hameaux perdus au creux des vallons. Bientôt, on n'entend plus que les bruits de la nuit : un souffle de vent à la cime des peupliers, des chevaux qui remuent dans l'écurie, un chien qui s'agite au passage des animaux de l'ombre, hiboux ou chauves-souris.
Au-dessus des champs et des prairies, drapés dans la brume du soir, quelques étoiles timides se perdent sur le grand manteau sombre.

*198. La mort d'un souverain

■ *imparfait de l'indicatif*

■ *la - l'a - là*

Avant la terrible nuit, là où il se trouvait, il dominait les environs. Sur la colline aux menthes sauvages, il était le roi. Majestueux, la cime pointant très haut, il semblait avoir toujours été là, témoin muet de la vie campagnarde.
Mais une nuit, l'orage a grondé et sournoisement la foudre l'a frappé. Elle l'a transpercé et par la plaie béante, la vie semble maintenant s'échapper peu à peu.

- *imparfait de l'indicatif*
- *dans - d'en*
- *si - s'y - ni - n'y*

199. Un curieux terrain

Nous habitions une petite maison à la campagne. Dans le champ d'en face, il n'y avait que friches et buissons. Si les enfants s'y aventuraient, ils n'y trouvaient ni arbre, ni arbuste, ni trou d'eau, ni cachette secrète. Il n'y avait rien : ce champ était une sorte de désert triste où les rêves semblaient s'épuiser. De fait, si un jeu y conduisait une bande de gamins, bien vite tous avaient hâte d'en ressortir.

- *passé composé*
- *a - à*

200. La vieille maison

Dans le Lot, à côté de Cahors, mon oncle a acheté une ancienne maison à restaurer. À l'intérieur, de l'électricité à la plomberie, il y a beaucoup de rénovations à entreprendre. Mais, malgré l'usure du temps, la vieille demeure a gardé un charme certain. Isolée sur le causse, elle semble avoir une vie bien à elle, toute de douceur et de silence.

- *passé simple*

201. La mort de l'arbre

Un craquement partit de la base, guère plus fort que le pétillement dans le feu d'un bois, se reproduisit plus profond, se multiplia, éclata dans un déchirement sinistre, foudroya l'air ; et l'arbre, en silence, décrivit un quart de cercle.
Les hommes prirent la fuite.
Dans un heurt sourd, qui fit trembler le sol, tout l'espace libre fut couvert d'un bondissement de branches cassées par un tonnerre, de feuilles secouées par un ouragan.
Un instant, toute cette masse se convulsa, et peu à peu le grand corps entra dans le repos.

A. de Chateaubriand, *Monsieur des Lourdines,* Grasset.

LA MER

202. Séjour à la pointe de Bretagne

■ *présent de l'indicatif*

Lorsque le nom de Bretagne est prononcé, le regard et la mémoire se reportent tout de suite vers son extrémité.
Ce vieux pays où alternent les plages, les grèves et les côtes de granit est un pays d'aujourd'hui.
Le Finistère vit au grand vent de ses hommes, paysans et marins, gens à la pointe du progrès technique comme ils sont à la pointe du continent.
Ces Bretons savent accueillir le visiteur. Ils lui feront découvrir la mer admirable ou un pays plus confidentiel, fait de quiétude et de silence.

D'après B. de Parades, *Gîtes de France,* Finistère.

QUESTIONS

1 — Expliquez : « une grève » (2 sens) ; « confidentiel » ; « la quiétude ».

2 — Faites l'analyse logique de la 2e phrase.

3 — Analysez : les plages, les grèves et les côtes de granit - un pays d'aujourd'hui - admirable.

4 — Conjuguez au présent de l'indicatif : vivre - savoir.

■ *présent de l'indicatif*

■ *cela; ceux - là*

203. Pêche en bord de mer

Les marées d'équinoxe sont de grandes marées. Cela signifie que la mer monte très haut sur la grève et, en redescendant, découvre l'estran, cette partie de sol marin qui reste cachée sous l'eau la plupart du temps.
Alors les gens du littoral s'équipent de pics, de crochets, de grattoirs,...
Ceux-là partent à la pêche aux prairies, ceux-là creusent le sable pour y trouver des coques, ceux-là fouillent les petits rochers pour y dénicher des étrilles.
Mais la mer est dangereuse; cela, ils le savent et ils remontent bien avant que l'eau ne soit arrivée à leurs pieds.

- *présent de l'indicatif*
- *participe présent ou adjectif verbal*

204. **Disparition en mer**

La nouvelle a fait le tour de l'île. De partout, sur les chemins qui mènent aux hameaux, des silhouettes noires, surtout des femmes aux longs cheveux, luttent contre le vent en se rendant à la veillée. C'est l'heure où vont s'allumer les feux tournants des phares.
Les visiteurs, entrant dans la grande pièce, se joignent à la famille du marin disparu en mer ; ils passeront la nuit à prier, se rappelant à tout instant la redoutable présence de l'océan.

- *présent de l'indicatif*

205. **Tempête en mer**

Depuis une heure, les nuages s'amoncellent. Devant la menace d'un coup de vent prochain, les pêcheurs ont remonté le filet et le petit chalutier s'active maintenant vers la terre. Soudain, le ciel se déchire et un éclair annonce le terrible orage. La mer se déchaîne, les grondements du tonnerre emplissent l'espace. Minuscule sur l'immensité, le bateau gîte et tangue sous les assauts des vagues. Mais, d'un seul coup, à travers le rideau de pluie, la lumière du phare : le port est en vue !

- *imparfait de l'indicatif*
- *accord des adjectifs qualificatifs*

*206. **Un petit port normand**

Ils entrèrent dans le petit village. Les rues vides, silencieuses gardaient une odeur de mer, de varech et de poisson. Les vastes filets tannés séchaient toujours, accrochés devant les portes ou bien étendus sur le galet.
La mer grise et froide avec son éternelle et grondante écume commençait à descendre, découvrant vers Fécamp les rochers verdâtres au pied des falaises. Et le long de la plage, les grosses barques échouées sur le flanc semblaient de vastes poissons morts.

G. de Maupassant, *Une vie*, « J'ai lu ».

- *imparfait de l'indicatif*

*207. **Tempête en bord de mer**

Le vent soulevait des vagues immenses qui se formaient en haute mer et venaient se briser sur les rochers où je me tenais. La violence était telle que je recevais des jets d'écume. Cela faisait un fracas épouvantable. Je pensais voir surgir à tout instant de cette poussière d'eau salée le diable en personne, qui m'emmènerait alors dans l'abîme.

QUESTIONS

1 — Expliquez : «un fracas épouvantable»; «poussière d'eau salée».

2 — Donnez 2 mots de la famille de «écume», puis utilisez-les dans une phrase.

3 — Analysez : mer (en bord de) - haute - rochers - je (me tenais).

4 — Trouvez dans la dictée une proposition indépendante.

5 — Conjuguez à l'imparfait et au présent de l'indicatif, aux 3es personnes du singulier et du pluriel, les verbes suivants : balancer - venir - surgir.

- *imparfait de l'indicatif*
- *leur - leurs* ■ *é - er*

*208. La vie sur l'île

Les hommes de l'île partaient la nuit pêcher en mer, sur leurs barques de bois dur; ils rentraient au petit matin, et, après avoir nettoyé leurs filets, ils les faisaient sécher. Il leur fallait alors les réparer.
Outre les produits de la mer, leur nourriture était également composée d'une grande variété de fruits que les femmes cueillaient.
Leur vie se déroulait ainsi, en parfait accord avec la nature qui leur offrait ce qui leur manquait. Ils la respectaient comme le leur avaient enseigné leurs aînés.

- *imparfait de l'indicatif*

209. Des heures terribles

Quel spectacle impressionnant qu'une tempête en mer!
Des vagues énormes bondissaient, se succédant, telles des montagnes se découpant mont après mont. Entre deux lames, notre navire disparaissait comme absorbé par un gouffre, puis réapparaissait quelques instants plus tard comme par magie.
Plusieurs fois, il me sembla que nous n'en sortirions pas, mais à chaque fois, le bateau remontait à la dernière seconde et la vague filait, alors qu'une autre plus grande encore arrivait toute écumante, prête à nous engloutir.
Cela dura toute la journée.

- *imparfait de l'indicatif*
- *le, la, les devant le verbe*

210. Sur la côte

Les enfants étaient arrivés à l'extrémité de l'île, sur un cap isolé. De là, ils découvraient le phare, entouré d'écueils, et, plus loin, le littoral.
Depuis le début de leur promenade, une mouette les accompagnait. Elle semblait les surveiller. Ils s'assirent, car la brise les grisait. Ils demeurèrent immobiles, éblouis par la beauté du lieu : malgré une légère brume, le soleil diffusait sur l'archipel une douce lumière et lui donnait un aspect presque irréel.

LA MONTAGNE

■ *présent de l'indicatif*

211. L'Himalaya

Beaucoup plus qu'elle ne sépare l'Inde du Tibet, cette barrière se dresse entre des climats, des civilisations, des religions et des siècles. C'est la région du monde la plus sauvage. L'homme peut vivre dans les marais et les déserts et même dans les solitudes polaires, mais aucun organisme ne peut subsister longtemps dans cette forteresse glacée, « toit du monde », territoire interdit par ses neiges éternelles. Le nom d'Himalaya signifie d'ailleurs « séjour des neiges ».

N. Nicholson, *l'Himalaya,* Coll. « Les grandes étendues sauvages », Time-Life.

QUESTIONS

1 — Expliquez : « cette forteresse glacée ».

2 — Analysez : cette (barrière) - monde - polaires - aucun - longtemps - ses.

3 — Conjuguez au présent de l'indicatif : pouvoir - signifier.

■ *présent des verbes du 3e groupe*
■ *c'est - s'est - ces - ses*
■ *le, la, les devant le verbe*

*212. Victoire à 8 000 mètres

C'est l'arête terminale. L'alpiniste se sent soudain plus grand, plus fort. Ses jambes le poussent en avant. Malgré l'air raréfié et le froid perçant, malgré l'extrême fatigue, il sait qu'il va réussir. Et bientôt, il atteint le sommet. Ses yeux s'ouvrent sur ce spectacle inoubliable, sur ces glaciers immenses, sur ces sommets majestueux et enneigés. Il songe à ses amis disparus pour cette conquête. Il les voit. Doucement, il murmure : « Cette victoire, ces moments intenses, c'est à vous que je les offre. »

QUESTIONS

1 — Expliquez : « C'est l'arête terminale » ; « l'air raréfié ».

2 — Trouvez un homonyme de « arête » et utilisez-le dans une phrase.

3 — Analysez les mots : fort - le (froid) - ces (sommets) - amis - intenses - vous (que je les...).

4 — « L'alpiniste ... plus fort. » ; « Il sait ... réussir. ».
Mettez ces phrases au pluriel.

213. Conquête de l'Annapurna

■ *présent de l'indicatif*

Nous allons l'un derrière l'autre, nous arrêtant à chaque pas. Couchés sur nos piolets, nous essayons de rétablir notre respiration et de calmer les coups de notre cœur qui bat à tout rompre...
Un petit détour sur la gauche, encore quelques pas... L'arête sommitale se rapproche insensiblement. Quelques blocs rocheux à éviter. Nous nous hissons comme nous pouvons.
Est-ce possible ? Mais oui ! Un vent brutal nous gifle. Nous sommes sur l'Annapurna : 8 075 m. Notre cœur déborde d'une joie immense.

M. Herzog, *Annapurna, premier 8 000,* B. Arthaud, Éd. Paris Grenoble.

214. Le vieux chalet

■ *présent de l'indicatif*

C'est un chalet délabré que l'on découvre au détour d'une colline, au pied d'un versant rocailleux.
La toiture s'est affaissée et semble sur le point de s'effondrer complètement. Les pierres sont disjointes, usées par le temps et par le froid des hivers rigoureux.
Pourtant, en pleine tempête de neige, le randonneur en difficulté doit apprécier l'abri précaire de ce refuge.

215. Un refuge de montagne

■ *présent de l'indicatif*
■ *é - er*

Le refuge de Lachat est un petit chalet de bois de 4 mètres sur 5 mètres, posé entre les sapins et les épicéas, légèrement en contrebas de la crête de la montagne. Le confort y est rudimentaire : deux tables, quatre bancs, un gros poêle en fonte, un tas de bois, une échelle et, à l'étage, au plafond trop bas pour se tenir debout, quelques matelas et couvertures.
L'hiver, les randonneurs à raquettes ou à skis, affamés ou frigorifiés, y font une pause pour se restaurer à l'abri, ou pour y passer la nuit, si le temps ne leur permet pas de redescendre dans la vallée.

216. En haute montagne

■ *présent de l'indicatif*

Les alpinistes munis de crampons et encordés tentent une ascension difficile. Par sa connaissance de la montagne et de ses dangers, le guide est indispensable à toute cordée d'alpinistes prudents. Il saura éviter les couloirs d'avalanche, les crevasses et trouver un refuge pour la nuit s'ils sont surpris par le mauvais temps. Pour l'instant, ils gravissent le glacier lentement et avec effort.

- *imparfait de l'indicatif*
- *pluriel des noms (difficultés)*

*217. Retour au village

Avec les premières brumes automnales, les troupeaux descendaient des alpages. Bien avant l'arrivée des premiers animaux, nous tendions l'oreille pour capter les mille petits signaux du retour : le roulement des cailloux dans les creux du chemin, le chant des clarines, l'aboiement des chiens et les cris des hommes. Pour eux, octobre était le mois des adieux à la montagne, à ses feux qui illuminaient les nuits, mais c'était aussi, avec la fin des durs travaux de l'été, le temps du repos retrouvé.

- *passé simple*
- *imparfait de l'indicatif*

218. Guide

À la descente, je crevai un pont de neige et je tombai dans la crevasse. Pendu au bout de la corde, je fis connaissance avec la vie intérieure du glacier, tandis que passait un courant d'air gelé. Tout de suite, il fit très froid : j'avais de la neige dans le cou et elle fondait le long de mon dos. Au-dessus de moi, un trou, celui que j'avais fait en crevant le pont de neige, me permettait d'entrevoir un rond de ciel.
J'étais dans une tirelire de glace. La corde sciait la neige, s'enfonçant sous les bords de la crevasse.

G. Rebuffat, *Un guide raconte,* Hachette.

- *passé simple et imparfait*
- *ses - ces*

219. Randonnée en montagne

Alain marchait sur le sentier depuis deux heures, et sur ses épaules, son sac à dos balançait doucement au rythme de ses pas. Il progressait régulièrement, sous le couvert des sapins, et quelquefois, par une trouée, il apercevait les minuscules maisons du village.
Bientôt, il arriva aux alpages et, dans un ultime effort, il atteignit le col. Là, devant lui, s'étalaient les mille nuances de la forêt automnale. Il resta un long moment à contempler ces couleurs frémissantes, puis, brutalement saisi par le froid de l'altitude, il regagna l'abri des arbres.

- *imparfait et plus-que-parfait*
- *é - er*

220. Orage en montagne

Les alpinistes descendaient à toute vitesse. Il fallait fixer la corde, la lancer, puis se jeter dans un rappel éperdu. Ils espéraient retrouver la vallée avant que l'orage n'éclate. Celui-ci s'était annoncé : le brouillard avait tissé sa toile et l'air, chargé d'électricité, paraissait vibrer autour de la cordée.

■ *passé simple* ■ *plus-que-parfait*
■ *on - on n'*
■ *accord du participe passé avec avoir (difficultés)*

*221. **Le réveil au refuge**

Le jour pointait à peine. On avait allumé quelques lampes qu'on avait suspendues dans la grande salle commune. Là, les alpinistes avaient déjà revêtu leur équipement et inspectaient une dernière fois leur matériel. Autour de grands bols fumants, les discussions allaient bon train. On parlait de la belle journée qu'on avait eue hier, du vent qui s'était levé, des premières difficultés attendues. Et puis, d'un seul coup, il y eut comme un signal et chacun se leva : l'aventure commençait.

QUESTIONS

1 — Expliquez : «Le jour pointait à peine»; «Les discussions allaient bon train».

2 — Analysez les mots : grande - salle - matériel - journée - hier.

3 — Trouvez dans le texte une proposition indépendante.

4 — «Autour de grands bols... train.» Conjuguez cette phrase au passé composé et au futur simple.

■ *conditionnel* ■ *passé simple*
■ *imparfait de l'indicatif*

222. **Une sage décision**

Le guide se tourna vers la cordée :
«Si la neige avait été meilleure, nous aurions pu continuer. J'aurais installé une corde fixe et nous serions passés. Mais avec cette neige instable, poursuivre serait dangereux. C'est dommage, car du sommet, vous auriez découvert un fabuleux panorama. J'aurais été heureux de vous l'offrir.»
Les trois hommes se regardèrent. Sur leurs visages fatigués se lisait la déception. Pourtant, ils connaissaient assez la montagne pour mesurer la réalité du danger, pour comprendre la sagesse du guide.

QUESTIONS

1 — Expliquez : «un panorama».

2 — Analysez : dangereux - vous (l'offrir) - leurs - déception - danger.

3 — Conjuguez au présent et au passé 1re forme du conditionnel : installer - partir.

LES SAISONS

223. Le retour des chasseurs

■ *présent des verbes du 1er groupe*

Après une longue journée en plein air, les chasseurs rentrent fatigués, mais heureux. Ils ont le carnier lourd de pièces (perdrix grises, perdrix rouges, lièvres à poil roux,...). Ils déposent fièrement le gibier sur la grande table de la cuisine. Les chiens épient leur maître, remuent les oreilles, montrent les crocs, grognent, bondissent et attendent une récompense bien méritée.
Ils se reposeront ensuite et rêveront à un autre rendez-vous avec les bois.

224. Hiver

■ *présent de l'indicatif*

Le Gévaudan est un pays de rudesse avec, comme les gens le disent, « neuf mois d'hiver et trois mois d'enfer ». En octobre, le froid revient, mordant, cruel. C'est comme si l'automne n'existait pas. Après l'été, il y a le petit, puis le gros et grand hiver. Alors, le vent s'en donne à cœur joie, coupe la respiration des plus robustes qui halètent, mord les vieillards jusqu'au fond des maisons. Tapi dans les murs épais, le vent sort comme le loup du bois lorsque le feu décline.

J. Féron, *la Bête du Gévaudan,* le Livre de poche Jeunesse.

225. Le bonhomme de neige

■ *présent de l'indicatif*

Les enfants façonnent un bonhomme de neige. Ils font une petite boule qu'ils roulent jusqu'à ce qu'elle devienne grosse, énorme : ce sera le corps. Même chose avec une boule moins volumineuse qui représentera la tête. Tous s'affairent pour lui donner l'air le plus humain possible. Jacques le coiffe d'un vieux chapeau.
Puis les enfants dansent joyeusement autour de leur personnage, mais le soleil fait son apparition. Attention ! Bientôt le bonhomme ne sera plus qu'une flaque d'eau !

*226. L'arbre de Noël

■ *présent de l'indicatif*

Papa a apporté un grand sapin vert. Il nous explique qu'il s'agit en réalité d'un épicéa. Maman y accroche des guirlandes et des étoiles. Nous sautons de joie en voyant l'arbre ainsi paré. Les ampoules rouges, bleues, jaunes, vertes ou blanches s'allument, s'éteignent, puis se rallument. Des fils dorés descendent du faîte jusqu'au sol. Quelle magnifique parure ! Comme il semble fier maintenant !

227. La fin de l'été

■ *présent de l'indicatif*

■ *participe passé des verbes pronominaux*

L'été s'est achevé. Les rayons du soleil ont maintenant du mal à percer les nuages de plus en plus épais.
Les oiseaux migrateurs se sont rassemblés pour leur long voyage annuel. Dans les jardins, quelques arbres roussissent déjà. Les roses tombent dans une pluie de pétales ; seuls les hortensias et les dalhias tiendront jusqu'aux premières gelées.

228. Soirée d'hiver

■ *présent de l'indicatif*

Depuis plusieurs jours, la neige menace de tomber. Dans la rue, les passants se pressent de rentrer chez eux. Le vent, qui ne cesse de souffler, fait s'envoler les dernières feuilles mortes.
Les lumières des magasins vont bientôt s'éteindre ; quelques voitures circulent encore ; puis, plus rien...
La météo annonce une vague de froid ; il fait bon être au chaud !

229. Forêt en alerte

■ *présent de l'indicatif*

■ *et - est*

Toute la faune est inquiète ; les chasseurs sont là. Le moindre froissement de feuilles ou craquement de brindilles devient une menace.
Effrayés, les animaux fuient dans toutes les directions, s'arrêtent, écoutent, puis repartent au hasard...
Ils flairent la présence du plus terrible des prédateurs : l'homme.

- *présent de l'indicatif*
- *on - ont*

*230. Veille de Noël

Tous ont attendu longtemps ce moment. Comme beaucoup d'enfants, Davy et sa sœur sont heureux. Chez eux, on a mis le sapin dans un coin du salon. Au sommet, brille une étoile argentée. Éclairé d'une guirlande électrique, l'arbre est vraiment magnifique, mais on lui rajoute encore de la neige artificielle.
Il ne reste plus aux deux enfants qu'à déposer leurs souliers au pied de l'arbre. Ensuite, ils iront se coucher en pensant au lendemain matin.

- *passé composé* ■ *la - l'a - là*
- *accord du participe passé avec avoir (difficultés)*

231. Réveil d'une marmotte

Le printemps est là. Dame marmotte a mis le nez dehors et le soleil la regarde et la réchauffe. L'hiver, elle l'a passé à dormir dans son terrier. Son corps fatigué et amaigri la fait paraître perdue dans un manteau trop grand. La saison du renouveau, elle l'a attendue durant six mois. L'air frais la grise un peu. Les prairies d'herbe tendre l'appellent. Le bleu du ciel, elle l'a enfin retrouvé.
Bonjour à la vie!

QUESTIONS

1 — Expliquez : «la saison du renouveau»; «l'air frais la grise un peu».

2 — Donnez 3 mots de la famille de «frais».

3 — Analysez les mots : nez - soleil - la (réchauffe) - amaigri - a retrouvé.

4 — «le soleil la regarde et la réchauffe». Mettez cette expression au passé composé et à l'imparfait de l'indicatif.

- *imparfait de l'indicatif*
- *accord du verbe (difficultés)*

232. Triste journée d'hiver

À travers un brouillard gras et gris qui voilait la face de la Terre, la pluie tombait froide et fine. Les arbres luisaient, verts comme des grenouilles.
Tout était trempé. Quiconque sortait était mouillé jusqu'aux poumons. Les arbres étaient nus et lamentables à voir avec leurs branches crispées et emmêlées.
Le vent, fol et cruel, avait arraché leurs feuilles, les avait disséminées en l'air, si haut que certaines semblaient des oiseaux. D'autres se poursuivaient par milliers sur les routes.

F. Timmermans, *Palletier*, Éd. Rieder.

233. Orage

■ *imparfait de l'indicatif*

Je dévalais le sentier, tournant et raide comme un escalier de bateau. Le tonnerre se rapprochait, se distinguait de moins en moins de son écho. J'avais de l'eau jusqu'aux chevilles. Comme j'avais été environné par l'orage, avec la même soudaineté, je me retrouvai au milieu d'un troupeau de moutons affolés qui se collaient dans mes jambes.
J'ai connu toutes sortes de pluies. Celle-ci, c'était de la condensation immédiate d'un nuage noir qui me tombait dessus d'un coup, sans la grâce des cascades, avec la lourdeur d'un jet de casseroles qu'on vide dans l'évier.

A. Salacrou, *les Idées de la nuit,* Fayard.

234. L'approche de l'hiver

■ *imparfait de l'indicatif*
■ *leur - leurs*

Les Indiens galopaient à travers les prairies depuis déjà plusieurs heures. Leurs chevaux les emmenaient au-delà des collines, là où un troupeau de bisons attardé leur avait été signalé. Un imperceptible engourdissement de la nature les avait avertis : la neige serait précoce cette année et leurs réserves de viande leur paraissaient insuffisantes. Il leur fallait donc encore chasser avant les grands froids pour assurer la subsistance de leurs femmes et de leurs enfants durant l'hiver.

235. L'automne et ses couleurs

■ *imparfait de l'indicatif*
■ *c'est - s'est - ses*

C'était l'automne. Depuis plusieurs semaines déjà, les hirondelles s'étaient enfuies. Dans les sous-bois, les bruns et les jaunes avaient remplacé les verts éclatants. Sur les plaines, à longueur de jour, traînaient des pans de vapeur. Le ciel était gris, sale, incertain. Des flaques d'eau parsemaient les chemins et une lumière pâle et triste paraissait vouloir noyer la nature malade.
Avec le départ de l'été, il semblait que c'était la vie qui finissait.

QUESTIONS

1 — Expliquez : « des pans de vapeur » ; « une nature malade ».

2 — Analysez : Depuis plusieurs semaines déjà - s'étaient enfuies - sur les plaines - des pans de vapeur - incertain.

3 — Conjuguez à l'imparfait et au plus-que-parfait le verbe parsemer.

EXPLOITATION

Le texte décrit quelques caractéristiques de la nature en automne. Sur le même modèle, décrivez une autre saison.

- *imparfait de l'indicatif*
- *tout - tous*

*236. Le printemps

L'herbe verte du gazon, les premiers rameaux et bourgeons, l'arrivée des premières hirondelles, le soleil plus sûr de lui, tout annonçait dans la plus grande joie le printemps.
On entendait à nouveau le gazouillis des oiseaux, le chardonneret, la mésange; tous étaient au rendez-vous.
Dame Nature s'était réveillée comme par un coup de baguette magique.
Les brumes matinales feraient désormais place à un léger voile et la froidure redoutée du soir à une fraîcheur bienvenue.

- *passé simple*

237. L'annonce du printemps

Dans l'engourdissement de l'hiver, les semaines et les mois s'écoulèrent. Puis, vers le milieu du mois de mars, le froid diminua et les premiers signes du printemps apparurent.
Chaque jour, sur les massifs ensommeillés, le soleil monta plus haut dans le ciel, faisant fondre la neige. Les sapins perdirent une partie de leur blanc manteau. Le vent apporta des senteurs nouvelles et, doucement, les jours allongèrent. Alors, le vert ramena l'espérance.

- *imparfait de l'indicatif*
- *passé simple*
- *sans - s'en*

238. Cueillette des champignons

Il trottinait gaiement dans les bois sans souci, pour aller cueillir des champignons.
Il remplissait son panier quand il songea à s'en retourner sans tarder. En effet, il était parti sans prévenir et dans peu de temps, grand-père inquiet irait à sa recherche.
Dans une heure, il ferait nuit; il reprit donc la direction de la maison en pressant le pas.

- *imparfait et passé simple*
- *participe présent ou adjectif verbal*

*239. Giboulées

Ramassé sur lui-même, le village attendait. Le ciel déjà gris s'était totalement éteint et, d'un seul coup, il céda. Une multitude de grêlons s'abattit sur les toits et les rues environnantes, cinglant les vitres, fouettant les arbres, giflant les rares piétons. En quelques minutes, une pellicule blanche recouvrit le pays. Elle semblait défier la grisaille des mois d'hiver finissants.

*240. la pluie

■ *plus-que-parfait*
■ *c'était - c'étaient*

Cela faisait quatre heures que nous étions partis et la pluie n'avait pas cessé un seul instant. Elle nous accompagnait sur la route de nos vacances.
C'était parfois une poussière, une bruine très fine qui voilait tout le paysage; c'étaient, à d'autres moments, des trombes d'eau qui nous enveloppaient; enfin, si le vent s'offrait une légère pause, c'étaient de grosses gouttes qui s'abattaient avec fracas sur le pare-brise et le toit de la voiture.
Nous espérions le retour du grand beau temps.

241. Neige tardive

■ *plus-que-parfait*
■ *accord du participe passé*

Nous n'avions pas eu d'hiver cette année-là, tout au plus un temps maussade, humide, mais pas de frimas, ni de gelées. Les températures étaient restées douces. Le printemps, alors, s'était installé sans bruit, avec son cortège d'odeurs et de couleurs.
Et puis, un soir de la mi-avril, alors que la météo annonçait un net refroidissement, il s'était mis à neiger. Quelle catastrophe pour la nature, mais quel bonheur pour nous, les enfants!
Très excités, nous ne nous étions pas endormis très vite.

242. Ode à la pluie

■ *impératif présent*

Je ne dois pas être normal, car, lorsque je vois un nuage, j'applaudis. Mais oui, j'aime la pluie! J'aime la pluie d'été qui nourrit la terre et délivre le corps; j'aime la pluie-mélancolie qui martèle ses gouttes au rythme de mon ennui; j'aime la pluie-paresse qui gifle les vitres et semble me dire : « Ne sors pas, il fait bien trop mauvais. Prends un livre et allonge-toi. »

QUESTIONS

1 — Expliquez : « la pluie d'été qui nourrit la terre »; « la pluie qui gifle les vitres ».

2 — Dans quel sens le verbe « marteler » est-il employé? Faites une phrase en l'employant dans un autre sens.

3 — Analysez : nuage - ennui - me (dire).

4 — « lorsque je vois un nuage, j'applaudis. » Faites l'analyse logique de cette phrase.

5 — Conjuguez à l'impératif présent : laver - finir - courir.

LES ANIMAUX

■ *présent de l'indicatif*
■ *quel - qu'elle* ■ *on - on n'*

243. Ma chienne

Je regarde ma chienne allongée sur le tapis. Dans son attitude, tout laisse penser qu'elle dort et pourtant, je sais qu'elle épie chaque bruit de la maison. Un froissement d'étoffe, un interrupteur qu'on enclenche, une porte qu'on ouvre et c'est une oreille qui se dresse, un œil qui s'ouvre ou la queue qui s'agite. Toutes mes ruses pour la prendre en défaut échouent inévitablement.
Quel bel animal! Quelle fidèle compagne.

■ *présent de l'indicatif*
■ *é - er*

244. Les marmottes

Les marmottes vivent dans l'alpage, sur les versants bien exposés au soleil. Elles choisissent un terrain bien meuble pour creuser leur terrier. Les galeries sont juste assez larges pour laisser passer l'animal. Elles forment un réseau de plusieurs dizaines de mètres dont les entrées sont souvent dissimulées sous une grosse pierre. Le fond du terrier est occupé par une vaste chambre. Tous les membres de la famille y passeront l'hiver en hibernation, serrés les uns contre les autres.

■ *présent de l'indicatif*
■ *et - est*

245. La mort d'un compagnon

Michel est triste et il pleure la mort de son petit chien Ralph. Depuis quelques jours déjà, il était malade et, hier soir, son état avait empiré; le vétérinaire ne pouvait plus rien faire.

Les parents de Michel ont les larmes aux yeux, mais ils les retiennent. Michel, quant à lui, les laisse couler et embrasse une dernière fois son petit compagnon. Il se montre courageux et pense que maintenant Ralph ne souffre plus.

■ *présent des verbes des 1er et 3e groupes*

246. Une rencontre

Vincent se promène en forêt avec Dixie, sa jeune chienne noire. Au détour d'un sentier, Dixie aperçoit un écureuil et aboie. Rapide comme l'éclair, le petit animal escalade un chêne voisin et, arrivé aux premières branches, épie les intrus.
Vincent essaie de s'approcher encore. L'écureuil le suit des yeux. Tout doucement, à pas timides, le garçon continue d'avancer. Mais, derrière lui, la chienne s'ennuie et remue. Alors, d'un seul coup, pffft..., la tache rousse s'enfuit et disparaît.

■ *imparfait de l'indicatif*

■ *plus-que-parfait*

■ *accord du participe passé avec avoir (difficultés)*

*247. Les chèvres

Les chèvres que Robinson avait domestiquées et enfermées dans des enclos étaient retournées à l'état sauvage. Mais comme presque toutes les bêtes qui vivent en liberté, elles s'étaient organisées en groupes que commandaient les boucs les plus forts et les plus sages. Ces maîtres-boucs obéissaient eux-mêmes à un roi-bouc d'une taille et d'une force terribles, qui s'appelait Andoar.
Quand un danger menaçait le troupeau, il se rassemblait, généralement sur une colline ou un rocher, et toutes les bêtes du premier rang baissaient la tête et opposaient à l'ennemi une barrière de cornes infranchissable.

M. Tournier, *Vendredi ou la vie sauvage,* « Folio Junior », Gallimard.

■ *imparfait de l'indicatif*

248. Le sommeil du lièvre

Le lièvre aux oreilles noires dormait au pied du poirier sauvage. Mais un lièvre, même s'il est fatigué, repu, sans peur et sans reproche, ne dort jamais d'un sommeil très profond.
Le lièvre aux oreilles noires entendait vaguement la voix lointaine des hommes au travail, le jacassement des geais et des pies... jusqu'au petit claquement que faisaient les gousses de genêt en éclatant au soleil...

E. Perochon, *le Livre des 4 saisons,* Delagrave.

249. Le prince blanc

■ *imparfait de l'indicatif*

Crin-Blanc tenait ses promesses. Il était plus élancé que les autres poulains. Son poitrail était large, bien ouvert. Ses jambes nerveuses n'étaient qu'un paquet de muscles... Un cheval redoutable, surtout, au sang brûlant et d'une violence terrible. Les hommes l'avaient arraché à sa mère à l'âge où l'on a peur de tout ce qui bouge sur le marais, et même de son ombre. Il n'était qu'un jeune poulain quand ce grand malheur lui était arrivé.

R. Guillot, *Crin-Blanc,* d'après le film d'A. Lamorisse, G. R. Hachette.

QUESTIONS

1 — Expliquez : « élancé » ; « un sang brûlant ».

2 — Analysez : large - terrible - mère - marais - malheur.

3 — Conjuguez au plus-que-parfait de l'indicatif les verbes arracher et arriver.

EXPLOITATION

Retrouvez pour chaque animal le nom de la femelle et du petit : le cheval - le porc - le lièvre - le sanglier - le jars - le mouton.

250. Une chasse délicate

■ *passé simple*

L'homme arma silencieusement son fusil, se redressa, et avança en comptant. À quatre, il se figea, mais ne chercha plus à se cacher. Le chevreuil leva la tête, dressa les oreilles et, ne percevant aucun mouvement, reprit son repas. Petit à petit, Jérôme se rapprochait de sa cible, s'immobilisant toutes les quatre secondes, faisant bien attention de ne jamais croiser le regard de l'animal. Un chevreuil ne peut pas reconnaître un homme immobile, mais, comme toute bête sauvage, craint un regard fixe.

R. Lavallée, *Tchipayuk ou le chemin du loup,* Albin Michel.

251. Un brave chien

■ *imparfait de l'indicatif*
■ *passé simple*

Tommy grognait sans que je sache pourquoi. Je ne compris que trop tard. J'étais dans un marais. Déjà le sol se dérobait sous mes pieds. Plus je bougeais pour m'en sortir, plus je m'enlisais. Instinctivement, je m'immobilisai. Que faire ?
Ce fut Tommy qui trouva la solution en allant chercher grand-père. Que fit-il pour que le vieil homme le suive ? Je ne le sus jamais, mais il me sauva la vie.

252. Histoire d'ours

- *imparfait de l'indicatif*
- *passé simple*

Une fois, au cours d'une expédition de chasse en pirogue le long de la rivière « Vouskoï », pendant la migration printanière des saumons, je vis un ours qui pêchait.
Il était assis sur un banc de sable et faisait trempette dans sept ou huit centimètres d'eau. Quand un saumon passait en nageant à proximité, le dos sortant de l'eau, l'ours prenait le poisson entre ses deux pattes de devant et d'une secousse, il le tirait hors de l'eau. Il prit ainsi cinq saumons.

O. Swenson, *Au pays du renard blanc,* trad. G. Rives, Éd. G. P.

253. Une ruse de renard

- *passé simple*
- *imparfait de l'indicatif*

Dans une battue, on ramassa un renard, tombé sous un coup de fusil; on le mit au tableau, et comptant le gibier, on le prit et on le jeta plus loin. À ce moment, je crus voir qu'il ouvrait un œil, mais je le considérais comme mort et ne fis plus attention à ce qu'il faisait; je pensais que c'était la mort qui lui faisait relever la paupière.
Un instant plus tard, alors qu'on chargeait le gibier dans la charrette, le renard se mit sur ses pattes, et, d'un bond, fut dans le fourré.

P. Vialar, *Naturalia,* 18 mars 1960.

254. Chien et belette

- *imparfait de l'indicatif*
- *passé simple*
- *plus-que-parfait*

Tête basse, Lassie contemplait cet animal inconnu. Mais la belette avait sans doute pressenti l'approche du danger, car au moment même ou Lassie bondissait, elle s'enfuit en poussant des cris aigus. Avec la rapidité d'un éclair, la petite bête se fraya un passage parmi les bruyères touffues, filant à toute vitesse, comme de l'eau courante. Lassie tourna sur elle-même pour surveiller son adversaire.

E. Knight, *Lassie, chien fidèle.*

PORTRAITS

■ *présent de l'indicatif*
■ *é - er*

255. Les qualités d'un pilote de course

Le pilote automobile doit posséder en course, à tout moment, un sang-froid supérieur à la moyenne.
Il peut se trouver brusquement, en pleine vitesse, devant une route barrée par un obstacle, ou assis dans une voiture en flammes; il doit alors calmement déterminer, en une fraction de seconde, la manœuvre à accomplir. Une erreur de jugement peut entraîner la mort de concurrents ou de spectateurs.

J. A. Grégoire, *l'Aventure automobile,* Flammarion.

■ *présent de l'indicatif*
■ *adjectifs de couleurs*
■ *le, la, les devant le verbe*

256. Le ramoneur

Un homme grand et maigre, avec des cheveux blond roux et rêches, portant sur son dos un énorme baluchon, traverse le village à longs pas. De ses yeux bleus perçants, il regarde les enfants devant les maisons. Et les petits enfants le regardent sans sourire. Ils le connaissent. C'est lui qui vient chaque automne former la troupe de Savoyards qu'il emmène en France pour le ramonage.

M. C. Helgerson, *Dans les cheminées de Paris,* « Castor Poche », Flammarion.

EXPLOITATION

La dernière phrase de la dictée, puis une petite recherche historique permettent de répondre par vrai ou faux à cette affirmation : « L'action décrite dans ce texte se déroule en 1902. »

■ *présent de l'indicatif*
■ *accord des adjectifs qualificatifs*

257. Un bébé curieux

Marine est un bébé rose, aux joues bien pleines. Ses sourcils recourbés donnent à ses grands yeux bleus un air perpétuellement étonné. Elle joue dans le salon sous les regards attendris de ses grands-parents.
Murmurant quelques paroles compréhensibles d'elle seule, elle se met à quatre pattes et file en direction d'un objet étrange tombé sous la table basse.
De ses petites mains potelées, elle le ramasse et sourit. Elle s'assied,

observe la chose attentivement, goûte, fait une grimace, crie et la jette. Elle repart alors vers d'autres horizons, dans cet endroit si riche en découvertes.

QUESTIONS :

1 — Expliquez : « ses petites mains potelées ».

2 — Analysez : pleines - salon - se met - étrange - la (jette).

3 — Conjuguez au présent de l'indicatif : se battre - trier - fournir.

■ *présent de l'indicatif*
■ *accord de l'adjectif qualificatif*

258. Les horizons silencieux

Le monde qui l'entoure est totalement silencieux. Pas un cri ne l'habite, pas un cri ne le trouble. Parfois, il tente d'articuler un mot, mais il module les sons avec peine et il en résulte un gargouillis étrange. Jean-Claude, lui, est sourd et muet depuis sa naissance. Mais il compense son handicap par une extrême sensibilité des autres sens, que nous développons peu : le toucher, la vue, l'odorat. Il est aussi extraordinairement réceptif à la beauté, celle d'un paysage couleur pastel, d'une épice nouvelle ou simplement celle d'une étoffe soyeuse.

D'après G. Goetghebuer, magazine *Grandes Courses*, janv. févr. 1988.

QUESTIONS

1 — Dans la dernière phrase, l'auteur cite trois exemples de sensations auxquelles le personnage est très réceptif. Justifiez le choix de ces exemples.

2 — Faites l'analyse logique de la première phrase.

3 — Analysez : l'(entoure) - silencieux - avec peine.

4 — Comptez le nombre de verbes conjugués de la dictée.

EXPLOITATION

Sur le modèle de la dictée, rédigez un texte décrivant un personnage non voyant.

■ *imparfait de l'indicatif*

259. De curieux horaires

Dans le village, notre cantonnier était un personnage fantaisiste. Le jour, on pouvait le rencontrer, bavardant sur la place du village, au milieu des joueurs de boules ou taquinant les poissons au bord de la rivière. Pourtant, personne n'osait lui demander si son ouvrage avançait, car il avait sa propre façon de travailler : il affirmait vouloir profiter de ses journées !
Et le plus souvent, c'est après le coucher du soleil qu'on le voyait partir pour, enfin, commencer son labeur.

- *imparfait de l'indicatif*
- *adjectifs de couleur*

260. Un grand directeur

Il avait les yeux bleus, les cheveux châtain foncé, le nez droit et les dents d'un blanc éclatant. Sa bouche semblait en permanence esquisser un sourire. Il parlait lentement, d'une voix calme et posée. Ses vêtements, tous de teintes fondues - pantalon beige clair, chemise bleu pâle, cravate discrète - exprimaient la même tranquillité !
Jamais on n'aurait pensé que cet homme secret dirigeait une entreprise de plus de cinq mille personnes.

- *présent de l'indicatif*
- *passé composé* ■ *c'est - s'est*

261. Le pianiste

Le corps bien droit, les mains posées à plat sur les genoux, il attend. L'orchestre, à sa gauche, joue. Il écoute.
Ses bras se lèvent légèrement ; c'est à lui. Son corps se détend ; ses doigts courent sur le clavier du piano blanc. Il aime cette musique ; c'est sa vie.
Il a oublié les centaines de personnes venues l'écouter. Il est entré dans un autre univers, et, sur son visage, se lit une agitation extrême. Puis, quand la dernière note s'est échappée de ses doigts, son visage redevient lisse.
Alors, il se tourne vers le public qui applaudit.

- *impératif*
- *la - l'a - là*

262. Le comédien

Il va entrer en scène. Il entend les murmures de la salle. Son premier rôle, il l'a attendu durant des années et maintenant sa chance est là, derrière le rideau. Il s'encourage une dernière fois : « Aie confiance en toi, va vers les spectateurs, réponds à leur attente, ne pense plus qu'à ton rôle. »
Une ultime inspiration et il s'élance. Le public, son public, il l'a devant lui. Une première réplique, puis une autre. Son personnage le porte... Il a déjà gagné.

VIE SOCIALE ET ÉCONOMIQUE

- *présent de l'indicatif*
- *participe passé en i ou verbe en it*

*263. Le trappeur

Bravant la bourrasque, le dos arrondi, le visage rougi par le froid, le trappeur parcourt la forêt ensevelie sous la neige. À la cime des bouleaux et des épinettes, la tempête mugit. Plus le vent souffle et plus l'homme s'aplatit.
Soudain, il s'accroupit. Ses doigts engourdis fouillent la neige, découvrent un piège. Aucune prise. En quelques gestes précis, tout est replacé. Le trappeur se redresse et poursuit son chemin. Ses raquettes le conduisent vers un autre piège, plus loin, dans les profondeurs de la forêt endormie.

- *présent de l'indicatif*

*264. Chercheurs d'or

Une nouvelle extraordinaire se propage dans tout le pays : on a trouvé de l'or, là-haut, dans le Grand Nord.
Des milliers d'hommes et quelques femmes guidés par un même rêve — devenir riches — dépensent leurs maigres économies pour acheter le matériel nécessaire et se transforment en prospecteurs.
Ils doivent d'abord entreprendre un voyage exténuant à travers les montagnes, puis vivre dans des conditions très difficiles, dans une nature hostile.
Combien d'entre eux trouveront le filon tant convoité?

EXPLOITATION

Dans quel pays a eu lieu la ruée vers l'or? Situez historiquement cette période.

- *présent de l'indicatif*
- *é - er*
- *accord de l'adjectif qualificatif*

*265. La pêche aux crevettes au large du Groenland

Sur le chalutier, véritable usine flottante, le filet pesant plusieurs tonnes est remonté à bord et déversé. Il faut maintenant trier les crevettes. Puis elles seront cuites ou congelées et enfin empaquetées par des hommes qui, dans les cales du bateau, passent des jours sans voir la mer. Ceux-là ne se sentent pas vraiment marins.
Sur le pont, les pêcheurs ont les moustaches, les sourcils et les cils givrés. Ils accomplissent la manœuvre avec des gestes précis. Ils tapent des pieds. Le froid est difficilement supportable.

QUESTIONS

1 — Expliquez : « véritable usine flottante » ; « les moustaches, les sourcils et les cils givrés ».

2 — Décomposez le mot « empaquetées ». Trouvez 2 mots ainsi formés.

3 — Analysez les mots : chalutier - filet - bateau - accomplissent - précis.

4 — « Ils accomplissent. . .pieds. » Conjuguez ces 2 phrases à la 3e personne du singulier au présent.

3.10.96

- *présent de l'indicatif*
- *sans, s'en* ■ *nom ou verbe ?*

266. Un enfant sans enfance

Laurent a onze ans. Du matin au soir, il travaille sans relâche, plus de dix heures par jour. Quand son père le réveille, avec le jour, il avale un maigre petit déjeuner et, les yeux pleins de sommeil, s'installe face au métier. Il tisse la soie dans l'atelier familial. C'est un travail pénible, monotone. Il doit s'en accommoder, ne pas se plaindre, gagner sa vie. Souvent, il se dit que quand il sera grand, il s'en ira. Sans regret.

- *présent de l'indicatif*

267. Le Conseil de l'Europe

Dans la presse, à la radio, à la télévision, il est fréquemment question de l'Europe, et plus particulièrement des domaines économiques où les décisions doivent être prises en accord avec d'autres pays européens : cela se fait dans le cadre de la Communauté économique européenne qui regroupe douze pays européens.
Mais il y a d'autres organisations internationales européennes, et parmi elles le Conseil de l'Europe, qui est au service de toutes les démocraties parlementaires d'Europe et de près de quatre cents millions d'habitants.

B.T. n° 1004, publication de l'École moderne française.

268. Les élections au village

■ *imparfait de l'indicatif*

Le soir des élections municipales, nous avons assisté au dépouillement du scrutin. Après l'ouverture de l'urne, que de bulletins à trier ! Tous les candidats étaient là. Ils restaient silencieux et attentifs dans l'attente des résultats définitifs. Parfois, ils échangeaient quelques mots, risquaient un pourcentage, tentaient une approximation de leurs voix, puis se taisaient sans tarder comme si un commentaire hasardeux pouvait nuire à leur victoire.

EXPLOITATION

Les élections dans la commune sont les élections ....
Les élections des députés sont les élections ....
Les élections des sénateurs sont les élections ....
L'élection du président de la République est l'élection ....

269. Visite de l'usine

■ *imparfait de l'indicatif*
■ *accord des adjectifs qualificatifs*

Nous nous promenions dans cette fonderie depuis deux heures. Des hommes habiles au travail semblaient des dieux transformant le métal en un liquide rouge vif s'écoulant comme la lave d'un volcan.
C'était vraiment fascinant. À côté, les automates et les robots avaient l'air bien rigides même si leur cadence était supérieure.
Pourtant, nous restâmes interdits devant l'un d'entre eux. Il paraissait plus humain grâce à sa main géante qui ressemblait à celle d'un homme.

270. Un vieux métier

■ *imparfait de l'indicatif*

Mon grand-père était charretier. Nous habitions l'ouest parisien et, à cette époque, les cultures maraîchères y étaient importantes. Chaque matin, avant le lever du jour, il entassait dans la charrette de pleins cageots de légumes frais. Puis, il partait pour la capitale, vers les halles. Quelquefois, il s'endormait durant le trajet. Le cheval connaissait si bien la route que mon grand-père ne se réveillait que lorsque l'attelage s'arrêtait, arrivé à destination !

*271. L'évolution d'un métier

■ *passé composé*
■ *imparfait de l'indicatif*
■ *a - à*

Le travail des bûcherons a bien changé lors de ces dernières années. Autrefois, la cognée volait et entaillait le bois ; le passe-partout mordait

l'arbre qui tremblait peu à peu, se penchait puis s'abattait dans un craquement sinistre.
Aujourd'hui, la tronçonneuse a remplacé la hache et la scie. Nos forêts agonisent maintenant dans le bourdonnement strident des machines.

QUESTIONS

1 — Expliquez : « la cognée volait et entaillait le bois » ; « le passe-partout ».

2 — Donnez 2 mots de la famille de « bûcherons ».

3 — Donnez un synonyme de « mordait » dans l'expression « mordait l'arbre ».

4 — Analysez les mots : bûcherons - dernières - a disparu - aujourd'hui - hache.

5 — « Autrefois... sinistre. » Mettez cette phrase au pluriel.

- *subjonctif*
- *on - on n'*

272. **Un discours électoral**

Le maire terminait son discours : « Il se peut que l'on vienne nous reprocher tel choix ou telle réalisation, que l'on n'admette pas certaines décisions, que l'on n'apprécie guère l'un ou l'autre de nos projets, que l'on attende de nous plus de mesures sociales. Pourtant, il faut que vous sachiez que nous avons fait notre possible pour vous satisfaire. Je souhaite qu'à l'occasion de ces nouvelles élections, vous continuiez à nous faire confiance. »

SCIENCES ET TECHNIQUES

■ *présent de l'indicatif*
■ *on - on n'* ■ *ce - se*
■ *noms et adjectifs de nationalité*

273. Un nouveau régal

La France est célèbre dans le monde entier pour ses produits de luxe comme les vins ou les parfums. Pourtant, jusqu'à présent, les Français ne produisaient pas de caviar. Ce manque est maintenant presque comblé car, si en France on n'a pas d'esturgeons, on a... des escargots. Certes, les producteurs soviétiques et iraniens ne se sentent pas menacés par la production française : un escargot pond environ trois grammes d'œufs par an ! Mais ce qui est rare se vend cher et le caviar d'escargot part maintenant à la conquête de l'Europe.

■ *présent de l'indicatif*

274. Le départ de l'Airbus

Depuis 15 minutes, l'Airbus fait chauffer ses réacteurs qui vrombissent dans un vacarme assourdissant.
Tous les passagers se sont engouffrés dans la carlingue et déjà la passerelle s'éloigne de l'avion. Les portes fermées, l'avion roule sur la piste. La puissance de ses réacteurs est maintenant à son maximum, son nez se soulève, puis ses roues quittent le sol. Il n'est bientôt plus qu'un minuscule point qui disparaît à l'horizon.

QUESTIONS

1 — Expliquez : « ses réacteurs qui vrombissent » ; « les passagers se sont engouffrés dans la carlingue ».

2 — Donnez 2 mots de la famille de « assourdissant » et de « passerelle ».

3 — Donnez le contraire de « s'éloigner » et de disparaître ».

4 — Analysez les mots : réacteurs - piste - minuscule - disparaît.

5 — « La puissance de ses réacteurs... sol. » Conjuguez cette phrase au passé composé, puis au futur simple de l'indicatif.

■ *présent de l'indicatif*
■ *orthographe du complément de nom*

275. L'ordinateur écologique

Bien plus que toutes les mises en garde, les campagnes d'opinion, l'ordinateur est sans doute le mieux placé pour défendre la forêt mondiale. En effet, sur de simples disquettes ou cassettes, il est possible de stocker une somme considérable d'informations. Sans l'ordinateur, recueillir celles-ci aurait nécessité des tonnes de papier. En limitant la consommation de papier, on évite l'abattage de milliers d'hectares de forêt.

EXPLOITATION
Quelle est la plus grande forêt française ?
La forêt tropicale est actuellement dévastée. La surface boisée équivalant à la surface d'un terrain de football disparaît :
chaque seconde □ chaque minute □ chaque heure □

■ *présent de l'indicatif*
■ *adjectifs numéraux*

276. Une planète

Neptune est une planète bien difficile à étudier. Trente fois plus éloignée du Soleil que la Terre, elle est invisible sans l'aide d'un télescope. Elle se présente alors sous la forme d'un minuscule disque verdâtre. Découverte seulement en 1846, elle reste une planète très mystérieuse. Ce que l'on connaît d'elle se résume à peu de choses : on sait surtout qu'il lui faut cent soixante-cinq ans pour faire le tour du Soleil.

EXPLOITATION
Citez toutes les autres planètes du système solaire.

■ *présent de l'indicatif*
■ *le, la, les devant le verbe*

277. Le lancement d'une fusée

Dans moins de vingt-cinq secondes, la fusée doit s'envoler. Dans la salle de contrôle, c'est vers le compte à rebours que se tournent les yeux des ingénieurs. Ils le fixent intensément : ... trois... deux... un... zéro ! Lentement, dans un bruit de tonnerre, l'énorme masse s'arrache du sol. Sur l'écran géant, les techniciens la suivent avec un peu d'inquiétude.
Quelques minutes plus tard, on annonce la mise en orbite du satellite : mission accomplie !

■ *présent de l'indicatif*
■ *on - ont* ■ *ou - où*

*278. La recherche scientifique

À travers les journaux ou la télévision, nous apprenons régulièrement que les scientifiques ont obtenu de nouveaux résultats : chaque jour, on fabrique un meilleur médicament ou un ordinateur plus performant, on perce un peu plus les mystères de la vie ou l'on invente une arme plus terrifiante.
Mais toutes ces découvertes, où nous conduisent-elles ? Au bonheur ou à la tragédie ?
Un jour viendra où il faudra répondre à ces questions. Pour savoir où se cache le progrès.

■ *présent de l'indicatif*
■ *accord des adjectifs qualificatifs*

279. La météorologie

Les pilotes d'avion qui vont entreprendre un long voyage, les pêcheurs qui prévoient une sortie en mer de plusieurs jours, les alpinistes qui projettent une ascension difficile utilisent les services de la météorologie.
Un simple coup de téléphone et les prévisions pour les heures qui suivent sont connues. Certains ordinateurs très puissants essaient de prévoir le temps pour les dix jours à venir, mais les phénomènes de l'atmosphère ne permettent pas encore de faire des prévisions pour une durée aussi longue.
La météorologie est une science qui a encore beaucoup de progrès à faire.

■ *subjonctif*

*280. Une salle informatique

Des techniciens arpentaient les allées. Quelquefois, ils interrompaient le défilement d'une cassette ou introduisaient une disquette dans un lecteur afin que l'intelligence artificielle se nourrisse du travail des hommes. Chaque geste était précis, mesuré ; ces énormes machines devaient être bien fragiles pour qu'on les traitât avec autant de précautions !
À l'intérieur de la pièce, il régnait un calme étrange comme s'il était inadmissible que l'on dérangeât le travail des ordinateurs. Dans ce temple de la mémoire, il semblait que chacun fût au service d'une mission supérieure.

281. Les animaux sont-ils intelligents ?

■ *imparfait et passé simple de l'indicatif*

Jusqu'en 1950, les scientifiques assuraient que les bêtes étaient vraiment bêtes. Tout cela à cause d'une bien vieille conception de l'intelligence : pas d'intelligence sans langage. Rien d'étonnant à ce que les premiers chercheurs qui explorèrent le cerveau animal aient d'abord essayé de les faire parler. Mais on ne les fit jamais parler : ils n'avaient pas de cordes vocales !
Et pourtant ! Certains se demandent aujourd'hui s'ils n'ont pas suivi une fausse piste. N'y aurait-il pas une intelligence au-delà des mots ?

D'après Léon Mercadet, *Ca m'intéresse,* nov. 1985.

282. La ferme du futur

■ *futur de l'indicatif*

En l'an 2000, les agriculteurs exploiteront leur ferme à l'aide de l'électronique et de la robotique.
En effet, si depuis des années déjà, les fermes se sont modernisées, certaines tâches restent très contraignantes.
Dans la ferme du futur, le paysan utilisera l'informatique et surveillera à distance les robots, qui, à sa place, sauront s'occuper des vaches laitières et les traire, cueillir les fruits dans les vergers, ou couper les arbres.

QUESTIONS

1 — Dans la dictée, le verbe « exploiter » est utilisé au sens propre. Que signifie-t-il au sens figuré ?

2 — Beaucoup de noms de sciences se terminent par le suffixe « ique ». Pouvez-vous en citer 3, sans reprendre les exemples de la dictée ?

3 — Analysez : en l'an 2000 - contraignantes - futur - les (traire) - les (vergers).

4 — Conjuguez au futur simple de l'indicatif : être - savoir - cueillir.

EXPLOITATION

Répertoriez d'autres tâches qu'un robot pourrait accomplir dans une ferme, puis imaginez qu'il se dérègle. Décrivez les « catastrophes ».

283. Les centrales nucléaires

■ *passé composé*

Le nucléaire a toujours provoqué les passions, les controverses. Quelques accidents sont venus ajouter de l'eau au moulin des débats, selon les convictions de chacun. Mais un fait demeure : les centrales sont là, pour un bout de temps encore, même si les programmes de mise en chantier se sont fortement allégés. Le nucléaire offre aux industriels comme aux particuliers, de plus en plus gourmands, une électricité relativement bon marché avec, de surcroît, la perspective de pouvoir enfin sortir de la dépendance énergétique.

D'après *Textes et documents pour la classe,* 14 sept. 1988.

EXPLOITATION

On produit de l'électricité notamment à partir du pétrole et du nucléaire. Quelles sont les autres sources utilisées pour produire de l'énergie électrique ?

- *passé composé*
- *accord du participe passé*

284. L'espace, une grande aventure

En 1957, les Soviétiques ont lancé le premier satellite artificiel. Puis, en 1961, Youri Gagarine a été le premier homme à aller dans l'espace et à tourner en orbite autour de la Terre.

Au cours des années suivantes, d'autres hommes sont partis dans l'espace. Ils y sont restés de plus en plus longtemps. Ils ont appris à sortir hors de leur cabine, à se déplacer dans le grand vide spatial.

Au total, aujourd'hui, les Américains et les Soviétiques ont envoyé environ deux cents hommes dans l'espace.

Okapi n° 395, mai 1988.

QUESTIONS

1 — Expliquez ce qu'est : un satellite ; un satellite artificiel.

2 — Analysez : artificiel - le premier homme à aller dans l'espace - y - aujourd'hui - ont envoyé.

3 — Conjuguez à tous les temps de l'indicatif à la 3e personne du pluriel le verbe apprendre.

EXPLOITATION

1957 et 1961 sont les deux premières dates importantes de l'histoire de la conquête spatiale.

1 — Retrouvez les autres grands moments de cette conquête entre 1961 et aujourd'hui.

2 — Imaginez quels seront les prochains événements marquants de l'histoire spatiale dans le siècle à venir.

SPORTS

- *présent de l'indicatif*
- *ou - où*

285. Une erreur d'orientation

Nous marchons depuis deux heures mais, à présent, nous hésitons : le sentier se divise, or la carte ne l'indique pas. Où aller ? À droite ou à gauche ? Nous ne savons plus où nous sommes ; nous ne savons plus s'il faut continuer ou faire demi-tour.
Il n'y a que deux possibilités : ou la carte est incomplète ou nous avons fait une erreur d'itinéraire. Rebrousser chemin semble plus sage ; c'est ce que nous faisons.

EXPLOITATION

Représentez la rose des vents.
Quel est l'instrument qui donne la direction du nord ?
Comment s'appellent les sentiers au balisage rouge et blanc, qui sillonnent toute la France ?

- *présent de l'indicatif*

286. Plongée en mer

Aujourd'hui, c'est sérieux ; l'entraînement en piscine, monotone mais rassurant est terminé.
Cette fois, nous plongeons dans l'inconnu, dans la haute mer, dans l'océan. Pierre et moi nous nous regardons dans les yeux ; le moniteur nous donne les dernières recommandations. « Ca y est, c'est à nous. »
Troublées d'abord par notre arrivée, les eaux redeviennent peu à peu calmes et nous nous enfonçons quand la végétation annonce le fond.
Des centaines de poissons multicolores nous observent. L'angoisse disparue a fait place à l'émerveillement.

■ *présent de l'indicatif*
■ *é - er*

287. Un match gagné

La deuxième mi-temps, commencée depuis une demi-heure, est une lutte acharnée. Les vingt-deux acteurs, fatigués, tentent toujours de se départager. Pour chacun d'eux, gagner la Coupe de France est l'aboutissement d'une saison. Les plus anciens voient alors leur rêve se réaliser; les plus jeunes espèrent qu'ainsi leurs talents seront reconnus.
Soudain, dans les dernières secondes d'un superbe tir croisé, le but de la victoire est marqué. Une équipe hurle sa joie; l'autre, les bras baissés, est accablée.

■ *présent de l'indicatif*

288. 400 m aux jeux Olympiques

Plus que vingt mètres, plus que dix mètres... Oui, plus de doute, mes jambes commencent à s'alourdir, mais qu'importe...
Je sens mon cœur battre et retentir dans ma poitrine, non pas de fatigue, mais sous le coup de l'émotion, devant l'arrivée, la victoire si proche. J'ai besoin de respirer. J'ouvre la bouche toute grande, car ce que j'aspire, ce n'est pas seulement l'air qui va emplir mes poumons, c'est le stade entier qui me paraît devoir s'engouffrer en moi...

R. Boisset, *Esprit du sport,* Éd. Je sers.

■ *présent de l'indicatif*

289. Le skieur plane

Le sauteur plane toujours, les bras servant de balancier, les jambes immobiles, la gauche un peu en avant, comme si le vent le portait.
On croit qu'il va descendre, mais il avance toujours. Puis, brusquement, sa trajectoire s'infléchit avec une décision éblouissante.
Il pointe un peu le talon vers le sol et prend contact d'un pied, puis il plie les jarrets, et son second ski fait un bruit mat en se posant franchement sur la neige.

R. Roussel, *la Vallée sans printemps,* Plon.

■ *présent de l'indicatif*

290. 800 m olympique

Nous entamons la deuxième moitié du parcours. Je sens que je peux gagner; je suis en très grande forme; c'est la course de ma vie!
Pourtant, à chaque foulée, je me rends compte que ma vitesse diminue et que l'Éthiopien revient sur moi peu à peu. Il reste 15 m à parcourir. Je respire à pleins poumons, tourne une dernière fois la tête; il est là à 3 mètres. Je dois tenir.

291. Le surf

- *présent de l'indicatif*
- *imparfait de l'indicatif*

Au XIIe siècle, les pêcheurs des îles Hawaï inventèrent le surf sur des tronc d'arbres. Debout sur leur morceau de bois, ils affrontaient des vagues énormes, monstrueuses. Ils connaissaient déjà le plaisir de la glisse. C'est en 1920 que ce nouveau sport débarque en Californie et se propage très rapidement pour devenir une véritable passion. Ses adeptes se jouent des vagues de l'océan, décollent à leur sommet et tentent les figures aériennes les plus folles.

292. L'exploit

- *imparfait de l'indicatif*

L'homme filait sur la neige, comme une hirondelle aplatie par l'orage. Vêtu d'une combinaison moulante, presque accroupi, il glissait, les jambes serrées, se penchait à droite, à gauche.
Pourtant, il faudrait bien qu'il ralentisse, personne n'avait jamais passé « le talus du diable » à cette allure.
Soudain, la foule se fit plus silencieuse, puis ce fut un murmure d'admiration. Le skieur, loin de ralentir, avait donné un grand coup de rein, sur la crête du talus et avait atterri quatre mètres en contrebas. Il était passé !

QUESTIONS

1 — Expliquez : « loin de ralentir ».

2 — Donnez un synonyme de : « allure » - « crête ».
Faites 2 phrases avec le mot « allure » utilisé dans 2 sens différents.

3 — Analyser les mots : personne - silencieuse - admiration - coup - avait atterri.

4 — « Soudain... admiration. » Conjuguez cette phrase au présent, puis au futur simple de l'indicatif.

293. Les planches à voile

- *présent de l'indicatif*
- *se - ce*

Ce matin, sur la côte, le vent s'est levé, ce qui fait le bonheur des amateurs de planche à voile.
À quelques mètres du rivage, de nombreuses voiles multicolores filent à toute vitesse, paraissant hésiter entre le ciel et l'eau. Parfois, dans un jaillissement d'écume, un véliplanchiste réussit une superbe figure. La mer semble alors se transformer en un immense théâtre et, sur la plage,

pour assister à ce fantastique ballet, se pressent des vacanciers admiratifs.

QUESTIONS

1 — Pourquoi la mer est-elle comparée à un théâtre?

2 — Le nom «amateur» peut avoir plusieurs sens. Lesquels?

3 — Trouvez 3 compléments de nom en cascade.

4 — Analysez : à toute vitesse - figure - pour assister à ce fantastique ballet - ce (fantastique) - vacanciers.

5 — Conjuguez au présent de l'indicatif : faire.

- *présent de l'indicatif*
- *participe présent ou adjectif verbal*

294. Le joueur de ping-pong

Le ping-pong est un sport qui demande à ceux qui le pratiquent des qualités telles que la dextérité, la concentration et la faculté d'anticipation.
Durant les échanges, le joueur toujours en mouvement doit être capable de parer les coups de son adversaire en surveillant la trajectoire de la balle lancée à plus de 110 km/h, se remettre en position et contre-attaquer en donnant à la petite sphère blanche des effets surprenants.
Il faut donc que le pongiste organise ses mouvements et voit sans regarder!

QUESTIONS

1 — Expliquez : «la dextérité»; «la faculté d'anticipation».

2 — Quelles sont les qualités citées dans le premier paragraphe qui permettent au pongiste de voir...

3 — Analysez : un sport - le (pratiquent) - qualités - adversaire - sphère.

4 — Conjuguez au présent, à l'imparfait et au futur simple de l'indicatif le verbe falloir.

5 — Conjuguez au présent de l'indicatif le verbe devoir.

- *présent de l'indicatif*
- *participe passé en i, ou verbe en it.*

295. Danseur sur glace

Le patineur s'élance sur la glace, le corps fléchi; une musique s'élève, s'amplifie; il glisse alors avec grâce, suit la cadence, file, ralentit, repart, saute, arrondit le dos et tourne sur lui-même un long moment; le public est ébloui et applaudit à tout rompre.
Enfin, sur une dernière pirouette, il vient se placer au centre de la piste et salue; il sourit; il a réussi une merveilleuse exhibition.

QUESTIONS

1 — Expliquez : « amplifier ».

2 — Donnez un synonyme de « une exhibition ».

3 — Analysez : glace - fléchi - suit - à tout rompre - une (merveilleuse).

4 — Conjuguez au présent de l'indicatif les verbes du dernier paragraphe.

EXPLOITATION

Donnez le nom de plusieurs disciplines artistiques ou sportives se déroulant sur la glace.

- *passé composé*
- *accord des participes passés des verbes pronominaux*

296. Judo

Les adversaires se sont salués, puis ils se sont saisis par le kimono, se sont poussés, se sont tirés et se sont fait tomber.
Aucun des deux adversaires n'ayant acquis l'avantage, ils ont continué le combat. Puis, suant abondamment, les veines saillantes sous les terribles efforts, ils se sont séparés, attendant le verdict des juges.

QUESTIONS

1 — Expliquez : « Aucun des deux adversaires n'ayant acquis l'avantage » ; « les veines saillantes » ; « le verdict des juges ».

2 — Donnez un synonyme « d'adversaire » et un contraire.

3 — Analysez les mots : combat - terribles - juges.

4 — Conjuguez au présent et au passé composé, aux 2es personnes du singulier et du pluriel les verbes suivants : saluer, faire, attendre.

- *adjectifs qualificatifs de couleur, de nationalité*
- *passé simple, imparfait, plus-que-parfait*

297. Un bel essai

Poursuivi par deux adversaires, le joueur anglais avait déboulé le long de la ligne de touche et, dans un ultime coup de reins, avait plongé dans l'en-but.
Il disparut presque aussitôt sous une marée humaine venue le féliciter. Quand il réapparut enfin, il était méconnaissable, entièrement recouvert de boue : son short et son maillot blancs étaient maintenant marron foncé et ses yeux bleu vif illuminaient un masque terreux.
Même les Irlandais, pourtant dépités, ne pouvaient s'empêcher de rire.

■ *passé simple*

298. Le champion

Mario était le plus rapide à la course, mais c'était là sa seule qualité. Tout le temps où il eut besoin d'affirmer cette supériorité, son prestige fut grand, mais lorsqu'il fut bien entendu, une fois pour toutes, qu'il était le plus véloce d'entre nous, cette supériorité ne se discuta plus et ce qui avait été prestige devint chose banale et établie. Alors Mario s'ennuya et la mélancolie mit des couleurs grises dans ses yeux.

Jean Cau, *les Enfants,* Gallimard.

QUESTIONS

1 — Expliquez : « le prestige » ; « la mélancolie ».

2 — Faites l'analyse logique de la dernière phrase de la dictée.

3 — Analysez : cette (supériorité) - véloce - établie.

4 — Conjuguez au passé simple le verbe mettre.

■ *subjonctif et impératif*

■ *noms et adjectifs de nationalité*

*299. Les conseils d'un entraîneur

Sur la ligne de départ, le champion français repassait dans son esprit les dernières recommandations de son entraîneur : « Il ne faut pas que tu partes trop vite, surveille le Hongrois et les deux coureurs anglais qui sont tes plus dangereux rivaux, reste bien concentré, sois attentif à tous les changements de rythme. Il faut que tu sortes en tête du dernier virage et puis après... bats-toi jusqu'au bout. »
Un coup de revolver. La course était lancée.

JEUX - LOISIRS - SPECTACLES

- *présent de l'indicatif*
- *accord des adjectifs qualificatifs*

300. La passion de la lecture

Je dévore l'un après l'autre les beaux volumes de la bibliothèque. Ils racontent les aventures captivantes de personnages imaginaires ou réels et peu à peu, les caractères et les illustrations du livre semblent s'animer. Je suis tour à tour chasseur de grands fauves ou agent secret, Indien d'Amérique ou prince d'une cité oubliée.
Bien installé sur mon lit, je voyage au bout du monde et, quand je dois refermer le roman, c'est à chaque fois avec un peu de tristesse que je quitte cet univers magique.

- *futur simple*
- *présent de l'indicatif*
- *ce - ceux*

*301. Au cirque

Les forains montent le chapiteau et installent les gradins. Bientôt, ce sera l'heure de la représentation. Nous nous y rendrons pour admirer les numéros des trapézistes, des funambules et des dompteurs. Mais surtout ceux que nous attendrons avec impatience, ce sont les clowns aux yeux pétillants de malice. Leurs pitreries, leurs acrobaties nous font rire et nous enchantent.

EXPLOITATION
Dessin : représentez le chapiteau et l'entrée d'un cirque que vous aimeriez voir.

- *présent de l'indicatif*
- *nom ou verbe ?*

*302. Pliages chinois

La semaine dernière, Laurent a visité une exposition originale. L'artiste y présentait des constructions de papier réalisées uniquement par pliages.
À son tour, s'aidant d'un manuel, Laurent essaie de maîtriser cette technique. Il plie, assemble, travaille avec ardeur. De petits animaux naissent d'une feuille de papier, de curieuses machines semblent vouloir s'animer. Le garçon contemple enfin son travail et s'estime satisfait. Hormis quelques plis malencontreux, c'est plutôt réussi... pour un premier essai !

QUESTIONS

1 — Expliquez : « une exposition originale » ; « quelques plis malencontreux ».

2 — Trouvez le radical du mot « pliage ». Donnez 3 mots de la même famille.

3 — Analysez les mots : originale - technique - ardeur - papier (feuille de).

4 — « Il plie... ardeur. » Conjuguez cette phrase au passé composé, puis au futur simple de l'indicatif.

EXPLOITATION
À votre tour, par pliages d'une feuille de papier, essayez de réaliser des constructions simples : avion, bateau...

- *futur simple de l'indicatif*

303. Visite au zoo

« Demain, dit grand-père, je vous emmènerai au zoo. Vous pourrez y admirer des animaux de pays lointains : des girafes, des lions, des ours blancs, des chameaux et même, à l'entrée, un panda. Nous achèterons un peu de nourriture que vous jetterez aux singes. Vous verrez que ceux-là sont vraiment des clowns ! Ils crieront, se chamailleront ou feront mille pitreries pour une simple friandise.
Je pense que vous apprécierez cette visite. »

- *passé composé*
- *accord du participe passé*
- *a - à* ▪ *son - sont* ▪ *et - est*

304. À la piscine

Ce matin, Simon et son jeune frère sont allés à la piscine. Simon est un bon nageur : son frère l'appelle « le dauphin » ! Son grand plaisir est de traverser le bassin en nageant sous l'eau.
Pendant la matinée, ils ont loué une grosse bouée, puis Sébastien a voulu apprendre à plonger. Que d'essais malheureux ! Dans toute la piscine, on entendait les rires et les cris de Simon. Mais le courage de Sébastien a été récompensé : il a enfin réussi un superbe plongeon !

- *accord du participe passé*
- *passé composé*

305. Un concert

La semaine dernière, Marine est allée assister à un concert. Durant la première partie du spectacle, une jeune artiste est venue interpréter ses nouvelles chansons. Un peu plus tard, le groupe tant attendu est monté sur scène. Un tonnerre d'applaudissements a retenti, la foule s'est levée... Alors la musique a inondé la salle pendant près de deux heures.
Quand Marine est sortie, elle ne désirait plus qu'une chose : devenir musicienne !

EXPLOITATION

Un ensemble de 3 musiciens est un ....
Un ensemble de 4 musiciens est un ....
Un ensemble de 5 musiciens est un ....

- *passé composé*
- *accord du participe passé*

306. Le cinéma

Depuis 1895, date de l'invention du cinématographe par les frères Lumière, le 7e art a beaucoup évolué.
Au fil des décennies, de nombreux changements ont été apportés dans les techniques de tournage, mais également dans celles de projection : cinéma muet, cinéma sonore puis parlant, images en noir et blanc, en technicolor, en relief, projection sur écran plat, circulaire ou hémisphérique.
Le spectateur, lui, est resté le même. La magie des images exerce toujours sur lui la même fascination.

QUESTIONS

1 — Expliquez : « au fil des décennies » ; « la magie des images ».

2 — Donnez le radical du mot « circulaire ». Donnez 2 mots de la même famille.

3 — Analysez les mots : changements - tournage - est resté - des (images) - fascination.

4 — Conjuguez le verbe « rester » et le verbe « exercer » aux 3 personnes du pluriel du passé composé.

- *imparfait de l'indicatif*
- *accord de l'adjectif loin du nom*

307. **Les photographes**

Au bord de l'étang, cachés sous un abri de branchages, les photographes attendaient le passage des oiseaux. Il y a quelques minutes, des canards et des oies sauvages avaient été aperçus au-dessus des collines avoisinantes.
Maintenant, tout était prêt pour surprendre la vie animale : les appareils, les objectifs, les pellicules étaient placés à portée de main. Équipés de puissantes jumelles, les deux hommes scrutaient l'horizon. Ils semblaient attentifs au moindre frémissement de l'air.

- *passé simple*
- *participe passé en i, verbe en it*

308. **Le concert**

Tout à coup, le public qui s'impatientait entendit une musique s'élever. Surpris, soudain silencieux, il vit une fumée blanche sortir des quatre coins de la scène. Une voix douce se fit entendre et peu à peu s'enhardit, précédant l'apparition du chanteur.
Il avait enfin franchi la distance qui le séparait de son public. Celui-ci, ravi, l'applaudit, siffla, hurla, puis choisit enfin d'écouter son idole.

- *passé simple*
- *imparfait de l'indicatif*

*309. **Cinéma en plein air**

Nous arrivâmes dans un parking immense, mais à ma grande surprise, nous ne descendîmes pas de voiture. Inquiet, j'indiquai à mon compagnon qu'il ne restait que peu de temps pour être à l'heure au cinéma. Il me répondit en riant que nous y étions déjà, tout en me montrant l'écran géant placé devant nous.
On n'entendait pour le moment qu'un concert d'autoradios comme si tout un orchestre accordait ses instruments.
Puis je saisis une paire d'écouteurs et la séance commença.

- *passé simple*
- *imparfait de l'indicatif*

310. Spectacle au delphinarium

Sur l'ordre du dresseur, les deux dauphins saluèrent les spectateurs et furent applaudis. Je n'en croyais pas mes yeux : ils allaient et venaient, sautaient et retombaient avec une synchronisation parfaite. Ils sortaient la tête de l'eau et avançaient en position verticale en donnant l'impression de s'amuser follement.
Après chaque figure, ils réclamaient une récompense que leur lançait leur maître. Quel fantastique ballet aquatique!

- *passé simple*
- *imparfait de l'indicatif*

311. Le magicien

Il prit un journal, le déchira lentement et savamment dans tous les sens. Cela faisait de multiples bandelettes de papier.
Après un instant d'arrêt afin que nous puissions tous voir qu'il n'y avait aucun trucage, il chiffonna l'ensemble des morceaux. Alors, il demanda à une personne de l'assistance de se lever et de venir déplier le journal qui, à notre stupéfaction, était intact.

QUESTIONS

1 — Expliquez : « savamment » ; « stupéfaction ».
Employez ces 2 mots dans une phrase.

2 — Donnez 2 mots de la famille de « magicien ».

3 — Analysez les mots : il (prit) - journal - lentement - faisait - intact.

4 — Conjuguez la première phrase de la dictée en remplaçant « il » par la 2e personne du singulier et la 2e personne du pluriel.

- *imparfait - plus-que-parfait*
- *c'était - c'étaient*

312. Le carnaval

La nuit était tombée et l'animation s'était concentrée dans la principale avenue de la ville. Là, c'était un spectacle grandiose. C'était un serpent humain qui ondoyait dans la moiteur tropicale; c'étaient dix mille personnages qui s'appelaient, se répondaient; c'étaient les fanfares aux rythmes endiablés, c'étaient toutes les couleurs du monde, c'était un cri de liberté, une façon d'oublier la misère quotidienne.
La nuit, gommant les différences, donnait au carnaval sa véritable dimension.

EXPLOITATION

1 — Quelle est la ville la plus célèbre pour son carnaval ? Dans quel pays se trouve-t-elle ?

2 — Expliquez la dernière phrase du texte.

■ *imparfait de l'indicatif*
■ *subjonctif et conditionnel*

313. **Joueurs de boules**

L'équipe adverse tenait le point. J'étais devant un choix terriblement délicat.
Mon partenaire et moi n'étions pas d'accord sur la façon de jouer. Pour que la boule se frayât un chemin entre les autres et arrivât juste sur le but, il aurait fallu être très adroit. Aussi, je décidai de tirer.
Le projectile frappa le sol dans un choc mat, heurtant légèrement le but qui se colla définitivement à la boule adverse.
J'avais fait le mauvais choix.

■ *subjonctif et impératif*

314. **Conseils aux randonneurs**

Pour que votre randonnée soit une fête, il faut que vous ayez l'esprit libre. Il est donc souhaitable que vous étudiiez sérieusement votre itinéraire, puis que vous vous informiez sur le temps prévu le jour de votre sortie. Si celle-ci s'avère possible, préparez alors avec soin votre sac à dos : prenez toujours un vêtement chaud et un blouson imperméable, emportez quelques aliments énergétiques et suffisamment de boisson. Prévoyez bien sûr une petite trousse à pharmacie.
Ainsi, ouvert aux découvertes et aux émotions, vous apprécierez les plaisirs du sentier.

EXPLOITATION

Quels autres conseils pourriez-vous donner à des randonneurs (notamment de prudence et de respect de la nature) ?

PHÉNOMÈNES NATURELS

- *présent de l'indicatif*
- *accord des adjectifs qualificatifs*
- *accord du verbe (difficultés)*

315. Notre planète en danger

De temps à autre, sur notre Terre, se produisent des catastrophes naturelles, telles que les tremblements de terre, qui provoquent la mort de plusieurs milliers de personnes.
Mais il existe également des catastrophes dues exclusivement à l'homme, telles que les marées noires.
Quand un gigantesque navire pétrolier fait naufrage, une immense nappe brune se répand sur l'océan. Alors, par milliers, les poissons meurent, les oiseaux marins s'engluent dans le mazout, les plantes aquatiques disparaissent, les rochers et les plages prennent une teinte chocolat. Des années sont nécessaires pour que le paysage soit nettoyé, pour que la faune et la flore anéanties revivent comme avant.

- *présent de l'indicatif*
- *leur - leurs*

*316. Au bord du cratère

Les trois vulcanologues observent avec émotion le gouffre fumant à leurs pieds. Ils entament la descente et au bout d'une heure se retrouvent sur une plateforme où ils installent leur camp. Plus bas, le spectacle est grandiose : un lac de lave à la surface élastique se lève, s'abaisse et parfois se déchire.
L'atmosphère est chargée de gaz et la chaleur suffocante les oblige à reculer. Il leur faut respirer de l'air moins asphyxiant. Le sol vibre sous leurs pieds et leur interdit d'accéder au bord de l'abîme.
Ils devront attendre une accalmie.

- *présent de l'indicatif*
- *leur - leurs*

317. **Inondation**

La rivière est en crue. L'eau passe par-dessus la digue et les berges sont submergées. Les riverains, qui pataugent dans une eau boueuse, s'inquiètent sérieusement. Ils ont remonté leurs meubles à l'étage. Encore une fois, ils devront drainer leur jardin et réparer les nombreux dégâts.
Les pompiers, qui ont fait de multiples sorties dans leurs barques et leurs canots pneumatiques, aspirent à un peu de repos. Heureusement, la météo a annoncé une décrue prochaine.

- *imparfait de l'indicatif*
- *accord des participes passés*

318. **La forêt en feu**

La forêt brûlait, semblable à un grand lac de feu. Les taillis desséchés par la chaleur flambaient; les grands arbres isolés résistaient plus longtemps, mais enveloppés par les flammes, ils finissaient par tomber avec bruit dans l'énorme brasier où ils disparaissaient. La fumée était chassée par le vent; les oiseaux réveillés brusquement s'élevaient en l'air et ne savaient où aller dans les ténèbres.

E. le Roy, *Jacquou le Croquant,* Le Seuil.

- *imparfait de l'indicatif*
- *accord du participe passé avec avoir (difficultés)*

*319. **Pollution**

La rivière semblait morte. Ses eaux, habituellement transparentes, charriaient encore de nombreuses nappes du produit qui les avait souillées. Les poissons morts avaient été recueillis dans de grands filets mais il en restait encore quelques-uns qui flottaient, le ventre en l'air. Sur l'eau, comme sur les berges, tout était désolation.
L'usine responsable du désastre avait été condamnée mais chacun savait qu'il faudrait beaucoup de temps avant que la nature ne reprenne ses droits.

EXPLOITATION

Indiquez 2 causes à la pollution des rivières.

- *imparfait de l'indicatif*
- *é - er*
- *accord du participe passé*

320. L'inondation

La pluie ne cessait de tomber depuis dix jours. Toutes les heures, nous mesurions la gravité de la situation. L'eau continuait à monter, la cave était complètement inondée. Tout ce qui était resté au rez-de-chaussée flottait çà et là. L'électricité était coupée, il fallait nous éclairer à la bougie.
Qu'allions-nous devenir ?
Quelques voisins avaient ressorti les barques qui n'avaient pas servi depuis la dernière grande inondation, cela faisait maintenant trente ans. Nous allions devoir quitter la maison.

- *imparfait de l'indicatif*
- *passé simple*

321. Une éruption

Les scientifiques ne s'étaient pas trompés ; il fallait évacuer l'île ; le volcan se réveillait.
Quand l'éruption commença, ce fut un sauve-qui-peut général. Chacun pensait surtout à sauver sa vie.
Déjà, le volcan crachait sa lave meurtrière qui dévastait tout sur son passage. Le sol tremblait et s'affaissait sous nos pieds. Il fallait gagner le port à tout prix...

EXPLOITATION

Citez le nom de 2 volcans européens.

Quel est en France le plus grand volcan (heureusement éteint) ?

Dans les départements d'outre-mer, trouvez 2 volcans actifs.

HISTOIRE

- *présent de l'indicatif*
- *é - er*

322. Les chemins de l'histoire

L'histoire est comme un paysage traversé en voiture ou survolé en avion. Il est possible de passer très vite, de courir en quelques heures d'un bout à l'autre d'un continent, de deviner sous vos yeux la botte de l'Italie, la pointe de la Floride, la masse hostile et superbe du désert, des Alpes, de l'Himalaya. Il est possible aussi de s'arrêter à chaque pas, de prendre des chemins qui s'ouvrent à votre droite et à votre gauche, de flâner dans les champs, dans les prés, dans les forêts, dans les villes.

J. D'Ormesson, *le Vent du soir,* Lattès.

- *présent de l'indicatif*
- *imparfait*
- *accord du participe passé*

323. Présentation d'un livre : *les Vikings*

À travers les aventures d'un jeune garçon, ce livre te raconte la vie quotidienne des Vikings à York, en Angleterre.
À chaque double page, un encadré présente les divers objets retrouvés par des archéologues dans le sol de York. Des légendes attachées à chaque présentation de vestiges t'expliquent comment les Vikings fabriquaient et utilisaient ces ustensiles. Tu peux ainsi poursuivre le déroulement de l'histoire en découvrant des tas de choses sur cette civilisation disparue.
Un livre très bien conçu, distrayant et instructif à la fois.

Présentation du livre, *les Vikings de Robin Place,* Amis-Coop, septembre 1988.

- *imparfait de l'indicatif*
- *adjectifs de couleur*
- *complément de nom (de = des)*

*324. Un échange avantageux

Des commerçants étaient montés jusqu'aux frontières du pays des bois. Attirés par les fourrures, ils étaient occupés à conclure de petits marchés avec les Peaux-Rouges.
Leurs vêtements sombres paraissaient bien tristes face aux tuniques jaunes, rouges ou vert vif des Indiens, à leur peau cuivrée, à leurs cheveux noir bleuté.
Les transactions se faisaient en silence, chacun posant sa marchandise devant lui. D'un côté, de superbes peaux de bêtes, de l'autre, des petits objets de métal, des colliers dorés, quelques armes à feu, des ustensiles de cuisine, le tout d'une bien faible valeur !

- *imparfait de l'indicatif*
- *pluriel des noms (difficultés)*

*325. Les châteaux forts

Au Moyen Âge, dans toute l'Europe, s'élevaient des châteaux forts. Ils représentaient la puissance des seigneurs. À cette époque de guerres et de pillages, le château aux épaisses murailles de pierre était le seul refuge des malheureux paysans. Le plus souvent, il dominait les alentours et semblait défier aussi bien le temps que les nombreux périls.
Ces chefs-d'œuvre étaient la fierté de leurs bâtisseurs. Pourtant, dans les vastes pièces sombres et froides, que la vie devait être triste !

QUESTIONS

1 — Expliquez : « pillages » ; « il dominait les alentours ».

2 — Donnez 2 exemples de chefs-d'œuvre que vous connaissez.

3 — Analysez les mots : châteaux forts (1re phrase) - puissance - époque - épaisses.

4 — Mettez l'avant-dernière phrase de la dictée au passé simple et au plus-que-parfait.

- *passé simple*
- *son - sont*

*326. Léonard de Vinci

Léonard de Vinci fut un savant prodigieux. Les dessins tirés de ses carnets sont les témoins de son extraordinaire don d'observateur et de son esprit inventif.
Il travailla dans des domaines aussi différents que l'anatomie, la mécanique, la géologie, la cartographie. Le sous-marin, les machines à voler

qu'il dessina sont les résultats d'études et d'observations des poissons et des oiseaux.
Mais son chef-d'œuvre reste *la Joconde,* tableau connu dans le monde entier.

QUESTIONS

1 — Retrouvez la nationalité de ce personnage ainsi que ses dates de naissance et de mort.

2 — Cherchez le nom d'autres savants et artistes de cette époque.

- *impératif* ▪ *passé simple*
- *é - er*

327. Naissance du jeu d'échecs

La légende raconte que les échecs ont été inventés par un simple chamelier qui offrit ce jeu à un roi.
Quand le roi lui proposa une récompense, le chamelier répondit : « Pose deux grains de blé sur la première case blanche, quatre sur la seconde, seize sur la troisième et continue ainsi. »
Le cadeau semblant bien modeste, le roi s'empressa d'accepter. Et pourtant... Arrivé à la dernière case, il n'y avait plus assez de blé dans le royaume pour respecter la parole donnée !

QUESTIONS

1 — Expliquez ce qu'est « un chamelier ».

2 — Donnez un synonyme de « s'empresser ».

3 — Analysez : (simple) chamelier - jeu - roi - lui - modeste.

4 — Conjuguez au présent de l'impératif : saluer - s'empresser.

5 — Conjuguez au passé simple de l'indicatif : offrir.

EXPLOITATION

1 — Calculez le nombre de grains posés sur la 6e case.

2 — Comment, en mathématiques, appelle-t-on chacun de ces nombres, par rapport au nombre précédent ?

3 — Comment appelle-t-on les différentes pièces du jeu d'échecs ?

- *plus-que-parfait*
- *c'était - s'était*

328. Il y a bien longtemps...

C'était l'hiver. Un matin, le hameau s'était réveillé sous une épaisse couche de neige. Depuis, le silence s'était installé, parfois entrecoupé par les hurlements du vent, et peut-être ceux de quelques loups en quête de nourriture.
La vie s'était organisée alors autour de la cheminée. Le soir, c'était la veillée pendant laquelle on mangeait des châtaignes en écoutant les anciens raconter des histoires terrifiantes.

VOYAGES - TRANSPORTS - PAYS

■ *présent de l'indicatif*

329. Un peuple nomade

Les Touaregs sont un peuple de bergers d'Afrique du Nord. Ils mènent une vie nomade, car ils doivent souvent se déplacer à la recherche de nouveaux pâturages. Ils vivent sous des tentes faites de peaux de chèvres tannées et cousues ensemble et dont les piquets ne sont que des branches taillées. Ils sont habillés de longues tuniques qui les protègent à la fois du soleil et du vent. On les surnomme « hommes bleus », car ils portent souvent des robes bleu foncé qui déteignent sur leur peau.

D'après *Vivre au Sahara avec les Touaregs,* Gallimard Jeunesse.

QUESTIONS

1 — Donnez le contraire de « nomade ».

2 — Faites l'analyse logique de la dernière phrase.

3 — Analysez : bergers - longues - on - les (surnomme).

4 — Conjuguez au présent de l'indicatif le verbe déteindre.

EXPLOITATION

Les Touaregs sont un peuple de bergers d'Afrique du Nord; mais où vivent : les Lapons? les Inuits? les Pygmées? les Masaïs? les Papous?

- *présent de l'indicatif*
- *accord des adjectifs qualificatifs*
- *orthographe du complément de nom*

330. Paysages de France

La France est un pays qui offre une extraordinaire variété de paysages : des montagnes jeunes aux sommets élevés et aux vallées profondes, des massifs anciens aux sommets arrondis, des régions de collines, de vastes plaines très cultivées. La diversité des climats favorise de nombreuses formes de végétation.
Enfin, du simple village à la grande métropole régionale, les Français habitent des localités bien différentes les unes des autres.
Du nord au sud, et d'ouest en est, que de contrastes pour le touriste!

EXPLOITATION
Donnez un exemple pour chaque type de paysage cité.

- *présent de l'indicatif*
- *é - er*

331. Visiter les fjords de Norvège

La Norvège est un pays d'eau autant que de terre : les lacs sont innombrables et certains fjords pénètrent le continent sur plus de cent kilomètres.
Chaque fjord possède ses particularités, mais chacun d'eux est prêt à vous surprendre et à vous enchanter.
Voyager dans cette région, c'est prendre le bateau comme on prend l'autobus, savourer l'espace préservé, apprécier l'hospitalité des habitants et, durant l'été, profiter du jour qui s'étire.
Pêcheur ou trappeur ignoré, ce pays est un paradis!

EXPLOITATION
Recherchez ce qu'est «un fjord».
Quels sont les autres pays qui constituent la Scandinavie?

- *présent de l'indicatif*
- *adjectifs de couleur*

*332. L'Australie

L'Australie, c'est quatorze fois la taille de la France pour seulement seize millions d'habitants. Si la côte est parsemée de villes modernes, le cœur du pays est un désert de poussière rouge. Là, quelques pistes traversent un paysage fabuleux : sol rougeâtre couvert çà et là de buissons d'épineux gris vert sous un ciel bleu moutonné de nuages blancs.

Cette immensité sauvage est aussi un monde vivant peuplé d'émeus, de kangourous, mais aussi, et beaucoup plus ordinairement, de millions de lapins!

EXPLOITATION
Calculez la densité de la population australienne.
De quel continent fait partie l'Australie?

- *présent de l'indicatif*
- *accord de l'adjectif qualificatif*

333. **Découverte du Canada**

Des côtes rocheuses, déchiquetées comme des châteaux en ruine, des îles brumeuses, un paysage mystérieux, sans végétation, désolé; qu'il est étrange ce Nouveau Monde que longent à présent les navigateurs! Heureusement, peu après, le passage s'élargit et les bateaux pénètrent dans un vaste golfe semé d'îles plus riantes et plus hospitalières. On accoste. L'équipage est soulagé et ravi de mettre pied à terre. Ici, il pousse du blé sauvage, de la vigne, des fraises odorantes et des groseilles charnues. On se repose, on se restaure.

D'après *Cartier* de C. Montel-Glenisson, « Cadet biographie », Gallimard.

- *présent de l'indicatif*
- *leur - leurs*

334. **Beauté fragile**

Certaines villes d'Afrique du Nord sont superbes avec leur couleur blanche ou crème sur fond de palmiers.
Cependant, quand on les approche, leur apparente beauté disparaît dans l'insalubrité. Les médinas séculaires se lézardent, leurs murs moisissent, leurs ruelles craquellent.
Si les habitants veulent que leurs cités retrouvent leur splendeur d'autrefois, il leur faudra beaucoup de temps et de travail.

- *présent de l'indicatif*

*335. **Départ**

Durant toute la matinée, les dockers se sont affairés autour du navire, remplissant les cales de nourriture et de caisses diverses.
Maintenant, le paquebot est prêt à appareiller : c'est le départ; tout est paré pour une longue croisière. Les matelots détachent les amarres, la sirène mugit, l'hélice tourne, l'eau bouillonne, le paquebot rase la jetée puis gagne la haute mer, alors que les voyageurs agitent leur mouchoir en direction de ceux qu'ils quittent.

■ *présent de l'indicatif*
■ *passé composé* ■ *é - er*

336. En avion

C'est la première fois que Nicolas prend l'avion. Il est très impressionné. De plus, il voyage seul.
Avant l'embarquement, son père l'a embrassé, lui a souhaité « bon voyage » et les hôtesses ont promis de veiller sur lui.
L'avion roule maintenant sur la piste d'envol, puis décolle. Tout va bien, Nicolas sourit quand une hôtesse lui apporte un jus de fruit. Bientôt, il sera arrivé à destination. Il pourra alors téléphoner à son père et lui raconter son expérience.

■ *imparfait de l'indicatif*

337. Tempête dans le Grand Nord

La tempête balayait le lac. Avec un hurlement sinistre, elle secouait la cime des arbres, soulevait des rafales de neige entre les saules, courbait les aulnes, faisait trembler les vitres de la cabane et s'acharnait à arracher les tuyaux du poêle avant de s'engouffrer dans l'épais bosquet d'épinettes. Puis, elle se ruait sur la campagne. Elle ne désarmait pas. Il lui restait à dévaster des kilomètres et des kilomètres d'une région désertique... En poussant ses clameurs, elle poursuivait sa course.

D'après *Canilou* de E. Munsterhjelm, « Castor Poche », Flammarion.

■ *imparfait de l'indicatif*
■ *leur - leurs*
■ *participe présent ou adjectif verbal*

*338. Course de traîneaux au Groenland

Les chiens courant dans la neige depuis le matin avaient besoin de repos. Une tempête s'était levée.
Vaillants, ils baissaient la tête, ne changeant pas de rythme, mais au contraire redoublant d'efforts, comme si cette difficulté décuplait leurs forces.
Puissants et agiles, ils tiraient sur leur harnais, enfonçant leurs griffes dans la glace.
J'étais là sur le traîneau, claquant le fouet au-dessus de leur tête et les encourageant de la voix.

QUESTIONS

1 — Expliquez : « comme si cette difficulté décuplait leurs forces ».
2 — Donnez un synonyme de « vaillant ».

3 — Donnez un homonyme de « glace » ; « voix ».
Employez-les dans une phrase.

4 — Analysez : difficulté - forces - agiles - glace - j'(étais).

5 — Conjuguez au passé composé, puis à l'imparfait, aux 3 personnes du pluriel, les verbes suivants : effacer, savoir.

339. **Chasseurs au Canada**

▪ *imparfait de l'indicatif*

En hiver, le temps était notre maître, nous étions des esclaves. Si le temps décrétait : « Non, vous n'irez pas poser des pièges aujourd'hui, vous resterez chez vous », nous ne sortions pas...
Et quelquefois, rien que pour nous dégourdir les jambes, nous allions consulter le thermomètre. À quarante en dessous de zéro, nous pouvions nous dire : « Oui, aujourd'hui, nous pouvons poser des pièges, à condition de ne pas nous asseoir plus d'une minute à la fois. » Mais, en dessous de moins quarante, nous savions que le temps exigeait que nous restions chez nous.

E. Collier, *la Rivière des castors*, Flammarion.

340. **La fin de la marine à voile**

▪ *imparfait de l'indicatif*
▪ *passé simple*
▪ *adjectifs numéraux*

En 1807, Le Steamboat de l'Américain Fulton fut le premier bateau à vapeur mis en service sur une ligne régulière. Il relia New York à Albany, villes distantes de deux cent quarante kilomètres en trente-deux heures, soit une moyenne de presque huit kilomètres par heure. À l'époque, un navire à voile mettait quatre jours.
Le règne de la vapeur commençait.

*341. **Construction d'un igloo**

▪ *passé simple - imparfait*
▪ *tout - chaque*

Avec le long couteau d'ivoire, le grand-père découpa d'abord une grosse masse de neige. Puis il la tailla pour en faire un grand bloc qu'il souleva et posa sur la neige. Il en tailla d'autres qu'il disposa en cercle autour de lui. Puis il commença une seconde rangée qui montait en spirale.
Akavak bouchait les interstices entre les blocs avec de la neige fine, remplissant tous les trous... Chaque bloc s'adaptait parfaitement au précédent.
Une fois le dôme fini, le vieil homme ouvrit une entrée bien nette à la base du mur de neige.

J. Houston, *Akavak*, « Castor Poche », Flammarion.

QUESTIONS

1 — Expliquez : « un interstice » ; « un dôme ».

2 — Faites l'analyse logique de la 2ᵉ phrase.

3 — Analysez : la (tailla) - en cercle - avec de la neige fine - chaque.

4 — Donnez 4 mots de la famille de « neige ».

EXPLOITATION

L'igloo est l'habitation traditionnelle esquimaude.
Dans quels pays ou régions du monde habite-t-on dans : une isba ? une paillote ? un « tipi » ?

■ *imparfait de l'indicatif*
■ *passé simple*

342. **Nuit dans la jungle**

Les journées se suivaient et se ressemblaient. Beaucoup de marche et rien ne se passait.
Pourtant, une nuit, nous eûmes un visiteur qui s'était avancé sans faire de bruit, jusque dans ma tente.
Je ne l'entendis pas approcher, par contre quelle surprise épouvantable que ces yeux brillants à travers la moustiquaire, me fixant alors que je me retournais.
Un safari si calme ! Alors que j'étais chasseur, cette nuit-là, je devenais gibier.

QUESTIONS

1 — Expliquez : « la moustiquaire » ; « un safari ».

2 — Donnez 2 mots de la famille de « épouvantable ».

3 — Analysez les mots : les (journées) - visiteur - tente - entendis.

4 — « Alors que j'étais... gibier. » Mettez cette phrase aux 3ᵉˢ personnes du singulier et du pluriel.

■ *conditionnel présent*
■ *si - s'y - ni - n'y*

*343. **Voyage**

S'il m'était possible de voir se réaliser un rêve, je choisirais de partir en voyage.
Je m'y préparerais longtemps à l'avance dans l'enthousiasme, mais sans hâte ni précipitation. Je visiterais de grandes villes, mais je m'écarterais des sites touristiques pour accéder à des villages si reculés qu'ils sont presque oubliés. Je traverserais des déserts et gravirais des montagnes où il n'y a plus que le vent qui puisse témoigner d'une vie passée.
Le cœur un peu gros, la tête pleine de souvenirs, je reviendrais, car il faudrait bien sûr s'y résoudre.

- *passé composé*
- *accord du participe passé*

344. Tombouctou

La rue principale, la seule rue goudronnée, envahie par les sables, est déblayée à longueur de journée. À la limite de la ville, les réfugiés, chassés de chez eux par la sécheresse, sont installés sous des tentes de fortune. Depuis vingt ans, la sécheresse a transformé la terre en désert. Le vent a formé sur le sable de véritables vagues, dures comme des pierres. La végétation a reculé, de plus en plus. Les troupeaux ont été décimés. Les hommes ont commencé à désespérer devant leur avenir incertain.

D'après Martine de Santo, *Vétérinaire au Mali,* éd. Je bouquine.

- *présent de l'indicatif*
- *nom ou adj. de nationalité*

345. Le conducteur français

Les Anglais conduisent plutôt mal, mais prudemment. Les Français conduisent plutôt bien, mais follement. La proportion des accidents est à peu près la même dans les deux pays. Mais je me sens plus tranquille avec des gens qui font mal les choses bien qu'avec ceux qui font bien de mauvaises choses. Les Anglais (et les Américains) sont depuis longtemps convaincus que la voiture va moins vite que l'avion. Les Français (et la plupart des Latins) semblent encore vouloir prouver le contraire.

P. Daninos, *les Carnets du Major Thomson,* Hachette.

- *présent de l'indicatif*
- *accord du part. passé avec être*

346. La mer polaire

Du côté des pôles, la mer est glacée presque toute l'année et souvent à une très grande profondeur. Parfois les glaces se détachent et voyagent sur l'eau, c'est ce qu'on appelle les banquises. Ces banquises offrent l'aspect le plus merveilleux : elles sont dentelées comme des cathédrales et étincellent à la lumière du jour ou à celle de la lune. Quand ces énormes masses viennent à rencontrer un vaisseau, elles le brisent comme une coque de noix.

G. Bruno, *le Tour de la France par deux enfants,* Belin.

- *présent de l'indicatif*
- *accord des adj. qualificatifs*
- *adjectifs de nationalité*

347. Paysage japonais

Les villages s'entourent de haies vertes et de bouquets de grands arbres; les fermes isolées se cachent derrière des frondaisons charmantes. À chaque instant, des vergers à l'européenne alignent leurs espaliers; au fond, entre des haies de hauts bambous descendent des rivières à l'allure bretonne ; et quand on longe la mer, le voyageur découvre l'admirable perspective des îles de la mer Intérieure, coiffées de pins noirs où les rayons du soleil couchant font ruisseler une pluie de diamants.

D. Baudry, Weulersse, *Récits de l'histoire du Japon*, Nathan.

348. En route pour la Lune

- *passé simple*

Au crépuscule, j'ouvris le panneau et n'eus aucun mal à le mouvoir. Je me levai, dans le noir, et je pus jeter mon premier bon coup d'œil sur l'univers qui s'étendait autour de moi. À l'intérieur de Gemini, la vue était limitée par les minuscules hublots, mais à présent, je pouvais regarder en haut et en bas, à gauche et à droite. Il y avait des étoiles partout : au-dessus de moi et de tous les côtés, et même en dessous, près de l'invisible horizon.

M. Collins, *En route pour la Lune*, Nathan.

349. Atterrissage

- *passé simple*
- *imparfait de l'indicatif*
- *accord du verbe (difficultés)*

Enfin, dans la somnolence de l'après-midi, la voix du commandant de bord s'éleva des haut-parleurs. Ils allaient amorcer leur descente en direction de Perth, et y atterriraient dans un peu plus d'une demi-heure. Suivaient quelques détails météorologiques, la température au sol et l'heure officielle à Perth. Après quoi, progressivement, le ronronnement des moteurs changea de tonalité. Petit à petit apparurent sur le sol des détails lisibles, des points de repères : le moutonnement d'arbres, des indices dénonçant la présence d'eau, puis des bâtiments, des routes, et des véhicules en train de circuler.

J. Phipson, *Un vol mouvementé*, « Castor Poche », Flammarion.

350. Le récif

- *passé simple*
- *conditionnel*
- *subjonctif*

Au milieu de la nuit, nous tînmes un conseil de guerre. Nos vies étaient en jeu. Passer au nord devenait un vain espoir, il fallait au contraire choisir le côté sud. Nous orientâmes la voile, posâmes l'aviron, et nous nous lançâmes dans une navigation dangereuse avec l'instable vent du nord derrière nous. Si le vent d'est revenait avant que nous eussions dépassé la ligne du récif, d'environ quatre-vingts kilomètres de long, nous serions lancés parmi les brisants, complètement à leur merci.

T. Heyerdahl, *l'Expédition du Kon-Tiki*, Albin Michel.

Imprimé en France par I.M.E. - 25110 Baume-les-Dames
Dépôt légal n° 7998-05/1992 - Collection n° 03 - Édition n° 04
11/5169/5